Grandes fortunes

Des mêmes auteurs

Michel Pinçon et Monique Pinçon-Charlot, *Dans les beaux quartiers*, Le Seuil, 1989.

–, *Quartiers bourgeois, quartiers d'affaires*, Payot, 1992.

–, *La Chasse à courre. Ses rites et ses enjeux*, Payot, 1993, réédition « Petite Bibliothèque Payot », 1996.

–, *Voyage en grande bourgeoisie. Journal d'enquête*, PUF, 1997.

Michel Pinçon, *Cohabiter. Groupes sociaux et modes de vie dans une cité HLM*, Plan Construction, coll. « Recherches », 1982.

–, *Désarrois ouvriers. Familles de métallurgistes dans les mutations industrielles et sociales*, L'Harmattan, coll. « Logiques sociales », 1987.

Monique Pinçon-Charlot, *Ségrégation urbaine. Classes sociales et équipements collectifs en région parisienne*, Anthropos, 1986. (En collaboration avec Edmond Preteceille et Paul Rendu.)

Petite Bibliothèque Payot/334

Michel Pinçon
Monique Pinçon-Charlot

Grandes fortunes

Dynasties familiales et formes de richesse en France

Ce qu'il y a de plus vil et de plus odieux dans l'argent, c'est qu'il confère même des talents. Il en sera ainsi jusqu'à la consommation des siècles.

DOSTOÏEVSKI,
L'Idiot.

Nous, mortels, nous avons tous en naissant la même peau, mais à mesure que nous grandissons, le destin se plaît à nous diversifier, comme si nous étions de cire, et à nous mener par des sentiers multiples vers une seule fin : la mort. Il y a des hommes qui doivent prendre le chemin des fleurs, pendant que d'autres sont poussés à travers chardons et nopals. Les uns possèdent un regard tranquille et, au parfum de leur bonheur, ils sourient d'un visage innocent ; les autres, accablés du soleil violent de la plaine, se hérissent comme la vermine pour se défendre. D'un côté, pour embellir son corps, le fard et les parfums ; de l'autre, les tatouages que nul ensuite n'est capable d'effacer...

Camilo José CELA,
La Famille de Pascal Duarte.

REMERCIEMENTS

Que toutes les familles et tous ceux qui ont accepté de répondre à nos questions trouvent ici l'expression de notre reconnaissance et de notre gratitude. Sans ces collaborations toujours généreuses, ce livre n'aurait pu voir le jour.

Une fois encore, Nicole Sarda nous a fait profiter sans compter de ses conseils et de l'aide de ses amis. Pascal Ramadier, par ses nombreuses recommandations, a contribué de manière fructueuse à cette recherche.

Olivier Amiel a su nous accorder avec discrétion, mais efficacité, encouragements et suggestions.

Nous devons aussi beaucoup à Mario Pasa pour ses lectures attentives.

Laïla Midaoui trouvera ici la consécration de ses efforts dans la mise au point de ce manuscrit, réalisée avec compétence et gentillesse.

Il n'aurait pas été possible d'accomplir ce travail sans les financements accordés par le Secrétariat permanent du Plan urbain (ministère de l'Aménagement du territoire, de l'Équipement et des Transports, direction de l'Architecture et de l'Urbanisme). André Bruston, secrétaire permanent du Plan urbain, et Evelyne Perrin, chargée de mission, nous ont beaucoup apporté par leur confiance, leurs remarques et leurs critiques bienveillantes.

INTRODUCTION

« Crise des banlieues », « délitement du lien social », « perte de la citoyenneté », « disparition de la civilité », tels sont quelques-uns des thèmes récurrents abordés au cours de nombreux colloques et débats de société. Scientifiques, politiques et journalistes paraissent convenir que le désordre social s'est installé à la faveur de la crise.

Tous les groupes sociaux ne sont pas également touchés par ce désenchantement. Ce sont surtout les points d'ancrage des identités populaires qui ont cédé. Si le patrimoine des familles populaires a toujours été modeste, si les biens possédés – les bibelots, les meubles, voire le petit pavillon de banlieue – n'ont guère défié les siècles, il existait toutefois un patrimoine collectif – le quartier, l'entreprise, les organisations syndicales et politiques –, une mémoire des luttes passées qui assuraient la transmission d'une identité de génération en génération. Ce patrimoine collectif est aujourd'hui en ruine. C'est là le résultat d'un long processus, d'une désaffiliation, comme l'écrit Robert Castel, le résultat d'un parcours négatif au cours duquel se rompent les points d'ancrage avec la société [1].

1. Robert Castel, *Les Métamorphoses de la question sociale. Une chronique du salariat*, Paris, Fayard, coll. « L'espace du politique », 1995.

Aux antipodes de ce désastre social et humain : les grandes familles, celles de l'aristocratie fortunée et de la haute bourgeoisie. Une véritable confrérie, une association d'intérêts communs, qui n'interdit pas des contradictions secondaires mais qui, pour l'essentiel, assure la solidarité du groupe. Les intérêts familiaux et les intérêts collectifs se confondent : les patrimoines économiques, sociaux, culturels et symboliques ont indissolublement une dimension individualisée, familiale, et une forme collective. La représentation commune qui assimile grande bourgeoisie et individualisme cache la cohésion fondamentale des grandes familles. L'idée d'un individualisme grand-bourgeois est d'autant plus trompeuse que cet individualisme n'est, dans ses manifestations, que la traduction de l'habitus du groupe. Par cette magie propre au social, le grand bourgeois est si bien accordé au monde où il vit qu'il lui suffit d'être lui-même pour être, dans le sentiment ineffable de l'accomplissement de soi et de son irréductible individualité, ce que les autres et les circonstances exigent.

Cette adéquation de la personne à sa position sociale, à son rôle, aux attentes de ses pairs est, pour une large part, le produit d'une action délibérée des générations antérieures. Car les enjeux sont d'importance et ils sont éminemment collectifs. Ce sont les conditions de la domination sociale du groupe qu'il s'agit de reproduire et, pour cela, l'exigence de la production d'héritiers aptes à assurer les charges de l'héritage est absolue. C'est une tâche certes familiale, mais aussi collective, dans la mesure où le patrimoine à transmettre et à gérer, qui constitue la base objective de la position dominante, est également la richesse commune du groupe. Les biens immobiliers, par exemple, doivent leur valeur économique et symbolique à l'effet de renforcement mutuel produit par un voisinage socialement homogène. Dans certaines stations balnéaires ou dans des communes résidentielles de la banlieue parisienne, on peut voir à l'œuvre la conscience qu'ont les familles de leur solidarité objective dans le maintien de la valeur de leur patrimoine.

À travers les matériaux recueillis, deux axes d'analyse principaux se sont dégagés. D'une part, il est apparu que les patrimoines des familles de l'aristocratie fortunée et de la grande bourgeoisie ancienne font l'objet d'une gestion en grande partie concertée. Il y a du collectivisme, paradoxalement, dans la manière dont les grands bourgeois prennent en charge le maintien – ou l'accroissement – et la transmission de leur fortune et de leur position dominante. Les patrimoines sont d'autant plus tributaires d'une gestion collective qu'ils sont plus élevés. La complexité de leurs aspects économiques, les formes mondaines des pratiques culturelles, y compris dans la circulation marchande des objets d'art, l'importance décisive du capital social qui soumet la vie quotidienne à une sorte de cooptation permanente sont au fondement de cette confrérie des grandes familles.

Le second axe d'analyse concerne la cumulativité des richesses. Cette cumulativité n'est d'ailleurs pas étrangère aux nécessités de la collectivisation, relative, des modes de gestion. Aucune famille, sauf à tendre vers une érosion inéluctable de ses différentes formes de capitaux, ne saurait vivre en autarcie, à l'écart du groupe dont elle est issue. Le délitement du lien social et le processus de désaffiliation en œuvre dans certaines catégories populaires s'opposent au maintien, voire au renforcement des liens multiples qui caractérisent les grandes familles de l'aristocratie fortunée et de la bourgeoisie. La richesse s'oppose à la pauvreté dans tous les domaines et, aux deux extrémités de la société, il y a cumulativité des privilèges et des handicaps. La misère ou l'opulence se donnent à voir, bien sûr, dans l'aisance matérielle et la valeur vénale du patrimoine, mais aussi dans les domaines scolaires, culturels, sociaux, dans la valeur symbolique de tous ces biens, matériels ou immatériels. En limitant l'information recueillie et les commentaires aux seules dimensions économiques des fortunes, comme cela arrive trop souvent, on ne prend pas la mesure réelle des distances sociales et des inégalités qui affectent toutes les dimensions de l'existence.

Il en va certes autrement pour de larges secteurs de la société, situés entre ces deux pôles extrêmes, où, pour reprendre une formule de Pierre Bourdieu, on a une structure en chiasme, c'est-à-dire une structure des patrimoines où capital économique et capital culturel ont tendance à être inversement proportionnels, l'un étant bas quand l'autre est élevé [2]. Mais, dans les situations sociales extrêmes, les richesses ou, à l'inverse, les pauvretés s'accumulent dans tous les domaines. C'est donc à travers les valeurs mobilières, financières, par les patrimoines immobiliers de rapport ou de jouissance, par les patrimoines industriels ou fonciers, à travers le capital scolaire, par les manifestations du capital social, dans les effets du capital symbolique, par l'importance du patrimoine culturel et artistique que nous avons essayé de rendre compte de la signification sociale de la fortune.

De Paris à Bordeaux, en passant par Deauville et Biarritz, de la région parisienne, avec Maisons-Laffitte et Le Vésinet, à Monaco et Saint-Jean-Cap-Ferrat, les cadres de vie et l'existence quotidienne mettent en évidence cette pluridimensionnalité de la richesse. Mais gérer et transmettre n'est pas aussi simple qu'on peut parfois le penser, et c'est tout le groupe qui se retrouve mobilisé dans ces tâches dont dépend sa perpétuation comme classe dominante.

Le patrimoine est un élément décisif de la « suraffiliation » des dominants. Les biens sont garants des liens et les liens assurent la permanence et la transmission des biens. Le patrimoine constitue ainsi une base objective pour l'affirmation du groupe. Ce patrimoine

2. Sur cette « structure en chiasme », voir par exemple Pierre BOURDIEU, *La Distinction*, Paris, Minuit, coll. « Le Sens commun », 1979, p. 128-138.

multiforme, économique bien sûr, mais aussi symbolique, social et culturel, permet à la bourgeoisie d'être une classe en soi, par l'affirmation de positions sociales et économiques dominantes.

Mais, parce qu'il a une existence efficace dans bien d'autres registres que celui de la valeur vénale des biens possédés, ce patrimoine autorise aussi l'existence de la bourgeoisie et de l'aristocratie comme classe pour soi, comme classe mobilisée. Les pratiques convergentes des classes dominantes tendent à assurer la pérennité des positions occupées. En outre, le patrimoine économique mais aussi le système des alliances et des relations sont dans une large mesure internationaux, et le cosmopolitisme, depuis longtemps déjà, demeure l'une des caractéristiques de l'aristocratie et de la grande bourgeoisie. L'Internationale a été le fait des classes dirigeantes avant d'être un espoir et une forme d'organisation des classes dominées. Les internationales ouvrières ont disparu ou sont en bien piètre état. L'Internationale du pouvoir se porte au mieux.

Pour recueillir les matériaux qui ont permis d'analyser les différentes facettes des grandes fortunes, il a été nécessaire de recourir à des approches multiples. Les entretiens sont centraux dans le protocole de recherche. Ils ont été menés auprès de plusieurs dizaines de familles n'ayant demandé que rarement qu'on leur garantisse l'anonymat. Toutes ne figurent pas parmi les plus grandes fortunes. Mais toutes ont pour caractéristique d'être fortunées depuis plusieurs générations et d'avoir su transmettre leur patrimoine et reproduire leur rang social. Le nombre de personnes interviewées dépassant la centaine, pour des entretiens parfois très longs, toutes ne pouvaient être citées ici. Mais ce sont tous ces entretiens qui ont nourri notre travail ; ils nous ont permis de nous imprégner de la réalité qu'ils décrivaient. Ces discours ont été complétés par les apports d'une large documentation, l'exploitation des données statistiques disponibles et l'établissement de données chiffrées originales. En outre, des entretiens menés parallèlement auprès des informateurs les plus divers – gestionnaires professionnels de grandes fortunes, directeurs de palaces, spécialistes du marché de l'art – ont donné un éclairage indispensable aux propos recueillis. Au-delà de cette mise en perspective, les entretiens ont été le point de départ d'observations menées dans une grande variété de cadres et de circonstances. Qu'il s'agisse des vastes appartements parisiens ou des châteaux des domaines provinciaux, des lieux de villégiature ou des célèbres établissements d'enseignement, collèges cosmopolites de Suisse ou de France, de ventes aux enchères où, en quelques dizaines de secondes, un Canaletto trouve preneur à 66 millions de francs, la multiplication des observations répond à la multiplicité des facettes de patrimoines qui, loin de se réduire à une richesse matérielle quantifiable et par là limitée, prennent dans leurs conversions et reconversions permanentes toutes les apparences de l'infini.

Notre objectif est de décrire et d'analyser, au plus près du quotidien des familles qui bénéficient de cet état de fait, les processus qui permettent de maintenir et de conserver les positions sociales dominantes ; de montrer comment le mode de vie grand-bourgeois est traversé par ce collectivisme cosmopolite, ou, plus précisément, par une gestion collective et internationale des intérêts de classe qui investit les plus anodines des pratiques. Le pouvoir se construit et se gère au jour le jour, même si ce quotidien n'a rien d'ordinaire.

CHAPITRE PREMIER

Les grandes fortunes : niveaux, compositions et gestions

De la difficulté d'appréhender les fortunes

« La pauvreté affecte tous les aspects de la vie [1]. » Cette constatation peut s'appuyer sur de nombreuses données, leur nombre même faisant sens. La pauvreté se laisse mesurer, ausculter, inventorier, décrire. Il en va autrement de la richesse qui, elle, apprécie la discrétion sur son niveau et sa structure. Le recours aux sources administratives et fiscales aurait dû compléter sur un mode statistique nos informations fondées sur les entretiens avec les familles. Malheureusement, les données disponibles et publiées sont peu satisfaisantes. Ainsi, il n'y a eu qu'une seule analyse statistique sérieuse de la masse de données représentée par les formulaires de l'impôt sur les grandes fortunes (IGF), devenu en 1988, après l'éclipse de la première cohabitation, impôt de solidarité sur la fortune (ISF). Ces formulaires comprennent tout d'abord une série d'indications sur la famille, la situation matrimoniale, le nombre d'enfants et la profession. La déclaration du patrimoine est organisée en trois rubriques : les immeubles bâtis (la résidence principale étant distinguée des autres

1. André Villeneuve, « Les formes multiples de la pauvreté et le rôle des difficultés de jeunesse », INSEE, *La Société française. Données sociales 1993*, p. 363-369.

immeubles) ; les immeubles non bâtis (bois et forêts, biens ruraux loués, parts de groupements fonciers agricoles) ; les « meubles » au sens fiscal, c'est-à-dire les valeurs mobilières (actions, obligations, SICAV, etc.) et les liquidités.

Or la seule exploitation de ces déclarations, due au Conseil des impôts, date de 1986 et porte sur les résultats de l'IGF pour les années 1982 à 1985 [2]. Depuis cette date, le ministère du Budget se contente de publier, dans les *Notes bleues de Bercy*, le nombre de déclarations imposables au titre de l'ISF et les paiements reçus qui y correspondent, pour la France entière et pour chaque région et département. Le nombre d'assujettis à l'IGF puis à l'ISF est passé de 117 000 en 1982 à 160 000 en 1993. Quant au seuil d'imposition, réévalué d'année en année, il est passé de 3 millions de francs en 1982 à 4,39 millions en 1993 puis 4,53 millions en 1995.

Le secret statistique est bien gardé

Le courrier abondant et les appels téléphoniques insistants par lesquels nous avons essayé d'obtenir l'autorisation d'accès aux déclarations fiscales de l'ISF, afin d'établir de nouvelles données statistiques, ont abouti à l'envoi, par le service de l'Organisation et de l'Informatique de la direction générale des Impôts du ministère du Budget, de la photocopie des quatre pages consacrées par les *Notes bleues de Bercy* à la ventilation par département du nombre d'assujettis et des montants payés en 1992 et 1993. Le ministère a éludé la réponse que nous attendions, confirmant ainsi le caractère confidentiel et politiquement redoutable de la divulgation, même sous une forme anonyme, de la structure et de l'importance des grandes fortunes. La richesse reste un mystère, « un sujet tabou, plus encore que les

2. Conseil des impôts, *Huitième Rapport au président de la République relatif à l'imposition du capital*, Paris, *Journal officiel de la République française*, n° 4063, 1986.

revenus [3] » : peu connue, cachée, elle est à l'origine de fantasmes sociaux, de représentations imaginaires plus ou moins fondées. Cette rétention de l'information est d'autant plus regrettable que les patrimoines des ménages, plus que leurs revenus, qui eux sont assez bien connus, constituent une source essentielle des inégalités sociales. « Le bien-être, écrivent D. Kessler et A. Masson, dépend aussi de ce que l'on possède : les actifs liquides, les biens durables et la propriété éventuelle du logement conditionnent la consommation présente ; surtout, les avoirs accumulés déterminent le pouvoir d'achat à plus long terme et satisfont des besoins de sécurité, de précaution, de transmission, ou encore de pouvoir et de considération [4]. » Le revenu est insuffisant pour mesurer la distance qui peut séparer les modes de vie, les façons d'être et les rapports au monde des familles et des individus. La fortune a tout à la fois des dimensions économiques, culturelles, sociales et symboliques, et cette multidimensionnalité est l'un des traits essentiels de sa signification sociale.

La notion de patrimoine est complexe. L'ambition de cet ouvrage est de restituer le sens social que recèle le fait de posséder une fortune importante, en s'appuyant sur les données construites par l'INSEE, le CERC ou le CREP [5] et sur une démarche sociologique et

3. Alain Bihr et Roland Pfefferkorn, *Déchiffrer les inégalités*, Paris, Syros, 1995, chapitre VII, « Les inégalités de patrimoine », p. 242. Voir également, des mêmes auteurs, « La richesse, Terra incognita des statistiques », *Alternatives économiques*, n° 25, 3e trimestre 1995 (hors série : « Les riches »), p. 8-12.

4. Denis Kessler et André Masson, « Le patrimoine des Français : faits et controverses », INSEE, *Données sociales 1990*, p. 156-166.

5. L'INSEE (Institut national de la statistique et des études économiques) publie les enquêtes Logement et Actifs financiers ainsi que les comptes de patrimoine, en collaboration avec la Banque de France. Ces données sont la base de toute approche des patrimoines des ménages. Le CERC (Centre d'études des revenus et des coûts) et le CREP (Centre de recherche économique sur l'épargne) ont publié et publient des enquêtes spécifiques. Le CERC a été supprimé en 1993 par un discret amendement de la loi quinquennale sur l'emploi. Très indépendant, le CERC, dont les études mettaient en évidence le creusement des inégalités, avait irrité plus d'un gouvernement. Il a été remplacé par le Conseil supérieur de l'emploi, des revenus et des coûts (CSERC).

ethnographique. À partir d'entretiens, d'observations et de documents divers, il s'agit d'établir la filiation entre la possession d'un patrimoine important et un style de vie ou, de façon plus ambitieuse, entre la fortune et la constitution de l'habitus grand-bourgeois, cet ensemble de dispositions générateur de pratiques et de représentations propres à cette classe[6].

L'étude des patrimoines doit permettre d'appréhender la fortune comme ce qui définit la place de la noblesse et de la grande bourgeoisie dans la société et ce qui fonde le groupe. En effet, les membres des classes dominantes se réduisent encore moins que d'autres à leur profession. À la différence des ouvriers, des instituteurs ou des chercheurs, dont la forme principale de patrimoine réside dans leur « patrimoine humain », comme disent les économistes, ou leur force de travail, dans un autre vocabulaire, les bourgeois se définissent avant tout par l'ampleur et la diversité de leur capital économique : propriété directe de biens industriels ou fonciers, ou propriété indirecte par la possession de valeurs mobilières. Il faut aussi prendre en compte tous les biens qui, sans offrir un rapport financier direct, sont des sources de revenus de jouissance considérables, comme le fait d'être propriétaire de ses résidences. Mais ces revenus sont rarement comptabilisés car il est difficile d'en estimer la valeur monétaire.

Le patrimoine retenu dans les statistiques publiées ne comprend pas non plus le patrimoine humain. Cette notion désigne tout ce qui a été incorporé par un individu, de son capital physique à son capital culturel et scolaire. Or ce patrimoine humain est aussi inégalement réparti que le patrimoine matériel : les inégalités culturelles sont extrêmes et fondent en partie les processus de la reproduction sociale. Ces inégalités sont constitutives

6. Pour un exposé systématique de la notion d'habitus, voir Pierre Bourdieu, *Le Sens pratique*, Paris, Minuit, coll. « Le Sens commun », 1980, spécialement le chapitre III : « Structures, habitus, pratiques ».

des patrimoines familiaux, au point que, statistiquement, elles se transmettent entre générations avec une grande probabilité, comme ont pu le montrer des travaux devenus classiques [7].

Les sources utilisées pour évaluer les patrimoines des ménages [8] ignorent les biens durables d'usage domestique, comme l'automobile, ou des objets précieux dont l'évaluation s'avère délicate, qu'il s'agisse de l'or, des bijoux ou des œuvres d'art. Une étude du CERC avait évalué en 1975 les biens durables à 7 % et ces objets précieux à 4 % du montant total du patrimoine brut des ménages. On sait par ailleurs que les objets de collection et les œuvres d'art sont exonérés de l'assiette de l'ISF et donc des maigres statistiques qui en sont issues. La valeur symbolique, culturelle et esthétique de ces biens étant élevée, leur non-prise en compte dans l'évaluation des patrimoines conduit à une sous-évaluation des disparités. De plus ils fournissent la base matérielle sur laquelle s'opère la transmission d'une partie essentielle du patrimoine humain, de ces qualités acquises par la personne, qui n'ont pas de prix. Ils jouent un rôle important dans l'inculcation des connaissances et dans la formation des goûts constitutifs de l'habitus cultivé.

Une réalité multiforme

Outre la difficulté de l'accès aux sources, l'évaluation des patrimoines se heurte encore au fait que l'économique ne peut être réduit à l'économie, ni le culturel à la culture : à un niveau de fortune élevé, les différents éléments du patrimoine voient leurs valeurs vénales et leurs valeurs symboliques atteindre des sommets. Le

7. Voir Pierre BOURDIEU et Jean-Claude PASSERON, *Les Héritiers. Les étudiants et la culture*, Paris, Minuit, 1964, et Pierre BOURDIEU, *La Distinction*, *op. cit.*

8. Comptes de patrimoine (INSEE et Banque de France), enquêtes Actifs financiers, enquêtes Revenus fiscaux et enquêtes Logement (INSEE).

patrimoine forme alors un tout dont les différentes parties prennent sens dans leur interrelation et leur cumulativité.

Cette totalité du patrimoine tend à établir une certaine analogie entre le milieu familial et le groupe des pairs et ces institutions totales dont parle Erving Goffman [9]. L'individu est pris dans un ensemble structuré de valeurs et de comportements obligés qui débordent les champs des activités professionnelles pour englober la vie quotidienne. Ainsi, le patrimoine contribue, par le simple effet de son importance, mais aussi par ses dimensions culturelles et symboliques, à effacer l'individu au profit du groupe. Car l'individu est en quelque sorte hérité par son héritage, happé par le devoir d'assumer la transmission dont il bénéficie mais dont il doit à son tour assurer la succession. Héritiers de lignées prestigieuses, aristocrates fortunés et grands bourgeois de vieille souche doivent plus à leurs héritages qu'à leurs mérites. Mais un héritage se mérite. Il faut être apte à gérer le patrimoine qui vous échoit, sous peine de déchoir.

La transmission n'est en rien indépendante de ce qu'elle transmet. Ses conditions sont déjà définies dans le contenu même des patrimoines. Parmi les effets sociaux de la richesse patrimoniale, il y a cette accumulation de talents, de savoirs, de compétences et d'assurance qui font les dynasties et les transmissions réussies. Car l'argent donne du talent. Pour le dire autrement, le patrimoine matériel est inséparable du patrimoine humain. Avec les avoirs financiers et matériels se transmettent les connaissances, les savoir-faire et les manières d'être que l'accumulation de la fortune a permis d'amasser. En contrepartie, la gestion du capital symbolique, la conservation et l'entretien de ces talents supposent de disposer des moyens matériels nécessaires. Les différentes formes d'avoirs, de patrimoines,

9. Erving Goffman, *Asiles*, Paris, Minuit, coll. « Le Sens commun », 1968.

de capitaux ou de fortunes se confortent mutuellement et sont indispensables les unes aux autres [10].

Critique de l'effet « palmarès »

Quelles sont les grandes fortunes, quelles sont les familles qui disposent des patrimoines les plus élevés ? Y a-t-il bien transmission ? Les familles aujourd'hui les plus fortunées le sont-elles depuis plusieurs générations ? Supposer que l'argent donne aussi du talent, c'est supposer qu'il donne les moyens moraux et intellectuels de maintenir la lignée. Faire fortune porterait alors en soi l'obligation de transmettre et les moyens de satisfaire à cette obligation.

Le renouvellement des fortunes ?

Plusieurs auteurs, en se fondant sur les palmarès des familles les plus riches publiés par la presse, ont conclu à un renouvellement rapide de la fortune en observant que les listes publiées ne contenaient que très peu de patronymes des célèbres « 200 familles » dénoncées par Édouard Daladier. Celui-ci, au congrès radical de Nantes en octobre 1934, avait déclaré que « 200 familles sont maîtresses de l'économie française et, en fait, de la politique française ». Il s'agissait des 200 principaux actionnaires de la Banque de France, alors établissement privé, dont d'ailleurs une soixantaine de personnes morales (sociétés et institutions).

Jules Lepidi ne retrouve qu'une dizaine de ces noms parmi les cent Français les plus riches recensés par

10. Les gros gagnants du Loto, ceux du moins de condition très modeste, fourniraient une population expérimentale très intéressante de ce point de vue : comment gère-t-on une fortune à laquelle rien ne vous a préparé, et pour laquelle on ne dispose d'aucune des ressources spécifiques nécessaires ?

Le Nouvel Observateur [11]. De même, seulement une dizaine de descendants des 200 familles, selon A. Babeau, figurent parmi les 150 plus grosses fortunes individuelles recensées en 1988 par *L'Expansion* [12]. De telles observations seraient en harmonie avec la constatation de la détérioration des fortunes françaises [13]. Les 200 familles auraient connu de tels revers de fortune, liés aux guerres et aux déboires des placements à l'étranger, qu'elles ne sauraient aujourd'hui figurer parmi les plus riches. Les grandes fortunes appartiendraient à de nouveaux enrichis [14]. Mais il y a là un « effet palmarès » qui pourrait cacher le phénomène plus profond et plus permanent de la transmission. En effet, ce n'est pas parce que le premier de la classe est fils d'ouvrier que l'on peut en déduire que tous les meilleurs élèves sont fils d'ouvriers et que ce sont eux qui vont peupler Polytechnique. De la même manière, trouver une large majorité d'industriels et d'hommes d'affaires dont les fortunes sont récentes parmi les 200 Français les plus riches (quand ce n'est pas parmi les 100 ou les 50...) ne prouve pas que les vieilles familles soient ruinées et que leurs descendants en soient réduits à vendre leur force de travail.

11. Jules Lepidi, *La Fortune des Français*, Paris, PUF, coll. « Que sais-je ? », n° 2424, 1989, p. 80-84, et *Le Nouvel Observateur*, n° 1197 du 16 au 22 octobre 1987.

12. André Babeau, *Le Patrimoine des Français*, Paris, La Découverte, coll. « Repères », 1989, p. 44-45, et *L'Expansion*, n° 340 du 23 septembre au 6 octobre 1988.

13. « Le total des fortunes privées en 1954, exprimées en francs germinal [c'est-à-dire ramenés à leur valeur au 17 germinal an XI, soit le 7 avril 1803, date de la mise en place des institutions monétaires modernes], atteint à peine son montant de 1913 diminué des pertes des deux guerres », note J. Lepidi (*op. cit.*, p. 18). En 1908, la fortune privée représentait 5,7 fois le revenu national; le rapport n'était plus que de 1,4 en 1953 (*ibid.*, p. 19).

14. *L'Événement du jeudi* a lui aussi publié une analyse des « nouvelles 200 familles » (n° 372 du 19 au 25 décembre 1991). *L'Expansion* avait publié deux dossiers élaborés par Pierre Beaudeux sur les 50 puis sur les 100 « Français les plus riches » dans ses numéros 274 du 6 au 19 décembre 1985 et 274 du 23 janvier au 5 février 1987. *Le Nouvel Économiste* du 14 octobre 1994 (n° 967) donne le classement des 400 plus grandes fortunes professionnelles, enquête actualisée dans le n° 1 017 du 5 octobre 1995.

Si les familles anciennes peuvent être supplantées aux premières places des classements, il est vraisemblable qu'elles sont encore nombreuses, en 1993, parmi les quelque 160 000 assujetties à l'ISF. D'ailleurs, le palmarès des 400 plus grandes fortunes professionnelles établi par *Le Nouvel Économiste* en 1994 prend souvent en compte des fortunes familiales et non plus seulement individuelles, à l'inverse des classements précédents. Or les résultats en sont quelque peu infléchis. « Qui retrouve-t-on aujourd'hui dans notre classement des 400 grandes fortunes professionnelles ? écrit Éric Tréguier. Bien évidemment les héritiers des grandes dynasties : les Seydoux, Taittinger, Rothschild, Dassault, Peugeot, Mérieux, Verspieren, Guichard... » Si, parmi les 91 milliardaires recensés, on repère « les capitalistes de l'après-guerre » et « quelques rares exemples de fortunes nouvelles », y figurent également quelques vieilles familles ou héritiers de dynasties : Michel David-Weill (Banque Lazard), famille Hermès (les carrés de soie...), Serge Dassault, famille Durand (Cristal d'Arques), famille Bich (la pointe Bic), famille Hériard-Dubreuil (Cointreau), famille Guerlain (parfums), famille Vuitton (bagagerie de luxe), Robert Fiévet (fromageries Bel), famille Wendel, etc. Autrement dit, s'il y a bien un certain renouvellement, il ne va pas jusqu'à bouleverser de fond en comble la hiérarchie des fortunes [15].

On peut d'ailleurs trouver une étrange complaisance aux célébrations des richesses neuves, dont la mise en avant semble prouver qu'il ne tient qu'à chaque Français de rivaliser avec Mme Liliane Bettencourt, heureuse héritière qui occupe le premier rang des fortunes depuis que Marcel Dassault lui a cédé la place : ses actifs financiers étaient estimés en 1994 à quelque 25 milliards de francs par *Le Nouvel Économiste*.

15. *Le Nouvel Économiste,* n° 340, p. 68-69.

S'il est vrai qu'il existe un certain « turnover » au sommet de la hiérarchie des fortunes, encore faut-il se garder de limiter celles-ci aux 200 premières, dûment répertoriées. Selon le VIIIe rapport du Conseil des impôts, 0,2 % des 19 588 924 ménages dénombrés par le recensement de 1982 disposaient d'un patrimoine supérieur à 10 millions de francs [16], ce qui représente tout de même plus de 39 000 ménages. Avant de conclure au renouvellement des fortunes, il faudrait vérifier que, parmi ces ménages, il n'y ait pas quelques héritiers.

D'autant que, dans un autre classement qui hiérarchise en fonction de l'importance de leurs patrimoines cette fois uniquement des familles et non plus des individus, on trouve nombre de patronymes dont la notoriété n'est plus à établir. Les notices qui accompagnent ce palmarès sont éclairantes. Jean-Pierre Peugeot, qui est véritablement à l'origine de la dynastie (ses descendants se situent au troisième rang) était au départ un petit fondeur d'acier. Il vécut de 1768 à 1852. Les frères Schlumberger (descendants au quatrième rang), Conrad (1878-1936) et Marcel (1884-1953), inventèrent un nouveau moyen de détection du pétrole. La maison Martell et Cie ouvrit son premier livre de comptes le 3 août 1720 [17]. Sur les 30 notices de ces « familles les plus riches », 16 font référence à des dates de fondation situées au XIXe siècle, ou même antérieures. Parmi les autres noms connus qui figurent dans cette liste, et qui évoquent la haute finance ou la grande industrie, on peut citer Vuitton, David-Weill, Rothschild, Michelin, Taittinger, Cointreau, Worms, Hennessy, Vogüé, Chandon-Moët, Wendel, Bouriez ou Guichard. Il ne s'agit pas là de nouveaux venus. Toutes ces familles sont parmi les 30 plus fortunées de France.

16. Conseil des impôts, *op. cit.*, tableau 11, p. 20.
17. Voir *L'Expansion*, n° 340, 23 septembre au 6 octobre 1988, p. 128.

La manière même dont sont construits les palmarès laisse dans l'ombre certains aspects essentiels des patrimoines. En effet, ils sont surtout fondés sur les actifs financiers. Dans les indications succinctes données sur la méthode, celle-ci n'est détaillée que pour les valeurs mobilières sans doute plus facilement accessibles, à partir de publications spécialisées et de banques de données coûteuses, que les biens immobiliers et fonciers et les œuvres d'art, auxquels il est seulement fait allusion [18].

Au-delà de ces incertitudes, on peut retenir, au moins à titre d'hypothèse, la remarque d'André Babeau selon laquelle « le goût de l'*argent* et du *pouvoir* qu'il confère » constitue un « aspect démiurgique de l'accumulation [qui] est souvent présent dans les motivations des grands fondateurs de dynasties patrimoniales [19] ». Cette vocation peut ne pas être toujours aussi vive parmi les héritiers, une partie des actifs accumulés étant convertis en patrimoine de jouissance. Non pas dilapidés, comme la vulgate le dit trop facilement, mais transformés en demeures et en œuvres d'art qui, en offrant un cadre de vie exceptionnel, sont au principe de l'attachement à ce patrimoine familial dont la valeur identitaire se conforte ainsi au fil des générations.

Or ce patrimoine de jouissance, dont la valeur peut être considérable, est mal saisi par les enquêtes. La prise en compte des actifs financiers, dans les palmarès des grandes fortunes, est plus aisée et elle favorise les patrimoines les plus récents, ceux où la part de ces actifs est primordiale. Dans l'accumulation primitive, ce sont les biens productifs qui occupent la priorité des investissements. On pourrait alors admettre que les grandes familles n'occupent plus toujours le premier rang, dans

18. Voir *L'Expansion*, n° 340, p. 114, ou *Le Nouvel Économiste*, n° 967, p. 76.
19. A. Babeau, *Le Patrimoine des Français*, *op. cit.*, p. 31-32.

les affaires, tout en conservant un niveau de fortune appréciable et en disposant d'un patrimoine de jouissance et d'un patrimoine humain qui assurent la pérennité de la lignée. Il est vraisemblable que le processus d'accumulation passe par un sommet puis connaît un tassement relatif des patrimoines : ils se stabiliseraient sur longue période comme réponse à une logique de cycle de vie qui ne serait plus à l'échelle d'une génération, mais intergénérationnel. L'accumulation patrimoniale et sa gestion seraient donc organisées non par rapport à un terme – la retraite, la vieillesse et la mort, comme dans la théorie du cycle de vie de Modigliani –, mais en fonction d'un enjeu social de première importance : la transmission de l'héritage, du nom, de la mémoire et de l'identité familiale.

Les premiers classés des palmarès n'entrent pas dans ce schéma, du moins n'y entrent pas encore. Et c'est l'une des raisons des records que ces fortunes établissent. Leur constitution est récente, et ces fortunes sont d'autant plus considérables qu'elles n'ont pas encore été partagées entre des héritiers. Ce n'est d'ailleurs pas sans raison qu'au lieu d'être évaluées par la presse dans le cadre familial, elles le sont au niveau individuel. On ne parle pas encore de « famille » à leur propos. La famille, comme système d'alliance et d'accumulation de capital social, sera le fait de la génération suivante. Une « grande famille » ne s'établit pas sur une seule génération, et ce sont les héritiers qui ont en charge d'en conforter les bases en enrichissant le réseau des alliances [20].

Ces remarques paraissent d'autant plus fondées que les économistes spécialistes de l'étude des patrimoines ont noté que la propension à adopter un comportement « dynastique » augmentait en raison de l'importance des

20. En outre, le défaut de descendance mâle peut être un facteur de disparition de ces vieilles familles des palmarès. Pour apprécier le sens réel de l'absence de certains patronymes de la liste des 200 familles, il est nécessaire de vérifier que les lignées ne se poursuivent pas sous un autre nom, faute d'héritiers de sexe masculin.

successions[21]. Il suffirait donc d'amorcer le processus : la fortune constituée, le principe même de sa transmission lui serait consubstantiel. L'héritage serait dans la nature de la richesse, bien loin de porter à la dilapidation. L'un des objectifs de cet ouvrage est de montrer que le patrimoine porte en lui-même les facteurs de sa perpétuation et de sa transmission, et qu'il est ainsi au fondement de la reproduction sociale.

En fait, l'idée même de l'existence de dynasties fortunées dérange souvent. L'idéologie méritocratique, qui suppose la probabilité de la réussite individuelle, rassure, car elle ouvre, au moins dans l'imaginaire social, l'univers des possibles. De plus la réussite brillante et rapide d'hommes d'affaires que leur ascension désigne au grand public renvoie à l'argent, et seulement à lui. *A contrario* l'existence de dynasties fait pressentir ou plutôt redouter l'accumulation d'autres formes de capitaux, de biens culturels et de pouvoirs symboliques. En particulier pour les agents sociaux qui doivent l'essentiel de leur position à leur capital scolaire et culturel, cette concurrence dans le domaine même de ce qu'ils pensent être leur spécialité leur est insupportable. À la domination économique, on ne saurait admettre que vienne se greffer une domination culturelle que l'on croyait à la faveur exclusive des producteurs culturels.

Permanence ou circulation des élites ?

Aussi le thème de la « circulation des élites » a-t-il une tradition sociologique. Vilfredo Pareto (1848-1923), qui divisait la société en deux classes, les élites et les autres, affirmait, selon Dominique Merllié, que « le destin des élites est de se renouveler, soit progressivement en intégrant des individus et en rejetant d'autres, soit globalement quand un groupe, faute de renouvellement ou

21. Denis Kessler et André Masson, « Qui possède quoi, et pourquoi ? », *Revue d'économie financière*, n° 10, 1989.

pour d'autres raisons, perd sa position dominante [22] ». D'ailleurs, la notion même de « mobilité sociale », introduite par Pitirim Sorokin (1889-1968), a été constituée à partir du problème des élites. Pour Sorokin, « la mobilité sociale apparaît comme une forme de généralisation du thème, plus ancien, de la " circulation des élites ". Et encore bien après Sorokin, les travaux sur la mobilité sociale sont en fait assez souvent limités à la question du recrutement des élites [23] ». Cette tradition renvoie à une préoccupation ancienne dans les sociétés occidentales développées, celle de l'égalité, au moins formelle, des chances. Sans être des sociétés égalitaires, l'Amérique du Nord ou la vieille Europe sont des sociétés méritocratiques, où il s'agit de vérifier et de mettre en évidence que les positions dominantes ne sont pas seulement héritées, mais qu'elles se méritent et qu'elles sont l'objet d'une lutte vivifiante dont le résultat est incertain.

Contre cette image socialement et politiquement légitimatrice d'une société ouverte, dans laquelle la compétition serait possible et permettrait à chacun de réaliser ses chances, il est nécessaire de rappeler des faits élémentaires. Tout d'abord que « l'immobilité l'emporte sur la mobilité », comme le montrent les tables de mobilité sociale [24]. Et ensuite que la reproduction sociale ne saurait se mesurer à l'aune individuelle, de père en fils ou de mère en fille. Cette reproduction prend sens à l'échelle du groupe. Cela est d'autant plus vrai pour la grande bourgeoisie que la richesse et le pouvoir ne se constituent pas sur un mode individuel, ni à l'échelle de la famille mononucléaire, mais à celle de la famille élargie et de toutes les familles avec lesquelles, au fil des générations, se tissent liens, solidarités et complicités. Les grandes familles se marient entre elles et, dans une véritable alchimie collective, elles produisent le miracle

22. Dominique Merllié, *Les Enquêtes de mobilité sociale*, Paris, PUF, coll. « Le Sociologue », 1994, p. 23.
23. *Ibid.*, p. 23-24.
24. Voir A. Bihr et R. Pfefferkorn, *Déchiffrer les inégalités, op. cit.*, chap. xiii, 3e partie, « La reproduction des inégalités », p. 518-546.

de la multiplication des pains dans toutes les formes de capitaux. Mais le réseau des alliances déborde les limites familiales et on ne comprendrait rien à l'intense sociabilité grande-bourgeoise si on refusait d'y voir aussi un effort permanent pour maintenir et développer le formidable instrument de pouvoir que constitue un tel capital social.

Dans leur étude sur le patronat, Pierre Bourdieu et Monique de Saint Martin remarquent que « les critères à l'usage du dedans sont à l'opposé de l'image moderniste et rationnelle que propose au-dehors la grande parade technocratique : c'est dans le passé, dans l'histoire et dans l'ancienneté des droits acquis que cette fraction dirigeante qui se veut entièrement projetée dans l'avenir trouve les véritables principes de sa sélection réelle en même temps que les justifications pratiques de ses privilèges [25] ». Les « managers » comme nouveaux maîtres de l'économie masqueraient donc en fait le poids du passé derrière les atours modernistes. Ils seraient l'écran indispensable à l'entretien de l'illusion méritocratique. Or sociologues et économistes, du moins certains d'entre eux, s'accordent à reconnaître à la propriété et aux réseaux familiaux auxquels elle renvoie une place toujours prépondérante. Ainsi, les auteurs du *Dictionnaire des groupes industriels et financiers en France* écrivent que « les liens familiaux sont l'un des moyens, peut-être le principal, par lesquels la bourgeoisie et en particulier l'oligarchie financière assure et reproduit dans le temps son contrôle sur les capitaux [...] qu'elle met en valeur [26] ». Bernard Marguerite aboutit à des conclusions semblables tout en soulignant la perméabilité relative de la grande bourgeoisie : « Il n'y a pas d'un côté une classe de rentiers et de l'autre une classe de managers, il y a un mécanisme

25. Pierre Bourdieu et Monique de Saint Martin, « Le Patronat », *Actes de la recherche en sciences sociales*, n° 20-21, mars-avril 1978, p. 65.

26. P. Allard, M. Beaud, B. Bellon, A.-M. Lévy et S. Liénart, *Dictionnaire des groupes industriels et financiers en France*, Paris, Le Seuil, 1978, p. 19.

de sélection-absorption au sein de la classe (ou à sa périphérie immédiate) de ceux qui paraissent les mieux qualifiés pour gérer dans l'intérêt collectif de la classe [27] ». Daniel Bertaux, dans le texte le plus ancien de tous ceux cités ici, affirmait que « grâce à quelques études récentes, [il avait] vu assez vite que [la thèse de l'ère des managers] n'était que poudre aux yeux pour dissimuler à la vue le processus réel, qui est bien au contraire la concentration de richesses fabuleuses et d'un pouvoir inouï entre les mains de quelques " grandes familles " d'ailleurs toutes liées les unes aux autres par de multiples liens d'argent ou de mariage, et formant une espèce de noyau dur de très grande bourgeoisie qu'on appelle aussi l'oligarchie financière [28] ». La concentration des fortunes est, en tout état de cause, un fait constatable et spectaculaire [29].

27. Bernard MARGUERITE, « Crise du système financier et reproduction de l'oligarchie financière », *Issues*, n° 12, 2e trimestre 1982. Voir aussi Michel BAUER et Bénédicte BERTIN-MOUROT, *Les 200. Comment devient-on un grand patron ?*, Paris, Le Seuil, 1987, et *L'Accès au sommet des grandes entreprises françaises (1985-1994)*, Paris, CNRS, 1995.

28. Daniel BERTAUX, *Destins personnels et structure de classe*, Paris, PUF, 1977, p. 66.

29. Les analyses de Pierre BIRNBAUM sur le « mythe des gros » sont fondées sur la prise en compte des discours et des attitudes politiques. Il est vrai que les « gros » et les « 200 familles » y sont parfois grossièrement caricaturés, et que cette « mythologie » est très nettement teintée d'antisémitisme, y compris dans des textes, anciens, émanant du Parti communiste français. Pour autant Pierre Birnbaum ne traite pas des fortunes réelles et des réseaux familiaux ou autres : le caractère mythique des « gros » n'est établi qu'à travers des données comme celles du vote à droite de catégories sociales moyennes ou modestes. Le raisonnement est que les opinions et les comportements électoraux sont fluides et se présentent sous la forme d'un continuum, suffisamment pour que l'opposition récurrente du « peuple » et des « gros » paraisse à l'auteur relever d'une représentation erronée, et intéressée, du monde social. S'il est vrai que cette opposition peut pour partie tenir du mythe, en raison de sa forte charge symbolique, on espère que le présent travail mettra bien en évidence l'importance de la distance sociale qui oppose les fractions les plus privilégiées de la société aux larges masses des couches moyennes et populaires dans leurs modes de vie, leurs ressources, leur accès à la culture, leurs possibilités de promotion sociale, etc. Voir Pierre BIRNBAUM, *Le Peuple et les gros. Histoire d'un mythe*, Paris, Hachette, coll. « Pluriel », 1995 (1re édition : Paris, Grasset, 1979).

Revenus et patrimoines

La concentration des patrimoines est bien plus accentuée que celle des revenus : la moitié des ménages ne possèdent, au bas de l'échelle, que 6 % du patrimoine total, alors que les 10 % les plus fortunés en détiennent 54 %. En valeur absolue, les 10 % les plus pauvres disposaient en 1986 d'un patrimoine inférieur à 12 200 francs, alors que les avoirs des 10 % les plus riches étaient supérieurs à 1 055 000 francs [30]. Soit un rapport de 1 à 87 alors qu'il n'est, calculé de la même façon, que de 1 à 6 pour les revenus. En 1984, 20 % des foyers redevables de l'ISF déclarent un revenu disponible inférieur à 200 000 francs par an, soit le revenu d'un couple de cadres supérieurs. 9 % de ceux déclarant un patrimoine compris entre 7 et 10 millions de francs n'avaient encore que ce même niveau de revenu [31]. Il y a donc, de façon significative, un décalage entre patrimoines et revenus.

Cette distorsion renvoie au fait que les patrimoines saisis dans les enquêtes comprennent les patrimoines de rapport et une partie des patrimoines de jouissance (certains biens immobiliers...). Or ceux-ci, qui peuvent représenter de grandes valeurs monétaires, ne produisent pas de revenus mais induisent de profondes inégalités dans les conditions de vie. Les vastes demeures

30. Stéfan LOLLIVIER et Daniel VERGER, « Le patrimoine aujourd'hui. Beaucoup entre les mains de quelques-uns... », INSEE, *Données sociales 1990*, p. 167-170, figure 1, p. 169. Ces chiffres, donnés en francs courants, pourraient être actualisés en utilisant les indices de hausse des prix. Mais ce serait en partie fallacieux : toutes les études du CERC ont montré que durant les deux dernières décennies les revenus du capital ont augmenté beaucoup plus vite que ceux du travail. Actualiser uniformément les valeurs données ici reviendrait à masquer l'accroissement de la concentration de la richesse. Il suffit donc de prendre en compte les structures de répartition en sachant qu'elles sous-estiment les inégalités que l'on trouverait aujourd'hui.

31. Véronique SANDOVAL, « La grande bourgeoisie, une planète à explorer », *La Pensée*, n° 290, novembre-décembre 1992, p. 65-74.

des beaux quartiers et les objets d'art qu'elles abritent sont un cadre de vie exceptionnel. De plus, par la médiation de l'intense sociabilité propre à la haute société, ces patrimoines de jouissance sont en quelque sorte collectivisés : chaque membre du groupe reçoit et invite, l'usage des biens considérés étant, d'une certaine façon, partagé. Il y a ainsi une forte démultiplication au profit de chacun et la saisie au niveau familial ou individuel de la richesse sous-estime encore la masse des biens patrimoniaux auquel chacun a réellement accès. Limiter aux dimensions monétaires l'analyse de la richesse en appauvrit le sens social. La démarche sociologique, ou même ethnographique, est ici un complément précieux qui permet de prendre la mesure de ce que signifie concrètement, dans la vie quotidienne, le fait de disposer d'un patrimoine de jouissance considérable.

Il y a donc une certaine indépendance entre le niveau des revenus et l'importance du patrimoine possédé. On peut aussi trouver l'inverse, avec des revenus très importants et un patrimoine relativement faible, ce qui est le cas des fortunes en cours de constitution. Au sommet des hiérarchies sociales les configurations entre revenus et patrimoines, surtout si l'on veut tenir compte des valeurs d'usage réellement accessibles en raison du réseau de relations mobilisable, peuvent varier, beaucoup plus que dans les catégories sociales moins privilégiées. Mais, au-delà de cette complexité des situations individuelles, on constate une extrême concentration des fortunes patrimoniales.

Les inégalités patrimoniales

L'ampleur des inégalités de patrimoine apparaît clairement à travers les données disponibles. Au 31 décembre 1983, les 10 % des ménages ayant les patrimoines les plus faibles, le premier décile, disposaient de 0,2 % de l'ensemble des avoirs des ménages, soit 10 653 milliards de francs [32]. D'après le recensement de 1982, un décile représentait un effectif de 1 958 892 ménages. Les ménages du premier décile disposaient donc, en moyenne, en 1983, d'un patrimoine net de 10 875 francs.

Les 9 857 redevables de l'ISF dont le patrimoine est supérieur à 10 millions de francs possédaient ensemble 219 177 millions, soit un patrimoine moyen de 22,24 millions de francs. Les biens d'un de ces heureux propriétaires représentaient ceux de 2 045 ménages parmi les plus modestes.

Les ménages les plus fortunés, disposant d'un patrimoine d'au moins 100 millions de francs, étaient au nombre de 142. Le total de leurs patrimoines additionnés atteignait 36 641 millions de francs, soit 258 millions en moyenne [33]. Ainsi, au sommet de la richesse, chaque foyer fiscal possédait les avoirs de 23 724 ménages modestes, ce qui est l'équivalent de la population du VIe ou du VIIIe arrondissement de Paris. « Beaucoup entre les mains de très peu ; très peu entre les mains de beaucoup : cela reste la règle en ce qui concerne la répartition des patrimoines en France [34]. »

Le phénomène de concentration des fortunes s'intensifie donc au fur et à mesure que l'on grimpe dans l'échelle des patrimoines. En 1982, les deux tiers environ du produit de l'IGF provenaient de 12 000 foyers fiscaux sur les quelque 100 000 assujettis [35]. En 1985, les redevables de l'IGF disposant de plus de 30 millions de patrimoine représentaient 1,2 % des assujettis, mais ils

32. Cette masse correspond au patrimoine net des ménages, dettes déduites et or, bijoux, objets précieux et objets d'art non compris, actifs au demeurant peu représentés dans les ménages les plus démunis. Les biens professionnels sont inclus. Source : Conseil des impôts, *Huitième Rapport...*, *op. cit.*, tableau n° 1, p. 12.

33. Il s'agit là encore de l'actif net, imposable, mais sans prise en compte des objets de collection et des objets d'art, y compris les biens professionnels. Source : VIIIe rapport du Conseil des impôts, *op. cit.*, tableau n° 135, p. 124. Il s'agit donc d'un patrimoine largement sous-estimé.

34. A. Bihr et R. Pfefferkorn, *Déchiffrer les inégalités, op. cit.*, chapitre VII, « Les inégalités de patrimoine », p. 246.

35. A. Babeau, *Le Patrimoine des Français, op. cit.*, p. 117.

possédaient 12 % de la totalité du patrimoine soumis à l'IGF [36]. Il y a donc une énorme dispersion de l'importance des patrimoines, d'autant plus considérable que l'on monte dans l'échelle des richesses. Entre les premiers déciles des distributions, ceux où l'on trouve les ménages les moins riches, les différences ne sont sensibles que parce qu'elles concernent des biens vitaux : propriété ou non de la résidence principale. À l'intérieur du dernier décile, le plus riche, les variations sont moins perceptibles, lorsqu'elles sont vues depuis le bas de l'échelle sociale, mais elles sont en réalité de bien plus grande ampleur car elles concernent le nombre de résidences possédées, les meubles de style et les œuvres d'art qu'elles abritent, tout ce qui fait des cadres de vie hors du commun. La richesse n'est pas accumulée pour elle-même, mais pour tous ces moyens et cet apparat mobilisés dans la vie quotidienne. Ce patrimoine de jouissance suppose un patrimoine de rapport d'autant plus important que son entretien et sa conservation sont coûteux. Même si l'impôt de solidarité sur la fortune n'a cessé de progresser, rapportant 8,3 milliards de francs en 1994, le patrimoine reste très concentré.

Les inégalités face à l'héritage sont du même ordre que les inégalités de patrimoine. « 10 % des successions représentent ainsi près de la moitié du patrimoine transmis » et ceux qui bénéficient de ces héritages sont, en général, déjà fortunés. « La place qu'occuperont le fils ou la fille dans l'échelle des richesses sera souvent proche de celle qu'occupe le père ou la mère »,

36. VIIIe rapport du Conseil des impôts, tableau n° 134, p. 123. En 1993 le nombre des assujettis avait considérablement augmenté puisqu'il dépassait les 160 000. Cette croissance peut être imputée à divers facteurs, dont l'augmentation de la valeur des biens immobiliers, en particulier dans la région Île-de-France, et la remontée des cours de la Bourse depuis 1985-1986. Mais ces deux facteurs se sont inversés dans la période récente. On ne dispose pas d'analyses détaillées de la structure des hauts patrimoines assujettis à l'ISF au-delà de 1985. En ce qui concerne la discussion sur l'éventualité d'une imposition des patrimoines dès la fin des années soixante-dix, on pourra consulter le *Rapport de la commission d'étude d'un prélèvement sur les fortunes*, Paris, La Documentation française-Union générale d'éditions-10/18, 1979.

concluent les auteurs de cette étude[37]. Voilà qui va à contre-pied des conclusions sans doute un peu rapides sur la mobilité des fortunes, que les listes des Français les plus riches suggèrent trop facilement. Sous la bousculade pour les premières places, une masse, relative, de fortunes établies, moins spectaculaires mais encore respectables, vit tranquillement des jours heureux. L'héritage construit dans le temps ce que la concentration des fortunes construit dans l'espace social. Cette concentration permet l'existence d'un réseau qui unifie la haute société, l'héritage permet aux lignées de se constituer en s'appuyant sur la permanence, voire l'enrichissement des patrimoines. L'aristocratie fortunée et la grande bourgeoisie sont donc formées de deux réseaux entrecroisés, celui des relations, dans la synchronie, et celui des lignées, dans la diachronie. C'est aussi une manière de marquer son emprise sur le temps, à travers une histoire familiale, et sur l'espace, à travers l'étendue des relations présentes. Le patrimoine immobilier, dont les formes rurales ou balnéaires offrent la possibilité de séjours croisés et d'invitations réciproques, permet de densifier et de consolider les mailles du filet. Les patrimoines les plus élevés inscrivent l'individu dans un collectif à la fois historique et contemporain.

La composition des grandes fortunes

L'importance des valeurs mobilières, caractéristique de la fortune

La composition des patrimoines varie avec leur montant. Pour les 40 % des ménages les plus pauvres, le patrimoine est constitué surtout de liquidités, sommes disponibles sur les comptes-chèques ou épargne liquide, comme le livret de Caisse d'épargne. Pour les ménages

37. D. Kessler et A. Masson, « Le patrimoine des Français... », *op. cit.*, p. 159-160.

un peu plus fortunés le logement principal et la résidence secondaire apparaissent de façon significative. L'immobilier de jouissance prend alors une grande place dans le patrimoine, jusqu'aux ménages les plus aisés, les 20 % qui disposent des patrimoines les plus importants. Pour ceux-ci la part de l'immobilier de jouissance régresse au profit de l'immobilier de rapport, des valeurs mobilières et du patrimoine professionnel (voir tableau 1, p. 37, et graphique 1, p. 38). Plus le patrimoine est élevé, plus il est un patrimoine de rapport, dont le but est de fournir une partie des ressources des ménages. D'ailleurs une enquête sur les revenus fiscaux, réalisée en 1984, a montré que si les revenus du patrimoine représentaient 6 % du revenu global des ménages, la concentration en ce domaine était extrême puisque 18 % des ménages bénéficiaient de 90 % des revenus des actifs patrimoniaux [38].

En 1985, à l'intérieur de la population des assujettis à l'IGF, le poids des valeurs mobilières augmente en fonction de l'importance du patrimoine. Sur un patrimoine compris entre le seuil d'imposition (3,5 millions) et 5 millions de francs, la part des logements de rapport et valeurs immobilières représente 64 %. Ce taux passe à 15 % lorsque le patrimoine dépasse 30 millions de francs. Inversement le poids des valeurs mobilières passe de 26 % à presque 80 % pour les mêmes tranches de patrimoine (voir graphique 2, p. 38, et tableau 2, p. 39).

Sans doute les buts recherchés changent-ils avec l'accroissement des patrimoines. « Si les petits propriétaires et petits épargnants visent avant tout à s'assurer

38. A. Babeau, *Le Patrimoine des Français, op. cit.*, p. 87, et G. Canceill, « Les revenus fiscaux des ménages en 1984 », *Les Collections de l'INSEE*, série M, n° 139, 1989. On ne dispose malheureusement pas d'enquêtes fiscales plus récentes qui donneraient la composition des patrimoines en fonction de leur niveau. Les comptes par catégorie socioprofessionnelle, publiés par l'INSEE, montrent que, en 1988, les catégories qui disposaient des patrimoines les plus importants sont aussi celles pour lesquelles le patrimoine de rapport est le plus important en valeur relative (et absolue).

Tableau 1.
Composition du patrimoine selon le décile (1980)

Déciles de patri-moines	Comptes-chèques	Épargne liquide	Logement principal et résidence secondaire	Valeurs mobilières	Immobilier de rapport et foncier	Patri-moine profes-sionnel	Total
Décile 1	81,6	18,4	–	–	–	–	100
Décile 2	64,6	30,2	0,7	–	2,5	2,1	100
Décile 3	41,6	55,4	1,2	1,5	0,2	0,1	100
Décile 4	21,7	67,9	2,9	2,6	2,5	2,4	100
Décile 5	6,6	34,0	49,6	2,1	4,4	3,4	100
Décile 6	5,3	17,8	66,8	2,9	5,0	2,1	100
Décile 7	4,6	12,7	66,2	3,7	6,4	6,4	100
Décile 8	3,1	14,5	64,8	5,1	6,9	5,6	100
Décile 9	3,4	13,1	40,0	8,1	13,9	21,5	100
Décile 10	2,9	10,5	24,0	9,4	26,6	26,7	100
Ensemble	3,9	13,6	37,7	7,5	18,0	19,2	100

SOURCE : enquête CREP 1980 et A. BABEAU, *Le Patrimoine des Français*, *op. cit.*

Le décile 1 correspond aux 10 % des ménages qui possèdent les patrimoines les plus faibles, le décile 10 aux 10 % des ménages les plus fortunés.

contre les aléas de la vie, à préparer leur retraite, ou à transmettre quelque chose à leurs héritiers naturels, l'objectif poursuivi par les détenteurs des plus gros patrimoines est avant tout son accumulation, pour elle-même ou pour le pouvoir qu'elle leur apporte [39]. » En tout cas le changement d'échelle produit un changement

39. V. SANDOVAL, « La grande bourgeoisie... », *op. cit.*, p. 72.

Graphique 1. Composition du patrimoine des ménages selon le décile

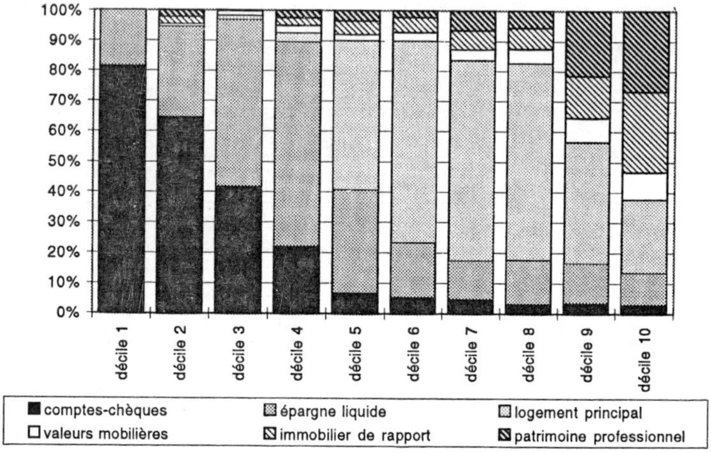

Graphique 2. Composition des patrimoines des assujettis à l'IGF

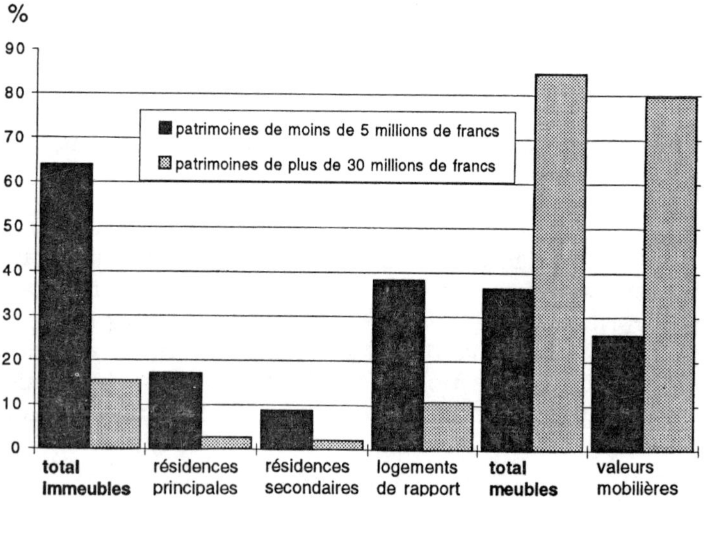

de nature. Les grands patrimoines ont un autre sens social que ceux plus petits et l'épargne est un phénomène multiple et divers.

Tableau 2. Composition des patrimoines des redevables de l'IGF en 1985 (tranches extrêmes)

	IMMEUBLES				MEUBLES	
	Total	Dont : résidence principale	Dont : résidence secondaire	Dont : logements de rapport	Total	Dont : valeurs mobilières
moins de 5 millions de francs	63,9	17,0	8,7	38,2	36,4	25,9
plus de 30 millions de francs	15,3	2,6	2,0	10,7	84,7	79,6

SOURCES : VIIIe rapport du Conseil des impôts, et Véronique Sandoval, « La Grande bourgeoisie, une planète à explorer », *op. cit.*

Que le patrimoine soit de plus en plus un patrimoine de rapport lorsqu'il croît n'empêche pas qu'il comprenne *aussi* un patrimoine de jouissance important. Car si l'immobilier de jouissance diminue en valeur relative quand le patrimoine global devient plus grand, il n'en demeure pas moins qu'en valeur absolue il continue à augmenter [40].

Patrimoine de jouissance et patrimoine de rapport ont en fait partie liée. Des propriétés multiples en France et à l'étranger ne peuvent se concevoir sans l'existence de revenus conséquents permettant de faire face aux charges inhérentes à ces biens : ISF, entretien, gardiennage, assurances. Être riche coûte cher. L'engrenage de la fortune est inéluctable : l'enrichissement

40. Ce que permet de vérifier l'enquête Actifs financiers de l'INSEE. Voir S. LOLLIVIER et D. VERGER, « Le patrimoine aujourd'hui... », *op. cit.*, figure 1, p. 169. Pour cela, il suffit d'appliquer aux montants de patrimoines, donnés par cette enquête, les répartitions du tableau 1 ci-dessus.

produit l'accumulation d'un patrimoine de jouissance multiforme, dont le maintien et la transmission supposent la continuité et l'accroissement des revenus, qui ne sauraient être seulement salariaux. La fortune appelle la fortune.

La diversification des portefeuilles de valeurs mobilières

La diversification des patrimoines augmentant avec leur valeur, elle est un critère très sélectif de hiérarchisation car seule une infime minorité des ménages possède une réelle variété de biens. Ainsi, une étude fondée sur la répartition de cinq types d'actifs montre qu'un quart seulement des ménages les plus fortunés disposent d'un portefeuille complet. Inversement, parmi les ménages les plus modestes, environ un tiers n'est concerné par aucun de ces actifs, un autre tiers n'ayant qu'un livret d'épargne [41]. Une autre ventilation des actifs en neuf postes arrive aux mêmes résultats : moins de 1 % des ménages disposent de 8 actifs et 0,2 % seulement du portefeuille complet [42]. L'enrichissement des ménages ne se fait pas avec le même gonflement de tous les postes d'actifs : les familles les plus riches sont celles qui possèdent un très important portefeuille de valeurs mobilières. Il n'y a pas de fortune digne de ce nom qui puisse s'établir en dehors de la Bourse.

En ce sens, M. et Mme Allières, qui habitent dans les Hauts-de-Seine, ont un patrimoine accordant la part

41. Jean-Jacques MALPOT, Véronique PAQUEL et Daniel VERGER, « Que possèdent les diverses catégories sociales ? », INSEE, *Données sociales 1993*. Les actifs étudiés sont les livrets d'épargne, l'épargne-logement, les valeurs mobilières, les assurances vie ou épargnes, retraites, et enfin le logement. L'avoir patrimonial de ces ménages modestes était inférieur à 20 000 francs en 1992, les ménages les plus fortunés ayant été définis comme ceux qui disposaient d'un patrimoine supérieur à 1 500 000 francs, soit 10 % des ménages.

42. D. KESSLER et A. MASSON, « Le patrimoine des Français... », *op. cit.*, p. 161. Les auteurs publient les résultats qui concernent les actifs suivants : comptes-chèques, livrets d'épargne, bons et dépôts à terme, épargne-logement, immobilier résidentiel, assurance vie, valeurs mobilières, actifs de rapport, actifs professionnels.

belle à leur portefeuille plutôt qu'à des biens immobiliers ou fonciers. Ils déclarent à l'ISF, en 1994, 8 500 000 francs, dont 6 500 000 pour leur seul portefeuille. Celui-ci est composé pour 1 400 000 francs de valeurs mobilières (comptes-titres et obligations), de contrats d'assurance vie pour 4 800 000 francs, le reste, 300 000 francs, demeurant sous forme de liquidités (CODEVI, PEL, livrets d'épargne et comptes courants). Ce choix s'explique peut-être par le fait que, n'ayant pas d'enfants et « aimant les beaux voyages », ils donnent la préférence à des placements qui leur assurent des revenus réguliers et confortables.

Mais dès que l'on étudie de plus près les répartitions, on s'aperçoit de la diversité des formes et des domaines d'investissement, à l'intérieur même des valeurs mobilières : les OPCVM, SICAV et fonds communs de placement, les SCPI, sociétés civiles de placement immobilier, l'assurance vie, etc. renvoient à des différences sociales car leur répartition entre les divers porteurs n'est pas indépendante du volume du patrimoine possédé. Les « produits » financiers, comme disent banquiers et gestionnaires, sont donc extrêmement variés, mais cette variété ne se trouve réalisée que dans les patrimoines les plus élevés.

La Bourse s'ouvre aux petites bourses

Les dernières décennies ont pourtant vu augmenter le nombre de détenteurs de valeurs mobilières. Selon une estimation de la Commission des opérations de bourse (COB), il est passé de 2,4 millions en 1978 à 11,2 millions en 1994, avec un maximum de 12,4 millions en 1992 [43]. Cet accroissement est en partie dû aux privatisations. Il coïncide avec un changement profond des

43. Banque de France, COB, SBF (Société des bourses françaises), *Les Porteurs de valeurs mobilières*, Paris, Imprimerie nationale, septembre 1994. Il s'agit d'une enquête par sondage réalisée par la SOFRES pour le compte de ces organismes.

Les « produits financiers » : quelques définitions

CODEVI : compte pour le développement industriel, créé en 1983, destiné à drainer une épargne populaire.

PEL : plan d'épargne-logement créé pour faciliter l'accession à la propriété, il constitue un placement de base pour le particulier (9 millions de détenteurs de plans, ou de comptes épargne-logement).

OPCVM : organismes de placement collectif en valeurs mobilières, ils regroupent l'ensemble des organismes qui assurent une gestion collective de l'épargne sous la forme de portefeuilles de valeurs mobilières.

FCP : fonds communs de placement, ce sont des copropriétés de valeurs mobilières qui ne peuvent être assimilées à des personnes morales. Les FCP font partie des OPCVM.

SICAV : les sociétés d'investissement à capital variable sont des sociétés d'investissement dotées de l'autonomie juridique. Elles ont le statut de personnes morales. Les SICAV font partie des OPCVM.

SCPI : les sociétés civiles de placement immobilier permettent l'acquisition en commun d'immeubles par plusieurs épargnants. La valorisation et l'entretien de ces immeubles sont assurés par une société de gérance.

Assurance vie : l'assureur s'engage à verser au souscripteur, au terme fixé, un capital ou une rente. L'épargne constituée peut être attribuée, en cas de décès, à des bénéficiaires désignés par le contrat, mais ce n'est pas l'objectif premier. Cette formule présente des avantages fiscaux considérables, et les spécialistes parlent volontiers à son propos de « paradis fiscal » français.

Voir :

Bruno PAYS, *La Gestion de patrimoine,* Paris, PUF, coll. « Que sais-je ? », n° 2699, 1992.

Frédéric TEULON, *Vocabulaire monétaire et financier,* Paris, PUF, coll. « Que sais-je ? », n° 2628, 1993.

Gérard ATHIAS, *Assurance vie, suivez le guide !,* entretiens avec Jean-Luc BENGEL, Paris, Éditions de Verneuil, 1994.

représentations attachées à la détention d'actions. Le contexte idéologique a changé depuis les années soixante et soixante-dix. Les revenus du capital tendent à être aujourd'hui perçus comme une juste rémunération de l'épargne, y compris dans des milieux modestes, jusqu'alors non concernés par la Bourse. Le succès des privatisations atteste que certains interdits moraux et idéologiques ont sauté. C'est là une situation nouvelle qui permet aux grandes fortunes de s'épanouir en toute légitimité.

Mais la structure des patrimoines mobiliers varie en fonction de leur volume. Selon une enquête publiée en 1994, les « petits porteurs », qui possèdent un portefeuille de valeurs mobilières inférieur à 100 000 francs, détiennent 51 % des actions, mais 66 % de celles des sociétés privatisées. Inversement, les « gros porteurs », détenteurs de portefeuilles supérieurs à 600 000 francs, possèdent plus de 9 % des actions, mais seulement 4 % de celles des sociétés privatisées. On observe une distorsion plus faible, mais allant dans le même sens, pour les OPCVM [44]. Les détenteurs de petits patrimoines tendent donc à préférer les valeurs présentées comme les plus sûres, les valeurs gérées collectivement par des professionnels ou celles qui font l'objet d'une privatisation et qui, de ce fait, semblent profiter d'une sorte de garantie de l'État.

On retrouve encore de la disparité entre les portefeuilles d'actions, en fonction de leur montant, du point de vue du nombre de lignes détenues, c'est-à-dire du nombre des sociétés cotées dont le porteur détient au moins une action. Il est de 5 sociétés pour l'ensemble des actionnaires, mais seulement de 2,6 pour les actionnaires de sociétés privatisées. Il atteint 11 sociétés pour les actionnaires les plus importants et 13 pour les actionnaires les plus actifs [45]. La propriété de titres de valeurs étrangères et le nombre d'opérations réalisées sont tout aussi inégalement répartis entre les porteurs. Les détenteurs des portefeuilles les plus importants sont

44. Banque de France, COB, SBF, *Les Porteurs de valeurs mobilières*, *op. cit.*

45. Ibid., p. 93. Les actionnaires les plus importants sont définis comme ceux disposant d'un portefeuille supérieur à 250 000 francs, environ 1 million de porteurs, les actionnaires les plus actifs ayant réalisé au moins six opérations, achats ou ventes, en un semestre, soit environ 650 000 personnes.

90 % à avoir réalisé au moins une opération en 1994, au moment de l'enquête (entre juin et septembre) alors que ce n'est le cas que de 64 % des porteurs d'actions de sociétés privatisées exclusivement. Ou encore 93,2 % de ceux dont le portefeuille dépasse 250 000 francs ont réalisé au moins trois opérations durant le premier semestre de 1994, contre seulement 17,3 % des actionnaires possédant un portefeuille inférieur à 50 000 francs [46].

Ces résultats ne sauraient surprendre : l'activité boursière des porteurs est d'autant plus importante que le portefeuille est volumineux. Cela relativise les conclusions que l'on pourrait tirer hâtivement de la croissance considérable du nombre de porteurs. En fait les actionnaires actifs restent une minorité, les autres ne venant qu'alimenter le marché financier. La Banque de France note par exemple qu' « en dépit d'une meilleure diffusion des valeurs mobilières la concentration des portefeuilles reste forte : environ trois cinquièmes de l'encours global des titres (61 %) se trouvent encore logés dans un peu moins de 10 % des comptes [47] ».

Les évolutions récentes montrent une tendance à la diversification de la composition des patrimoines dans presque toutes les couches sociales. « Les ménages qui ont un patrimoine ne comprenant ni livret, ni épargne-logement, ni valeur mobilière, ni assurance vie ou épargne-retraite, ni logements se font de plus en plus rares, alors qu'il est de moins en moins exceptionnel de détenir tous ces types d'actifs [48]. » Mais cette diversification reste très inégalement partagée et elle constitue un facteur de marginalisation de plus. On peut estimer que le fait de ne pas être concerné par la mise sur le marché financier, à grand renfort de publicité, des actions des

46. *Ibid.*, p. 116 et 119.

47. Monique Chocron et Lydie Marchand, « Les portefeuilles de titres des personnes physiques à fin 1993 », *Bulletin de la Banque de France*, n° 10, octobre 1994, p. 109.

48. J.-J. Malpot, V. Paquel et D. Verger, « Que possèdent les diverses catégories sociales ? », *op. cit.*, p. 392.

entreprises privatisables peut conduire à un sentiment de relégation relative ceux qui n'ont pas les moyens de participer au mouvement général. À l'inverse les pratiques économiques et patrimoniales des familles fortunées sont actuellement consacrées. Elles deviennent le nouveau canon de la pratique sociale conforme et légitime. Aujourd'hui, être à la tête d'une solide fortune, c'est prouver ses compétences, c'est affirmer son dynamisme et ses capacités à affronter les aléas du marché, et donc sa capacité à surmonter ces freins au dynamisme économique que seraient la méconnaissance et l'aversion du risque dont parlent D. Kessler et A. Masson.

Dans les représentations du monde social, il faut aussi faire la part de ces retournements idéologiques. Le triomphe, provisoire ou non, de l'économie de marché est aussi celui des grandes familles qui voient les contre-modèles économiques et sociaux disparaître de la scène politique et médiatique. Les positions dominantes peuvent ainsi sembler plus légitimes et plus assurées que jamais. La possession d'un patrimoine important a aussi une dimension symbolique et, aujourd'hui, le simple fait d'être riche est une confirmation de l'excellence. Il n'en fut pas toujours ainsi. Mais, en ces temps de « moderne dogmatisme » où triomphe « la pensée unique », la richesse, à elle seule, confère un pouvoir symbolique sans précédent [49].

Quelques exemples de grandes fortunes

La diversification des patrimoines peut se lire à travers les statistiques, mais elle est plus perceptible encore dans la description de quelques fortunes particulières. Ainsi M. et Mme Duhamel, industriels, qui se sont acquittés, en 1994, d'un impôt de près de 200 000 francs au seul titre de l'ISF, sans compter l'impôt sur le revenu,

49. Voir Ignacio Ramonet, « La Pensée unique », *Le Monde diplomatique*, n° 490, janvier 1995.

résident dans un appartement de 170 mètres carrés et 8 pièces situé dans le XVIe arrondissement, à proximité de l'avenue Foch. Ils estiment sa valeur à 4 750 000 francs. Par ailleurs ils possèdent, en indivision et sous le régime de la nue-propriété, trois immeubles de rapport totalisant une surface habitable de 2 040 mètres carrés et 2 000 mètres carrés de locaux à usage professionnel. Ces immeubles, situés dans les Xe et XIVe arrondissements et à Ivry, dans le Val-de-Marne, représentent 125 pièces d'habitation. À ces biens immobiliers il faut ajouter une exploitation agricole située en Seine-et-Marne. La valeur totale de ces biens immobiliers est estimée à plus de 20 millions de francs.

Les Duhamel possèdent en outre des biens fonciers, terres agricoles, bois et taillis, et des parts de groupements fonciers agricoles, le tout pour un montant avant abattements de 213 000 francs.

Leur portefeuille de valeurs mobilières est très diversifié, avec des parts de SICAV, des actions françaises et étrangères, et des obligations pour un montant de 4 815 000 francs. Les comptes courants, les livrets d'épargne et les bons du Trésor représentent 1 575 000 francs de liquidités. Enfin un contrat d'assurance vie offre une valeur de rachat de 300 000 francs et les meubles meublants sont estimés à 254 000 francs. Le tout constitue un actif brut imposable de 27 800 000 francs, en chiffres ronds, qu'un passif de 500 000 francs ramène à 27 300 000 francs. En conséquence le montant de l'ISF à acquitter en 1994 est de 194 000 francs. Mais par ailleurs les revenus de ce couple, la même année, ont été de 580 000 francs, ce qui leur a valu de payer un impôt sur le revenu de 91 000 francs. Leur contribution fiscale est donc en définitive de 285 000 francs. Le patrimoine est considérable mais encore sous-évalué puisque le patrimoine professionnel n'est pas assujetti à l'ISF.

De la même manière que les familles modestes utilisent le numéro spécial de l'hebdomadaire de la CGT,

La Vie ouvrière, pour tenter d'exploiter au mieux les ressources de la réglementation fiscale, les assujettis à l'ISF disposent des conseils du guide édité par *Le Figaro*. « Toute règle fiscale a ses exceptions, peut-on y lire. Les modalités d'évaluation du patrimoine taxable par l'ISF comportent un certain nombre d'échappatoires ou de cas de réduction de l'impôt qu'il faut connaître. Vous pouvez organiser votre patrimoine afin d'en bénéficier ou de perdre le bénéfice de ces exonérations [50]. » Mais les économies envisageables ne sont évidemment pas du même ordre que celles auxquelles peuvent rêver les lecteurs de *La Vie ouvrière*.

Mlle Riloubeau appartient, elle, aux très grandes fortunes. Elle s'est acquittée, en 1994, de près de 3 millions de francs au seul titre de l'impôt de solidarité sur la fortune. Résidant dans une petite ville de Seine-et-Marne où elle habite un modeste pavillon de 90 mètres carrés évalué à 1,5 million de francs, elle est propriétaire dans l'Oise et en Seine-Saint-Denis de nombreux logements et boutiques dont elle évalue la valeur à 43 millions de francs. Elle nous dit posséder des terres agricoles pour un montant d'environ 140 millions de francs. Son portefeuille de valeurs mobilières est d'environ 20 millions de francs. Elle estime qu'elle dispose de la même somme sous forme de liquidités diverses à la Caisse d'épargne et à la banque.

Ces exemples, auxquels on pourrait ajouter ceux, récemment publiés par la presse, des candidats à l'élection présidentielle [51], viennent confirmer le souci réel de

50. *Le Figaro économie, Guide de l'ISF 1995*, p. 10.

51. On retrouve dans la déclaration de M. et Mme Chirac la même diversité patrimoniale avec des biens immobiliers à Paris et en Corrèze et un portefeuille de valeurs mobilières d'un montant de 3 500 000 francs. On peut estimer leur patrimoine global à 7 300 000 francs environ puisqu'ils se sont acquittés en 1994 de 13 707 francs au titre de l'ISF selon leur déclaration à la presse de mars 1995.

M. et Mme Balladur se sont acquittés de 124 150 francs au titre de l'impôt de solidarité sur la fortune. Leur patrimoine est immobilier avec un grand appartement dans les beaux quartiers de Paris, une villa dans le centre de Deauville et un chalet à Chamonix, mais il est également mobilier avec un portefeuille de valeurs mobilières d'un montant de 4,5 mil-

diversification des investissements. En cela les familles fortunées vont dans le sens des recommandations des spécialistes de la gestion de patrimoines. Pour Pierre Delalande, du Groupe Cristal, « c'est dans la diversification du patrimoine qu'est la vérité. Mais, bien sûr, plus on diversifie, plus on a un rendement moyen. Des taux de 11 à 12 %, c'est exceptionnel et c'est rarement sur l'ensemble d'un patrimoine. Quand il y a une partie qui fait 10 % et plus, il y en a, à coup sûr, une qui fait moins de 5 % ».

Ces exemples viennent aussi donner des points de repère : le niveau des fortunes peut atteindre des sommes telles qu'elles remettent à leur place les rêves les plus fous des modestes joueurs du Loto. Leurs gains records restent bien en deçà des fortunes réelles, d'ailleurs sous-estimées par la non-prise en compte des meubles anciens et des objets d'art. Ces gains, exceptionnels, ne suffiraient pas toujours à acquérir tel tableau ou telle villa de Saint-Jean-Cap-Ferrat. Il est des niveaux de fortune tels qu'ils deviennent impensables pour la plupart, tant les chiffres, comme les distances dans l'espace interstellaire, défient l'entendement.

Revenus du capital et revenus du travail

Les patrimoines de rapport ont vu leur valeur augmenter de 7 % par an de la fin de l'année 1990 à la fin de 1993 [52]. Ce rendement attractif du patrimoine est dû à la

lions de francs. M. et Mme Balladur ne pourraient pas pour autant prétendre au statut de « grande fortune » tel qu'il est défini par le service de gestion privée de la banque Paribas, dont le plancher est fixé à 50 millions de francs, puisqu'une contribution d'impôt de 124 150 francs correspond à peu près à un patrimoine imposable de 22 millions de francs.

52. Selon les calculs réalisés à la demande du Conseil supérieur de l'emploi, des revenus et des coûts, CSERC, venu remplacer le CERC, qui prennent en compte l'ensemble des patrimoines de rapport, c'est-à-dire « l'ensemble des placements physiques ou financiers que font les particuliers lorsqu'ils mettent à la disposition d'autrui des immeubles, de l'argent, des terres en contrepartie d'un versement monétaire », ce qui exclut le patrimoine de jouissance ou l'outil de travail. Cette valorisation est calculée à partir des revenus (intérêts), mais aussi des plus-values ou

forte valorisation de la Bourse, les actions françaises ayant enregistré un gain de 32 % en 1993, alors que les obligations grimpaient de leur côté de 13 %. Ces résultats brillants contrastent avec la médiocrité des revalorisations salariales qui, dans la même période, ne sont que de 0,1 %, compte tenu des cotisations sociales, et même négatives, de - 0,5 % si l'on ne tient compte que de la masse totale de la rémunération brute des salariés. Depuis longtemps les rapports du CERC ont mis ce paradoxe en évidence : les revenus du patrimoine croissent beaucoup plus vite que ceux du travail et ils contribuent à creuser les inégalités.

Si, en 1993, selon la Direction générale des impôts, la récession a modifié la structure des prélèvements fiscaux, il n'en est rien pour l'ISF. En effet, « quelques impôts sont visiblement imperméables aux à-coups de la conjoncture économique. C'est le cas de l'impôt de solidarité sur la fortune. De 4,5 milliards de francs en 1989, ces rentrées fiscales sont passées à 7 milliards en 1992 et 7,2 milliards en 1993 [53] ».

Il faut toutefois nuancer ces premières approximations. Si on prend la période allant de la fin de l'année 1990 à juin 1994, les estimations ramènent les revenus du patrimoine à 5 % environ [54]. Les résultats sur l'ensemble de l'année 1994 sont médiocres, dans la mesure où, à la Bourse de Paris, les valeurs françaises ont perdu 18 % en douze mois. Mais il est établi que les patrimoines sont d'autant moins exposés, en cas de période difficile, que leur diversification est plus grande, diversification qui elle-même dépend, comme on l'a vu, du montant global des portefeuilles. Que les affaires soient florissantes, ou qu'elles soient médiocres voire

des moins-values éventuelles, c'est-à-dire de la valorisation ou de la dévalorisation de l'actif.

53. Laurent Mauduit, « Un bilan de la Direction générale des impôts », *Le Monde*, 4 janvier 1995.

54. Selon l'INSEE, les revenus du patrimoine de rapport ont atteint 4,2 % par an de la fin de 1991 à la fin de 1994, inflation déduite. Voir Laurent Mauduit, « Les revenus du patrimoine continuent de prospérer », *Le Monde*, 15 septembre 1995.

mauvaises, les grandes fortunes sont toujours les mieux loties. Avec la diffusion relative des portefeuilles de valeurs mobilières dans des couches sociales plus modestes que celles habituellement intéressées par ce type d'investissement, tout se passe comme si on avait un phénomène analogue à celui qui caractérise le système scolaire. La démocratisation, dans un cas comme dans l'autre, tous bacheliers ou tous actionnaires, ne fait que provoquer une translation des inégalités et des hiérarchies. Car les uns et les autres ne disposent pas des mêmes ressources culturelles et sociales pour jouer un jeu utile dans des champs plus ou moins connus, le système scolaire ou le système financier.

La mauvaise tenue de la Bourse durant l'année 1994 et au début de 1995 met en évidence l'importance décisive des savoirs et des savoir-faire dans ce domaine complexe de la gestion des patrimoines. Il faut jouer habilement des avantages des formules, des combinaisons qui limitent le risque de pertes ou qui amplifient les gains. D'où la formule de l'assurance vie que l'on peut considérer comme un véritable « paradis » fiscal national depuis 1960, plus abordable que les mythiques paradis fiscaux tropicaux. Au-dessous de soixante-dix ans il est possible de placer ainsi des capitaux en proportion raisonnable par rapport au patrimoine total. Au moment du décès ces capitaux sont, en principe, servis au bénéficiaire désigné. Hors des droits de succession, c'est une libéralité assortie à un rendement élevé. Le *Guide ISF 1995* du *Figaro* ne s'y trompe pas lorsqu'il écrit que « l'autre technique pour entrer ou rester dans le cadre du plafonnement est de disposer essentiellement de revenus qui ne sont pas considérés comme tels par la législation fiscale. On réussit ce tour de magie avec les contrats d'assurance vie ».

Assurer un bon rendement au patrimoine accumulé ne va pas de soi et devient de plus en plus complexe compte tenu de la sophistication croissante des produits financiers. La diversification des formes de patrimoine porte en elle-même l'exigence d'une gestion plus collective.

La gestion des patrimoines prend des formes de plus en plus collectives. Ce processus se manifeste selon deux modalités principales.

Tout d'abord les parts d'OPCVM représentent une proportion grandissante des portefeuilles de valeurs mobilières. L'actif net global des OPCVM est passé de 0,7 milliard de francs à la fin de 1964 à 1943 milliards en 1990. Le succès de ces produits financiers a donc été considérable. Il rend plus complexe la relation de l'épargnant à son investissement. La propriété n'est plus celle d'actions de telle ou telle société, de telle ou telle entreprise industrielle bien identifiable, mais celle de parts constitutives d'un portefeuille très diversifié et possédé collectivement. Ceci renforce le rôle des intermédiaires professionnels qui, seuls, maîtrisent ces produits financiers.

Ensuite la gestion des patrimoines a généré un nouveau secteur professionnel. Les particuliers confient de plus en plus la gestion de leurs valeurs mobilières à des spécialistes, des banquiers, des assureurs ou des notaires, ou encore des gestionnaires de patrimoines qui se proclament tels, leur métier ne faisant pas encore l'objet d'une réglementation. Ce secteur d'activité a vu fleurir des revues spécialisées et, dans des publications plus généralistes, des rubriques consacrées à cette gestion. *La Vie française*, *Investir*, *Mieux vivre votre argent*, *Gestion de fortune* [55] et bien d'autres publications comme le supplément *Patrimoines* du *Figaro*, *Le Revenu français* ou *Les Échos* multiplient conseils, suggestions

55. La revue mensuelle *Gestion de fortune* est destinée aux professionnels de la gestion de patrimoine que sont les conseillers indépendants ou les banquiers, les notaires et les experts-comptables. Pourtant 40 % des abonnés à cette revue sont des particuliers. « C'est une revue haut de gamme, estime son rédacteur en chef, Jean-Luc Bengel, qui entend être au même niveau d'information que les meilleurs professionnels. » Créée il y a trois ans, *Gestion de fortune* se vend à 20 000 exemplaires. Mais des revues comme *Investir* ou *Mieux vivre votre argent* ont des tirages de plusieurs dizaines de milliers d'exemplaires.

et enquêtes pour faciliter à leurs lecteurs cette tâche ardue qu'est devenue la gestion des patrimoines familiaux. Il existe donc tout un nouveau champ professionnel dont les contours restent encore assez flous, les vieilles banques d'affaires poursuivant une activité qu'elles ont toujours eue, en direction des plus grandes fortunes, alors qu'une multitude de nouveaux intervenants investissent un secteur où les épargnants moyens, voire modestes, se font de plus en plus nombreux.

Grandes banques et gestion des grandes fortunes

Contrairement à ce que la représentation de sens commun pourrait laisser penser, c'est une grande banque d'affaires privée, la Banque Paribas, qui revendique un rôle pionnier, depuis le début des années soixante-dix, dans la gestion en OPCVM des valeurs mobilières des gros portefeuilles. « Aujourd'hui, précise Pierre de Leusse, de la gestion privée de la Banque Paribas, près de 90 % des actifs que nous avons en gestion sont collectifs. Nous considérons comme tout à fait normal d'avoir un portefeuille de 10, 20, 30, 150 ou 200 millions de francs gérés en OPCVM. » Celui qui, pour des raisons diverses, veut être géré en ligne directe sous mandat [56] ne pourra l'être, à la Banque Paribas, qu'à partir d'un portefeuille de 5 millions de francs. L'image ordinaire associe « la SICAV au HLM et la gestion individuelle en ligne directe à l'hôtel particulier ». Or, d'un point de vue strictement financier, la gestion de portefeuilles collectifs aboutit à des économies d'échelle sur les courtages et les droits de garde. Les frais de rémunération, d'équipement informatique, les frais de gestion, plus généralement, sont amortis plus vite avec de gros portefeuilles collectifs qu'avec une quantité de petits.

56. C'est-à-dire composer son portefeuille d'actions, et non de parts de SICAV ou de FCP, mais sous la responsabilité déléguée du service de gestion de la banque.

« En matière d'impôts, les OPCVM, conclut Pierre de Leusse, sont favorisés par rapport à la détention directe de titres et, en plus, lorsqu'ils servent de support à des contrats d'assurance vie, ils bénéficient, après huit ans d'investissement, d'une exonération quasi complète. »

Dans les banques haut de gamme, ce sont les différentes formes de capitaux possédés par une famille qui entrent dans ce processus de collectivisation de la gestion. C'est ce qu'il est convenu d'appeler la gestion patrimoniale globale. Les gestionnaires sont à la Banque Paribas des généralistes qui peuvent ainsi intervenir sur les différentes composantes d'un patrimoine, les valeurs mobilières bien sûr, mais également les œuvres d'art, les biens immobiliers et fonciers, en s'appuyant sur des services spécialisés dans chacun de ces domaines. Le conseiller généraliste, interlocuteur essentiel du client, doit tenir compte, selon la brochure officielle de la gestion privée de la Banque Paribas, « d'aspirations familiales et d'exigences affectives. Chaque patrimoine nécessite une politique de gestion spécifique, qui prenne également en compte des contraintes et des intentions, telles que conserver une propriété de famille, enrichir une collection de tableaux, accroître le capital d'une entreprise familiale, transmettre un actif immobilier difficile à diviser ou encore assurer à un proche des revenus réguliers à long terme ». L'équipe d'assistance immobilière concerne essentiellement Paris et la Côte d'Azur, donc des espaces qui représentent un marché considérable. La gestion globale des patrimoines a été facilitée par le développement de l'informatique et la mise au point de logiciels qui permettent de prendre en compte de manière simultanée les différentes composantes du patrimoine. À la Banque Paribas, d'après Pierre de Leusse, l'existence à la fois de services spécialisés dans tel ou tel domaine patrimonial (des œuvres d'art aux propriétés viticoles en passant par l'immobilier et l'assurance vie) et de gestionnaires généralistes assure la gestion globale *et* le service personnalisé auprès de chaque client.

Pour gérer son patrimoine, le possesseur d'une fortune dispose aujourd'hui d'un large choix de possibilités. Les centres de gestion de patrimoines des banques, les cabinets indépendants de conseil en gestion de patrimoine, les notaires, les experts-comptables, les courtiers d'assurances et les sociétés de Bourse, autant de lieux et d'agents spécialisés possibles. Les modalités des choix, en ce domaine, ne répondent pas exclusivement à une rationalité économique.

Comme le note Pierre Delalande, directeur commercial du Groupe Cristal, qui assure le développement de produits de gestion patrimoniale à travers la gestion de portefeuilles sous mandat, de fonds communs de placement garantis et de contrats d'assurance vie multisupports, « en France, la gestion de patrimoine est un domaine très personnel. On n'aime pas parler de son argent. Le client va aller vers quelqu'un avec lequel il se sent bien, en qui il a confiance. Le gestionnaire apparaît comme un confident, comme ces médecins de famille qui n'ignorent presque rien des heurs et malheurs du groupe familial ». La technicité entre certes en ligne de compte dans le choix d'un gestionnaire, mais aussi les habitudes, les liens tissés au fil parfois de plusieurs générations avec une banque qui n'ignore plus rien de vos affaires mais en laquelle la confiance est totale.

Il existe aussi des spécificités institutionnelles. La Banque Paribas est traditionnellement une banque d'affaires qui prenait en charge « les gens qui tout d'un coup, lors de la cession de leur entreprise par exemple, voyaient arriver un important paquet de liquidités nécessitant une stratégie d'organisation de leur patrimoine », selon Pierre de Leusse. C'est d'ailleurs parce que le noyau originel de Paribas est lié aux affaires et aux entreprises que les locaux de la gestion privée dans le quartier de l'Opéra donnent la priorité à une décoration dépouillée. Le marbre et les miroirs, au lieu des lambris du XVIIIe, la salle de réunions avec sa grande table ovale en acajou et ses fauteuils de cuir capitonnés évoquent plus les conseils d'administration que les salons feutrés d'autres grandes banques.

Une clientèle sélectionnée

Toutefois les détenteurs de portefeuille n'ont pas seuls l'initiative du choix de leur interlocuteur. Les gestionnaires eux-mêmes, et particulièrement les banques, se réservent le droit de sélectionner leur clientèle. Cette sélection s'opère d'abord en fonction du volume du patrimoine à gérer. Du moins quand il s'agit d'admettre un client dans le cénacle restreint des centres de gestion de patrimoine des banques où les familles privilégiées bénéficient d'un traitement hors du commun. Il existe au sein des banques des services spécialisés où sont reçus certains clients importants à la recherche d'une confidentialité accrue. Ces services réunissent des experts de toute nature, fiscalistes, juristes et gérants. Souvent les banquiers et gérants en contact avec des clients importants sont eux-mêmes issus de la bourgeoisie et détenteurs parfois de portefeuilles non négligeables. Ces experts permettent notamment une gestion personnalisée des portefeuilles supérieurs au million de francs. En dessous, faute de pouvoir procéder à une diversification suffisante, la succursale privilégiera, pour les petits porteurs, les valeurs de père de famille et les SICAV.

La logique de ces banques dans la banque est celle d'une personnalisation d'autant plus poussée que la fortune à gérer est plus considérable. C'est une constante de l'identité sociale des grandes familles, des personnes les plus fortunées. Elles font toujours l'objet d'un traitement très personnalisé par les prestataires de services, leurs interlocuteurs s'attachant à leur faire comprendre, ou croire, qu'elles ne sont pas des inconnues et que l'on sait parfaitement à qui l'on a affaire. On retrouve cette relation particulière entre le client et ceux qui ont en charge ses affaires ou son bien-être aussi bien dans les banques que, par exemple, dans les grands palaces dont l'une des caractéristiques essentielles est sans doute de fournir aux hôtes de l'établissement des prestations qui signifient une connaissance approfondie des personnes servies. Un des premiers effets de la fortune est de vous assurer les égards de tous ceux qui ont avec vous une relation professionnelle. On n'est jamais vraiment un inconnu, n'importe qui, lorsqu'on possède une fortune confortable. En l'occurrence ce confort est aussi psychologique en cela qu'il réside dans cette assurance de soi que procure la réaffirmation permanente de l'intérêt suscité par votre personne.

Il est d'autant plus facile de se persuader de son importance que les banques et les autres gestionnaires de fortunes rivalisent d'amabilité et de prévenances pour attirer dans leur giron les familles les plus riches. Ainsi, un ancien industriel de l'agro-alimentaire pourvu d'un imposant portefeuille de 50 millions de francs, après avoir vendu son affaire, faisait gérer cette fortune par la petite succursale de sa banque de province. Des collaborateurs de centres de gestion de patrimoines d'autres établissements rivalisèrent alors pour attirer ce client intéressant et les déjeuners, les soirées, les invitations de toute nature affluèrent pour le séduire. Lorsque les responsables d'un centre de gestion apprennent qu'une entreprise va être vendue, et ce plus souvent en province qu'à Paris, où le tissu industriel et commercial est plus touffu, ils interviennent et font des propositions d'investissement aux bénéficiaires des ventes. « Nous, les fournisseurs [de produits financiers], nous participons souvent à la fabrication de ces propositions, pour le secteur financier qui nous concerne », raconte Pierre Delalande. Il s'agit alors, en faisant les propositions les plus alléchantes à ces vendeurs de biens industriels ou commerciaux, qui se retrouvent à la tête de masses financières considérables et disponibles, d'attirer ces fonds dans l'orbite de la banque.

La gestion privée des patrimoines de la Banque Paribas s'est donc organisée au départ autour des patrimoines de chefs d'entreprise cédant tout ou partie de leurs affaires, puis elle s'est élargie à d'autres types de patrimoines provenant de familles aux fortunes traditionnelles ou en voie de constitution. « Toutefois, écrit François Debiesse, directeur de la gestion privée de la Banque Paribas, le montant qui nous est confié atteint généralement 1 million de francs au moins [57]. »

Les banques ont étudié le projet de loi déposé par le gouvernement sur la Fiducie, un « trust » à la française, et les opportunités qu'il pourrait présenter pour leur clientèle patrimoniale. Mais le service de la législation fiscale (SLF) au ministère de l'Économie et des Finances a exigé des garanties qui n'ont pas permis au projet de voir encore le jour. La fiscalité française des produits financiers s'est alignée sur celle des autres pays de la Communauté, le Luxembourg notamment. Des formules de défiscalisation classique « standard », comme les SOFICA, sont souscrites par des clients [58]. Parfois des montages plus complexes sont proposés à ceux d'entre eux qui sont les plus fortement imposés. Avec de tels produits d'investissement, on transforme le client en commerçant, ce qui permet de générer au début des déficits fiscaux imputables sur le revenu. Mais un risque existe car, comme commerçant, le client participe à l'exploitation. On trouve sur le marché des produits de

57. *Guide ISF 1995, op. cit.* Ce « manuel » s'ouvre sur un entretien avec François Debiesse, « Gestion privée : objectif qualité », et se ferme sur un article intitulé « La gestion par objectifs, un savant dosage entre sécurité et valorisation » d'Alain Leclair, vice-président de Paribas Asset Management.

58. Les Sociétés de financement du cinéma et de l'audiovisuel (SOFICA), créées en 1985, étaient destinées à drainer l'épargne vers ce secteur. Les sommes investies peuvent être déduites des revenus imposables, dans la limite de 25 %. La rentabilité dépend de la réussite commerciale des œuvres produites. La loi Malraux, qui date de 1962, permet de déduire des revenus imposables les travaux entrepris sur des biens immobiliers qui présentent un intérêt historique. Bien entendu ce sont majoritairement les familles fortunées qui résident dans des résidences ayant un intérêt historique. Elles seules ont les moyens de faire les travaux. Ce sont elles qui bénéficient en priorité de cette loi Malraux. Voir F. Teulon, *Vocabulaire monétaire et financier,* Paris, PUF, coll. « Que sais-je ? », nº 2628, p. 66 et 112.

ce type par exemple dans le secteur hôtelier. La prudence dans le choix d'un tel investissement est essentielle et l'assistance de professionnels avertis est, dans ce cas, tout à fait indispensable.

Ces quelques exemples mettent bien en évidence que la gestion optimale d'une fortune est devenue un art qui réclame un savoir-faire très élaboré. Ce fut peut-être d'ailleurs toujours le cas, mais aujourd'hui, sauf à être soi-même un homme d'affaires confirmé, rompu aux techniques mathématiques de la gestion financière, au fait des subtilités infinies de la fiscalité et secondé par une équipe compétente et dévouée, on ne peut gérer sa fortune seul, à moins de se résoudre à la placer dans des valeurs de « père de famille » dont le rapport est très faible.

La conscience de la complexité des mécanismes financiers est largement partagée par tous ceux qui disposent d'une épargne un peu conséquente. Si bien que les services de gestion se sont multipliés et dans une certaine mesure démocratisés. Il faut y voir l'un des effets de l'entrée de modestes ou de moyens épargnants sur le marché boursier, favorisée par la création des OPCVM (organismes de placement collectif en valeurs mobilières : SICAV et fonds communs de placement) et par les privatisations de grandes sociétés qui ont bénéficié d'une publicité considérable. L'inflation de petits porteurs semble aboutir à une surenchère dans la recherche du gestionnaire le plus efficace et le plus prestigieux. Les grandes banques d'affaires entendent bien ne pas se laisser envahir par la masse dévalorisante de ces petits porteurs, du moins au sein de leurs centres de gestion de patrimoines, et les conditions d'entrée y deviennent draconiennes. Dans les établissements nationalisés, ou qui l'ont été, comme le CIC ou la BNP, la gestion sous mandat a un seuil relativement modeste : il suffit de disposer d'un portefeuille de valeurs mobilières d'un montant de 1 million, au minimum, pour pouvoir y avoir accès. Les grandes fortunes leur préfèrent les banques d'affaires privées prestigieuses, depuis longtemps habituées à gérer les patrimoines de la vieille bourgeoisie ou de l'aristocratie fortunée. On retrouve dans la finance la même logique que celle qui conduit à rechercher l'entre-soi dans la résidence ou dans les lieux de loisirs [59].

Les grandes banques font leur publicité

Les grandes banques d'affaires se rappellent d'ailleurs au bon souvenir de leurs clients potentiels en faisant paraître des pages de publicité dans quelques revues bien particulières, comme *Le Courrier du Jockey Club* ou *Intercercles magazine*, une publication qui, de 1990 à 1993, a été diffusée auprès des membres des grands cercles parisiens [60]. « Depuis trois siècles, nous gérons des fortunes. Tout simplement », annonce la Banque de Neuflize, Schlumberger, Mallet (NSM) [61], qui ajoute : « Notre conception en est simple : accompagner nos clients dans leur existence, les conseiller personnellement, les orienter efficacement ; en refusant les artifices des modes et des fausses innovations, car nous devançons les modes depuis trois siècles et les innovations des autres sont nos grands classiques [62]. » La tradition, ici revendiquée, est première, essentielle, incontournable : pas de richesse affichée, provocante, mais au contraire la longue tradition d'une aisance de bon aloi. Les publicités de NSM sont illustrées par un heureux propriétaire soignant ses rosiers et le titre de la page est alors : « Nos clients connaissent la vraie valeur des choses. » Une autre de ces publicités de NSM présente

59. Sur ce thème, voir : Michel PINÇON et Monique PINÇON-CHARLOT, *Dans les beaux quartiers*, Paris, Le Seuil, 1989.
60. L'Automobile Club de France, le Cercle du Bois de Boulogne, le Cercle de l'Union Interalliée, le Polo de Paris, le Jockey Club, et quelques autres.
61. « NSM était à l'origine la banque la plus importante de la grande bourgeoisie protestante. Les Peugeot et leurs alliés sont, par exemple, clients de l'établissement. » Jack DION et Pierre IVORRA, *Sur la piste des grandes fortunes*, Paris, Messidor, 1985, p. 185.
62. Paru dans *Le Courrier du Jockey Club*, XV, juin 1993.

un porte-monnaie ordinaire posé sur un meuble en marqueterie, et le titre est alors : « Les gens riches ont toujours aimé les idées simples. » Une troisième variante est illustrée par un siège appelé causeuse, qui évoque les conversations feutrées et confidentielles des salons bourgeois. De plus le texte publicitaire revendique tout à la fois la modernité et le sens de l'innovation. À la fois donc l'expérience et la compétence, y compris dans les techniques financières les plus pointues. « Chaque patrimoine a son histoire », titre la Banque Paribas dans une publicité similaire, composée en rondes du plus bel effet classique. « Maintenir l'avenir patrimonial des familles à la hauteur de leurs traditions », telle est l'ambition proclamée, avec, pour cela, le soin mis à rassembler « les compétences nécessaires pour jouer ce rôle d'appui permanent et discret : spécialistes des forêts et vignobles, des propriétés foncières, des œuvres d'art, aux côtés des gérants de portefeuilles experts en valeurs françaises, européennes, asiatiques ou américaines [63] ». La multidimensionnalité de la réalité patrimoniale est ici bien affirmée. La Banque du Louvre, quant à elle, « s'adresse aux personnes privées dont le patrimoine important requiert une gestion particulièrement précise et attentive [64] ». Cette précision et cette attention sont symbolisées par une vue plongeante sur les parterres d'eau d'un jardin à la française dont la rigueur et le classicisme imposent l'idée d'un ordre et d'une rationalité sans faille dans un luxe apaisé. La Banque Indosuez, elle, parle d'ingénierie patrimoniale et d'une conception sur mesure de la gestion, ce qui est illustré par une photographie de mode d'un mannequin présentant un modèle de haute couture de Torrente. On ne saurait mieux dire que l'excellence sociale renvoie aussi à ce privilège d'être toujours considéré dans sa singularité, dans son originalité, dans son individualité irréductible. Lorsqu'on est grand bourgeois, on est

63. *Ibid.*, XVI, décembre 1993.
64. *Intercercles magazine*, n° 13, hiver 1993.

toujours un nom, une personne, et que ce soit pour se vêtir ou pour gérer sa fortune, les professionnels s'adressent à vous en faisant valoir qu'ils traitent votre cas comme il le mérite, sur mesure, à vos dimensions exactes, selon l'aisance dont vous souhaitez bénéficier. Voilà comment se présentent les banques d'affaires lorsqu'elles veulent intéresser les particuliers très fortunés et les attirer vers leurs centres de gestion : le contraire même de l'agitation mercantile, désordonnée, ou affolée, en tout cas frénétique de la corbeille de la Bourse de Paris.

Les familles les plus fortunées trouvent ainsi, pour gérer leurs fortunes, des interlocuteurs avec lesquels elles sont le plus souvent de plain-pied. Cela est vrai de ces banques d'affaires dont les responsables des centres de gestion appartiennent au même monde qu'elles, mais aussi des notaires et de certains experts-comptables. Les familles privilégiées bénéficient dans tous les domaines de services personnalisés. À la manière du directeur d'un grand palace, Frédéric Maître, directeur général adjoint de la Banque Hottinguer, se doit d'identifier immédiatement ses clients : il serait inconvenant de ne pas leur manifester que l'on attache une grande importance à leur personne. Ce qui est d'ailleurs tout aussi nécessaire dans les relations mondaines : la courtoisie est une règle d'or qui marque tous les rapports sociaux. « Je reconnais au téléphone la voix de chacun de mes trois cents clients, affirme Frédéric Maître. Je peux donc les saluer avant qu'ils aient le temps de se présenter [65]. » Ce caractère familier de l'accueil, on le retrouve dans les cadres dans lesquels se déroulent les rencontres. Les meubles de style sont la règle, bibelots, objets d'art et tableaux rappellent l'environnement domestique, celui des salons des beaux quartiers. Cette ambiance intimiste, à la Banque Lazard, à la Compagnie financière Edmond de Rothschild et ailleurs, situe la gestion de la

65. Armelle Ory-Lavollée, « Gestion de fortune : quelle banque choisir », *La Vie française*, 31 décembre 1994 au 6 janvier 1995, p. 36-38.

fortune au niveau d'une affaire de famille, que l'on traite en famille, avec le secours d'un ami plus compétent, mieux informé.

Les seuils de fortune exigés

Pour autant, ce n'est pas le laxisme qui préside à l'entrée dans cet étroit cénacle, mais le niveau de la fortune. Son montant doit être de 30 millions de francs au moins pour que la Banque du Louvre vous accorde le privilège de sa gestion directe sous mandat : le gestionnaire a la possibilité d'effectuer des opérations au nom de son client, en fonction du type de gestion souhaité et préalablement défini avec lui. À ce niveau de patrimoine doit correspondre au minimum un portefeuille de valeurs mobilières d'un montant de 5 millions. Ce seuil n'est « que » de 10 millions de francs à la Compagnie financière Edmond de Rothschild, pour ce qui est du patrimoine total, et de 3 millions pour le portefeuille. Les seuils pour une gestion sous OPCVM, c'est-à-dire dans le cadre d'une gestion collective de l'épargne, sous forme de SICAV ou de fonds communs de placement, sensiblement moins personnalisée, ne sont pas nécessairement moins élevés : il s'agit encore respectivement de 30 et 5 millions de francs pour la Banque du Louvre, mais de seulement 5 et 1 pour la Compagnie financière Edmond de Rothschild. Paribas, qui ne pratique pas la gestion directe ligne à ligne, a fixé le seuil de patrimoine à 10 millions de francs pour une gestion sous OPCVM et à 3 millions pour le portefeuille. Mais on sait par ailleurs que la Banque Indosuez n'offre ses services personnalisés qu'à une élite très restreinte, dont le patrimoine dépasse les 200 millions. À ce niveau, ces heureux privilégiés bénéficient d'une haute technicité : « équipe confirmée d'ingénierie financière [...], accès direct à la direction générale, montages juridiques et fiscaux sur mesure [66] ». D'ailleurs, lorsque le portefeuille atteint

66. *Ibid.*

plusieurs dizaines de millions de francs, on peut considérer qu'il constitue un OPCVM à lui seul.

Malgré la vieille tradition de la gestion des fortunes par les banques d'affaires, certains particuliers choisissent de faire gérer leur fortune, par des opérateurs plus indépendants : on peut en effet soupçonner les gestionnaires des services spécialisés des banques de privilégier les produits financiers, élaborés par leur établissement, qui ne sont pas nécessairement les placements optimaux pour leurs clients. Ce soupçon peut conduire des épargnants fortunés à avoir recours à des gestionnaires indépendants.

De nouveaux venus dans le champ de la gestion

Parmi les cabinets de gestion l'un des plus anciens, créé en 1971, est celui de Jean-François Gareton. Ce cabinet met en avant son indépendance vis-à-vis des établissements bancaires ou des compagnies d'assurances, et affirme ainsi proposer ses conseils pour des produits et des partenaires en toute liberté de jugement. Le conseiller indépendant, explique J.-F. Gareton, est un peu comme un médecin. Aussi la première phase de son intervention consiste-t-elle à élaborer un diagnostic à travers une étude approfondie du patrimoine. L'ordonnance correspond à l'étape suivante : le conseiller décrit un éventail de solutions qui lui paraissent optimales compte tenu du diagnostic, c'est-à-dire de la structure du patrimoine, et des caractéristiques sociales, familiales et démographiques du client. Le suivi des placements réalisés constituera la dernière phase. La qualité du service rendu au cours de ces trois phases doit pouvoir rivaliser avec celle des concurrents, les autres cabinets de gestion de patrimoine, mais aussi les banques et les compagnies d'assurances, dont les tarifs sont très compétitifs : les centres de gestion de ces institutions peuvent accepter d'être plus modestement rétribués puisqu'elles réalisent leurs bénéfices d'abord avec les masses financières qui leur sont confiées dans le cadre de cette gestion. Le cabinet Gareton, lui, comme ses homologues, vit des contrats de services dont la rémunération est assise sur le montant des actifs confiés au gestionnaire. Mais celui-ci n'est qu'un intermédiaire et ce sont les banques, les compagnies d'assurances et autres sociétés de Bourse qui sont les dépositaires des sommes investies. Aussi arrive-t-il que le conseiller soit associé à un agent de change, qui sert alors de banquier aux clients du cabinet de gestion.

Selon Jean-Luc Bengel, directeur de la revue *Gestion de fortune*, il existerait aujourd'hui 800 conseillers indépendants dans la gestion de patrimoine, auxquels il faut ajouter les milliers de conseillers en poste dans les banques, les spécialistes du conseil financier dans les sociétés d'assurances, les notaires qui, depuis la crise dans l'immobilier, se sont mobilisés autour des actifs financiers, les experts-comptables... « Vous avez aujourd'hui environ 40 000 personnes qui font du conseil de gestion de patrimoine. » Et toujours selon J.-L. Bengel, si l'on en juge par ce qui se passe en Angleterre ou aux États-Unis, l'avenir s'annonce prospère pour la profession. D'autant que les logiciels informatiques permettent aujourd'hui la recherche des solutions optimales. « N'importe quel conseiller peut rentrer un certain nombre de données dans sa machine et en ressortir un bilan patrimonial de 25 à 30 pages dans un espace de temps réduit. Alors qu'autrefois, conclut J.-L. Bengel, cela représentait un travail complexe et colossal. »

La profession est encore très peu structurée puisque n'importe qui peut se proclamer « conseiller en gestion de patrimoine », du jour au lendemain, et le faire savoir en apposant une plaque à l'entrée de son immeuble. Il existe bien une chambre syndicale qui essaie de mettre un peu d'ordre. Mais, comme pour toute profession récente, le temps est nécessaire pour en asseoir les codes institutionnels et déontologiques. Bien entendu les franges de la profession, ces nouveaux venus dont les références et les qualifications ne sont pas toujours établies, concernent surtout ces autres nouveaux venus que sont les acheteurs peu fortunés de parts de sociétés privatisées, voire les porteurs de portefeuilles modestes d'OPCVM. C'est à cette clientèle nouvelle et souvent peu informée que s'adressait en priorité, semble-t-il, le 10e salon « Investir et placer » qui s'est tenu du 10 au 12 février 1995 à Paris, Espace Champerret, et a rassemblé 80 exposants qui ont tenu 30 conférences. « Il y a pas mal de retraités, commente un responsable de la Banque Paribas, qui se passionnent pour la Bourse. Les questions posées à l'issue des conférences concernent les valeurs boursières car ce sont des gens qui ont du temps pour se livrer à leur jeu favori. Et certains sont d'ailleurs passés maîtres dans le suivi des valeurs françaises en travaillant presque à temps plein sur les journaux boursiers. » Ce salon, avec ses hiérarchies internes, et en raison même de l'absence des institutions très haut de gamme, en particulier des grandes banques d'affaires privées [67], dont la réputation passe par d'autres canaux plus traditionnels, mettait en évidence l'existence d'un champ en cours de structuration. Banques et compagnies d'assurances, cabinets indépendants, journaux et revues, grâce à la proximité spatiale ainsi réalisée, montraient un milieu professionnel rassemblé et en cours d'organisation. Pourtant les adresses des différents organismes mettaient en évidence, par leur dispersion, la réalité d'une hiérarchie qui ne pouvait paraître floue qu'aux yeux des non-initiés. Le fait que le Groupe Patrimoine Stratégie soit situé à Saint-Mandé ou le Cabinet du Marais, conseil en gestion de patrimoine, rue des Archives, dans le IVe arrondissement, alors que la Banque Neuflize, Schlumberger, Mallet est située avenue Hoche, dans le VIIIe, le fait aussi que le centre de gestion de patrimoine de la Banque Paribas accueille ses clients à deux pas de l'Opéra, alors

67. Paribas en cette année 1995 n'avait pas de stand dans ce salon mais l'un de ses représentants y a donné une conférence.

qu'Indosuez ou la Banque du Louvre ont leurs bureaux sur le boulevard Haussmann, dans le même arrondissement, cela reflète et conforte les hiérarchies latentes de ce champ professionnel et des clientèles concernées. Toutefois l'un des pôles de ce champ est constitué par ces conseillers indépendants, bien que souvent issus des grandes banques privées, qui travaillent au service exclusif d'une grande famille, dont ils deviennent des salariés, et qui sont recensés comme tels.

Depuis la crise de l'immobilier, les notaires interviennent plus résolument dans le champ de la gestion de patrimoine avec comme objectif de compenser la diminution du nombre des actes notariés. Par leur position, ils sont mieux à même de connaître l'ensemble des patrimoines familiaux et de mener une intervention plus globale, qui prenne en compte les différents éléments du patrimoine. Mais ils sont moins au fait des subtilités financières du marché boursier que les banquiers et ils ne sont pas opérateurs sur ce marché. Afin de mettre à jour les connaissances des notaires dans ce domaine et plus généralement dans celui de la gestion de patrimoine, la profession a créé en 1989 un Institut notarial du patrimoine qui a formé quelque 2 000 notaires aux techniques de cette activité. Présidé par Jean Aulagnier, professeur à l'université de Clermont-Ferrand, cet institut assure un enseignement dans le domaine de l'économie et des différents produits d'épargne financière.

L'intervention des notaires dans le secteur, encore limitée, n'est toutefois pas négligeable. Ils sont d'ailleurs potentiellement bien placés pour jouer un rôle important dans la mesure où les rapports avec leurs clients ont toujours eu, surtout en province, ce caractère de confidentialité et de familiarité que les grandes familles apprécient hautement. Mais les notaires sont toutefois freinés par leur statut. Les montages sophistiqués sont pour eux risqués parce que leur qualité d'officiers ministériels ne peut leur permettre de faire courir le risque à leurs clients d'une requalification fiscale, motivée par exemple par un abus de droit, d'autant que « les tribunaux sont rarement indulgents avec les notaires », souligne maître Jacques Larmandes. Et de donner l'exemple d'un changement de régime matrimonial suivi de trop près d'une donation-partage en faveur des enfants. « Il y a un risque que le fisc vous dise que vous n'avez fait votre donation que pour retrouver les abattements, qu'il y a une utilisation abusive de possibilités légales. » Ce qui, pour une étude notariale, ne serait pas du meilleur effet, d'où une prudence en général bien plus grande que chez les conseillers indépendants ou dans les banques.

Des produits financiers de plus en plus sophistiqués

Mais quel que soit le gestionnaire, qu'il s'agisse d'une société de Bourse, d'une étude notariale, de conseillers indépendants ou travaillant dans une banque, la tendance générale semble bien être de donner à la gestion de patrimoine un tour de plus en plus technique qui exige le recours à des modalités collectives dans la définition et la réalisation des objectifs. Ainsi, les cabinets indépendants peuvent aussi prendre la forme d'institutions financières qui, sans être des banques, peuvent monter des « produits » financiers qu'elles vont ensuite proposer à leurs clients, directement, ou à des gestionnaires de fortunes. Parmi ces grossistes en produits financiers, on peut citer le Groupe Cristal dont l'activité regroupe l'analyse et le conseil en matière financière, la gestion de portefeuille sous mandat et la gestion de FCP. Pour compléter la gamme un contrat d'assurance vie et un contrat retraite Madelin ont été créés. Cristal Gestion, qui gère les FCP, met à la disposition des banques, des compagnies d'assurances, des conseillers en gestion de patrimoine et des particuliers, des techniques qui permettent, indique Pierre Delalande, son directeur commercial, de garantir le capital. « De plus, grâce à un effet de cliquet, les gains sont acquis définitivement. » Les techniques, qui requièrent une très grande compétence financière, permettent le montage de produits garantis. « Par une analyse du couple risque/rendement et par l'utilisation systématique des produits dérivés en couverture [Cristal Gestion] garantit le capital et procure tout ou partie de la hausse d'un indice. » Des produits aussi sophistiqués demandent une prise en charge collective, ils sont hors de portée d'un simple particulier.

C'est d'ailleurs ce que dénonçait Jean-Philippe Bouchand, ingénieur au Commissariat à l'énergie atomique, dans un article paru dans *Le Monde* [68]. Selon lui, la maîtrise des produits dérivés exige « un arsenal mathématique à la fois élégant et efficace, mais aussi difficile d'accès puisqu'il faut au moins atteindre un troisième cycle scientifique pour l'avoir pratiqué ! » Les produits dérivés sont des contrats négociés dont le risque est fixé sur des valeurs, mais c'est le contrat qui est acheté et qui peut être revendu. Avec les produits dérivés, il semble qu'on ait gravi un échelon de plus dans l'immatériel et l'abstraction financière, tout se passant comme si l'univers de la haute finance s'emballait dans une automatisation l'enfermant dans ses logiques spéculatives propres.

Les gérants et les producteurs de ces produits financiers peuvent adhérer à une association patronale qui regroupe depuis 1961 tous les gérants de SICAV et de fonds communs de placement au sein du CNPF. L'ASFFI (Association des sociétés et fonds français d'investissement) est la réalisation d'un président de la Compagnie financière de Suez qui entendait défendre et informer les professionnels de ce type de placement, et à travers eux, les épargnants. « L'ASFFI représente la profession de la gestion collective auprès des pouvoirs publics, des instances de tutelle (Direction du Trésor, Commission des opérations de Bourse...) et de la Place. Elle est régulièrement consultée sur l'ensemble des

68. « Marché dérivés : pour une pédagogie du risque », *Le Monde*, mardi 14 mars 1995.

problèmes touchant aux OPCVM ou susceptibles de les concerner. Elle apporte à ses membres et à ses différents correspondants un concours permanent dans les domaines juridique, fiscal, comptable et technique[69]. » Les tendances convergent vers une rationalisation de la gestion des patrimoines qui passe par le recours à des professionnels qualifiés et par une collectivisation de plus en plus poussée des formes et des modalités de la gestion. Les grandes familles, dépassées par la sophistication des produits, l'internationalisation de la finance et la complexité des textes juridiques ou réglementaires, en particulier fiscaux, se doivent de s'en remettre aux savoirs et aux savoir-faire des experts en la matière. Mais ce sont, le plus souvent, des professionnels sortis du sérail, de la grande bourgeoisie elle-même. Par ce biais, la gestion personnalisée et individualisée des grandes fortunes est en fait le produit de multiples interactions et de surveillances croisées du milieu sur lui-même, d'échanges d'informations et de conseils, de tout un travail social interne au groupe des pairs, travail qui est en même temps l'un des supports de cette sociabilité intense qui caractérise les familles de la haute société.

La répartition spatiale des grandes fortunes : le poids de l'Île-de-France

Non seulement les grandes fortunes ne sont réparties qu'entre quelques mains, mais encore elles sont fortement concentrées dans l'espace. Cette concentration, en favorisant les contacts, est un facteur d'accumulation d'autres formes de capital, le capital social bien sûr, mais aussi le capital culturel, scolaire ou symbolique. La richesse des autres, en ces diverses modalités du capital, rejaillit sur chacun et a un effet démultiplicateur sur les richesses individuelles. On est plus riche au

69. ASFFI, *OPCVM 1994*, Paris, ASFFI, 1994, p. III. Il s'agit d'un annuaire de tous les OPCVM.

voisinage des plus riches, le rapprochement spatial ayant pour effet d'exacerber les potentialités de chacune des fortunes considérées isolément. Par leurs niveaux d'équipement, par leurs qualités esthétiques, par l'environnement culturel et social, les quartiers très marqués sociologiquement confortent ceux qui correspondent au groupe localement dominant. Ils enfoncent un peu plus dans la misère, dans les quartiers pauvres. Ils magnifient l'opulence, dans les quartiers riches. Que l'on songe aux banlieues déshéritées du nord de Paris ou de Marseille ou aux espaces de richesse de l'Ouest parisien ou de la Côte d'Azur : dans tous ces cas le rapprochement spatial exacerbe les traits propres à chaque famille.

Les statistiques de l'ISF

La répartition spatiale des familles fortunées peut être appréhendée à partir des données de l'impôt sur les grandes fortunes (IGF), devenu impôt de solidarité sur la fortune (ISF). Les statistiques publiées par la Direction générale des impôts, même sous la forme très agrégée du département, donnent de précieuses informations. À partir du nombre de déclarations par département et des montants des paiements effectués, on peut calculer un montant moyen de l'impôt versé par redevable. Le nombre de redevables pour 1 000 habitants dans chaque département et dans chaque région permet de tenir compte de leur poids démographique. On pourra consulter *Les Notes bleues*, devenues *Les Notes bleues de Bercy*, publiées par le ministère des Finances, en particulier le n° 40, du 1er au 15 juin 1994, qui donne les résultats de l'ISF, définitifs pour 1992 et provisoires pour 1993. Le tableau 3 présente la liste des cinq régions qui comptent le plus grand nombre d'assujettis à l'ISF.

Le poids de l'Île-de-France est écrasant : la région représente 18 % de la population française totale mais 62 % des sommes versées au titre de l'ISF en 1993, et 52 % des assujettis. Que ce soit dans la proportion des redevables ou dans celle des paiements, ce poids s'accroît entre 1982 et 1993. Bien entendu, l'importance des capitaux mobiliers particulièrement fluides fait que la localisation des biens taxés ne se résume pas au lieu d'imposition. Toutefois il n'est pas indifférent de savoir où se situe le domicile du contribuable. Cela donne une indication sur la valeur d'usage d'un bien important, la résidence principale, et sur le mode d'inscription spatiale de l'existence de ces familles.

Tableau 3. Les principales régions de concentration des assujettis à l'IGF et à l'ISF

Régions	% des redevables		% des montants perçus		Population en 1990 en %
	IGF 1982	ISF 1993	IGF 1982	ISF 1993	
Île-de-France	41,6	52,3	53,4	62,0	18,4
Provence-Alpes-Côte d'Azur	10,4	9,6	9,5	6,6	7,3
Rhône-Alpes	7,4	7,0	6,8	6,2	9,2
Nord-Pas-de-Calais	4,1	3,2	3,2	3,3	6,8
Aquitaine...	3,8	2,7	2,9	2,2	4,8
Total France entière	100,0 (104 000)	100,0 (163 125)	100,0 (2 682 000)	100,0 (7 209 262)	100,0

SOURCE : *Les Notes bleues de Bercy.* Montants en milliers de francs.

Le montant moyen par redevable de l'impôt de solidarité sur la fortune acquitté en 1993 était de 44 195 francs pour la France entière, mais de 52 419 francs en Île-de-France, et il atteignait 72 313 francs à Paris-Ouest, c'est-à-dire dans les VIIe, XVe et XVIe arrondissements. Si les données étaient accessibles, on pourrait dresser une carte encore bien plus précise de la richesse. La région parisienne concentre de façon spectaculaire les fortunes, bien au-delà des effets de son poids démographique.

Hors de l'Île-de-France, 12 départements dépassent le montant moyen national de l'ISF [70]. Leur liste est assez surprenante : on n'y trouve pas certains départements comme le Rhône ou la Gironde, malgré la présence ancienne d'une bourgeoisie fortunée, ni des départements réputés pour accueillir les résidences secondaires des privilégiés de la fortune, comme les Alpes-Maritimes, le Var ou les Pyrénées-Atlantiques. Lyon, Bordeaux, Nice, Cannes, la Côte d'Azur ou Biarritz auraient pu donner à ces départements des scores remarquables. Ce n'est pas le cas : la moyenne des paiements effectués, par redevable, y fluctue entre 23 000 et 34 000 francs, loin de la moyenne nationale, et très loin de Paris.

En revanche, dans cette liste figurent le Nord, vieille région industrielle dont les fortunes du textile, aujourd'hui largement reconverties, furent célèbres ; la Marne, où le champagne est une source de richesse non encore tarie ; la Charente, qui doit sans doute au cognac son très bon score ; l'Oise, avec ses immenses domaines agricoles et la proximité de Paris. Mais on comprend mal la présence de l'Orne et de l'Indre, même si, avec la Normandie et la Sologne, il s'agit de terres de loisirs et de chasse fréquentées par les grandes fortunes. On comprend encore moins la présence de la Haute-Saône, de la Haute-Vienne et de la Savoie (alors que la présence de la Haute-Savoie, qui borde le lac Léman, aurait moins surpris). Les résultats inattendus de cette distribution géographique des fortunes mériteraient d'être éclaircis. Mais seules des enquêtes dans les départements concernés ou un accès aux documents fiscaux le permettraient.

70. Par ordre décroissant : Charente, Savoie, Orne, Indre, Haute-Vienne, Haute-Saône, Martinique, Guyane, Marne, Oise, Nord, Guadeloupe.

Le fait massif demeure toutefois le poids exceptionnel de quelques arrondissements de Paris et de certains départements franciliens. Les paiements moyens de Paris-Ouest (VIIe, XVe et XVIe arrondissements) et de Paris-Nord (VIIIe, XVIIe et XVIIIe) dépassent ou avoisinent les 70 000 francs. Seuls les arrondissements de Paris-Est (XIe, XIIe, XIXe, XXe) se situent en dessous de la moyenne nationale avec 29 500 francs. Les Hauts-de-Seine présentent aussi un bon score (68 800 francs pour le nord du département). Mais si l'on prenait en compte la seule domiciliation des membres des grands cercles (Automobile Club de France, Cercle de l'Union Interalliée...), on aurait des moyennes encore beaucoup plus élevées avec la définition d'une aire géographique plus pertinente [71]. Ainsi le centre-ouest de Paris, les VIIe, VIIIe arrondissements, le nord du XVIe et le sud du XVIIe, auxquels il serait logique de joindre la commune de Neuilly, devraient atteindre des montants et des taux d'assujettis encore plus élevés que ceux constatés pour les regroupements d'arrondissements dont nous disposons. Les analyses des enquêtes qui portent sur les patrimoines des Français montraient que leur concentration était particulièrement forte aux deux extrémités de la distribution, ce que l'analyse des données de l'IGF et de l'ISF a confirmé pour les plus grandes fortunes. Cette concentration dans la répartition de la fortune trouve son corollaire dans la concentration spatiale de ses bénéficiaires.

Alors qu'en moyenne, pour la France entière, on compte 2,6 ‰ assujettis, ce taux est de 7,4 pour l'Île-de-France. Il est même de 15 ‰ pour Paris-Sud, 19,7 ‰ pour Paris-Nord et 49,2 ‰ pour Paris-Ouest [72]. On peut estimer que le taux des redevables de l'ISF dépasse très sensiblement les 50 ‰ dans les arrondissements du centre ouest où se trouvent concentrés par ailleurs les

71. *Dans les beaux quartiers, op. cit.*, chap. II, p. 25-29.

72. Les taux ont été calculés à partir des résultats de l'ISF pour 1991 (*Les Notes bleues de Bercy*, n° 18, 1er au 15 juillet 1993) et de ceux du recensement de 1990.

membres des grands cercles. Même à Paris-Est, le taux d'assujettis reste de 5 ‰, c'est-à-dire à peu près le double du taux moyen pour la France entière. Trois autres départements dans la région dépasse ce taux. Les Hauts-de-Seine, bien sûr, mais aussi les Yvelines et le Val-de-Marne. Or la quasi-totalité des départements sont en dessous de ce taux moyen et varient entre 0,6 et 1,8 ‰. Seuls quatre départements, en dehors de l'Île-de-France, ont un taux de redevables qui dépasse la moyenne nationale. Il s'agit des Alpes-Maritimes (7 ‰) et du Var (3,3 ‰), donc de ce Midi résidentiel dont on aurait pu s'attendre à ce qu'il présente des paiements moyens plus importants, et qui se rattrape avec le taux d'assujettis. Le Rhône et la Haute-Savoie sont dans le même cas.

De ces données se dégagent deux conclusions. D'une part le poids démographique de la région Île-de-France influe de façon décisive sur la moyenne nationale, d'autant que ses scores sur les deux variables étudiées ici sont très loin au-dessus des autres régions. Pour la France entière, Île-de-France exclue, le nombre de redevables tombe à 69 919, ce qui représente un taux d'assujettis de 1,5 ‰ au lieu de 2,6 ‰ et un montant moyen des paiements de 32 000 au lieu de 42 000 francs. Le rôle joué par l'Île-de-France est donc disproportionné par rapport à son poids démographique.

D'autre part il y a une assez nette indépendance entre le taux de redevables et le montant moyen des paiements. Ainsi, l'Orne, avec 0,9 ‰ d'assujettis, voit chacun de ses 273 redevables acquitter en moyenne 56 000 francs. De même dans les départements d'outre-mer, Guadeloupe, Martinique et Guyane, les taux d'assujettis sont particulièrement faibles, 0,3 ou 0,4 ‰, alors que les montants moyens acquittés dépassent 44 000 francs. À l'inverse le taux d'assujettis dans les Alpes-Maritimes est élevé, avec 7 ‰, mais le montant moyen acquitté est relativement faible (31 000 francs). Ces aspects erratiques des distributions seraient probablement réduits si l'on disposait d'une information plus fine. La situation dans les Alpes-Maritimes doit renvoyer à la présence de nombreux retraités fortunés, mais qui ne le sont pas assez, toutefois, pour conserver leur résidence parisienne. Tout laisse penser que les très grandes fortunes sont parisiennes et que l'âge de la retraite, ou plutôt le fait de se « retirer des affaires », comme disait si joliment l'INSEE dans son ancienne nomenclature des catégories socioprofessionnelles, ne signifie pas pour elles l'abandon d'une double ou d'une triple résidence.

Il n'y a qu'une région qui soit réellement la terre d'élection de la fortune, celle de Paris. Celles mentionnées dans le tableau 3 sont simplement un peu moins défavorisées que les autres. Cela signifie que la fortune a au moins en commun avec le pouvoir de sacrifier au centralisme français. Que capital rime avec capitale. Et que la rime est riche. Les fortunes, qui furent terriennes, le sont de moins en moins. Les enjeux économiques se jouent ailleurs, à la ville, dans les cités financières, dans les cercles parisiens ou les grands restaurants de la capitale, les bureaux de La Défense ou les vieux lambris des boulevards et des avenues des beaux quartiers. La qualité des localisations des lieux de résidence est l'une des dimensions de la valeur d'usage des biens de jouissance patrimoniaux. La mesure complète des inégalités ne saurait faire l'impasse sur les bénéfices particuliers et rares que peut procurer le fait d'être riche au milieu des riches. Il est des promiscuités enrichissantes. La concentration de la fortune en quelques familles voisines dans l'espace facilite la gestion de ces patrimoines au travers de l'accumulation de capital social qu'elle permet. Rencontres, galas, soirées mondaines, dîners, cercles, conseils d'administration : les patrimoines les plus élevés trouvent dans l'agrégation des fortunes les conditions les plus favorables à leur plein épanouissement En cela les grandes fortunes influent sur les dynamiques urbaines, par la création des beaux quartiers, d'adresses de prestige, de cette griffe spatiale qui, ensuite, attire la convoitise des milieux d'affaires. Les familles fortunées, peu soucieuses de reconquérir de vieux quartiers comme le Marais, ont toujours eu un rôle moteur dans l'urbanisation de l'Ouest parisien, défrichant les terres vierges lorsque la pression des activités de prestige qui toujours les talonnent devenait trop forte. Après les Grands Boulevards, ce fut le faubourg Saint-Honoré, puis les Champs-Élysées et l'avenue Montaigne, puis le nord du XVIe arrondissement et Neuilly. La recherche de l'entre-soi et la qualité des espaces créés entrèrent toujours en contradiction : ces quartiers étaient trop beaux et trop prisés pour que sièges sociaux et commerces de luxe ne tentent pas de les envahir. Les résidences des familles fortunées de la noblesse et de la grande bourgeoisie sont ainsi à la fois prestige social, valeur économique, bien culturel : elles manifestent, plus que tout autre élément des patrimoines peut-être, la multidimensionnalité des fortunes.

Patrimoine de jouissance et « transmission jointe »

Le patrimoine de jouissance, ce patrimoine qui, sans rapporter un revenu monétaire, rend des services que l'on peut assimiler à des revenus en nature, est le support de pratiques, de représentations, de visions du monde qui sont essentielles aux transmissions réussies. Le patrimoine de jouissance, dans les grandes familles, est une base concrète de la « transmission jointe » dont parlent les économistes [73]. Le château, les grandes demeures familiales, les meubles de style, les œuvres et objets d'art, les bijoux anciens, tout ce patrimoine gorgé de savoirs et de valeur symbolique doit, pour être « approprié » par ceux qui auront aussi à le transmettre, devenir culture incorporée. Le patrimoine de jouissance est au cœur de la transmission car c'est à lui que l'héritier identifie la saga familiale. On ne s'improvise pas

73. A. Babeau, *Le Patrimoine des français*, *op. cit.*, p. 97.

héritier. Il y faut du savoir et du savoir-faire. « Si des héritages permettent de se maintenir haut et longtemps dans la hiérarchie des patrimoines, c'est sans doute qu'existe alors une certaine complémentarité entre l'avoir et le savoir. Dans le cas contraire, le patrimoine humain ou le patrimoine culturel venant à faire défaut, le patrimoine traditionnel peut servir un temps de " parachute ", mais pas pour de nombreuses générations [74]. »

L'argent donnerait ainsi du talent. Au moins le talent d'en assumer la gestion, de savoir faire face aux exigences de la maîtrise d'une fortune considérable. Il s'agit certes d'une maîtrise technique, par rapport aux diverses formes de placement et aux choix à opérer, en fonction de leurs rendements différentiels. Il s'agit aussi de la capacité à maintenir et entretenir le capital social accumulé par les générations antérieures, à étendre le réseau de relations dans les divers domaines de l'activité sociale. Mais la fortune permet de dominer ce qui n'a pas de prix, à savoir le temps. Car la fortune laisse des loisirs qui sont mis à profit pour entretenir les différentes formes de capitaux, en particulier à travers la vie mondaine. Là encore, André Babeau émet l'idée que le niveau d'information et de formation financière est probablement lié de manière positive au niveau de la fortune et que, en conséquence, le rendement pour un même type d'actif est susceptible de varier en fonction du volume des biens possédés. Ces considérations ont pu, un temps, justifier le système électoral censitaire sous prétexte que la fortune était un garant de compétence. Jules Lepidi cite Benjamin Constant, favorable à ce système sous la Restauration. « La propriété seule, écrivait Constant, fournit le loisir indispensable à l'acquisition des lumières et la rectitude du jugement. Elle seule donc rend les hommes capables de l'exercice des droits politiques [75]. »

74. *Ibid.*, p. 101-102.
75. Cf. J. Lepidi, *La Fortune des Français*, *op. cit.*, p. 59.

Au niveau de fortune où nous menons l'analyse, on peut penser qu'il ne saurait y avoir d'autre modèle dans ces familles que le modèle « dynastique » des économistes. Apprendre à être un héritier digne de ce nom, c'est aussi apprendre à transmettre et surtout à intérioriser l'exigence morale de la transmission. La théorie du cycle de vie, qui réduit les représentations et les stratégies des agents à l'échelle de leur seule existence, n'est certainement pas pertinente dans ces lignées aristocratiques ou bourgeoises où le premier devoir est d'assurer la continuité des générations. Il reste à comprendre pourquoi ces ménages adoptent ce mode de comportement, ce rapport au temps. C'est dans le patrimoine lui-même que réside la réponse. Il est des formes et des niveaux de richesse qui portent en eux-mêmes l'exigence de la transmission.

CHAPITRE II

Le fief, ou l'enracinement rural des grandes familles

Le temps matérialisé par la maison qui abrite la famille depuis plusieurs générations, parfois depuis plusieurs siècles, inscrit la lignée dans un espace local où elle s'insère dans des relations sociales complexes. Les familles fortunées de l'aristocratie et de la bourgeoisie ancienne valorisent tous les signes qui échappent à l'usure du temps, car elles s'appuient sur le temps, symbolisé par la succession des générations, pour assurer et légitimer leurs positions dominantes. Pour ces familles, le passé est à la fois collectif et familial. Aussi le patrimoine n'est-il pas attribué, dans les représentations et les usages, à tel ou tel individu mais à la lignée. Celle-ci se construit dans la longue durée, seule à même d'asseoir la légitimité. Le temps est un allié par la permanence qu'il établit, avec le nom, mais aussi à travers le patrimoine et sa transmission. Par leur composition les patrimoines familiaux traduisent cette exigence de dénégation de l'éphémère.

Le château dans le berceau provincial de la famille, l'hôtel particulier du XVIIIe siècle dans le faubourg Saint-Germain ou la vieille ville de Grasse, le grand appartement bourgeois du début du siècle, tous ces habitats constituent ce que nous appellerons un capital patrimonial en cela que ces biens immobiliers entremêlent du capital économique, du capital culturel et du capital symbolique. Ils s'inscrivent ainsi dans une durée longue qui n'est pas celle de la maison style Île-de-France prévue pour tenir le temps d'une génération. Il n'est pas de château sans fief, sans ces relations faites de dons et de contre-dons entre le châtelain et les villageois. Car on ne peut être riche seul, de manière anonyme. La richesse, au moins pour durer et se transmettre, doit s'enraciner dans des relations sociales avec le groupe des pairs, mais également avec toutes les catégories de la population. Cette reconnaissance, d'autant plus aisément acquise que le jeu de la condescendance et du paternalisme est plus maîtrisé par les dominants, est nécessaire à la légitimation des rapports inégaux qui ne sauraient durer sans cette caution.

Le temps immobile

Au XIIIe siècle Urban des Monstiers épouse Quitterie du Fraisse, fille unique du seigneur du Fraisse, domaine sis près d'Angoulême. Depuis lors les des Monstiers se succèdent au Fraisse. En 1994 Louis des Monstiers, vingt-sept ans, sait qu'il aura à assumer la charge de maintenir la présence de la famille, et il s'y prépare. Une famille dont les alliances, au fil des siècles, ont permis de diversifier le patrimoine. Pour s'en tenir au XXe siècle, François des Monstiers-Mérinville, propriétaire actuel, grand-père de Louis, a épousé une demoiselle Darblay, dont la fortune était fondée sur l'industrie papetière. Patrimoines foncier, immobilier et mobilier se mêlent donc dans la fortune des des Monstiers [1].

L'arrivée au Fraisse est majestueuse. Une vaste cour d'honneur fermée par les bâtiments qui forment un U précède le château Renaissance, construit vers 1550. À gauche les communs furent prolongés par des écuries

1. Selon le *Catalogue de la noblesse* de Régis Valette (Paris, Laffont, 1989), la famille des Monstiers-Mérinville figure parmi les plus anciennes de France. Elle présente des descendants directs du nom, en filiation continue prouvée, depuis 1350.

construites au XVIIe siècle, le long des anciennes douves. On peut voir à droite ce qui reste du « vieux château », comme dit le marquis François des Monstiers-Mérinville. Il s'agit du château construit au XVe siècle (le château primitif, du XIIIe siècle, ayant brûlé pendant la guerre de Cent Ans). Ce vieux château est en oblique par rapport au corps principal et comporte deux tours. Le grand bâtiment qui termine le U à droite est plus récent et a une vocation agricole. Le chef de culture de l'exploitation rattachée au château y est logé avec sa famille.

L'ensemble des bâtiments anciens est inscrit à l'inventaire supplémentaire des Monuments historiques. Les portes extérieures du bâtiment Renaissance et deux portes intérieures, qui donnent sur l'escalier d'honneur, ainsi que des cheminées sont classées. Ces éléments, dans le goût italien, présentent des décorations de marbres polychromes. À l'intérieur, des bustes féminins en porcelaine ornent les portes qui donnent sur l'escalier d'honneur.

De longs couloirs desservent les chambres dans les étages. Les parquets, datant parfois de l'époque de la construction, sont composés de larges planches de chêne usées à souhait, mais parfaitement encaustiquées. Il y a un nombre considérable de pièces et une superficie encore plus importante si l'on tient compte des greniers, des communs, des écuries, des granges. Des espaces sont sous-utilisés et certaines activités sont en sommeil. Plus personne ne pratique l'équitation et il n'y pas un seul cheval au château. Les écuries sont donc vides et, dans la sellerie, selles et harnachements disparaissent sous la poussière et les toiles d'araignées. Dans le château lui-même certaines pièces sont abandonnées à un rôle peu actif de débarras où s'entassent les objets hétéroclites tombés en disgrâce. Dans l'une d'elles sont remisés en piles les livres qui ne trouvaient plus place dans la bibliothèque. Partout, sur les meubles, sur les portes, des serrures dont le nombre conduit à laisser les clefs dessus, ce qui amuse les enfants mais donne du souci aux parents. Sans doute ces serrures et ces clefs ont-elles le pouvoir de stimuler l'imaginaire enfantin et d'entretenir la magie d'une telle maison. Ces vieilles demeures sont de très efficaces supports pour la mémoire des années d'enfance. Tous ceux qui ont passé une partie de leurs jeunes années dans un tel cadre en ont gardé le très vif souvenir.

Un buste de l'évêque Jean des Monstiers, qui fit construire le château Renaissance, orne la façade arrière du bâtiment principal. Avec sa barbe taillée court, son chapeau et sa fraise, il fait songer à Henri IV. Dans toutes les pièces les portraits et les souvenirs des ancêtres abondent. Dans le grand salon d'été des miniatures assemblées sur un panneau représentent des membres de la famille ou des personnalités d'époques lointaines.

Il y a un château d'été et un château d'hiver. Pour des raisons d'économie : chauffer un tel volume dans son intégralité est impensable, il y faudrait une fortune chaque hiver. En conséquence toute la famille se replie dans l'aile gauche lorsque viennent les frimas. Le bâtiment principal est livré aux basses températures. Les couloirs et les escaliers ne sont pas chauffés. Si bien que pour gagner sa chambre on doit affronter les risques inhérents à un refroidissement brutal. Ce n'est là qu'un des aspects peu agréables de la vie de château qui n'est pas toujours ce que l'on pourrait croire, bien qu'elle ait connu quelques améliorations. Les adultes se souviennent encore des longs couloirs obscurs où, les soirs de pleine lune, la lumière blafarde laissait deviner les portraits des ancêtres et les trophées de cerfs ou de sangliers qui, sous cet éclairage, prenaient des allures fantastiques. Décor impressionnant qu'il fallait affronter avant de gagner la chambre à la familiarité rassurante. L'électricité n'a fait qu'atténuer cette magie de lieux à jamais gravés dans les mémoires.

L'été, en revanche, on prend ses aises. Il y a de quoi faire, compte tenu de l'immensité du logis. Les pièces de réception, salle à manger et salon, chauffées l'hiver, sont déjà vastes. Le grand salon, qui n'est utilisé que l'été, est deux fois plus grand, avec une cheminée monumentale classée qui ne sert plus guère et de nombreux portraits d'ancêtres.

Même les membres de la famille ont parfois l'impression, lorsqu'ils font visiter le château, de redécouvrir des lieux oubliés, des endroits délaissés où vieux meubles, paperasses, bibelots dédaignés attendent qu'on veuille bien s'intéresser à eux. L'espace est disponible à profusion.

Le château comme lieu de mémoire

Le château du Fraisse déborde de mémoire, il est mémoire cristallisée comme nombre de ses semblables, d'autant que la même famille y vit depuis le XIIIe siècle. Ainsi la bibliothèque, réaménagée au XIXe par le grand-père du propriétaire actuel, contient-elle, outre des centaines de vieux ouvrages reliés et de livres plus récents, quelques dizaines de cartons où sont rangées les archives familiales. Classées par thèmes (testaments, contrats de mariage...) et par région géographique (le Fraisse, mais aussi le Languedoc, où une branche de la famille vécut durant plusieurs générations), ces archives représentent une masse d'informations d'une rare richesse sur une même lignée.

Le petit-fils aîné du marquis François des Monstiers, Louis, auquel doit revenir le domaine, a entrepris de reclasser tous ces vieux livres et ces documents quelque peu abandonnés. Il protège les vénérables reliures de cuir avec une cire aux propriétés fongicides et insecticides, brevetée par un laboratoire du CNRS et fabriquée à partir de pieds de bœufs. Petit à petit cette partie de la mémoire familiale reprend un aspect plus avenant. Mais la richesse de ce qui a été ainsi conservé du passé familial semble être bien plus importante que ce que le temps disponible et le goût pour la poussière des vieux papiers, inégalement partagés, ont permis d'exploiter. D'ailleurs c'est une étudiante extérieure à la famille qui a rédigé une maîtrise sur l'histoire du château et de Jean des Monstiers [2]. Toutefois le marquis François des Monstiers met à profit ses loisirs pour dactylographier l'histoire de la famille telle qu'elle a été calligraphiée par son grand-père, qui fit ainsi œuvre de mémorialiste et de généalogiste. Autant il est difficile de remonter de façon significative au-delà de la génération des grands-parents dans la plupart des familles françaises, autant, dans le cas de la noblesse, et, dans une moindre mesure, dans celui des familles de la vieille bourgeoisie, l'accumulation de mémoire est considérable.

Les portraits des ancêtres, qui ornent de nombreux murs dans les pièces de réception, ont été légendés par le marquis François des Monstiers et son petit-fils après qu'ils eurent identifié les uns et les autres à l'aide d'inscriptions portées au dos des tableaux ou sur des plaques anciennes. Louis des Monstiers se rappelle que, enfant, vivre sous le regard omniprésent de ses ancêtres l'avait un peu inquiété, comme s'il avait déjà senti peser sur lui une charge morale : continuer de faire vivre la famille en lui conservant son foyer ancestral. Il lui arrive de trouver des ressemblances entre tel parent vivant et tel ou tel portrait du XVIe ou du XVIIe siècle. Ces ressemblances sont soulignées avec un plaisir évident : elles sont bien l'un des signes de la continuité au-delà des siècles. En outre, les ancêtres sont suffisamment connus pour que circulent sur leur compte anecdotes et plaisanteries.

L'un des murs du salon « d'hiver » est couvert de sept tableaux peints au XIXe siècle, qui représentent le château de Voisins, dans le département des Yvelines, dont les grands-parents maternels du marquis François des Monstiers avaient été les propriétaires. Ils le vendirent pour se rapprocher du berceau familial en achetant le

2. Annick TULASNE-MŒNECLÆY, *Jean des Monstiers et le château du Fraisse*, Poitiers, Faculté des Lettres, mémoire de maîtrise d'histoire, 1970.

château de Sannat, à quelques kilomètres du Fraisse, où vivent, aujourd'hui encore, des cousins des des Monstiers. Ces tableaux, de commande, sont révélateurs de l'importance accordée à la demeure familiale. Dans toutes les familles elle figure parmi les portraits des ancêtres, que ce soit sous la forme de tableaux, de gravures ou de photographies. Comme si le château, lui aussi, faisait partie de la famille, comme si les objets et les corps ne devaient faire qu'un.

Les relations avec la population locale

La proximité entre le domicile du châtelain et ceux des fermiers ou des salariés agricoles autorise les regards croisés et une certaine surveillance mutuelle. On vit en permanence sous les yeux de l'autre.

Il y a au Fraisse une certaine évolution puisque l'exploitation est passée en régie directe, ce qui signifie que les terres sont travaillées par des salariés, certes intéressés aux résultats de l'exploitation, mais qui perçoivent l'essentiel de leur rémunération sous la forme salariale. Autrefois, le métayage était la règle. Après la loi de 1946, qui fit passer la part du propriétaire foncier de 50 % à 33 % au maximum, la formule du métayage n'était plus aussi rentable [3] et le marquis François des Monstiers prit en charge la direction de l'exploitation qui est assurée aujourd'hui par son fils, Jean-François, le père de Louis.

Les effets s'en font sentir dans les rapports sociaux entre propriétaire et paysans. Ces derniers ont vécu le passage au statut de salariés comme une dégradation de leur position sociale. Le domaine occupe 5 salariés, dont 3 sont célibataires. Ils sont logés dans les anciennes fermes qui étaient occupées autrefois par des familles entières et le marquis François des Monstiers se plaint

3. Les nouveaux droits du foncier limitaient ceux du propriétaire. Par exemple, il existait un droit de préemption pour les métayers qui pouvait gêner le propriétaire dans ses projets, susceptibles d'être hypothéqués par les droits nouveaux du fermage et du métayage.

du vide ainsi créé. Il regrette l'absence d'enfants qui animaient les cours des fermes et celles du château.

Mais, malgré son éloignement relatif, puisqu'il ne dirige plus l'exploitation et qu'il passe une grande partie de son temps à Paris, le marquis François des Monstiers reste une personnalité locale. En traversant Nouic, le village sur le territoire duquel est situé le domaine, il est reconnu et salué par un villageois, qui se découvre en l'apercevant, alors qu'il occupe la place du passager à l'avant d'une voiture inconnue des gens du lieu. À la boulangerie de Mézières-sur-Issoire, le bourg voisin, la conversation s'engage entre la boulangère et le marquis qui lui demande des nouvelles de son père : il avait été autrefois au service de M. des Monstiers qui le nomme par son prénom. Un ouvrier d'une entreprise de travaux publics entre et salue d'un « bonjour monsieur le marquis » qui apparaît tout naturel. Le châtelain conserve un statut de notable et les relations avec les gens du cru restent empreintes d'un certain paternalisme, de cette relation enchantée, à la fois familière et inégale, qui règle traditionnellement les rapports entre maître et serviteur, entre petit patron et ouvrier de métier, entre propriétaire foncier et fermier [4]. Les châtelains se doivent d'entretenir les meilleurs rapports avec le village et de s'insérer au mieux dans le tissu de ses relations sociales, aussi bien pour des raisons matérielles, en s'assurant les disponibilités pour certaines tâches, bénévoles ou non, que pour des raisons symboliques, en asseyant la légitimité de la domination. Sans cette présence dans le maillage de la vie locale, il ne peut y avoir de châtelains dignes de ce nom.

4. Les exemples pourraient aisément être multipliés. Un documentaire de Marianne Lamour, *La Famille la Rochefoucauld, une famille millénaire*, diffusé sur Planète en mai 1994, met en scène le château familial qui domine le village homonyme. En août 1992 fut célébré le millième anniversaire de cette famille et les villageois montèrent assister à certaines des festivités aux côtés des châtelains. Les commerçants du village avaient pour cette occasion reproduit dans les vitrines de leurs magasins des maximes de François VI de La Rochefoucauld.

La privatisation de l'école et de l'église

La famille des Monstiers a fait construire une école privée catholique à Nouic, et Quitterie, âgée aujourd'hui de quarante-deux ans, y fut élève. Elle se souvient d'avoir remis à sa place une camarade qui l'importunait en lui rappelant que son père était le propriétaire de l'école et qu'elle avait intérêt à respecter la fille du maître des lieux.

Mais c'est dans les rapports avec l'église que se fait surtout sentir l'omniprésence de la famille. La chapelle du château était le lieu des cérémonies familiales, il n'y a pas si longtemps. Quitterie y fut baptisée et y fit sa première communion. Durant l'enfance du marquis des Monstiers on y disait la messe deux fois par semaine, le jeudi et le dimanche. Ce jour-là le curé officiait d'abord au village puis se rendait au château. Dans une petite sacristie annexée à la chapelle on trouve encore des habits sacerdotaux et le calice. Certains des ancêtres de M. des Monstiers sont enterrés dans cette chapelle.

La famille dispose aussi d'une petite chapelle privée dans la modeste église de Nouic. Occupant un croisillon du transept, cette chapelle est entretenue par la famille. M. des Monstiers a fait changer le vitrail du XIXe siècle qui l'éclaire. Dans le style saint-sulpicien, ce vitrail ne s'accordait guère avec le dépouillement roman de la petite église. Le nouveau, à la composition abstraite, s'intègre mieux. Le vitrail du XIXe siècle avait déjà été offert par la famille. Le nouveau porte la dédicace « À sainte Quitterie », prénom prisé par les des Monstiers puisqu'il est celui de Quitterie du Fraisse par qui le château entra dans le patrimoine familial.

Au moment de la restauration de l'église M. des Monstiers a fait remplacer le parquet qui recouvrait le sol de cette chapelle par des dalles semblables à celles utilisées dans les autres parties de l'édifice. L'intervention de la famille va au-delà des limites de la chapelle privée. Ainsi

M. et Mme des Monstiers ont-ils fait don d'une statue de la Vierge en granit, trouvée au cours d'un séjour en Bretagne où Mme des Monstiers disposait, à Dinard, dans un site exceptionnel, d'une grande maison de famille. À la fin du XIXe siècle, la famille des Monstiers offrit une statue de saint François d'Assise dont le piédestal porte une plaque avec l'inscription « offert par le marquis et la marquise des Monstiers-Mérinville ». Cette statue est aujourd'hui encadrée par les dalles où sont gravés les noms des victimes des dernières guerres.

On accède à la chapelle des Monstiers par une petite porte latérale dont la famille n'a d'ailleurs pas la clef. Elle est déposée chez une habitante dont la maison donne sur la place de l'église. Au cours des offices, personne ne vient prendre place dans la chapelle, sauf en cas de grande affluence et s'il reste des sièges libres « chez » les des Monstiers.

À droite du petit autel orné d'une pietà, un vieux panneau de bois égraine les noms des membres de la famille enterrés dans cette chapelle. Urban et Quitterie des Monstiers viennent d'abord. Leur inhumation est mentionnée comme ayant eu lieu avant 1280. Les derniers membres de la famille mentionnés furent enterrés un peu avant la Révolution.

Ainsi, la religion est très intégrée dans la vie familiale. Comme la culture, elle est inséparable de la vie de la lignée et de l'existence quotidienne. Par ces deux chapelles, celle du château et celle de l'église, par la présence même des lieux d'inhumation dans les lieux de culte, il y a une très forte interpénétration entre la religion et la famille ; elle contribue à donner intensité et épaisseur à une existence qui trouve là, sans doute, une certaine sérénité [5].

L'enracinement local a été également le fait de familles de confession minoritaire, comme certaines

5. Il arrive que des cloches d'églises construites grâce aux dons d'une famille soient baptisées des prénoms des enfants. Ce fut par exemple le cas à Montfort, dans la Sarthe, à l'initiative des arrière-grands-parents de la famille de Nicolay.

familles de la haute bourgeoisie juive. Caroline de Ricqlès, dont les ancêtres en ligne paternelle, originaires d'Amsterdam, firent fortune au début du XIXe siècle, à Lyon, dans la fabrication et la commercialisation de boissons et bonbons à base de menthe (la menthe Ricqlès), avait pour ascendants maternels de grands industriels de la laine installés à Elbeuf. L'entreprise avait été fondée à Bischwiller, en Alsace, en 1827, par les frères Maurice et Théodore Blin. Ils quittèrent l'Alsace devenue allemande et se réinstallèrent à Elbeuf. « Les ouvriers avaient suivi à pied », rapporte Caroline de Ricqlès. L'entreprise était la plus importante de la ville et employait au début du siècle 1 200 ouvriers. Les rapports sociaux étaient empreints de paternalisme. L'ancêtre Blin « avait créé au sein de l'usine une sorte de sécurité sociale, à une époque où la protection sociale n'existait absolument pas. Il avait fait construire des habitations pour les ouvriers. Je me rappelle que ma grand-mère allait apporter des bonbons à toute ouvrière qui venait d'accoucher ». Bien que ses habitants aient été juifs, le « château » (plutôt une grande maison bourgeoise), qui accompagnait alors la réussite industrielle, était donc très bien intégré dans son environnement social, plus urbain ici que rural. Cette intégration n'empêchait pas les Blin de maintenir la tradition juive puisque ces industriels firent construire une synagogue, dont on peut supposer qu'elle n'était utilisée que par quelques familles parentes ou alliées, les Fraenckel, Bernheim ou Herzog (famille d'André Maurois). Mais on retrouve bien le même processus d'insertion locale des grandes fortunes, qu'elles soient terriennes ou industrielles, et le fait de fidèles de la religion catholique dominante ou de membres d'une confession minoritaire.

Le Fraisse est un vieux et respectable château, mais ce n'est pas un lieu luxueux. Son propriétaire est assujetti à l'impôt de solidarité sur la fortune. Pourtant le Fraisse n'a rien d'une demeure de grand standing. La valeur symbolique du Fraisse ne réside pas dans une magnificence apparente, mais dans le temps qui s'y est cristallisé. Dans la débauche d'espace aussi, l'assurance inimitable que lui confère sa parfaite intégration dans le paysage, l'enracinement de ses vieilles pierres. Le confort n'est pas le fort du château, même si les aménagements modernes ne manquent pas. Pour autant ce n'est pas une demeure frappée d'obsolescence comme le sont ces cités des années soixante où la destruction spectaculaire de tours attire badauds et chaînes de télévision. Au Fraisse, le temps a été vaincu et il est devenu le vassal des maîtres des lieux. Sans signifier déchéance et dégradation, il offre la patine sans prix des siècles passés, la mémoire de la lignée. Il importe seulement de maintenir. Le patrimoine de rapport est alors mobilisé pour permettre l'entretien de ce bien irremplaçable, sans prix. D'autres ressources sont nécessaires pour faire vivre le domaine dont l'exploitation est devenue déficitaire. Les revenus du patrimoine sont alors convertis en capital symbolique, en symbole fondant une part de la légitimité familiale et l'assurance des membres du groupe de devoir continuer.

Un château presque neuf

Le Fraisse est un cas extrême, étant le domaine de la famille depuis le XIIIe siècle. Il est certes d'autres châteaux, comme celui de la famille d'Arcangues, dans le village homonyme situé près de Biarritz, qui sont dans la même famille depuis près de mille ans. Mais les fortunes et les enracinements peuvent être plus récents sans que les enjeux symboliques autour du patrimoine immobilier soient moindres. Le château de Contenson, dans les monts du Forez, en fournit un exemple.

Bien que Contenson soit moins chargé d'histoire que d'autres lieux, il est assez riche de souvenirs pour avoir nourri les Mémoires de la comtesse Jean de Pange, née Pauline de Broglie. Ces patrimoines immobiliers d'exception sont ainsi toujours susceptibles de fournir le décor prestigieux du récit des sagas familiales, capital économique, capital culturel et capital symbolique se trouvant ainsi inextricablement mêlés. Mme de Pange raconte dans ses souvenirs comment sa famille se trouva alliée aux Rochetaillée. Ses frères, Maurice et Louis, furent des physiciens de renom, le second obtenant le prix Nobel en 1929 et tous les deux ayant été membres de l'Académie des sciences et de l'Académie française. « Je savais, écrit-elle, que mes parents pour sauver l'avenir de Broglie [il s'agit du château familial, situé dans l'Eure] désiraient une très grosse dot. » Ce fut Camille de Rochetaillée qui l'apporta, en épousant Maurice de Broglie. « Veuve très jeune, la baronne de Rochetaillée, née Rochefort, avait su gérer et augmenter sa fortune placée dans les mines de charbon de Saint-Étienne et se servir de ses gros revenus avec intelligence [...]. Elle possédait, en plus des mines de charbon de Saint-Étienne, des terres importantes dans les monts du Forez où son mari avait acheté à la famille de Contenson un superbe château tout en granit rose que j'imaginais aussitôt comme un Elseneur ou un Holyrood [6]. » Aujourd'hui ce sont les 1 500 hectares de bois et de tourbières qui assurent les revenus nécessaires à l'entretien du château. Les mines de Saint-Étienne ont été nationalisées à la Libération, ce qui fut, selon l'actuel baron de Rochetaillée, une bonne opération pour la famille. « Nous avons été indemnisés à une époque où les mines n'étaient plus rentables ; l'État a, en réalité, fait une très mauvaise affaire. »

6. Comtesse Jean de PANGE, *Comment j'ai vu 1900*, Paris, Grasset, 3 vol., 1962, 1965 et 1968 (t. 2 : *Confidences d'une jeune fille*, 1965, p. 89-90).

La jeune Pauline de Broglie fut invitée avec sa mère et son frère Maurice pour un séjour dans les monts du Forez. « On arriva à Contenson vers neuf heures du soir. Nos domestiques et la malle un peu plus tard dans la nuit. Ici nouvel éblouissement ; le château était éclairé à l'électricité ! Peu de maisons privées en 1903 avaient cet éclairage, je n'en avais jamais vu. Mme de Rochetaillée savait profiter des chutes d'eau naturelles de son parc pour installer la fée du logis. » Le baron de Rochetaillée avait reconstruit et agrandi le château en 1885, peu de temps avant de mourir d'un accident de cheval. « Autour du donjon primitif, on éleva un énorme bâtiment à quatre façades avec une tour coiffée d'un haut toit pointu à chaque angle. Les fenêtres à ogives dans le plus pur style de Cluny, des balcons en dentelles de pierre, des tourelles, des échauguettes, une loggia avec des vitraux, le tout en granit rose alternant avec la pierre grise du pays [7]. » Une grande pièce d'eau, devant l'entrée, ajoute à la majesté des lieux.

Le château et les mines

Contenson matérialise les représentations dominantes du « château », vieille demeure qui présente tous les traits caractéristiques d'un long passé, des formes architecturales à vocation défensive dont l'inutilité fait aujourd'hui le charme. Mais qui, aussi, abrite la vie de château, telle que ceux qui en ignorent tout peuvent l'imaginer, c'est-à-dire la « belle » vie, la « grande » vie. Contenson, d'autant mieux entretenu que sa construction est récente, offre un cadre de vie parfait, à la fois confortable et présentant tous les signes extérieurs d'une inscription dans la longue durée. Visible de loin, mais bien à l'abri des importuns grâce à un vaste parc, il manifeste toute la majesté nécessaire à l'affirmation d'une position incontestablement dominante.

7. *Ibid.*, p. 104-105.

À y regarder de plus près, on s'aperçoit que Contenson offre les mêmes syndromes que les autres châteaux. La taille et la démesure des frais d'entretien finissent par transformer en lourdes charges ces « patrimoines de jouissance » qui, parfois, portent assez mal leur nom. Vaste, Contenson compte une quarantaine de pièces principales. « Mais des quarante pièces, il n'y en a plus que vingt qui soient habitées aujourd'hui », confie le baron de Rochetaillée, qui en a reçu l'héritage comme parent le plus proche de Maurice de Broglie et Camille de Rochetaillée [8]. Et encore, ces pièces ne sont occupées que l'été, car « l'hiver on est dans les dépendances », le bâtiment principal ne pouvant être chauffé compte tenu du coût que cela représenterait. Un coût qui était bien moindre lorsque l'énergie provenait des entreprises familiales. « Autrefois, il y avait un calorifère, un système de chauffage à air pulsé, puisque ma grand-mère était propriétaire des mines de charbon de Saint-Étienne. C'était un train qui nous apportait directement le charbon de Saint-Étienne à Saint-Just-en-Chevalet. »

À cette époque la famille possédait encore le château de Nantas, à Saint-Jean-Bonnefonds, dans la Loire, près de Saint-Étienne. C'était là le berceau de la famille et la vieille demeure semblait s'allier à la propriété des mines de charbon pour asseoir la notoriété locale. Le père de la jeune Camille, lui aussi prénommé Camille, avait été à l'origine de l'exploitation des gisements de charbon du sous-sol de Saint-Étienne. « Il achetait des prés marécageux dont personne ne voulait, il creusait et il trouvait du charbon », se plaît à raconter son descendant. La ville, reconnaissante, lui dédia une rue.

La famille il est vrai avait déjà sa place dans l'histoire locale. Un des aïeuls du baron de Rochetaillée, « Jean Bernou, consul de Saint-Étienne, s'illustra par son courage durant la terrible peste de 1643 [9] ». Plus tard un

8. Le seul enfant de Maurice de Broglie et Camille de Rochetaillée décéda à l'âge de dix ans.

9. Jean-Noël Despoyeaux, Avant-propos au livre d'Henri de Jouvencel, *L'Assemblée de la noblesse du baillage de Forez en 1789*, Lyon, 1911, p. v.

Rochetaillée fut nommé par le roi à l'assemblée provinciale de Saint-Étienne et fut désigné par elle pour représenter la noblesse dans l'assemblée du département [10].

Histoire et industrie, vieilles pierres et puits de mines, distinction aristocratique et labeur quotidien forment la toile de fond de cette saga familiale. Ailleurs les éléments fondateurs seront différents, mais les anciennes familles aristocratiques ou bourgeoises connaissent les mêmes processus constitutifs. À l'accumulation primitive d'un patrimoine de rapport vient progressivement s'ajouter celle d'un patrimoine de jouissance dont le rôle est grand dans la formation de l'identité de la lignée. L'histoire de Saint-Étienne se confond pour partie avec celle des Rochetaillée. Comme l'histoire de la banque parisienne avec celle des Neuflize ou des Rothschild, et avec leurs demeures, les hôtels particuliers et les châteaux que les fortunes permirent d'acquérir ou de faire construire. À un certain niveau les affaires sont aussi affaires de famille et les lieux de résidence sont des lieux de gestion du capital social, des lieux de circulation de l'information et de négociation entre gens de bonne compagnie.

Un fragment du patrimoine national

Il n'est pas indifférent alors d'habiter un monument historique. Le classement ou l'inscription sur l'inventaire supplémentaire désignent le bâtiment comme remarquable, lui offrent un label, authentifié, qui plus est, par l'État. « C'est au début du XIXe siècle que l'intérêt pour les monuments historiques, abbayes, églises et châteaux, prend son essor. C'est à ce moment aussi que les architectes de Napoléon, Percier et Fontaine, émettent leur théorie esthétique : le beau est ce à quoi l'œil est habitué. C'est enfin un moment fort du droit avec la mise en place du code civil. Le classement des monuments historiques fait naître un droit spécifique,

10. *Ibid.*, p. VI.

souvent dénommé droit de l'esthétique, qui donne à voir, signale au public ce qu'il a intérêt à regarder [11]. » Reste à savoir si, comme le laisse entendre Yves Aguilar dans sa conclusion, la procédure de classement, au lieu de relever d'une objectivité du beau ou de l'historique méritant d'être préservé, de cette « catégorie ineffable qui serait un pur donné », ne relèverait pas, en réalité, du « jugement social d'un moment porté par la classe sociale qui en a le droit », et aussi, sans doute, en fonction des intérêts économiques et symboliques de cette classe [12]. Lorsque, par des aides diverses, l'État favorise l'entretien du patrimoine historique privé, tout en exigeant son ouverture au public, il permet bien sûr de préserver un patrimoine national, mais en même temps il contribue à conserver la mémoire d'un certain ordre social, et même à perpétuer des formes architecturales qui le symbolisent. Et ce d'autant mieux que ces bâtiments sont encore occupés par les descendants de ces familles illustres.

Le Fraisse est en partie classé, en partie inscrit à l'inventaire supplémentaire. Contenson, plus récent, est inscrit, « ce qui permet de choisir son architecte », se console le baron de Rochetaillée. Il est certain que le classement ou l'inscription offrent des avantages non négligeables aux propriétaires qui peuvent bénéficier de subventions pour les travaux d'entretien au niveau de 20 à 80 % des devis, pour les monuments classés, et jusqu'à 40 % pour ceux qui sont inscrits, ce qui reste appréciable. Ces avantages ne donnent aucune obligation d'ouverture au public, celle-ci n'étant nécessaire que pour bénéficier des allégements fiscaux consécutifs à la réalisation de travaux. En revanche, le classement et dans une moindre mesure l'inscription à l'inventaire supplémentaire créent des obligations quant aux autorisations à demander et aux précautions à prendre pour

11. Yves AGUILAR, « La Chartreuse de Mirande. Le monument historique, produit d'un classement de classe », *Actes de la recherche en sciences sociales*, n° 42, avril 1982, p. 77.
12. *Ibid.*, p. 85.

toute intervention sur le bâtiment et même sur son environnement. Mais il est d'autres châtelains, tels le comte et la comtesse Philippe de Chenerilles, pour le château d'Arbieu à Bazas, en Gironde, ou Michel d'Arcangues, pour le château d'Arcangues, dans les Pyrénées-Atlantiques, qui trouvent trop lourdes les contreparties, demandées par l'État, des mesures de classement ou des subventions. « Le classement d'un château ou d'une demeure historique, regrette Michel d'Arcangues, ne permet pas au propriétaire, s'il désire entreprendre des travaux de restauration ou de réfection, de choisir son architecte, s'il souhaite bien entendu bénéficier des subventions accordées par l'État. L'architecte est désigné par une commission des Bâtiments de France, sur présentation d'un dossier, une démarche longue et compliquée. Ces travaux peuvent s'avérer plus coûteux que ceux effectués par le propriétaire avec la main-d'œuvre locale, puisque, dans le cas d'une maison classée à l'inventaire supplémentaire, ces subventions ne dépassent jamais 2 % du devis total. Nous sommes bien loin des chiffres théoriques de 40 % à 80 % qui concernent sans doute les grands châteaux ouverts au public ou ceux transformés en musées. Finalement on nous propose des aides, mais avec des exigences telles que notre maison n'est plus la nôtre. » « Je veux rester maître chez moi », conclut M. Philippe de Chenerilles. Encore faut-il le pouvoir : les stratégies familiales en ce domaine varient en fonction des ressources disponibles et des solutions envisageables. Mais elles ont toutes un point commun : conserver la demeure familiale est une exigence très forte, prioritaire, et pour cela on accepte, si nécessaire, beaucoup d'efforts et de contraintes. Souvent il s'agit de comportements dont l'irrationalité économique apparaît évidente. Mais, au-delà, la valeur symbolique de ces « immeubles » est telle que le maintien dans le patrimoine de jouissance a des effets très positifs sur d'autres formes de capitaux, le capital social et le capital symbolique. Le maintien de la lignée sur son fief est l'un des signes les plus sûrs de sa pérennité.

Il y a donc un gain symbolique appréciable au fait d'habiter une demeure classée. Les propriétaires se trouvent ainsi promus au titre de gardiens du patrimoine. Ils en ont la charge et, si cela comporte certains devoirs, c'est aussi une manière de se conformer à la responsabilité familiale de transmettre un bien que l'on a d'autant plus provisoirement en dépôt qu'il y a plus longtemps qu'il fait partie du patrimoine familial, avec, à la limite, l'idée que la famille a reçu l'usufruit d'une partie du patrimoine national. Le classement ou l'inscription équivalent en quelque sorte à la reconnaissance de ce devoir et de cet honneur. Il existe deux associations de propriétaires qui veillent aux intérêts de ceux qui possèdent des immeubles ayant une valeur historique, « La demeure historique » et « Les vieilles maisons françaises ». Ces associations apportent aides, conseils et informations à leurs adhérents. Il y a donc une forme d'organisation collective de la gestion des intérêts des propriétaires de vieilles demeures.

L'inscription locale de la saga familiale

À Contenson, on prend soin de conserver les traces du passé et des générations antérieures. Ainsi le cabinet de travail de Maurice de Broglie est-il pieusement entretenu. Sous son portrait peint est exposée son épée d'académicien ornée d'un décor symbolisant les ondes hertziennes et d'un motif marin qui rappellent sa passion pour la physique et sa brève carrière d'officier de marine. Cette épée lui avait été offerte par les membres du Cercle de l'Union [13], dont il fut le président de 1915 à 1960, le travail scientifique n'étant pas, à ce niveau de l'univers social, antinomique avec la vie mondaine. Mme de Rochetaillée mère avait fait installer le bureau de Maurice de Broglie, son gendre, dans une tour. On y

13. Il s'agit d'un club aristocratique, aujourd'hui abrité dans le même hôtel particulier que le Cercle de l'Union Interalliée, rue du Faubourg-Saint-Honoré, à Paris.

trouve aussi une photo de lui par Nadar, et des maquettes de bateaux, qui furent sa seconde passion. Sur le bureau, le vieux téléphone semble toujours prêt à sonner.

La grande salle à manger au plafond décoré de caissons peints abrite une grande tapisserie d'Aubusson aux couleurs encore fraîches et vives. La chapelle bénéficie d'orgues de grande qualité, réalisées par Aristide Cavaillé-Coll, qui reconstruisit celles de Saint-Sulpice en 1862. L'autel est dominé par un crucifix sculpté par le grand prix de Rome de 1866. L'autorisation de dire la messe à Contenson fut accordée par le pape Léon XIII dont la décision encadrée figure en bonne place. Avant 1914 des chapelains vivaient en permanence au château où ils assuraient les offices. La salle de billard offre une table qui a été restaurée « par un champion français », comme aime à le souligner le baron de Rochetaillée, heureux de faire découvrir les richesses de la demeure de sa famille. Par strates successives chaque génération a apporté sa contribution à la constitution de ce patrimoine unique, fruit des goûts et des passions des uns et des autres. Il ne suffirait pas de disposer de la valeur vénale de tout ce qui est ainsi rassemblé pour pouvoir construire un ensemble équivalent. Il a fallu beaucoup de fortune pour réaliser et maintenir une telle demeure. Mais il a aussi fallu du temps, et ce que la fortune a permis, c'est de maintenir vivante la mémoire des siècles passés. La fortune, c'est donc aussi un moyen de maîtriser l'écoulement du temps et d'associer autour d'une maison non seulement tous les membres d'une famille, mais aussi toute l'histoire locale.

Il faut pour cela des moyens. À la fin du XIXe siècle, « selon le vœu de son mari mourant, Mme de Rochetaillée [la mère de Camille, qui épousa Maurice de Broglie] avait fait don à la commune de Saint-Just-en-Chevalet d'une église grande comme une cathédrale, d'une vaste école ainsi que d'une maison d'œuvres. L'ensemble formait tout un quartier religieux [14] ». Aujourd'hui encore cet ensemble architectural de briques rouges paraît disproportionné dans le modeste bourg. À l'entrée de l'église un bas-relief représente le baron Camille de Rochetaillée. Son effigie, circonscrite dans un médaillon, est surmontée d'une couronne baronniale et porte au-dessous l'inscription : « Au baron Camille de Rochetaillée. La commune de Saint-Just-en-Chevalet reconnaissante. Étienne Pagny, 1894. » Ainsi donc la trace est là, indélébile, et la mémoire ne saurait oublier le généreux donateur.

Diminution des moyens disponibles ou perte d'intérêt pour un mécénat dont la rentabilité apparaît aujourd'hui moins évidente ? En tout cas, si les Rochetaillée poursuivent leur politique d'aide aux paroisses proches et aux écoles confessionnelles, c'est selon d'autres modalités. « Les impôts de toutes sortes, y compris l'ISF, représentent 85 % de nos revenus, explique le baron de Rochetaillée. Alors on fait des kermesses, des fêtes de charité qui viennent nous aider pour entretenir écoles et églises. On ne peut plus être généreux comme autrefois, comme ma grand-tante. Le mécénat n'est plus possible pour les particuliers, il n'est plus envisageable qu'au niveau des entreprises. » Si une certaine érosion des fortunes limite les possibilités de l'aide caritative directe, la renonciation à l'engagement dans la vie sociale locale est à éviter. Ainsi M. de Rochetaillée, s'il n'a pas de responsabilités électives locales, est président du syndicat des forestiers de la Loire.

Il n'est pas possible de disposer d'une grande fortune sans entretenir des relations spécifiques avec la population locale, construites sur le modèle de l'échange de dons, chacun entrant dans l'échange au prorata de ses moyens, économiques ou autres. Peut-on dire que « richesse oblige », comme on dit que « noblesse oblige » ? C'est-à-dire que l'on se doit de tenir son rang et de se donner les moyens de le maintenir, d'en assurer la

14. Comtesse Jean de PANGE, *Comment j'ai vu 1900*, *op. cit.*, t. 2, p. 108.

reproduction, ce qui suppose le concours des dominés. Ce paternalisme local des grandes fortunes aurait alors pour effet, non consciemment recherché sans doute, d'assurer la tacite reconduction des rapports de domination. Selon Maurice Halbwachs, « la société respecte la richesse parce qu'elle respecte les personnes des riches ; et elle respecte les personnes des riches en raison des qualités morales qu'elle leur suppose [15] ». En tout cas les Rochetaillée ne dérogent pas à cette règle de l'échange de dons, même si les circonstances en font évoluer les modalités : 800 hectares du domaine sont mis gratuitement à la disposition des chasseurs du bourg. Pour exprimer leur reconnaissance, pour cette générosité et pour d'autres, les habitants, explique la baronne de Rochetaillée, « venaient, le jour de la fête de Saint-Just-en-Chevalet, le dernier dimanche d'août, m'apporter la brioche. Puis ils offraient un spectacle devant le château, pour les habitants du château. Ce pouvait être les gilles de Binche. Mais maintenant c'est trop cher pour la commune ».

Quel que soit le niveau de richesse, le château ne serait rien sans le territoire sur lequel il s'inscrit. Le territoire, c'est l'espace avec ses terres agricoles, mais aussi viticoles et parfois minières ou industrielles. Mais c'est aussi les gens qui l'habitent et qui en vivent. Le château n'est rien s'il n'est sur son fief. Celui-ci peut être réduit : ce qui importe ce sont les liens privilégiés entre les châtelains et les gens du cru. D'où cette importance du don à travers les œuvres caritatives et toutes les formes possibles d'aides apportées à la vie locale, qui appellent le contre-don, sous la forme de la reconnaissance et de la gratitude, mais aussi de l'acceptation de l'ordre social.

15. Maurice HALBWACHS, *Les Cadres sociaux de la mémoire*, Paris-La Haye, Mouton, 1976 (1re édition 1925), p. 257.

Le village, le château, le golf et la famille d'Arcangues

Arcangues est un village de 2 500 habitants qui a été « façonné par mon grand-père, raconte Michel d'Arcangues. Il a rénové l'église dans les années cinquante, il a également construit le théâtre, il a beaucoup fait pour son village. Mon oncle Jean, le frère de mon père, a été maire d'Arcangues. Son fils, Avelino, vient d'être élu conseiller municipal dès le premier tour avec toute sa liste ». Le village et la famille d'Arcangues, enracinés dans la réalité basque, existent depuis 1150. Les armes qui figurent sur les édifices publics, l'école et la mairie, sont à la fois celles des deux entités dont les histoires sont intimement mêlées. Tout cela ne serait pas très original si récemment la famille d'Arcangues n'avait fait construire un golf de 100 hectares qui, telles des douves, encercle l'ensemble du village et du château. « Car le golf d'Arcangues a été fait sur nos terres pour préserver notre maison et le village. Les trois trous, 13, 14 et 15, sont autour du château même [...]. Dans l'esprit de mon grand-père qui avait déjà, il y a une trentaine d'années, envisagé la création de ce golf, il s'agissait de préserver le village d'Arcangues de l'invasion immobilière imminente compte tenu de la proximité de Biarritz, Anglet et Bayonne. Il voulait déjà créer une ceinture verte pour protéger le cœur du village d'un assaut spéculatif inévitable. Toutefois l'initiative de la construction d'un golf à Arcangues revient à mon père, Guy d'Arcangues, l'actuel propriétaire du château, ancien capitaine de l'équipe de France de golf. » La solution du terrain de golf fut retenue car il présente une possibilité de rendement bien plus élevée que la culture du maïs qu'il remplace. En gelant les terrains, il limite les constructions immobilières aux bâtiments de service et aux villas et petits immeubles d'habitation peu nombreux dont la clientèle sera fournie par les golfeurs, les châtelains conservant la maîtrise du développement de l'opération.

Un paysage qui associe ainsi le château et le village inscrit dans sa structure, de façon assez claire, une symbolisation des rapports sociaux locaux. C'est peut-être aussi pour des raisons sociologiques et pas seulement écologiques que les oppositions à la réalisation du golf furent vives. Car même si la pratique de ce sport s'est diffusée, elle n'en demeure pas moins socialement marquée et classante. Enserré dans ses hectares de gazon frais tondu et ses vallonnements artificiels, le village est devenu un lieu de loisir pour sportifs fortunés. « Toutefois, précise Michel d'Arcangues, le golf est aussi ouvert à ceux qui désirent y jouer, moyennant un droit d'entrée au même tarif que les autres golfs du pays, selon une formule d'abonnement. De plus les enfants du village y ont droit à des cours gratuits chaque semaine avec le professeur. »

À Arcangues, les châtelains étant propriétaires des terres agricoles qui entourent le village, ils ont pu mener à bien cette opération immobilière dont la gestion et le développement dépendent désormais, non seulement des châtelains, mais aussi des membres actionnaires du golf. Mais, du fait des transmissions, des partages et des ventes, il est aujourd'hui des châteaux sans terres propres. Dans les environs de Biarritz, une vaste propriété du XVIIIe siècle domine des collines qui, peu à peu, sont gagnées par les jachères et par les chantiers de construction de petites maisons individuelles, ou encore par des voies de circulation qui grignotent lentement le paysage. « Une propriété de cette ampleur, nous confie celui qui y vit, avec vue sur des friches et sur des lotissements, ce n'est plus la peine. Une partie de son intérêt résidait dans la beauté de la vue. » La dégradation du paysage fait prendre conscience de la solidarité entre châtelains et fermiers, attachés les uns et les autres, pour des raisons à la fois différentes et identiques, au maintien de l'activité agricole. Le travail agricole non seulement apportait au domaine une source importante de revenus, mais encore il assurait l'entretien de la qualité esthétique et partant symbolique des lieux. Avec la crise agricole, c'est aussi à une véritable crise du paysage qu'on assiste, menace pour la valeur économique et symbolique des patrimoines.

En milieu urbain

Dans la ville, l'inscription spatiale des rapports sociaux se laisse voir moins facilement. Mais on peut lire selon cette logique la déploration par la noblesse et la grande bourgeoisie des évolutions urbaines qui, dans les beaux quartiers, désagrègent un tissu de relations qui pouvaient rappeler celles qui existent entre le village et son château. Dans le VIIIe arrondissement de Paris, la disparition des petits commerces locaux, sous la pression des affaires et des commerces de luxe, a fait partir tout ce personnel et ces commerçants qui assuraient un service très personnalisé aux grandes familles du quartier [16]. Le remplacement de cette infrastructure à vocation quotidienne par les grands couturiers ou les joailliers a supprimé les boulangers et les épiciers, le droguiste et le fleuriste aux services desquels on avait recours et avec qui les rapports interpersonnels, fréquents et chaleureux, pouvaient avoir quelque chose de la richesse des rapports au village. La transformation des quartiers de l'Ouest parisien dont se plaignent tant les familles fortunées qui y résident, c'est aussi la disparition de ce paternalisme ordinaire, quotidien, qui forme la trame habituelle des relations des dominants avec les autres groupes sociaux. Sans doute son absence a-t-elle pour effet, désenchanteur, de laisser les privilégiés en tête-à-tête avec leur patrimoine, avec des biens qui ne sont que peu de chose s'ils ne sont légitimés, valorisés et confortés par des rapports sociaux qui puissent faire vivre et ressentir le bonheur d'échapper au lot commun en ayant sous les yeux la reconnaissance de ceux que l'on domine.

16. Michel Pinçon et Monique Pinçon-Charlot, *Quartiers bourgeois, quartiers d'affaires,* Paris, Payot, 1992, p. 138-153.

Il en va autrement dans les villes de moindre importance où la faible ségrégation de l'habitat conduit à une situation qui rappelle celle du village. L'hôtel particulier des Fontmichel, au cœur de la vieille ville de Grasse, inscrit l'identité de la famille en profondeur dans la réalité locale. Monument historique du XVIIe siècle, le bâtiment, mitoyen avec d'autres immeubles plus modestes, est signalé dans les guides touristiques et fait partie de ceux que l'on montre aux groupes qui visitent la vieille ville. Les Fontmichel, qui y vivent depuis 1774, y ont accumulé un patrimoine non négligeable d'œuvres et d'objets d'art dans une demeure classée qui abrite aussi le cabinet d'avocats de M. Hervé de Fontmichel. Celui-ci, ancien maire de Grasse comme l'ont été plusieurs de ses ancêtres avant même la Révolution, conseiller régional, vit ainsi dans une maison patricienne fondue dans les habitations plus modestes de ses anciens administrés. On retrouve dans un cadre parfaitement urbain ces relations de proximité-distance qui sont au principe du fief rural, c'est-à-dire d'une inscription en profondeur dans le tissu social local de vieilles familles.

Autrefois on pouvait aussi accéder à la noblesse par l'exercice du pouvoir local. Les « corps de ville », qui correspondent aux municipalités actuelles, au cours du XVIIIe siècle « furent dans l'ensemble des organismes prestigieux et les fonctions municipales, recherchées par des familles opulentes, qui dans certaines villes accèdent ainsi à la noblesse (noblesse de cloche) [17] ». Alors que le village de Courson, en Île-de-France, a beaucoup grandi, Patrice Fustier, qui a épousé Hélène de Nervaux-Loÿs, propriétaire du château du lieu, a remarqué que, longtemps maire-adjoint, il était toujours placé à la droite du maire. « C'est à moi qu'on demandait l'avis en premier, et ce quel que soit la nature du problème.

17. Jean-Louis HAROUEL *et al.*, *Histoire des institutions de l'époque franque à la Révolution*, Paris, PUF, 1987, p. 472. Sur les responsabilités électives de la noblesse, voir Monique de SAINT MARTIN, *L'Espace de la noblesse*, Paris, Métailié, 1993.

On prenait d'abord l'avis du " château " dont je n'étais que le simple représentant. » Les positions familiales dans le tissu local consolident symboliquement et légitiment les positions socialement dominantes. Elles sont aussi en interrelation avec toutes les formes de capitaux, et ici une forme particulière, le capital politique dont le principe peut être trouvé dans cet enracinement local propre à certaines familles.

Patrimoines de jouissance et patrimoines de rapport

Sur le terrain il est parfois difficile de maintenir la distinction entre patrimoine de jouissance et patrimoine de rapport. Les châteaux du Bordelais, le château de la Brouchetière à Jœuf, en Meurthe-et-Moselle, en terre sidérurgique, le château de la Verrerie au Creusot, Contenson au sein de ses forêts, le Fraisse entouré de ses terres agricoles, forment un tout avec les exploitations ou les entreprises qui leur ont permis d'exister. Cette conjonction entre patrimoine immobilier de jouissance et patrimoine de rapport est au principe du capital symbolique dont disposent les familles concernées. Car dans cette proximité se manifestent les rapports sociaux de domination qui organisent la vie économique locale. Les différentes facettes du patrimoine sont étroitement solidaires.

Le vignoble bordelais

Le vignoble bordelais constitue une forme particulière de patrimoine territorial où s'entremêlent capital immobilier, capital économique et capital culturel (car le vin et ses savoirs ont leur place dans la culture dominante), capital social et capital symbolique. Pour la bourgeoisie viticole bordelaise un patrimoine de cette nature a une dimension symbolique importante. Il est parfois bien difficile d'isoler cette dimension de la valeur économique dans la mesure où le vignoble est, aussi, un certain rapport social avec un territoire, et la matérialisation de l'histoire de ce rapport.

Les Lur-Saluces sont propriétaires dans le Sauternais de deux châteaux, Yquem pour la branche aînée et Malle pour la branche cadette. Depuis quatre cents ans Yquem appartient à cette même famille. Ce vin de Sauternes fut classé premier grand cru, seul à obtenir cet honneur dans sa catégorie, par les courtiers de Bordeaux, à la demande de Napoléon III et à l'occasion de l'Exposition universelle de 1855 à Paris. Cette région voit la concentration de nombreuses demeures, dont beaucoup sont classées, qui recèlent toutes meubles anciens et objets d'art. Autour de ces châteaux, les vignobles taillés au cordeau sont comme le coussin de velours sur lequel reposerait un diadème. Tout est élégant et raffiné, le château et les vignes. Les dimensions mythologiques et culturelles du vin anoblissent une activité économique dont la transfiguration permet à la richesse de s'afficher ici sans retenue et sans mauvaise conscience, sans cette agressivité propre aux nouveaux enrichis. La dignité des traditions, la richesse des savoirs que requiert cette viticulture rejaillissent sur les propriétaires. Il y a homologie entre les vignes, fruits d'un travail ancestral, le vin, que le temps bonifie, et les grands viticulteurs du Bordelais dont les familles comme les Cruse ou les Rothschild s'inscrivent dans les lignées. « Signe de cette capacité d'enregistrement du temps, le millésime ; en effet, rare, sinon unique produit végétal à être marqué par l'année de son origine, le vin tire du millésime une double valeur, l'âge et l'identité [18]. » Au classement des vins répond celui des bâtiments : même les chais sont susceptibles d'être ainsi honorés. Chez les Cruse, au château de la Dame Blanche, sur la commune du Taillan, « les chais datent de l'époque d'Henri IV : à demi

18. Georges Durand, « La vigne et le vin », dans *Les Lieux de mémoire*, sous la direction de Pierre Nora, Paris, Gallimard, (t. III : *Les France*, vol. 2, p. 786).

enterrés, ils comportent deux niveaux et surprennent par l'atmosphère quasi mystique qui y règne, fruit de leur origine monastique, mais surtout de la mystérieuse alchimie de l'alcool qui, pendant des siècles, a noirci et embaumé les voûtes [19] ». Henri Cruse acheta le Taillan à la fin du XIXe siècle et y rassembla « d'étonnantes collections, sauvant [un] retable de l'hôpital de la Manufacture qui risquait d'être définitivement perdu lors de la construction du palais Descas en Paludate et lui donnant une place de choix dans les jardins de sa propriété [20] ».

Au milieu de ces richesses matérielles et symboliques accumulées s'élabore l'alchimie du vin. Car il y a de la magie dans le travail du vin et ce sont les vieux maîtres de chais qui font les bons vins. L'expérience est décisive et elle est valorisée. Bernard Ginestet, ancien propriétaire de Château-Margaux, décrit la relation paternaliste qui en découle entre le maître de chais et les propriétaires, courtiers et négociants. Un paternalisme dont la construction repose sur une estime réciproque des uns et des autres quant à leurs compétences et leurs savoir-faire dans le domaine de la vinification et de l'économie du vin [21]. Le vin, dans son élaboration et sa commercialisation, est le support de relations complexes qui mêlent des groupes socialement très divers mais les réunissent dans un espace spécifique.

Le cheval et les écuries de courses

Le cheval est aussi à l'origine d'une imbrication semblable entre patrimoine de rapport et patrimoine de jouissance, forme de combinaison de capitaux qui semble bien être significative pour les catégories sociales les plus fortunées. M. de Castilla a hérité du

19. Janine GRAVELINE, *Châteaux et manoirs d'Aquitaine*, Éditions Minerve, 1988.
20. Paul BUTEL, *Les Dynasties bordelaises, de Colbert à Chaban*, Paris, Perrin, coll. « Histoire et fortunes », 1991, p. 349.
21. Voir Bernard GINESTET, *Les Chartrons*, Paris, Acropole, 1991.

haras de la Tuilerie à Silly-en-Gouffern, dans l'Orne. Aussi bien du côté paternel que du côté maternel, les familles ont une tradition liée au cheval. Le père de M. de Castilla montait en concours hippique. La demeure familiale, une vieille maison de maître très soignée, jouxte les installations du haras et les écuries ne sont pas loin. La vie du haras rythme celle de la maison. Et surtout le cheval est un patrimoine vivant qui « alimente le rêve » et qui est le produit de savantes supputations sur les croisements et leur efficacité. « C'est toute une aventure, tout cheval vous permet l'espoir. » Celui par exemple de produire enfin un *crack* et de remporter quelques grands prix. Une écurie de courses, ou plus modestement l'élevage de quelques chevaux de compétition, constitue à la fois un patrimoine de rapport, dont la rentabilité est aléatoire mais qui peut être importante, et surtout une sorte de patrimoine de jouissance dont l'intérêt tient à la forte valeur symbolique de ce type d'activité. Celle-ci réside déjà dans l'importance du réseau de relations qui peuvent s'établir autour du cheval. Que ce soit localement avec tous les rapports enchantés qu'autorisent les compétences rares et partagées entre des agents qui occupent des positions sociales éloignées. Mais aussi par toute la magie des champs de courses qui parviennent à mêler parieurs de tous rangs sociaux et propriétaires, entraîneurs, jockeys et lads. Le monde hippique fait partie des patrimoines à haute valeur symbolique, ce qui est visible sur les hippodromes avec les tribunes des propriétaires et celles réservées aux membres des grands cercles (Jockey, Cercle de Deauville...). Les grands prix sont autant de manifestations mondaines (Grand Prix de Diane, Grand Prix de Deauville) qui permettent à la grande bourgeoisie de se manifester en tant que groupe. En même temps une écurie de courses bien gérée est un patrimoine de rapport tout à fait compétitif avec d'autres formes de placement. On a donc là un cas d'extrême imbrication de diverses formes de capitaux.

De la même façon le château de la Brouchetière, des Wendel, ou celui de La Verrerie, qui appartint à la famille Schneider, étaient des biens immobiliers de jouissance, résidences principales et lieux de villégiature, mais aussi une partie importante du patrimoine professionnel, usines sidérurgiques en Lorraine et métallurgiques au Creusot. Car ces demeures, par leurs fastes et surtout par leur emplacement, juste à la distance nécessaire des ateliers et des habitations ouvrières, participaient à la construction de la légitimité sociale des patrons.

Le flou entre patrimoine de rapport et patrimoine de jouissance est parfois renforcé par l'origine même de ces constructions. Le château a pu être autrefois le corps principal d'une grosse ferme. Ou, dans le cas de La Verrerie, une ancienne cristallerie, qui fonctionna de 1787 à 1837, et qui fut achetée à cette date par Eugène Schneider pour en faire sa résidence. Au début du XXe siècle, Eugène II, comme aiment à se désigner les héritiers des longues lignées en usant d'un numéro d'ordre pour distinguer les générations qui reprennent les prénoms des ancêtres, entreprend les transformations qui s'avèrent nécessaires pour que La Verrerie puisse tenir son rôle dans la gestion, lourde et complexe, d'un capital social qui est devenu considérable avec le temps. Ce sont les pièces de réception et d'apparat qui font alors l'objet des travaux les plus importants. Il faut se montrer dignes des grands de ce monde que la famille des maîtres de forges est appelée à recevoir. On aménage donc de grands salons au rez-de-chaussée et on transforme l'un des anciens fours de la cristallerie, imposante construction conique, en une réplique du Petit Trianon de Versailles. Ainsi le château de La Verrerie fut-il mis au diapason de la réussite économique et sociale des Schneider. Dans la grande bourgeoisie, il n'est pas facile de faire la part entre la vie privée et celle des affaires : la résidence est un haut lieu de la sociabilité, d'une vie de relations qui comprend une part d'accumulation et de gestion de capital social.

Le patrimoine de jouissance devient patrimoine de rapport

En raison d'un déclin relatif des fortunes, mais aussi parce que les frais d'entretien se sont élevés, avec les avantages sociaux arrachés par les salariés, des familles éprouvent parfois des difficultés à maintenir dans leur patrimoine ces vastes demeures ruineuses et peu pratiques sans une domesticité importante. Un processus est apparu qui conduit à ce que certains de ces châteaux deviennent des patrimoines de rapport. Un grand nombre de châteaux sont aujourd'hui ouverts au public pour que leurs propriétaires puissent bénéficier de dégrèvements fiscaux. Mais tous les cas de figure se présentent, depuis l'ouverture réglementairement minimale quelques dizaines de jours par an à une ouverture permanente, comme par exemple le château de Chenonceaux, dans l'Indre-et-Loire. Le patrimoine de jouissance s'estompe alors au profit du patrimoine de rapport. Le châtelain aménage les communs et s'y replie, abandonnant la demeure des ancêtres à la curiosité des touristes ou aux familles en mal de lieux de prestige pour unir leur descendance. Ou encore aux séminaires et autres colloques dont l'importance sociale se mesure à la majesté des lieux loués. Le marquis de Breteuil, par ailleurs président de l'association « La demeure historique », dont la vocation est d'aider les propriétaires de monuments classés à les entretenir et à les maintenir dans le patrimoine des familles, a ainsi réussi une conversion de patrimoine symbolique en patrimoine économique. Étant entendu que cette conversion n'est pas absolue : le château, comme moyen de travail et comme producteur de ressources, reste cependant chargé de valeur symbolique et affective, identitaire. Il y a simplement eu inversion de l'aspect principal [22].

L'imbrication des différents types de capitaux

On a là un exemple du flou des frontières et des catégories qui paraît bien être l'une des caractéristiques des milieux socialement dominants. Les différentes formes de capitaux sont étroitement mêlées et l'on passe insensiblement d'un aspect symbolique à une dimension économique, sans abandonner pour autant la tonalité culturelle. Le pouvoir serait aussi un pouvoir sur les catégories. L'agent social ordinaire est classé, répertorié, comptabilisé, recensé. L'aristocrate ou le grand bourgeois est beaucoup plus difficilement classable : pour preuve, on peut souligner que les statistiques officielles, les catégories socioprofessionnelles de l'INSEE, ne permettent pas de les cerner. Plus encore : les classements sociaux, en fonction des métiers ou des professions, sont trompeurs. On ne peut jamais réduire un grand bourgeois à la définition de son activité professionnelle. D'abord il en a souvent plusieurs. Mais à supposer qu'il soit cadre commercial dans une entreprise, général d'armée, P-DG, exploitant agricole ou académicien, il va de soi que sa position sociale réelle résulte de sa profession, certes, mais aussi de tous les liens étroitement entretenus avec ses semblables qui occupent les autres positions socialement dominantes. Autrement dit un grand bourgeois est grand bourgeois par les systèmes de relations qui l'impliquent dans les réseaux propres à son milieu. Un ouvrier, même misanthrope et vivant replié sur lui-même, restera un ouvrier. Un grand bourgeois ne peut pas être grand bourgeois tout seul. Son pouvoir n'est pas individuel mais collectif. C'est sa classe sociale qui lui assure sa position dominante. Point n'est

22. Pour des développements plus importants sur ce point, voir notre ouvrage *Dans les beaux quartiers*, *op. cit.*, chap. IX, « Châtelains de toujours, châtelains d'un jour », p. 119-142.

besoin d'appartenir à un cercle pour être femme de ménage. On ne saurait être grand bourgeois sans une sociabilité intense.

On retrouve ce flou dans d'autres aspects de l'existence sociale. La notion de résidence secondaire, qui est aussi une catégorie statistique employée par l'INSEE pour classer les logements, n'a pas cours pour désigner certains habitats aristocratiques ou grands-bourgeois. Le duc de Brissac serait surpris qu'on lui demande s'il a l'intention de passer le week-end dans sa résidence secondaire, au château de Brissac. Il y a en fait dans ces familles une pluriterritorialité exceptionnelle. Les racines familiales sont entretenues par ces propriétés et châteaux qui sont autant d'ancrages profonds dans une réalité rurale, qui fondent l'identité de la lignée. Le patrimoine intègre ces dimensions. C'est parce que ces familles sont pourvues en toutes formes de capital qu'elles possèdent des biens aussi inclassables. L'accumulation n'est pas seulement économique : on accumule aussi de la mémoire, du prestige, donc du capital symbolique.

Toutefois le recul des entreprises familiales au profit de la possession indifférenciée de portefeuilles mobiliers anonymes est une évolution qui peut mener à une certaine rupture avec ce schéma. La possibilité d'une plus grande mobilité des fortunes paraît s'inscrire dans cette autonomisation de la sphère économique. Mais ce n'est là qu'une tendance récente et on peut supposer que la grande bourgeoisie pourra reconvertir une partie de son capital économique de telle sorte qu'il retrouve les dimensions symboliques, voire culturelles qui assurent à la fois la domination, sa légitimation et sa transmission. Les subtilités de la gestion de patrimoines et le caractère personnalisé que leur donnent les gestionnaires de fortune vont dans ce sens.

On pourrait opposer à cette intégration des différentes formes de capitaux celle qui caractérise les classes populaires. Il est exceptionnel, au moins aujourd'hui, que, en milieu ouvrier, on puisse trouver une telle interpénétration entre l'activité professionnelle, le système de relations, les valeurs éthiques et esthétiques. Les jeunes des banlieues pauvres cumulent les déracinements sociaux et spatiaux. Sans véritable insertion professionnelle ou territoriale, ils consomment la ville, et donc la société, comme un décor dans lequel ils n'inscrivent plus véritablement leur vie. Certains parlent de société du spectacle [23], d'autres de ville-musée – « les centres-villes seraient dès lors voués à un destin patrimonial et désertés [24] » –, voire de non-lieux. « Si un lieu peut se définir comme identitaire, relationnel et historique, écrit Marc Augé, un espace qui ne peut se définir ni comme identitaire, ni comme relationnel, ni comme historique définira un non-lieu [25]. » Autrement dit, le rapport à l'espace est socialement construit et si certains ont les moyens matériels, symboliques et culturels de s'approprier certains lieux, d'autres plus nombreux se trouvent démunis devant des espaces qui ne sont pas faits pour eux et pour lesquels ils ne disposent pas des ressources indispensables à leur appropriation. L'un des privilèges les plus flagrants des privilégiés est d'être à même de transformer la plupart des espaces en fiefs : par leur capital symbolique, et par leur aisance matérielle aussi, ils peuvent investir un endroit et y dominer socialement.

23. Guy Debord, *La Société du spectacle*, Paris, Gallimard, 1992 (réédition). « La société qui repose sur l'industrie moderne, écrit Guy Debord, n'est pas fortuitement ou superficiellement spectaculaire, elle est fondamentalement *spectacliste*. Dans le spectacle, image de l'économie régnante, le but n'est rien, le développement est tout. Le spectacle ne veut en venir à rien d'autre qu'à lui-même » (p. 8).
24. Olivier Mongin, *La Peur du vide*, Paris, Le Seuil, 1993.
25. Marc Augé, *Non-Lieux*, Paris, Le Seuil, 1992, p. 100.

Les grandes familles de l'aristocratie fortunée et de la bourgeoisie privilégient l'entre-soi. Elles aiment à vivre entre elles, dans des espaces hors du commun qu'elles conçoivent et façonnent à leur image. Ces familles ne reconquièrent pas des espaces déjà occupés. Elles créent leur habitat *ex nihilo*, sur des terres vierges. Toute l'histoire des beaux quartiers parisiens est ainsi celle d'une urbanisation dont l'initiative et le moteur sont à rechercher dans la haute société. En même temps ces familles ont toujours été spatialement très concentrées. Être au principe de l'urbanisation de quartiers neufs leur a permis de rester groupées alors même que, sous la pression des affaires et des commerces de luxe, qui convoitent les belles adresses qu'elles avaient créées, elles quittaient leurs anciens quartiers pour se replier sur un Ouest plus calme et sociologiquement plus homogène.

L'espace propre aux grandes familles ne se limite pas à l'Ouest parisien, ni aux quartiers huppés des villes de province, comme celui du Jardin Public à Bordeaux ou du parc de la Tête d'or à Lyon. Dès la fin du XVIIIe siècle les familles de la noblesse se différencient par leur double ou triple résidence : elles habitent à la ville ou à la campagne en fonction des rythmes sociaux, plus ou moins calqués sur le rythme des saisons. Cette pratique utilise châteaux et hôtels particuliers. À partir du XIXe siècle les lieux de villégiature, comme Dieppe ou Deauville, offrent l'occasion d'étendre encore les lieux de séjour possibles. La multiterritorialité est tellement liée au mode de vie de l'aristocratie que, lorsque la bourgeoisie cherche à fusionner ou à s'agréger à elle, elle acquiert plusieurs demeures, à la ville et à la campagne. À l'inverse, Claude Brelot a noté qu'au XIXe siècle « la réduction à une résidence unique caractérise les éléments de la noblesse qui sont menacés d'embourgeoisement.

Autrement dit la maison unique caractérise très bien le déclassement et constitue un signe de menace pour la reproduction sociale [26] ».

Il faut bien habiter quelque part et chaque famille a, en principe, un domicile. Mais disposer d'un deuxième domicile, voire d'un troisième ou d'un quatrième, marque la puissance sociale et signifie un certain pouvoir sur l'espace. Car, dans la noblesse ou la grande bourgeoisie, il ne s'agit pas de résidences secondaires, mais d'un patrimoine ancien, légué de génération en génération, qui abrite depuis des décennies l'existence familiale. La multiterritorialité est consubstantielle à la définition des positions dominantes. Le *Bottin Mondain* de 1995 l'atteste : très rares sont les familles qui n'indiquent qu'une seule adresse. Les des Monstiers vivent dans le VIIIe arrondissement de Paris et dans leur domaine du Limousin. Les Rochetaillée indiquent, outre leur adresse de Neuilly, dans le quartier Saint-James, deux autres domiciles en province. Depuis deux ans ils se sont séparés de leur quatrième résidence, le château de Nantas, dans la région de Saint-Étienne. « Il était dans la famille depuis trois cents ans. On l'a vendu, on ne peut pas tout garder », regrette le baron de Rochetaillée. Le domaine de Captan, dans les Landes, a fait l'objet d'une donation de la part de la mère de M. de Rochetaillée en faveur de l'une de ses petites-filles. « C'est une propriété agricole qui ne fait pas de bénéfices, mais pour laquelle on ne perd plus. C'est déjà bien. » Dans la gestion des patrimoines familiaux, le poids de ce parc immobilier de jouissance, devenu démesuré compte tenu de l'évolution des modes de vie et parfois des revenus, est considérable. Certaines familles réorientent leur activité en fonction de l'héritage d'un domaine qu'elles essaient de faire vivre par ses propres ressources pour le conserver dans le patrimoine

26. Claude-Isabelle Brelot, « Itinéraires nobles : entre ville et château, la noblesse et la maîtrise de l'espace au XIXe siècle », dans *Noblesses et villes, 1780-1950*, Tours, Éditions de la Maison des sciences de la ville, 1995.

familial. C'est le cas par exemple du marquis de Breteuil qui a fait du château qui porte son nom un patrimoine de rapport dont les revenus lui permettent de conserver le patrimoine de jouissance.

À Bordeaux, selon leur insertion dans le négoce du vin ou dans celui du pin, les familles possèdent un château dans le vignoble ou une belle demeure dans la forêt des Landes. Mais elles possèdent aussi un hôtel particulier ou un vaste appartement près du Jardin Public ou sur le cours Xavier Arnozan, et une villa à Arcachon ou au Cap-Ferret ainsi qu'un chalet dans les Pyrénées, pour les sports d'hiver. Cette double ou triple territorialité est bien une composante d'une position dominante. Marquer sa place dans l'espace social semble exiger qu'on puisse aussi la marquer dans l'espace géographique. Mais la « vraie patrie » de ces familles hors du commun, comme dit Norbert Elias, est « leur société » pour laquelle leur « attachement est inébranlable », et peu importe que celui-ci exige de « fréquents changements de résidence [27] ».

L'exemple de la famille de Ganay donne la mesure de ce que signifie cette multiterritorialité lorsque les différentes branches familiales et les réseaux d'amitié la démultiplie encore. Jacqueline Sébastien fut la nurse de Pierre de Ganay durant dix-huit mois, dans les années cinquante, et elle conserve un vif souvenir de cette expérience. Pierre de Ganay, fils aîné de Victoire de Montesquiou Fezensac et de Michel de Ganay, vécut les premiers jours de sa vie dans un hôtel particulier de l'esplanade des Invalides. « J'allais promener Pierre dans les jardins du musée Rodin, raconte Jacqueline Sébastien. Mme de Ganay m'avait pris un abonnement, ce qui était très agréable car c'était un endroit très calme. Il n'y avait, c'est du moins mon souvenir, que des nurses avec leurs poupons. » L'été venu, « on partait en vacances dans les différents châteaux. Tout

27. Norbert Elias, *La Société de cour*, Paris, Champs-Flammarion, 1985, p. 21.

d'abord le château de Montrozier, près de Rodez. C'était un château, je crois, qui appartenait à la marraine de Mme de Ganay. C'était vraiment la campagne. Et puis après on est partis dans le Gers, à Marsan, dans un château qui appartenait à la famille de Montesquiou [28]. J'avais une chambre au premier étage, une immense chambre que j'occupais avec Pierre, car je ne le quittais pas une seconde. La chambre était tellement grande que ma maison actuelle serait rentrée dedans. Le mois de septembre se passait au château de Courances, chez les beaux-parents de Victoire de Montesquiou, en Île-de-France [29]. Courances, m'avaient-ils dit à l'époque, c'est la réplique en plus petit de Fontainebleau. L'escalier, l'architecture, c'est un château merveilleux qui m'avait fait grand effet. Et puis quand on vit dans un endroit pareil, qu'on peut se promener dans tous les salons... Il y avait des tableaux splendides, et la bibliothèque ! Elle m'avait tellement impressionnée ! Tout était tellement grand ! » Quelques années plus tard Michel de Ganay et Victoire de Montesquiou, les parents de Pierre, s'installèrent au château de Fleury à Fleury-en-Bière, en Seine-et-Marne, à quelques kilomètres de Courances.

On pourrait multiplier les exemples de ces familles qui, à l'instar des Ganay, disposent directement ou indirectement, qu'ils en soient les propriétaires ou les bénéficiaires par le réseau familial ou amical, de demeures diverses, dont la variété même répond à celle des saisons et des circonstances. L'été dans les châteaux du Sud, l'automne à Courances pour l'ouverture de la chasse, l'hiver dans le faubourg Saint-Germain. Mais toujours dans des lieux exceptionnels, chargés d'histoire, classés bien souvent, hors du commun toujours. Des espaces qui contribuent à faire intérioriser au jeune héritier sa position à l'écart des normes habituelles et le droit

28. Le château de Marsan est aujourd'hui la propriété d'Aymeri de Montesquiou Fezensac, maire de Marsan et député du Gers.

29. Le château de Courances, dans la commune homonyme, est situé dans l'Essonne. Le propriétaire actuel est le marquis Jean-Louis de Ganay.

inhérent à son groupe d'occuper l'espace, d'y prendre toute sa place. Tous ces châteaux qui abritèrent l'émerveillement de Jacqueline Sébastien n'appartiennent pas à la même personne, ni même à la même famille. Mais ils forment à travers le territoire national un maillage tel que l'apprentissage est vite fait : le monde vous appartient, il est fait pour vous, vous ne voyagez jamais en touriste mais en propriétaire, ou en ami des propriétaires.

L'inscription rurale des familles de la haute société les disperse sur l'ensemble du territoire. Il est d'autres lieux où elles se trouvent rassemblées en des ensembles collectifs qui recréent d'une certaine façon les ghettos du gotha des grandes cités. Il s'agit des lieux de villégiature que la haute société a toujours su se ménager. De même qu'elle fut à l'origine des beaux quartiers parisiens, elle construisit des stations, qu'elles soient thermales, balnéaires ou de sports d'hiver. Pour leurs loisirs aussi, pour les séjours à la campagne, à la montagne ou à la mer, les grandes familles préfèrent, en règle générale, urbaniser elles-mêmes une terre vierge plutôt que de reconquérir un habitat ayant déjà servi. Le petit port de pêche où l'on achète une vieille maison sans être sûr de son voisinage, cela n'est guère le fait des catégories les plus aisées qui, là encore, préféreront décider de leur environnement et construire à leur image l'écrin qui doit abriter leurs loisirs. Deauville, comme on le verra, présente un cas exemplaire de cet urbanisme planifié par quelques individus au profit de familles de la haute société.

Ainsi les familles fortunées disposent-elles par leur patrimoine de jouissance, dont on a vu qu'il n'est pas si simple de le distinguer du patrimoine de rapport, de la possibilité d'inscrire leur existence dans un espace qui n'est pas anonyme, qui n'est pas cet espace interchangeable des citadins sans racines. Ce n'est pas un hasard si les demeures qui autorisent cette connivence avec un terroir sont aussi, bien souvent, une partie du patrimoine national. C'est que ces patrimoines familiaux se confondent avec les histoires familiales et nationales. L'espace et le temps se trouvent réconciliés dans la même plénitude de l'espace unifié et de la durée maîtrisée.

La signification sociale d'un tel univers familier est d'autant plus profonde que les limites nationales ne sont guère significatives dans les hautes classes.

CHAPITRE III

Un cosmopolitisme de bon aloi

Le patrimoine de jouissance est aussi un instrument de gestion et d'accumulation du capital social, de ce système de relations qui fonde une partie du pouvoir du groupe familial. Les annonces de la revue *Propriétés de France*, éditée par *Le Figaro*, mentionnent avec soin la superficie des pièces de réception et les possibilités d'hébergement des biens proposés à la vente. Les maisons et appartements d'amis, indépendants, sont des atouts soulignés : ces grandes demeures à la campagne ou en bord de mer se doivent de pouvoir accueillir dignement famille et relations.

Aussi ce patrimoine immobilier ne peut-il être limité au statut de patrimoine de jouissance que par une vision réductrice. Dans une conception plus globale de l'économie, on voit le rôle joué par ce patrimoine dans l'accumulation du capital social et du capital symbolique, capitaux qui ne sont pas pris en considération dans les comptes de patrimoine. Certes, les unités de mesure manquent pour que l'on puisse faire entrer ces capitaux dans l'évaluation des patrimoines et de leur distribution. Toutefois, dans une analyse plus qualitative que quantitative, on peut dégager l'impact social de ces autres formes de capitaux et mettre en évidence la multiplicité et la complexité des formes et des effets de patrimoine.

Il importe donc de prendre en considération les effets de cumulativité de ces patrimoines de jouissance partagés et échangés entre les membres de la famille élargie et les réseaux de connaissances et relations. Dans un entre-soi toujours renouvelé, les membres de la haute société fréquentent les mêmes lieux dans un chassé-croisé au rythme variable selon les saisons, l'âge ou les obligations professionnelles, mais toujours à un rythme soutenu. Cela commence avec les appartements parisiens et ces dîners qui sont le quotidien : lorsqu'on ne reçoit pas c'est que l'on est invité. Or dans ces échanges, les appartements, avec leurs grandes pièces de réception, sont les cadres indispensables de cette sociabilité qui ne saurait s'épanouir sans être ainsi hébergée dans les meilleures conditions. Comme les invités débordent les limites familiales, on a une sorte de collectivisation du patrimoine immobilier. Il ne saurait pour autant être question de remettre en cause le droit de propriété. Mais les salles à manger et les salons parisiens finissent par former une sorte d'ensemble de lieux quasi publics où la bonne société vit entre elle, avec la même aisance et le même plaisir qu'elle a à se retrouver dans les cercles ou les grands restaurants.

Le cosmopolitisme des hautes classes

Cette collectivisation ne se limite pas au cadre étroit de Paris. Le château, le yacht, le chalet sont autant de lieux d'épanouissement de cette vie de relations. Or ces excroissances des beaux quartiers parisiens, ou des grandes métropoles de province, peuvent être situées au-delà des frontières. Si le château est en général sur le sol national, il en va autrement pour le chalet, qui se trouvera en Suisse ou en Autriche. Quant au yacht, il est par essence voyageur et les croisières emmènent sur des mers étrangères. Le palais tunisien, la villa à Marrakech ou à Marbella, l'estancia argentine, sont des formes du patrimoine familial qui sont mobilisées pour cette vie de sociabilité dont l'intensité est proportionnelle à l'importance sociale. Patrick Guerrand-Hermès a pu inviter « quelques amateurs de polo à partager sa passion pour ce sport d'élite dans le cadre ensoleillé de sa somptueuse maison de Marrakech [1] ». Parmi les heureux élus, on pouvait remarquer Anne d'Ornano, maire de Deauville, le marquis Arnold de Contades et sa femme, Alain Carignon, maire de Grenoble, Alain Boucheron, joaillier de la place Vendôme. Marrakech est l'un des lieux privilégiés des privilégiés et les familles fortunées sont un certain nombre à y posséder de somptueuses demeures. Ainsi la comtesse Charles de Breteuil, qui y a reçu l'envoyé de la revue *L'Éventail*. « Une jeune et jolie domestique, raconte le journaliste, tire la porte d'entrée, immense et lourde, curieusement cannelée, et vous entrez, étonné par la beauté du hall où trône le portrait d'un baron de Breteuil, entouré de deux immenses vases de Chine... Jamais l'alliance de l'Europe et de l'Orient n'a été aussi réussie [2]. »

Alliances matrimoniales et intérêts économiques

Le groupe des pairs dispose ainsi d'un espace collectivisé dans son usage, bien que chacun de ses éléments reste la propriété privée d'une famille. Le territoire en est certes d'abord national mais aussi international. Il y a d'ailleurs à cette délocalisation du patrimoine de jouissance de bonnes raisons objectives.

Les alliances matrimoniales avec des ressortissants de nationalité étrangère sont fréquentes dans ces milieux, et l'aristocratie, depuis des siècles, a pratiqué l'internationalisation des mariages. À travers les Mémoires, les exemples abondent de mariages internationaux. Le prince Jean-Louis de Faucigny-Lucinge a été marié deux fois à des Brésiliennes. Le comte Cahen d'Anvers, marié

1. *Gala*, n° 32, 20 au 26 janvier 1994.
2. *L'Éventail*, n° 7, septembre 1986.

deux fois lui aussi, a choisi deux Argentines. La mère de Michel d'Arcangues, Eugenia-Maria de Ouro-Preto, était brésilienne, issue d'une grande famille du Minas Gerais et fille de l'ambassadeur du Brésil à Paris. Certains de ses ancêtres étaient espagnols et sa grand-mère était bolivienne. La grand-mère maternelle de Christel Baseden, descendante du riche armateur bordelais A.-D. Bordes, a épousé en secondes noces un Chilien. Aussi, encore aujourd'hui, le mois d'août voit arriver dans la vaste villa familiale des bords du bassin d'Arcachon « la tribu chilienne ». Le réseau des alliances matrimoniales est donc étendu au-delà des frontières nationales [3].

Parallèlement, des fortunes se sont construites à l'étranger. Avec les biens possédés au-delà des mers, on dispose de résidences dont l'exotisme est l'un des attraits. Se rendre dans un pays et une région où l'on a des intérêts, c'est, à une autre échelle, comme revenir sur ses terres pour la visite annuelle d'inspection du domaine. On est une personnalité locale lorsqu'on est le propriétaire ou le principal actionnaire d'une usine essentielle pour la vie d'une région. Le comte Cahen d'Anvers se souvient que, en voyage d'agrément au Maroc, il mit à profit ce déplacement pour rendre visite au Glaoui et s'arrêter dans quelques conserveries, propriétés de la famille, mais qu'il n'avait jamais vues. On s'empressa bien entendu de les lui faire visiter.

La collectivisation de ce patrimoine immobilier exceptionnel et international, par sa mise à disposition de l'ensemble du réseau familial et des connaissances, est en homologie avec les dispositions d'un groupe social qui privilégie les institutions collectives. La haute société a toujours cultivé des structures de concertation comme le CNPF, créé en 1946, mais dont l'origine remonte au moins au Comité des forges, créé lui en

3. Pour autant le choix des prénoms des enfants ne semble pas sensible à ces influences étrangères, même dans le cas de mariages internationaux.

1864. Quant aux grands cercles parisiens ils datent pour la plupart du XIXe siècle, ou au plus tard du début du XXe. Ces réseaux de relations et de sociabilité ont une dimension internationale depuis toujours : le pouvoir a vocation à déborder les frontières et à nouer des liens avec ceux qui, à l'étranger, sont en position homologue. Les cercles parisiens entretiennent des relations suivies avec leurs semblables dans d'autres pays et ont souvent signé des conventions qui aménagent les conditions d'hospitalité des membres en déplacement. Le Cercle de l'Union Interalliée est ainsi en contact avec 121 clubs à travers 32 pays [4]. Si bien qu'un membre du Jockey Club sera accueilli à New York avec la plus grande courtoisie au Knickerbocker, club homologue de la 5e avenue. Inversement l'intégration en France des étrangers qui appartiennent aux sphères dominantes ne pose pas de problème, tant il est vrai que la première internationale fut celle du pouvoir.

Il est des cercles comme le Travellers qui cultivent de manière institutionnelle ce capital international : « Statutairement, le club, de rayonnement international, se compose de 35 % d'Américains, 25 % de Britanniques, d'Espagnols, de Turcs et seulement de 30 % de Français [5]. » Lorsqu'on est français, pour prétendre pouvoir devenir membre de ce cercle créé en 1850, qui occupe le dernier hôtel particulier des Champs-Élysées, au 25 de l'avenue, il faut être dans les affaires et parler couramment l'anglais. Bien entendu, comme dans tous les autres grands cercles, l'exigence du parrainage et la procédure de la cooptation sont là pour assurer le contrôle de la qualité sociale des entrants. Quant aux élites franco-américaines, elles peuvent se retrouver dans un autre cercle, France Amérique, situé à deux pas du Travellers, dans un hôtel particulier de l'avenue Franklin Roosevelt. À travers des remises de prix, des conférences

4. Voir *Dans les beaux quartiers*, *op. cit.*, p. 193 à 252 pour les cercles.
5. Xavier Périssé et Dominique Dunglas, *La Privilégiature*, Paris, RMC Édition, 1988, p. 272.

et des dîners, il s'agit d'entretenir et de développer les relations entre les élites françaises et américaines au plus haut niveau social. De nouveau sur les Champs-Élysées, le cercle auquel appartient Roger de Persuy, la Société des Fils de la Révolution américaine, fut créé par des descendants d'officiers nobles qui avaient participé à la guerre d'Indépendance. Le président actuel en est Hélie de Noailles, duc d'Ayen.

Mondiales mondanités

Il est de nombreux autres cercles tournés vers l'étranger, comme l'International Yacht Club d'Antibes, qui offre à ses 19 membres un port de plaisance pour des yachts de plus de 60 mètres et dont certains dépassent les 150 mètres. « Stavros Niarchos, Adnan Kashoggi, John Latzis, le roi Fahd d'Arabie Saoudite, Robert Maxwell, Terry Gleg, autant de noms du gotha mondial des affaires, de la finance et de la politique que vous pourrez peut-être croiser un jour sur le quai », écrivent X. Périssé et D. Dunglas [6], qui ne doivent pas pourtant ignorer que le port du club est privé et que l'accès en est particulièrement difficile. Patrice Fustier appartient à une association anglaise spécialisée dans les plantes rares, le comte Robert Léotoing d'Anjony, propriétaire du château d'Anjony, dans le Cantal, et secrétaire général de « La demeure historique », est aussi administrateur de l'association Europa Nostra Ibi, présidée par le prince Henrik de Danemark, qui se préoccupe de défense du patrimoine et de l'environnement à l'échelle européenne. Il existe aussi une association des *Friends of Vieilles maisons françaises* qui regroupe outre-Atlantique les « amis » du patrimoine français. Les exemples de ces associations et clubs internationaux abondent.

Cosmopolitisme des relations, multiterritorialité étendue aux pays étrangers, ce sont là deux composantes

6. *Op. cit.*, p. 9.

essentielles de la spécificité de la haute société. Le *Petit Mondain*, qui classe les familles de la liste mondaine en fonction de leurs lieux de résidence, aboutit à citer une centaine de pays étrangers dans lesquels des familles de la liste ont indiqué une adresse [7]. On trouve en Argentine les grands noms de l'aristocratie française, avec la comtesse de Castellane, le comte Emmanuel de Clermont-Tonnerre, la famille princière des La Tour d'Auvergne. Mais la Belgique est de loin le pays qui abrite le plus de familles de la liste mondaine. Ceci est dû pour une part à la proximité, mais aussi, comme pour la Suisse, à des raisons fiscales. Il y a eu également de nombreuses alliances entre les familles belges et les familles françaises. Le sang bleu n'a jamais eu de frontières et « les nobles étaient les premiers Européens. Avec un cousin dans chaque pays, leurs réseaux fonctionnent depuis des siècles [8] ».

« Si le XIXe siècle est celui de la montée des nationalismes, la noblesse française, elle, connaît l'apogée d'une culture d'ordre qui, par essence, est cosmopolite », affirme Claude-Isabelle Brelot qui voit à ce cosmopolitisme plusieurs raisons : « La persistance de l'endogamie du Gotha, la fidélité à la carrière diplomatique et la communauté d'un mode de vie [...]. Les réseaux lignagers à caractère international apparaissent ainsi comme une première anticipation européenne. Mais le cosmopolitisme nobiliaire est fondé sur une conception clanique, bien plus que sur l'universalisme des droits de l'homme [...]. L'aristocratie nobiliaire se distingue par l'ambition de se poser en élite européenne. Sa culture d'ordre entend transcender le temps et l'espace, non seulement l'espace provincial et national, mais aussi

7. Il ne serait pas très utile de les compter car la sous-estimation est forte : les entretiens ont montré que, dans certains cas, on ne fait figurer dans la liste mondaine qu'une partie des domiciles dont l'on dispose, sous le motif déclaré de la modestie.

8. Michel CRESSOLE, « Sang bleu et sans frontières », *Libération*, 7 avril 1989.

l'Europe, voire le monde [9]. » Avant la guerre de 1914, à une époque où « l'argent coulait à pleins bords, [...] les hautes sphères sociales de l'Europe formaient une internationale de l'amitié, une franc-maçonnerie de l'élégance qui se retrouvait, se recherchait, s'unissait. Ces sociétés appartenaient à une seule toute-puissante confrérie, celle du " monde " », écrivait un historiographe de la grande bourgeoisie au milieu du siècle [10]. Les modalités ont changé, mais la dimension cosmopolite, elle, est plus vivante que jamais.

Aujourd'hui la comtesse de Quesnay, en faisant allusion à ces réseaux de relations internationales, reconnaît qu'« il y a une mafia internationale qui n'est peut-être pas visible à l'œil nu, mais qui existe ». On peut s'étonner de cette référence à une organisation dont la réputation laisse à désirer. C'est sans doute que son auteur voyait une bonne analogie entre l'internationale de la haute société et ce réseau serré de complicités qui unissent des familles en une société secrète dans la défense d'intérêts communs.

Par la famille et le réseau des relations utiles, nobles et grands bourgeois disposent d'un capital cosmopolite dont les dimensions sont culturelles, économiques et sociales. Il est légitime de distinguer cette forme de capital dans la mesure où il produit ses effets dans un champ particulier, dont il est par ailleurs le produit, à savoir celui des relations internationales. Il y a des enjeux particuliers au fait d'inscrire sa personne, sa famille et ses relations à l'échelle de la planète, même si ces relations ne couvrent pas toutes les nations. Être présent dans ces réseaux internationaux, au plus haut niveau de

9. Claude-Isabelle Brelot, « Les anticipations européennes de la noblesse française (1880-1914) », communication au colloque international *Anciennes et Nouvelles Aristocraties, de 1880 à nos jours*, sous la direction de Didier Lancien, Toulouse, 21-24 septembre 1994. Un annuaire comme celui de Gotha était international. Reprenant la tradition, la Société du *Bottin Mondain* doit faire paraître en 1996 le *Bottin Mondain de la société russe*.

10. Gabriel-Louis Pringué, *30 Ans de dîners en ville*, Paris, Édition Revue Adam, 1948, p. 40.

la fortune et du pouvoir, c'est amasser à la fois du capital symbolique, par le prestige social accordé aujourd'hui à l'extension géographique des relations et des alliances, et du capital culturel, par les connaissances spécifiques que suppose et que permet cet enracinement planétaire, connaissances linguistiques d'abord, mais aussi artistiques et littéraires, historiques et ethnographiques. Toutes formes de capitaux dont la conversion en capital économique, c'est-à-dire en profits, est toujours possible [11].

La haute société bénéficie de ce privilège rare d'être chez elle à l'étranger. Pas n'importe où, bien entendu, mais il y a toujours des lieux qui lui sont réservés et où elle est certaine de retrouver l'entre-soi qui, dans le pays d'origine, est l'une des constantes de son mode de vie. Le luxe contribue beaucoup à cette affirmation de l'internationalisation des classes dominantes. Quartiers chic, commerces de luxe et palaces offrent un cadre de vie sans grande surprise mais qui permet, à la manière des cercles dans les grandes villes, de trouver un lieu à l'abri des promiscuités du monde ordinaire.

Le rôle des palaces

Le sentiment d'être partout chez soi est facilité par l'uniformisation des modes de vie des classes privilégiées, entretenu par les palaces internationaux qui ont, depuis César Ritz, fondateur de l'hôtel homonyme de la place Vendôme, mis au point des techniques très

11. Sur le cosmopolitisme et la signification sociale d'un tel rapport au monde, voir par exemple Jean-Louis de Faucigny-Lucinge, *Un gentilhomme cosmopolite*, Paris, Perrin, 1990. Voir également Éric Mension-Rigau, *Aristocrates et grands bourgeois*, Paris, Plon, 1994, particulièrement le chap. vi, « Les usages au miroir de l'Europe », p. 299-357. Anne-Catherine Wagner a donné une très bonne analyse du capital cosmopolite dans « Point de vue local, point de vue international : une enquête auprès de la bourgeoisie d'affaires étrangère en France », *Journal des anthropologues*, n° 53-54-55, printemps 1994, p. 49-57, et dans « Les riches : une identité internationale », *Alternatives économiques*, n° 25 (hors série), 3e trimestre 1995, p. 31-33.

raffinées pour traiter une clientèle qui ne l'est pas moins. Les établissements de ce rang tiennent à jour un document où sont consignés les renseignements pertinents qui concernent leur clientèle. Celle-ci, limitée, est constituée pour l'essentiel d'habitués. Si bien que le « concierge aux clefs d'or » connaît déjà les clients annoncés par son livre de réservation. Car il est rare que l'on se présente dans ce type d'établissements sans avoir réservé [12]. Tout est prêt pour recevoir l'habitué, ou même le client qui a déjà séjourné une ou deux fois dans l'hôtel. Le cardex est ce document qui permet la personnalisation de l'accueil afin que le client soit attendu et qu'il puisse avoir l'impression d'être chez lui. Des roses jaunes seront déposées sur la table de sa chambre, parce que l'on sait qu'il aime ces fleurs, et le réfrigérateur contiendra le champagne de la marque qu'il préfère. Au petit déjeuner, on lui servira ses œufs cuits exactement à son goût. Dans la mesure du possible on lui aura réservé la chambre ou la suite à l'étage où il a ses habitudes. Les palaces sont ainsi un prolongement du patrimoine des familles fortunées. Elles n'y sont pas comme ces clients anonymes des hôtels plus ordinaires où chacun doit à peu près prendre son parti du style et du service proposés [13]. Au contraire, les palaces s'efforcent d'être conformes aux attentes de leurs clients, en personnalisant au mieux leur accueil, si bien que chacun peut vivre l'hôtel comme une résidence supplémentaire, un

12. Ces notations mériteraient d'être nuancées pour le présent, peu brillant pour nombre de grands palaces qui doivent affronter une crise sérieuse. D'où des pratiques autrefois inimaginables, comme l'offre de « forfaits » sur plusieurs jours, qui sont une manière discrète de baisser les tarifs. Ou encore la possibilité de discuter le prix des chambres et des suites, de « marchander ». En conséquence il se présente, plus qu'autrefois, des clients inconnus, devenus solvables par les offres faites, et qui parfois n'ont pas réservé, ce qui devient facultatif car les taux de remplissage sont bas. Ces informations ont été recueillies auprès de directeurs d'établissements prestigieux à Deauville, à Enghien-les-Bains et en Suisse.

13. Marc Augé attribue le statut de non-lieu aux chambres interchangeables des grandes chaînes hôtelières internationales (voir *Non-Lieux*, *op. cit.*), tant elles lui paraissent impersonnelles. Dans les palaces, en tout cas, la personnalisation du service pallie ce risque.

patrimoine immobilier de plus que l'on ne possède que par intermittence, mais qui peut entrer dans la liste des lieux qui constituent le patrimoine réel des grandes familles.

Il est même quelques familles dont les palaces sont la résidence principale. Depuis 1953 Mme Yvonne Embiricos, veuve d'un très riche armateur grec, a pour résidence principale une suite de l'Hôtel de Paris à Monte-Carlo. D'après Roger-Louis Bianchini, le grand-père de Mme Embiricos, Sir Basil Zaharoff, un « marchand de canons qui fut l'un des hommes les plus riches du monde, fréquenta l'hôtel de Paris de la fin du siècle dernier jusqu'à sa mort en 1921 [14] ». Dans la famille de son mari, on habitait l'Hôtel de Paris depuis deux générations. « Quand nous sommes rentrés des États-Unis, nous explique Mme Embiricos, aujourd'hui âgée de quatre-vingts ans, mon mari avait ses trois cousins à l'Hôtel de Paris. C'étaient les clients, je crois, les plus importants, parce qu'il y avait trois grands yachts dans le port. » Mme Embiricos voit des avantages essentiels à la vie de palace. Le service est garanti sans que l'on ait à se soucier de la gestion du personnel. Elle et son mari ont possédé des résidences, mais leur préférence est toujours revenue au palace. « Quand nous sommes arrivés au début de la guerre, en 1940, en Californie, je suis tombée amoureuse d'une maison et mon mari d'une autre. Alors il a acheté les deux, l'une près de la mer, parce qu'il aimait la mer, et l'autre pour moi à Beverly Hills. Mais il disait tout le temps : “ Vous savez, ça va vous donner du travail. Je ne sais pas si ça va marcher, parce qu'on n'a jamais habité dans une maison, toujours dans des hôtels. ” Juste avant d'habiter dans la maison de Beverly Hills, l'Amérique est rentrée en guerre et tous les domestiques, parce qu'ils étaient tous des Asiatiques, ont été mis dans des camps de concentration. Alors mon mari m'a dit : “ Vous voyez ! ”

14. Roger-Louis Bianchini, *Monaco. Une affaire qui tourne*, Paris, Le Seuil, coll. « Points-Actuel », 1992, p. 197.

C'était une maison, au minimun il fallait cinq domestiques. Alors il a dit : “ On va continuer à vivre à l'hôtel ”, et il était très content ! »

Une formule certes très coûteuse, compte tenu de la catégorie des établissements où ces ménages fortunés élisent domicile, mais qui préserve de tout souci domestique. Mme Embiricos cite l'exemple d'un de ses compatriotes, M. Haji-Ioannou, qui poursuit cette tradition, puisqu'il occupe aujourd'hui, pour ses activités professionnelles, les bureaux qui furent ceux d'Onassis à l'Hôtel de Paris à Monte-Carlo. Il a donné récemment un dîner pour cent personnes dans cet établissement, c'est-à-dire en quelque sorte chez lui, sans avoir à se soucier de la logistique de l'opération. Si cette manière d'organiser son existence quotidienne, qui n'exclut pas la propriété éventuelle, ici ou là, de résidences, est surtout le fait d'une grande bourgeoisie d'affaires internationale, très mobile par nécessité, elle concerne d'autres personnes comme le prince de Polignac qui réside lui dans l'autre palace de Monte-Carlo, L'Hermitage, d'ailleurs voisin de celui de Mme Embiricos, dont il est l'un des vieux amis. Le prince de Polignac est président d'honneur de la Société des bains de mer, propriétaire de ces deux palaces ainsi que du casino, tout proche. Il a Jules de Polignac comme ancêtre commun avec le prince Rainier. L'adresse de l'Hermitage figure en tête dans celles mentionnées dans le *Bottin Mondain* par le prince Louis de Polignac, mais elle est suivie par celle d'un domaine dans le Morbihan et d'un appartement dans le VIIe arrondissement de Paris.

Il paraît donc justifié de considérer que le patrimoine des familles fortunées, au moins au sens de patrimoine de jouissance, comprend aussi ces lieux collectifs, comme les palaces ou les grands cercles, qui, sans relever de leur propriété privée, sont réservés à leur seul usage et dans lesquels la familiarité est aussi grande que celle entretenue avec le château de famille. La littérature et les Mémoires ont mis en avant combien ces lieux pouvaient être des supports importants de la mémoire familiale ou du groupe [15].

En France ou à l'étranger, les familles fortunées, lorsqu'elles ne sont pas reçues dans des familles amies, descendent dans les palaces de la Riviera, comme Eden Roc au cap d'Antibes, de Deauville, de Gstaad ou de Marrakech. La présence de ce type d'établissements est indissociable des lieux chics. À Marrakech, on peut supposer que les grandes familles de l'aristocratie et de la grande bourgeoisie internationales seraient moins nombreuses à y avoir une résidence si un établissement comme la Mamounia n'y avait concentré depuis longtemps une partie de la vie mondaine internationale dans un havre de paix et de luxe. *A contrario* la fermeture des palaces des Champs-Élysées, qui furent au nombre de trois, est concomitante d'une certaine dégradation de l'avenue [16]. Les tarifs élevés de ces établissements, mais aussi les barrières symboliques qui en interdisent l'entrée à ceux qui ne sauraient affronter sereinement l'épreuve du passage devant la réception, où le personnel stylé semble exiger du client d'être capable de se montrer à la hauteur de la situation, font que la clientèle est, ou au moins était, jusqu'à une date récente, d'une grande homogénéité sociale. Ces palaces sont, comme les cercles, des lieux d'exception pour une clientèle d'exception. Des havres de sécurité, de calme, où tout vous conforte dans le sentiment d'être à votre place et de mériter les égards dont l'on vous entoure.

Le Palace-Hotel de Gstaad était à moitié vide en ce 20 juillet 1993, car c'est à Noël qu'il faut être dans cette

15. Pour les palaces on peut citer celui de Balbec, le Grand-Hôtel cher au narrateur de *À la recherche du temps perdu*, Paris, Gallimard, coll. « Bibliothèque de la Pléiade », 1954, I, p. 662 et suiv. Sur les cercles, voir par exemple les souvenirs de Jean de Beaumont, qui fut président du Cercle de l'Union Interalliée, *Au hasard de la chance*, Paris, Julliard, 1987.

16. L'Élysée-Palace ouvre en 1898 et ferme en 1920, remplacé par le Crédit commercial de France. L'Astoria, à l'emplacement de l'actuel Drugstore Publicis, vivra cinquante ans, de 1907 à 1957. Le Claridge, mis en service à la fin de la Première Guerre mondiale, ferme en 1977. Voir *Quartiers bourgeois, quartiers d'affaires*, *op. cit.*, « Les palaces », p. 70-74.

station, et si possible à Saint-Moritz pour la deuxième quinzaine de février. Le concierge du Palace-Hotel exerce ses fonctions d'accueil depuis vingt ans. « Il connaît tous les clients, selon la directrice de l'établissement, et cela fait plaisir au client d'être reconnu, car c'est comme s'il était chez lui, à la maison ». Comme dans les autres palaces, les grandes maisons de luxe sont présentes par vitrines interposées, ainsi celles de Van Cleef et Arpels dans les cabines d'ascenseur, ce qui contribue à créer un climat hors du commun. D'autant que le personnel peut commercialiser les pièces de joaillerie exposées.

Mais le Palace-Hotel a une forte personnalité. Un peu à l'écart de la station, qu'il domine, son architecture de château bavarois en fait un bâtiment étrange, surtout quand la neige éloigne les horizons. Les suites qui occupent les angles du bâtiment disposent de petits salons ou de salles de bains aménagées dans les tourelles. Celles-ci, aériennes, ouvertes de tous côtés sur les sommets, la baignoire épousant la courbure de la tourelle, donnent le sentiment d'avoir à sa disposition ces immensités boisées ou rocheuses parcourues par les bouquetins.

Lorsque la saison bat son plein, c'est-à-dire entre Noël et le Jour de l'An, les clients descendent dîner en robe longue ou en smoking. Cela ravit M. de Mazerand, qui appréciait le charme mondain qu'avait Deauville autrefois. Gstaad et Saint-Moritz lui paraissent être aujourd'hui les véritables stations du raffinement et de la fortune qui doit l'accompagner. En février, au Palace-Hotel de Saint-Moritz, lieu suprême de l'élégance selon M. de Mazerand, « tous les bijoutiers du monde sont là. On voit tous les joyaux de si près... Le lac est gelé. Depuis l'hôtel on regarde les parties de polo ou les courses de chevaux [sur le lac], c'est féerique. Des clients se font même transporter sur les sommets avec leur hélicoptère pour jouir des joies de la descente à ski ». Très déçu par Deauville, on y reviendra, M. de Mazerand considère la

Suisse comme l'un des derniers espaces qui garantisse « l'entre-soi dans l'élégance raffinée des grands de ce monde ».

Gstaad bénéficie d'une réglementation d'urbanisme draconienne interdisant toute construction qui ne soit pas dans le style du pays, c'est-à-dire un chalet en bois orné de frises sculptées et de motifs floraux ou géométriques peints. Ces chalets, très vastes, sont dans un état d'entretien parfait. Leur luxe ne se laisse pas percevoir aisément. Discrets, au milieu de la végétation, ils abritent pourtant des personnalités connues, du monde du spectacle ou des arts et des lettres. Mais parmi les résidents dont les noms sont moins célèbres, les industriels et banquiers sont nombreux. Julie Andrew fait partie des propriétaires actuels et elle offre à la ville les illuminations de fin d'année. Le maréchal Montgomery habita non loin. Ainsi que les Kandinsky dont le chalet se nommait Esmeralda. Elisabeth Taylor est toujours là, et elle croise parfois Charles Trenet, habitué du Palace-Hotel. Armateurs, banquiers, grands propriétaires, industriels, complètent cet univers social. Un palace ne saurait bien entendu être implanté n'importe où : il lui arrive d'être isolé, et de se trouver alors dans un paysage splendide. Mais, lorsqu'il est construit dans une localité, celle-ci ne saurait être tout à fait ordinaire. Les lieux chics présentent une grande sensibilité à leur environnement. Le patrimoine collectif des hautes classes, dans les lieux de villégiature, ne saurait s'accommoder de la présence massive et envahissante des foules libérées par les congés payés [17].

17. Voir par exemple la description de la concurrence estivale pour l'espace par Bertand Poirot-Delpech dans *L'Été 36*, Paris, Gallimard, coll. « Folio », n° 1705, 1986.

Cette internationalisation du patrimoine des grandes familles s'accompagne d'une culture spécifique, en tout cas d'une « cosmopolitisation » de la culture qui est caractéristique de la grande bourgeoisie et de la noblesse. Le patrimoine dont disposent ces familles de manière internationale est aussi un facteur d'accumulation de capital culturel. Ceci est très sensible déjà dans la pratique des langues étrangères. Bien que sous la pression de la concurrence scolaire d'autres couches sociales soient aujourd'hui très attentives à assurer à leurs enfants un apprentissage précoce et efficace dans ce domaine, les classes dominantes bénéficient là encore d'un avantage certain. Le recours aux nurses anglaises ou allemandes, voire espagnoles, selon les traditions et les intérêts familiaux, date du XIXe siècle et s'est maintenu jusqu'à aujourd'hui. Véronique de Montremy, petite-fille de Maurice de Wendel et fille de Berthilde de Wendel, a été élevée par une nurse anglaise après la Seconde Guerre mondiale. Ses deux filles, aujourd'hui scolarisées à Saint-Louis-de-Gonzague, « parlent anglais très très bien parce qu'elles ont eu des jeunes filles depuis qu'elles sont nées. Elles ont appris l'anglais comme une langue maternelle. C'est un énorme avantage, mais qui a son prix ». Ces familles n'ont pas recours aux traditionnels séjours linguistiques gérés par des organismes spécialisés. Outre les nurses, les séjours à l'étranger peuvent toujours s'effectuer dans la famille ou dans une famille amie. L'internationalisation commence très tôt par l'apprentissage des langues, dans les meilleures conditions. Voilà une partie du capital humain, du capital culturel qui est acquise sans trop de difficultés et de manière définitive. L'usage du patrimoine international permet d'entretenir continûment les apprentissages précoces. Les voyages et les contacts avec des étrangers sont l'ordinaire de la vie. De sorte que c'est tout naturellement que Véronique de Montremy a fait ses études supérieures à Harvard, aux États-Unis, ou que Michel d'Arcangues est diplômé du Hamilton College de New York. Inscrire son existence à l'échelle du monde est cristallisé dans la nature même du patrimoine qui a un caractère international prononcé.

Les collèges suisses

Les établissements privés d'enseignement de haut niveau sont un indicateur de plus du caractère international des hautes classes. Il s'agit d'écoles privées et non confessionnelles : à un certain niveau social on sait faire abstraction de ces différenciations. Éva Thomassin est issue d'une famille argentine qui disposait d'une grande fortune. Elle a passé une partie de sa vie en France et y réside depuis de nombreuses années. Elle a fréquenté ces établissements internationaux. En 1937 « le *finishing school* était à la mode. C'était là qu'allaient les filles très riches ». À l'anglomanie des hautes classes françaises répondait la francophilie des grandes familles d'Amérique latine, ou au moins leur goût pour les choses de l'Europe. « On venait à Paris pour acheter sa robe de mariée, sa vaisselle de Limoges, un bijou, et on repartait. »

Mais les écoles de haut niveau sont une spécialité suisse, même s'il en existe en France, comme l'École des Roches près de Verneuil-sur-Avre. Éva Thomassin a donc rejoint l'école du Manoir à Lausanne en décembre 1937 et elle y est restée deux ans. « C'était un énorme chalet de trois étages avec un grand jardin et des courts de tennis. J'occupais la chambre que venait de quitter la sœur du roi d'Albanie. » Au-delà des apprentissages scolaires et linguistiques, « les jeunes filles venaient aussi pour apprendre à vivre entre elles. Il était important d'être bien habillée ». Ces jeunes filles appartenaient à la haute société. « Il n'était pas question qu'il y en ait là qui ne soient pas de grandes familles bourgeoises, et quelques-unes de familles royales. C'était incroyablement cher ! Moi, c'est ma grand-mère qui m'a offert ce séjour. C'était une chose qu'elle pouvait se permettre parce que ma famille était multimillionnaire. »

Comme tous les grands collèges suisses, Le Manoir se transportait l'hiver à la montagne pour que les jeunes filles, dont certaines venaient de pays où il n'y avait jamais de neige, puissent pratiquer le ski. « On se baignait aussi, car nous avions notre plage privée [l'établissement était au bord du Léman]. On traversait l'avenue d'Ouchy, on descendait par un petit chemin et on arrivait à la plage. »

Tous les investissements dont ces jeunes filles avaient le bénéfice n'étaient pas destinés à leur donner un métier. Nombre d'entre elles ne travaillèrent jamais, sinon à gérer le capital social de leur famille, ce qui est d'ailleurs une lourde tâche. C'est justement sur ce point, et d'autant plus que le capital social de ces familles est plus international, que Le Manoir pouvait utilement jouer son rôle. La raison d'être de cette école était de cultiver le capital cosmopolite, dans ses dimensions culturelles, certes, mais aussi sociales. Pour cette raison aussi l'école n'était pas, et ne pouvait pas être confessionnelle. « Il y avait des jeunes filles juives. Chacune allait à l'église qui lui correspondait. J'allais à l'église catholique. Je rencontrais toujours le roi Alphonse XIII en exil, le dimanche, à l'église de Lausanne. Rodica, la fille d'un ministre roumain, allait à l'église orthodoxe. » Ainsi le capital cosmopolite, à condition d'être accumulé dans la meilleure société, doit-il être fondé sur la tolérance des différences linguistiques mais aussi culturelles et confessionnelles.

Le père d'Éva Thomassin avait lui-même été scolarisé dans un grand collège international en Suisse, Le Rosey, situé à Rolle, non loin de Lausanne, toujours sur les bords du Léman. L'établissement, qui existe encore, fut fondé en 1880, précise la brochure de présentation de cette « école pour la vie ». « Le Rosey reçoit, sans distinction de race, de religion ou de langue, des enfants venus de plus de quarante nations. » Les frais de scolarité sont élevés : 47 700 francs suisses pour une année, en 1993, soit à peu près 200 000 francs français. La pension est comprise, mais il faut ajouter les allers et retours entre le collège et le domicile des parents, l'argent de poche, etc. Toutefois les mois d'hiver passés à Gstaad, dans le chalet du collège, sont inclus.

« Le Rosey offre l'image d'une microsociété polyglotte où l'on veut mieux se connaître pour mieux se comprendre et mieux se comprendre pour mieux s'aimer. Et ces amitiés internationales sont l'un des biens les plus précieux acquis au Rosey », affirme la brochure de présentation de l'établissement. L'un des plus grands luxes n'est-il pas d'être chez soi aussi à l'étranger, avec des étrangers. Les élèves, du fait de ce cosmopolitisme, conversent entre eux en anglais, nouveau latin des temps modernes. Dans un certain univers social, il est tout simplement impensable de ne pas parler cette langue. Les conversations au cours des dîners passent d'ailleurs aisément du français à l'anglais ou à l'espagnol, en fonction de la nationalité des convives présents, et des sujets de conversation.

Mais ce cosmopolitisme ne signifie pas américanisation, perte des références culturelles nationales, modernisme superficiel. Par leur disposition, les bâtiments du Rosey rappellent le château et ses dépendances. Ils sont disséminés au milieu de terres agricoles, cultivées. Vergers, champs, potagers et serres entourent le collège dont l'enceinte n'est même pas clôturée. Les élèves vivent, comme au Fraisse, au milieu des champs et des arbres centenaires et peuvent suivre les travaux agricoles au rythme des saisons. Les vénérables façades couvertes de lierre et les vieilles tables de pierre attestent de l'ancienneté des lieux. Les équipements sportifs sont implantés çà et là. La piscine en bordure d'un champ de blé, les courts de tennis, le stand de tir à l'arc sont les compléments indispensables d'une éducation saine. Car il s'agit bien en l'occurrence d'éducation, comme pour tous les établissements de ce type. Là encore il est remarquable que la famille délègue autant à des institutions. Tout se passe comme si cette délégation n'était au fond que la grande confiance que ce milieu a en lui-même. Les enfants peuvent être confiés au groupe des pairs. L'entre-soi, compte tenu de la qualité exceptionnelle du milieu, doit suffire à assurer la qualité des enseignements, des contacts, des acquisitions de tous ordres. Comme si le groupe était plus important que le milieu familial, ou comme si au fond on avait affaire à une grande famille.

L'association des anciens Roséens (AIAR) est chargée de faire fructifier le capital international ainsi accumulé. « Les amitiés internationales tissées pendant les années d'études sont un capital inestimable : partout dans le monde il y a un ancien Roséen prêt à accueillir et à aider un autre ancien [18]. »

Le Collège de Sion à São Paulo

Ces établissements ont également des antennes dans des pays du Sud où la bourgeoisie nationale éprouve un grand attrait pour la culture de la vieille Europe. Les enfants et les petits-enfants du comte Cahen d'Anvers « ont été entièrement éduqués en Argentine dans des collèges anglais ». Le collège français des Oiseaux et le collège suisse de Sion ont des établissements au Brésil. Drosila Vasconcelos a pu suivre les cours du collège de Sion à São Paulo. Au Brésil aussi les élèves bénéficiaient de plusieurs lieux d'enseignement en fonction des saisons. Durant les mois les plus chauds, janvier et février, le collège fonctionnait dans une ferme située à Petropolis, une station chic au-dessus de Rio de Janeiro. Les centres d'intérêt des jeunes filles durant ces deux mois étaient la piscine et la basse-cour, qui leur donnait l'occasion de s'occuper d'animaux. Le reste de l'année, à São Paulo, le collège offrait, au-delà d'un minimum

18. Dossier de présentation du collège du Rosey.

d'apprentissages de type scolaire, une initiation systématique au mode de vie grand-bourgeois de style européen, ou plus exactement international. Dans le décor réaliste d'un salon, Drosila Vasconcelos apprit ainsi l'art de la conversation et les techniques du corps qui permettent en toutes circonstances de conserver un maintien digne et noble. Une autre pièce de l'établissement mettait à la disposition des élèves le décor d'une salle à manger digne d'une grande demeure. La vaste table, sous son lustre imposant, servait de champ d'exercices pour l'art compliqué de mettre le couvert et de dresser un plan de table. Une fois cette mise en scène réussie, les élèves passaient au mime d'un dîner mondain et devaient se montrer aptes à maîtriser le déroulement sans heurt de cette cérémonie sociale. Les apprentissages concernaient aussi bien les matériaux et les matériels, chaque collégienne se devant d'être capable de discerner le cristal du verre au premier coup d'œil et de distinguer la porcelaine de Limoges de celle de Bavière.

Les collégiennes de Sion, qu'elles aient été scolarisées en Suisse ou au Brésil, bénéficient du réseau international constitué à travers le monde par l'établissement d'origine. Il est tout à fait normal, et même recommandé, qu'une élève de São Paulo aille rendre visite à ses homologues parisiennes au cours d'un séjour en France. De telles pratiques visent à élargir le cadre des relations, à étendre le maillage des amitiés et des solidarités. La brochure 1995-1996 du lycée Notre-Dame-de-Sion à Paris souligne que, « par sa tradition et par l'accueil dans son internat de jeunes filles venant de pays divers, le lycée Notre-Dame-de-Sion a toujours privilégié l'ouverture sur le monde et plus particulièrement sur l'Europe en mettant l'accent sur les cultures dans leur diversité et leur complémentarité ». Le capital social, à un certain niveau, ne saurait être qu'international. C'est ainsi que Drosila Vasconcelos, pour poursuivre ses études supérieures à Paris, trouvera sans difficulté un emploi de demoiselle de compagnie auprès d'un couple de personnes âgées du XVIe arrondissement. Les jeunes filles du collège de Sion présentent toutes les qualités requises pour tenir dans la meilleure société ce poste de confiance, où que ce soit dans le monde.

L'École des Roches

On trouve aussi en France ce type d'établissements dans lesquels la dimension internationale est au fondement même de leurs raisons d'exister. Le comte Cahen d'Anvers, banquier et homme d'affaires parisien, et son ami Guy Schÿler, issu de l'une des plus anciennes familles de négociants en vins de Bordeaux, ont fait ensemble leurs études secondaires au Collège de Normandie, à Clères, en Seine-Maritime. L'établissement a depuis disparu et ses élèves ont alors poursuivi leur scolarité à l'École des Roches à Verneuil-sur-Avre, à une centaine de kilomètres à l'ouest de Paris. Conçu sur le modèle des collèges britanniques, en particulier Harow on the Hill, les débuts d'après-midi étant consacrés alternativement aux sports ou à des travaux pratiques dans les 60 hectares du parc de l'école, on y met tout en œuvre, pour des frais de scolarité et de pension qui atteignent de 5 000 à 8 000 francs par mois, selon les classes, pour promouvoir, « mieux qu'un enseignement, une éducation, une culture internationales ! », selon le directeur. L'école accueille ainsi environ 20 % d'élèves non francophones et la possibilité est offerte à tous de préparer un diplôme d'anglais langue étrangère reconnu par l'université de Cambridge. Les anciens élèves peuvent ensuite compter sur l'Association des anciens élèves de l'École des Roches et de Normandie (AERN) dont les 1 800 adhérents occupent des positions sociales éminentes à travers le monde. « Le Collège de Normandie, se rappelle Guy Schÿler, était une école où l'on rencontrait des Sud-Américains, comme les frères Saavedra, Moro, des Américains, comme celui qui devint le colonel Ridgway

Knight et qui fut ambassadeur des États-Unis, Henry Hide, chef de OSS, Robert Guestier Goëlet, des Anglais et des Français qui ont tous été brillants par la suite : Jean Goujon, pilote d'essai, tué en service commandé, le général Jean-Louis de Rougemont. J'ai d'ailleurs gardé des contacts avec, bien sûr, le comte Cahen d'Anvers, mais aussi avec un camarade qui est devenu général, un autre ambassadeur aux États-Unis, d'autres qui étaient pilotes d'avion... » Aussi bien au Collège de Normandie jadis qu'à l'École des Roches, une grande place a toujours été accordée aux sports, tennis, rugby, football, aviation... et à la responsabilisation individuelle. « Il n'y avait pas de pion. Pas de grille. C'était en pleine campagne. C'était fait, en conclut Guy Schÿler, pour former des hommes qui auraient des responsabilités plus tard [19]. » Il en est toujours ainsi : les Roches sont ouvertes aux quatre vents, comme le collège du Rosey, et aucune clôture ne sépare les bâtiments, disséminés dans le vaste parc, du reste du monde. Paradoxalement, ces établissements, fréquentés par les enfants de milieux que l'on peut supposer, *a priori*, comme les plus fermés, comme ayant des raisons de craindre pour leur sécurité, sont très ouverts sur l'extérieur. Ce qui n'est pas sans rappeler la tradition du voyage initiatique, de l'aventure au loin, à la fin de l'adolescence, comme expérience formatrice, rituel de passage qui permet ensuite de prendre les responsabilités de l'adulte. Comme par exemple, pour le comte Cahen d'Anvers, ce long séjour itinérant aux États-Unis qui le vit remplir divers emplois, dont celui de cow-boy, ce qui lui fut facilité par son parfait bilinguisme et sa pratique de l'équitation aux Roches. L'esprit d'initiative et de persévérance des élèves et leur autocontrôle sont à la base de la création de l'École des Roches comme « école nouvelle » en 1899.

Quant au recrutement international de l'école, l'éditorial de l'annuaire 1994 des anciens Rocheux précise que

19. Guy Schÿler a été également pilote de l'armée de l'air et membre de l'US Air Force, durant la Seconde Guerre mondiale.

« pouvoir rencontrer des interlocuteurs privilégiés dans 60 pays relevant de 225 professions différentes, c'est un atout, il faut l'utiliser ! ». Sur environ 1 800 anciens élèves, qui ont effectué leur scolarité au début du siècle pour les plus âgés, et qui sont inscrits dans cette association, on peut en compter plus de 350 qui résident à l'étranger. Qu'ils soient natifs de l'un des 60 pays concernés, ou que, de nationalité française, ils y résident de manière durable.

À l'École des Roches, les langues étrangères sont apprises selon la technique de l'immersion, ainsi que le décrit M. Dollfus, ancien élève, aujourd'hui délégué de la direction générale pour faire réaliser des méthodes pédagogiques nouvelles, expérimentées [20]. Les cours sont dispensés exclusivement dans la langue enseignée. Les professeurs organisent des journées durant lesquelles les élèves doivent s'exprimer en anglais ou en espagnol, y compris durant les repas, ou entre eux, durant les moments de loisir et de détente. Bien entendu les échanges organisés avec des établissements de la même qualité, dispersés à travers le monde, parachèvent l'excellence dans la maîtrise des langues.

Après avoir obtenu ses deux baccalauréats à dix-sept ans au Collège de Normandie (qui fusionna plus tard avec l'École des Roches), le comte Cahen d'Anvers est parti aux États-Unis d'où il est revenu avec un diplôme de la Harvard Business School pour repartir presque aussitôt prendre en charge la gestion d'une immense propriété de 448 000 hectares au Paraguay. Il commençait ainsi une carrière dont le caractère international ne devait guère se démentir et qui prit appui aussi sur une pratique sportive dont les caractéristiques n'étaient pas

20. Ancien industriel, M. Dollfus est licencié et diplômé d'études supérieures de philosophie, licencié en droit et diplômé d'études supérieures d'économie politique. Il fut successivement avocat à la cour de Paris, docteur en médecine spécialisé en endocrinologie, président-directeur général de l'Institut français de développement économique, et à ce titre conseiller de Jean Monnet lors de la création de la Communauté économique européenne. Puis il fut conseiller de très grandes entreprises telles que la Compagnie générale des wagons-lits ou Alsthom.

sans rapport avec la gestion du capital international de relations dont le collège avait été l'un des points de départ. C'est ainsi que le comte Cahen d'Anvers joua un rôle dans l'univers du polo, sport cosmopolite s'il en est. Il fut également partie prenante dans de grandes chasses, telles celle de la grouse en Écosse ou en Espagne, ou encore celle du gros gibier en Allemagne, en Autriche ou en Afrique.

Le collège Saint-Martin-de-France, à Pontoise, est très proche, dans son recrutement et dans son fonctionnement, de l'École des Roches. Ce collège propose des classes de 6e et de 5e franco-anglaises qui fonctionnent en liaison étroite avec le collège britannique de Hawtreys, avec trois trimestres de séjour en Angleterre répartis sur deux ans.

Alexandre et Philippe-Emmanuel de Fontmichel, âgés respectivement de vingt et un et dix-huit ans, ont perfectionné leur anglais et leur espagnol lors de séjours d'un an dans des pensionnats écossais et madrilènes. « Dès le CM2, se rappelle Alexandre, aujourd'hui en licence de droit à Assas, nous sommes partis en Écosse, on y a passé une année entière. Puis nous y sommes retournés tout un trimestre au niveau de la 5e ; en 4e et en 3e, nous sommes partis en pension à Madrid pour un an. En Écosse c'était une pension typique, elle était privée, mais ce n'était pas du tout une grande école chic internationale. Nous étions les seuls Français, il n'acceptaient qu'un seul Français par promotion. » Le résultat est là : les deux frères parlent couramment anglais et espagnol. Philippe-Emmanuel, scolarisé en 1re économique et sociale à Franklin, école tenue par les Jésuites, connue aussi sous le nom de Saint-Louis-de-Gonzague [21], apprend l'arabe en troisième langue, qu'il va

21. Sur cet établissement, voir l'étude de Jean-Pierre FAGUER, « Les effets d'une " éducation totale ". Un collège jésuite, 1960 », *Actes de la recherche en sciences sociales*, n° 86-87, mars 1991. Voir également Beatrix LE WITA, « Culture bourgeoise et éducation jésuite », communication au colloque international *Anciennes et Nouvelles Aristocraties, de 1880 à nos jours*, sous la direction de Didier Lancien, Toulouse, 21-24 septembre 1994.

essayer de présenter au baccalauréat. « C'est une langue très dure, dit-il, comparée à l'anglais et à l'espagnol, mais qui est tout à fait importante parce que dans quelques années je pense qu'il faudra parler arabe, ce sera nécessaire. » Au-delà du seul apprentissage de la langue, précise Alexandre, « c'est l'ouverture sur d'autres civilisations, car, quand on connaît une langue, on peut découvrir tout ce qui va avec, c'est-à-dire la culture, la civilisation hispanique, écossaise, la culture en général ».

Le capital cosmopolite des hautes classes est une partie essentielle de leur patrimoine, individuel et collectif. Initiée très tôt, par les apprentissages précoces des langues étrangères, puis consolidée par des établissements d'enseignement qui cultivent cette spécificité, atout décisif dans les luttes sociales pour le pouvoir et la notoriété, cette partie du patrimoine des classes dominantes est soutenue par des institutions diverses, dont les cercles, par les réseaux informels, amicaux, et par les réseaux des alliances familiales.

Ce patrimoine cosmopolite est consubstantiel au pouvoir et aux positions sociales dominantes. Il vaut en lui-même et pour lui-même. Mais il est aussi un puissant facteur d'accumulation de capital culturel et par là un facteur de distinction. D'autant que ce capital culturel est l'un des éléments d'un capital patrimonial où toutes les formes de capitaux se valorisent réciproquement. Il y a une relation de dépendance entre ce capital social international, les formes de capital culturel qu'il génère et le caractère international du capital économique. L'internationalisation de l'économie et celle, corrélative, des patrimoines familiaux ne sont pas récentes. Mais le fait qu'elles renvoient l'une à l'autre correspond sans doute au rôle premier de l'importance de l'étranger dans la vie des affaires. Les élites sont cosmopolites parce que leurs intérêts le sont. Le marché de l'art est international depuis longtemps avec Sotheby's à New York et Christie's à Londres. Il serait absurde et risqué pour les élites sociales de limiter le réseau des relations utiles au cadre national. La gestion des fortunes dépasse aujourd'hui les limites nationales. Une grande banque privée comme la Banque Paribas, en réorganisant ses services, indique que la tendance est à l'amplification de cette dimension internationale [22]. Depuis deux ans la banque a réorganisé ses « métiers » à l'échelle mondiale. « Tous les gens qui pratiquent le même métier, explique Pierre de Leusse, quel que soit le pays où ils exercent, appartiennent désormais à un même ensemble, sont dirigés par les mêmes hommes, ont les mêmes objectifs et les mêmes comptes d'exploitation. » C'est le cas de la gestion institutionnelle et privée, retenue comme l'un des quatre métiers stratégiques sur lesquels repose le développement de l'établissement. « De telle sorte que nous sommes 1 100 dans le monde à exercer ce métier-là pour le compte de la Banque Paribas et de ses filiales. » Notre interlocuteur précisant bien que, conformément aux exigences de la confidentialité, chaque compte n'est connu que dans le pays où il est ouvert, et seulement par le gestionnaire ou l'équipe de gestion à qui il est confié dans ce pays. Mais les conseillers auront dans chaque pays la même formation, c'est-à-dire la même connaissance des marchés et les mêmes compétences techniques de gestion. L'entité « métier de la gestion » n'a donc plus une base nationale, mais elle est bel et bien structurée à l'échelle internationale, prenant acte de l'existence, du point de vue économique, d'un seul monde où les problèmes ne sauraient être examinés et leurs solutions appliquées de manière valable sans la

22. Cette dimension internationale a été présente dès l'origine de la banque. Celle-ci a été fondée en 1872 par des banquiers de divers pays d'Europe, dont les Bischoffsheim, d'origine allemande. Une des filles de Raphaël Nathan Bischoffsheim avait d'ailleurs épousé un Cahen d'Anvers, qui participera à la fondation de la Banque de Paris et des Pays-Bas. Raphaël de Bauer (1843-1916), directeur de la maison Bischoffsheim à Bruxelles depuis 1870, avait épousé en 1867 la fille de Samuel Cahen d'Anvers, dit Lambert, correspondant des Rothschild dans la même ville. Sur l'histoire de la Banque Paribas, voir Éric BUSSIÈRE, *Paribas, 1872-1992, l'Europe et le monde*, Paris, Fonds Mercator, 1992.

prise en compte de l'ensemble des relations de la question traitée avec les autres espaces nationaux.

Cultures, réseaux de relations et gestion des patrimoines familiaux ne sauraient ainsi échapper à cette logique internationale. Faire fortune et la conserver exigent un type d'ouverture sur le monde. Il en existe d'autres, dans l'univers scientifique ou dans le champ des luttes politiques, mais l'internationale du pouvoir et de la richesse, la plus ancienne, dispose de structures formelles et informelles qui démultiplient à l'échelle de la planète les pouvoirs et les savoirs d'élites profondément unies dans le souci de la bonne gestion de leur avenir.

CHAPITRE IV

Cérémonies, mondanités et rituels

LA FAMILLE AU CŒUR DES RÉSEAUX

La transmission réussie du patrimoine économique suppose que soit réalisée celle des autres formes du patrimoine constituées par le capital culturel, le capital scolaire, le capital social et le capital symbolique. La transmission suppose des héritiers aptes et préparés à recevoir ce que les générations antérieures ont accumulé, avec tout le prestige attaché au nom d'une lignée et la densité des réseaux dans laquelle celle-ci s'insère. Aussi « les grands ont de grandes familles », écrit Pierre Bourdieu, pour qui ce serait là une « une loi anthropologique générale ». « Ils ont un intérêt spécifique à entretenir des relations de type familial étendues et, à travers ces relations, une forme particulière de concentration du capital. Autrement dit, malgré toutes les forces de fission qui s'exercent sur elle, la famille reste un des lieux d'accumulation, de conservation et de reproduction de différentes espèces de capital [1]. » La famille est au centre du réseau des relations qui autorisent l'accumulation et la transmission à travers les rituels sociaux nombreux et variés qui font exister le groupe, depuis les cérémonies familiales, dont la

1. Pierre BOURDIEU, *Raisons pratiques*, Paris, Le Seuil, 1994, p. 196.

magnificence n'est évidemment pas dénuée de sens social, jusqu'aux grands rassemblements périodiques qui scandent la vie mondaine.

Le capital social se construit en prenant appui sur la famille. Mais l'endogamie sociale, voire régionale comme le montre le cas de la grande bourgeoisie bordelaise, limite de façon stricte l'extension du réseau familial. Le champ des familles socialement utiles, avec lesquelles il est raisonnable d'envisager d'établir un lien par le mariage, est étroit. Toutefois, durant les dernières décennies se sont produites des évolutions notables. Si dans la région de Bordeaux, caractérisée par le maintien des activités viticole et forestière, les alliances matrimoniales sont encore celles de patrimoines, dans d'autres régions, et notamment en Île-de-France, ce qui importe, c'est d'épouser quelqu'un du même groupe social : les patrimoines sont devenus financiers et donc fluides, de sorte qu'il n'y a plus de contrainte géographique, mais seulement des contraintes économiques et sociologiques. Ce n'est pas tant la multiplication des relations que leur qualité sociale et leur extrême enchevêtrement qui donnent au réseau familial, dans la grande bourgeoisie, une importance sociale et symbolique aussi décisive.

C'est une constante pour les membres de la bonne société bordelaise que de souligner combien cette société est fermée sur elle-même [2]. « Dans les dîners où nous sommes reçus, souligne Emmanuel Touton, l'un des grands courtiers de la place, c'est à 90 % toujours les mêmes. Pour les vacances on se déplace tous de 70 kilomètres [pour aller sur les bords du bassin d'Arcachon]. On se marie entre nous, c'est fatal. » En conséquence, « si on est bordelais, conclut Christel Baseden, on est cousin avec tout le monde ! » Et son propre cas semble être une confirmation de cette

2. Blandine Grosjean et Yves Harté nous ont apporté une aide précieuse dans la connaissance des grandes familles bordelaises.

affirmation [3]. Sa tante a épousé Éric Schÿler, issu de l'une des grandes familles de négociants des Chartrons et frère de Guy Schÿler [4]. Christel Baseden a elle-même épousé le petit-fils d'Antoinette de Vibraye, Mme Clifford Baseden, descendante des propriétaires de Cheverny. Sa propre cousine, Corinne de Secondat de Montesquieu, dont le père est propriétaire du château de Fougères à La Brède, a épousé son beau-frère, Patrick Baseden.

Le réseau familial se ramifie bien au-delà des limites de la parentèle. Mais cette extension prend néanmoins appui sur la vie familiale. Ainsi France de Cerval, issue comme Christel Baseden d'une famille de propriétaires forestiers des Landes, dont le frère, Henri de Cerval, est maître d'équipage en Gironde [5], fut sa marraine de confirmation. Violaine Cruse, dont le patronyme est aussi évocateur de la grande époque des Chartrons que celui des Schÿler, a tenu, elle, le rôle, moins officiel mais fort important, de « copine de soirée ». Emmanuel Touton et Pierre Lawton, dont la mère, Micheline Banzet, avait épousé en premières noces Hubert Cruse, avant de se remarier avec Hugues Lawton après le décès de son premier mari, furent ses chevaliers servants : l'unité géographique et sociale est ici très grande puisque tous ces noms renvoient au Bordelais et à la commercialisation

3. On notera l'orthographe de « Christel » : Cyril Grange, dans ses études sur les prénoms, a noté que dans la haute société on prend beaucoup de liberté avec leur orthographe. Comme s'il fallait donner à un prénom ordinaire, plus ou moins utilisé en fonction des groupes sociaux mais présent dans tous, un style particulier, une sorte de distinction, de la même façon qu'il faut gérer le maintien du corps, lui aussi *a priori* peu distinctif, de façon à exprimer la différence.

4. Le quartier des Chartrons, au nord de la place des Quinconces, abrite les grandes familles du négoce des vins, du grand commerce et de la finance. Les chais des négociants occupaient les rez-de-chaussée de leurs immeubles.

5. Henri de Cerval a la responsabilité de l'équipage de Poussignac qui chasse le chevreuil dans la forêt des Landes. C'est une passion très partagée dans la haute société du Sud-Ouest mais elle bénéficie aussi d'une large participation populaire. Voir : Michel Pinçon et Monique Pinçon-Charlot, *La Chasse à courre. Ses rites et ses enjeux*, Paris, « Petite Bibliothèque Payot », 1996.

de ses vins. On pourrait continuer le puzzle : Virginie Calvet, dont la famille est elle aussi bien installée dans le négoce du vin à Bordeaux, a épousé Emmanuel Touton et habite en face d'Ariane Cruse, dans le quartier très chic, bien que très discret, du Jardin Public. « Quand les familles de Bordeaux se marient entre elles, cela se voit, remarque Christel Baseden. La bague est superbe et les parents vraiment contents. Par exemple les Calvet qui épousent des Denis. Eh bien, ils ont des vies fabuleuses, extraordinaires, car les fortunes s'associent. Les amies de mon âge ont toutes récupéré le dernier étage de l'hôtel particulier à leur mariage, puis sont descendues dans les étages plus nobles dès les premières naissances. Ça fait boule de neige, ça crée un bien-être de famille et tout le monde est content. »

On voit que le réseau familial de la bonne société bordelaise est très serré. Bien entendu il étend quelques pseudopodes dans d'autres directions, et non des moindres : la famille Cruse est ainsi très liée à la famille Peugeot. Violaine est la fille de Henri-François Cruse et de Guillemette Peugeot, qui a donc pour beau-père Jean Cruse. Guillemette Cruse est la fille de Rodolphe Peugeot et la belle-sœur d'Alain Banzet (un des anciens dirigeants du groupe Peugeot, aujourd'hui décédé) et de Liliane Seydoux, qui est la sœur de Jacques et la cousine de Jérôme et Nicolas Seydoux, toutes familles appartenant aux grandes dynasties de la haute société protestante. Le demi-frère de Pierre Lawton, Jean-Paul Cruse, peut aussi relever que son oncle, Alain Banzet, frère de Micheline Banzet, « a fait toute sa vie chez Peugeot. Il était à la fois le fils d'une Peugeot qui est ma grand-mère maternelle et il avait également épousé une Peugeot [Monique Peugeot] ». On pourra noter enfin qu'une fille d'Alain Banzet a épousé un Cruse. Carine Cruse, fille d'Édouard Lawton, a épousé Thierry Peugeot. France Cruse, fille d'Herman Cruse, a épousé Christian Vernes, de la famille des banquiers protestants. La complexité de tels réseaux est sans fin. Que ce soit par les liens de parenté ou par des relations d'ordre amical, il existe un très important niveau d'interconnaissance et de relations. Or ces relations sont aussi des relations d'affaires : les familles mentionnées sont presque toutes en contact en raison des activités économiques dont elles tirent leurs revenus. Les patrimoines de ces familles reflètent les alliances nouées et la nature de l'accumulation réalisée. Dans les Landes, on sait depuis le roman de François Mauriac *Thérèse Desqueyroux* que les évaluations des propriétés entraient dans les stratégies matrimoniales d'une façon quasi explicite. « Bernard Desqueyroux avait hérité de son père, à Argelouse, une maison voisine de celle des Larroque [...]. Songeait-il beaucoup plus à Thérèse ? Tout le pays les mariait, leurs propriétés semblaient faites pour se confondre et le sage garçon était, sur ce point, d'accord avec tout le pays [6]. »

Les réseaux ne sont en définitive aussi imbriqués que dans la mesure où la liste des partis possibles, des familles avec lesquelles il est pensable de s'allier, est somme toute limitée. Le milieu de la grande bourgeoisie bordelaise déborde peu ses limites propres, et lorsqu'il le fait, ce peut être, comme avec les Peugeot, pour nouer des liens très denses, là encore, avec un nouveau réseau. « L'importance du capital social qu'un individu peut mobiliser, écrit Luc Boltanski, dépend non seulement de ses origines familiales, mais aussi de la surface sociale qu'il maîtrise à titre individuel (elle-même fonction, au moins dans la plupart des cas, du capital social accumulé par la famille), dont dépend à son tour l'étendue de son réseau de relations, multipliée par la surface sociale que maîtrise chacun des membres de sa famille étendue et, à un moindre degré, chacun des membres de son réseau de relations [7]. » On conçoit que la densité du réseau des relations soit, dans le Bordelais, un facteur

6. François MAURIAC, *Thérèse Desqueyroux*, Paris, Grasset, 1927 (réédition « le Livre de Poche », 1994, p. 25-26).

7. Luc BOLTANSKI, « L'espace positionnel. Multiplicité des positions institutionnelles et habitus de classe », *Revue française de sociologie, 14* (1) 1973, p. 3-26.

d'exponentialité du capital social, et un puissant appui mobilisable en cas de besoin.

Ailleurs aussi les liens entre les grandes familles sont multiples. Les Seillière, les Demachy, les Wendel et les Schneider ont des intérêts industriels et financiers communs, confortés par un système de parenté qui, en quelque sorte, double le réseau des liens économiques. « Au long des années, écrit Ernest-Antoine Seillière, des liens familiaux se sont noués. Les deux filles de Charles Demachy ont épousé l'une, Hélène, Léon Seillière, l'autre, Germaine, Ernest Seillière, futur membre de l'Académie française. Le deuxième fils de ces derniers, Jean, épousera Renée de Wendel. De son côté, Jean Schneider, fils d'Eugène et frère de Charles, se mariera avec Françoise de Curel, descendante de François-Ignace de Wendel, fondateur du Creusot [8]. » Ernest-Antoine Seillière, énarque et inspecteur des Finances, gère les sociétés financières de la famille Wendel dont il est membre par sa mère. Il a fêté son cinquantième anniversaire au musée Grévin et ses 387 invités étaient la vivante incarnation d'un capital social remarquable. Gabriel Milési a noté parmi eux la présence de Michel David-Weill (banque Lazard), André Bettencourt (ancien ministre, dont la femme, Liliane Bettencourt, née Schueller, est l'héritière du fondateur de l'Oréal, et à ce titre détient la plus grande fortune française), Philippe Bouriez (groupe Cora-Revillon), Jean-François Lemoine (propriétaire de *Sud-Ouest*), Édouard de Ribes (groupe Rivaud, gendre de Jean de Beaumont, président du Cercle de l'Union Interalliée, et lui-même vice-président de ce cercle), Guy et David de Rothschild, Jean-Pierre Soisson (ancien ministre), Pierre-Christian Taittinger (maire du XVIe arrondissement, empire viticole et

8. Ernest-Antoine SEILLIÈRE, « La saga industrielle et financière de trois familles lorraines : les Schneider, les Wendel, les Seillière », dans *Les Schneider, Le Creusot. Une famille, une entreprise, une ville (1836-1960)*, Paris, Fayard/Réunion des musées nationaux/Écomusée de la communauté Le Creusot-Montceau-les-Mines, 1995.

hôtelier, dont le Crillon et la chaîne Campanile)[9]. La famille joue donc un rôle considérable dans la gestion des affaires. Elle est essentielle dans la transmission du patrimoine de rapport[10].

Aujourd'hui encore, le système d'alliances est tellement imbriqué que dès qu'un nom de personne est évoqué, à l'occasion d'un cocktail ou d'un dîner, les invités construisent immédiatement l'espace des parentés et se lancent, avec maestria, dans l'élaboration orale de l'arbre généalogique. Tant il importe de savoir qui est qui, c'est-à-dire quel est le réseau d'alliances de celui dont on parle. La conscience de l'importance des enjeux de cette vie familiale et mondaine est telle que l'on cousine intensément, de façon très étendue. Cela représente un travail social considérable qui finit par fondre l'individu dans le groupe indissolublement familial et sociologique[11].

On choisit en général le parrain et la marraine de ses enfants au sein du groupe familial, ce qui vise, entre autres buts, à renforcer les liens entre les générations. « Oncle, c'est bien, entend-on dire, mais oncle et parrain à la fois, c'est encore mieux. » C'est un prêtre parent de la famille qui baptisera le nouveau-né. Une grande famille, c'est aussi la diversité des attachements affectifs possibles et donc une certaine euphémisation des « conflits de générations » et des « crises de l'adolescence ».

9. Voir Gabriel Milési, *Les Nouvelles 200 Familles. Les dynasties de l'argent, du pouvoir financier et économique*, Paris, Belfond, 1990, p. 260. Ce n'est là qu'un petit échantillon des personnalités qui furent ce soir-là rassemblées.

10. Sur la transmission des entreprises, voir Pierre-Paul Zalio, « Échec industriel et réussite sociale, le cas du capitalisme familial marseillais. L'industrie marseillaise des corps gras à travers la trajectoire sociale d'un groupe familial de la bourgeoisie », *Entreprise et histoire*, juin 1995. L'étude porte sur le cas de la famille Rastoin.

11. Sur les alliances entre les familles composant les différentes élites, voir Emmanuel Beau de Loménie, *Les Responsabilités des dynasties bourgeoises*, Paris, Denoël, 1943 à 1973 (5 volumes couvrant la période 1799-1945).

La vie familiale est liée à certains lieux qui en sont emblématiques. Ce peut être l'immeuble parisien, construit par un ancêtre, comme celui qui, sur le Champ-de-Mars, fut édifié par la grand-mère maternelle de Catherine de Persuy, petite-fille de riches industriels du pétrole. « Ma mère, dit-elle, a vécu toute sa vie dans cet immeuble. Quand je suis née, j'ai trente-six ans aujourd'hui, ma grand-mère y avait son appartement et chacun de ses trois enfants avait le sien. Il y avait une ambiance assez exceptionnelle, on se promenait dans l'immeuble, on pouvait aller voir notre grand-mère tous les jours. » La fortune semble autoriser, et peut-être exiger, la cohabitation des générations, forme de structure familiale devenue rare, y compris d'ailleurs dans une partie de la grande bourgeoisie. L'un des privilèges liés à ces vastes demeures est de pouvoir vivre cette cohabitation comme choix et non comme contrainte insupportable. La vie parallèle des générations, qui ont de nombreuses occasions de se rencontrer par leur proximité spatiale, est un élément qui organise la transmission des traditions et des savoirs, des relations et des biens.

Il reste que, lorsque le grand âge arrive, le repli semble, dans ces milieux aussi, pouvoir devenir la règle. Mais dans des conditions qui restent exceptionnelles. Quand la charge d'un appartement devient trop pesante « passé un certain âge, raconte Catherine de Persuy, dans ma famille paternelle, on va vivre à l'hôtel où l'on est dégagé de toutes les contraintes matérielles. Mes arrière-grands-parents paternels ont fini leur vie à l'hôtel. Leurs trois filles également ».

Les repas familiaux sont des occasions de prendre la mesure du capital social disponible, c'est-à-dire de l'importance du réseau de relations familiales ou extra-familiales. Il n'est pas de secteur de l'activité sociale où la famille n'ait des « correspondants », qu'il s'agisse des affaires, de l'armée, de la culture, de l'Église. Cette mise en scène du capital indissolublement familial et social contribue à apprendre au futur héritier à se percevoir et à se concevoir comme le maillon d'une lignée, la maille d'un filet, d'un réseau familial qui ainsi s'étend dans le passé, le présent, et se projette dans l'avenir. La famille n'est pas une entité en soi, c'est une véritable construction sociale qui nécessite l'accumulation et la gestion de cette forme particulière de capital social qu'est le capital familial.

Les beaux quartiers favorisent par eux-mêmes l'entretien des relations sociales et familiales. Alors que les autres catégories sociales sont dispersées dans l'espace urbain, l'extrême concentration spatiale des élites favorise leurs rencontres, impromptues ou délibérées. C'est en voisins qu'on se retrouve à la boulangerie, alors que l'on fréquente aussi le même cercle, avec tout ce que cela veut dire de proximité spatiale et de points communs. Le voisin est aussi un cousin, ou un condisciple de l'École des Roches. Dans les beaux quartiers de Paris on se rend visite à pied. Passer prendre le thé ou l'apéritif sans avoir à prendre rendez-vous, c'est encore un privilège dans une agglomération où la moindre rencontre nécessite le recours à l'agenda et de longs déplacements. Les rallyes et les cercles, par leur dimension spatiale, prennent rang dans ces dispositifs propres aux hautes classes qui, au moins dans les très grandes villes, peuvent vivre sur quelques kilomètres carrés, tant leur est indifférent, ou du moins peu socialement utile, l'immense majorité du territoire urbain [12]. Cette concentration explique l'homogénéité idéologique telle qu'elle peut se dévoiler à travers des résultats électoraux. Le 7 mai 1995, Jacques Chirac recueillait 83,2 % des suffrages dans le XVIe arrondissement et 85,9 % à Neuilly. Ce marquage de l'espace est social et familial : c'est aussi

12. Lorsque Maigret doit mener l'enquête dans le faubourg Saint-Germain, Georges Simenon note qu'il « n'allait pas loin. On n'avait jamais à aller loin dans cette affaire. On aurait dit que pour tous ceux qui y étaient mêlés, de près ou de loin, Paris se réduisait à quelques rues aristocratiques ». Georges SIMENON, *Maigret et les vieillards*, Paris, Les Presses de la Cité, coll. « Tout Simenon », n° 10, 1990, p. 669.

toute la parentèle qui vit dans le cercle étroit de la ville utile, c'est-à-dire de quelques quartiers bien délimités [13]. On comprend l'utilité du *Bottin Mondain* : toute la population pertinente y est recensée.

Le patrimoine nominal et ses listes

Les limites du champ des alliances possibles ne sont pas aussi indéterminées que les non-initiés pourraient le croire. L'existence du *Bottin Mondain*, et, avant lui, d'illustres prédécesseurs, comme l'almanach de Gotha, créé en 1763, ou d'ouvrages à vocation régionale, comme le *Livre des familles du Nord* ou le *Tout-Lyon Annuaire*, le montre assez [14]. Le *Livre des familles du Nord* se présente en effet, selon Bruno Duriez, « comme un recueil de généalogies [...] dont les couples d'ancêtres sont généralement nés dans la première moitié du XIXe siècle. C'est la position sociale de ces ancêtres qui détermine l'appartenance de tous leurs descendants au groupe social des " Grandes Familles " [15] ». Le milieu socialement utile est donc cerné par des répertoires nombreux et redondants : listes mondaines, annuaires d'anciens élèves d'écoles de prestige, annuaires des cercles, listes plus informelles comme celles des rallyes. Figurer dans ces énumérations constitue, d'un point de vue mondain, un enjeu aussi décisif que, pour un khâgneux, celui de figurer sur les listes d'admissibles à

13. Les monographies présentent cet avantage de montrer le rôle de l'espace urbain dans la constitution et la reproduction d'une bourgeoisie naissante, grâce à tous les réseaux d'interconnaissance et à toutes les alliances matrimoniales. Voir Olivier Martin, *Familles de la bourgeoisie blésoise. 1765-1964. Le rôle d'une ville moyenne dans un processus de mobilités personnelles*, thèse EHESS, 1994.

14. Sur cette question du nom, on pourra lire notre article « Le nom de la lignée comme garantie de l'excellence sociale », *Ethnologie française*, 1990-1, janvier-mars, tome 20, p. 91-97.

15. Bruno Duriez, « La bourgeoisie répertoriée : le *Livre des familles du Nord* », *Ethnologie française*, 1990-1, janvier-mars, tome 20, p. 71-84. Sur le *Tout-Lyon Annuaire*, on pourra lire l'ouvrage d'Yves Grafmeyer, *Quand le Tout-Lyon se compte*, Lyon, Presses universitaires de Lyon, coll. « Transversales », 1992.

l'École normale supérieure. Être nommé est un objet de lutte, et les résultats de cette lutte sont un motif d'espoir ou de désespoir. Ces listes de noms, sans autres précisions, sont à usage interne. Les noms de famille en ces milieux anciens sont connus et condensent à eux seuls toutes les formes de capitaux cumulés par la famille. Le nom identifie et repère tout ce qui fait la notoriété et le prestige d'une famille.

Le *Bottin Mondain* et le *Who's who* sont les plus connus des annuaires qui recensent l'élite sociale. Toutefois, leurs conditions d'élaboration diffèrent [16]. L'inscription dans le premier est à l'initiative de la personne ou du ménage qui désire y figurer, mais elle n'est pas simplement payante (sous la forme d'une souscription à l'ouvrage). Elle suppose que l'on puisse se recommander de deux personnes y étant déjà présentes, ce qui n'est pas sans rappeler la règle du parrainage mise en œuvre dans tous les grands cercles parisiens. En 1995 le *Bottin Mondain* comprenait 42 500 mentions regroupant les familles par « maison », soit au total 200 000 personnes, dont 145 000 enfants [17]. L'inscription dans le *Who's who* est par contre à l'initiative des éditeurs de cet ouvrage. Ils décident souverainement des personnalités qu'ils y feront figurer, sur la base de la position sociale occupée et de la notoriété acquise. Aussi le *Who's who* n'est-il pas un répertoire des grandes familles, mais un dictionnaire

16. Sur le *Bottin Mondain*, voir Cyril Grange, « La " liste mondaine ". Analyse d'histoire sociale et quantitative du *Bottin Mondain* », *Ethnologie française*, 1990-1, janvier-mars, tome 20, p. 83-90, ainsi que « Le *Bottin Mondain*, l'annuaire chic », *Alternatives économiques*, n° 25, 3e trimestre 1995 (hors série : « Les Riches »), p. 36-37, et *Les Gens du* Bottin Mondain *: y être c'est en être*, Paris, Fayard, 1996. Sur le *Who's who*, voir Olgierd Lewandowski, « Différenciation et mécanismes d'intégration de la classe dirigeante. L'image sociale de l'élite d'après le *Who's who in France* », *Revue française de sociologie*, 15 (1) 1974.

17. Leur date de naissance est indiquée, ce qui aide considérablement les mères à constituer leurs rallyes. Les différentes adresses figurent toujours complètes, avec les numéros de téléphone. Car il est de la plus haute importance pour la gestion du capital social d'être accessible aux membres de son milieu. Les téléphones seront indiqués sur le *Bottin Mondain* alors même que la personne sera sur liste rouge pour le minitel et le commun des mortels.

biographique de personnalités, comprenant aussi bien les responsables politiques des partis de gauche, PCF compris, que les grands dirigeants d'entreprise, les dignitaires de l'Église ou de l'armée, ou encore les membres de l'Institut. Un éclectisme, donc, qui n'offre aucune garantie quant à la respectabilité mondaine des personnalités recensées.

Il n'en est pas de même avec les listes qui président à l'organisation des rallyes ou avec les annuaires des grands cercles. Reflets des sélections et des exclusions liées au processus de la cooptation, ces listes et ces annuaires présentent toutes les garanties d'un choix rigoureux, sans complaisance. Y être équivaut à un brevet d'excellence sociale. Brevet fort envié par ceux qui, trop proches de cet univers pour ne pas se sentir concernés par la consécration que constituerait le fait de voir son nom retenu, en sont toutefois trop loin pour figurer parmi les élus.

Il n'est pas du tout indifférent que, sur ces listes de noms, cohabitent aristocratie et bourgeoisie. Et que les noms nobles soient mis en avant, soit dans la dénomination des rallyes qui portent volontiers le patronyme d'une très ancienne famille (les rallyes étant désignés par les noms des mères fondatrices ou influentes), soit dans l'énumération des noms des membres des instances dirigeantes d'un cercle. Ainsi, alors que 90 % des membres du Cercle du Bois de Boulogne n'appartiennent pas à la noblesse, 8 de ses 11 présidents successifs, depuis 1867, portaient un titre nobiliaire, dont les 5 qui furent en exercice depuis 1941, le président actuel étant le comte de Gouvion Saint-Cyr. On retrouve le même phénomène dans d'autres cercles à prédominance bourgeoise, comme le Cercle de l'Union Interalliée avec le comte Jean de Beaumont. Autrement dit, les grandes familles de la bourgeoisie trouvent dans une fréquentation familière des noms de l'aristocratie, dans l'utilisation de ces patronymes chargés de références au passé, une sorte de compensation à la banalité formelle de leurs propres noms. En mettant en avant les noms emblématiques de l'aristocratie, la bourgeoisie sait utiliser une partie du capital symbolique véhiculé par un « grand » nom qui, par sa forme même, manifeste plusieurs siècles d'ascendants prestigieux. Le nom, seul ou, à défaut de notoriété propre, dans sa proximité avec de grands noms, joue ainsi un rôle décisif dans l'accumulation et la transmission du capital social. « Le rendement de ce travail d'accumulation et d'entretien du capital social est d'autant plus grand que ce capital est plus important, écrit P. Bourdieu, la limite étant représentée par les détenteurs d'un capital social hérité, symbolisé par un *grand nom*, qui n'ont pas à " faire la connaissance " de toutes leurs " connaissances ", qui sont connus de plus de gens qu'ils n'en connaissent, qui, étant recherchés pour leur capital social et valant, parce que " connus ", d'être connus (*cf.* " je l'ai bien connu "), sont en mesure de transformer toutes les relations circonstancielles en liaisons durables [18]. »

Cette cohabitation avec des patronymes aux connotations flatteuses n'embellit pas seulement les plus ordinaires, elle produit aussi un effet de groupe, lié à l'énumération elle-même. Listes et annuaires sont des manifestations tangibles du capital social, de son accumulation et du travail de gestion dont il est l'objet. Les rallyes, fondés par une, deux ou trois mères de famille avisées, dont ils portent le plus souvent le nom (rallye La Bretesche-Broglie-Montmorin, rallye Schlumberger), regroupent de façon exclusive, par la constitution de listes fermées, des adolescents appartenant au même monde, le « grand » monde (voir tableau 4, p. 163). Il s'agit là d'une rupture avec l'oralité. La liste énoncée officialise et crée du même coup la « réputation » des familles. « La liste implique discontinuité et non-continuité [...]. Elle a un commencement et une fin bien marqués, une limite, un bord, tout comme

18. Pierre Bourdieu, « Le capital social, notes provisoires », *Actes de la recherche en sciences sociales*, n° 31, janvier 1980, p. 2-3.

Tableau 4. Liste partielle des membres du rallye La Bretesche-Broglie-Montmorin

NOM	Adresse	NOM	Adresse
Amaury de Cherisey	1er ardt	Christel de Nervo	16e
Isabelle de Chezelles	6e	Noëlle d'Aboville	16e
Alessandra Serey	6e	Carlos de Cordoüe	16e
Elvire Letourneur	6e	Carine de Vregille	16e
Geoffroy de Verdun	6e	Alexandre de Soye	16e
Dorothée Bacot	7e	Alix O'Neill	16e
Marie-Aimée d'Hotelans	7e	Sophie de Labarre	16e
Laurent de Castelbajac	7e	Marie-Astrid Tarneaud	16e
Florent de Samucewicz	7e	Florence de Ganay	16e
Marie-Astrid d'Harambure	7e	Thomas de Lussac	16e
Thibaut de Ladoucette	7e	Frederico Vecchioli	16e
Elvire de Rochefort	7e	Anne de Buffevent	16e
Anne-Sophie Gilbert	7e	Guillaume de Bartillat	16e
Clémence Maze-Sencier	7e	Ghislain d'Auvigny	16e
Emmanuel Maze Sencier	7e	Albane de Broglie	16e
Philippe de Miribel	7e	Christian Ledoux	16e
Agathe de Baurepaire-Louvagny	7e	Marie-Laure de Bueil	16e
Diane Hervé-Gruyer	7e	Frédérique de Bueil	16e
Patrick d'Hérouville	7e	François-Laurent de Beauregard	17e
Elisabeth de Montmorin	7e	Anne-Laure Morel d'Arleux	17e
Alexandra de Gontaut-Biron	8e	Claire de Bussy	17e
Laurent Bremond	8e	Sybille de Changy	17e
Diane de Poncheville	8e	Frédéric Henriot	Neuilly
Julien Schœnlaub	8e	Catherine Henriot	Neuilly
Patrice Bénilan	8e	Eric Cosserat	Neuilly
Eléonore de Montesquiou Fezensac	15e	Lætitia Gérard	Neuilly

Thibaut de Diesbach	16e	Laurent de Pontevès	Neuilly
Alexandrine de Roquette-Buisson	16e	Maximilien Tieleman	Neuilly
Marie-Gabriella de Roquette-Buisson	16e	Maguelonne de Buchet	Boulogne
Astrid Villeroy de Galhau	16e	Eleonore de la Tour du Pin	Boulogne
Hortense de Labriffe	16e	Pierre-Henri de Villeplée	Bougival
Bénédicte Henry	16e	Stéphane Huygues Despointes	La Celle St
Marie-Laure Papin	16e	Laurence des Rotours	Versailles
Charles-Edouard de Lacretelle	16e	Cécile Pastré	Lisses
Guy-Patrick de Broglie	16e	Chrystèle Brossette	Ste Foy
Ida de Poncins	16e	Madeleine de Ginestet	Htes-Pyr.
Etienne de Poncins	16e	Hugues de Robien	Amiens
Guenola de Saint-Pierre	16e	Marie-Aimée de Laguiche	Dijon
Thierry de Vulpillières	16e	Camille Francez	Besançon
Lucie de Prémont	16e	Irène Léon-Dufour	Aisne
Jean-Baptiste de Proyart	16e	Aurélie de Chezelles	Londres
Aurélie de Virieu	16e	Constance de Suzannet	Londres
Ombeline de Clermont-Tonnerre	16e	Jean-Edwin Rhea	**USA**

Cette liste a été établie à partir de la rubrique mondaine de *L'Éventail,* elle n'est donc pas exhaustive. Elle comprend en outre quelques membres du rallye O'Neill qui avait réalisé une soirée commune avec le rallye La Bretesche-Broglie-Montmorin.

une pièce d'étoffe [...]. La liste diffère de ce que produit la communication orale [...]. Elle n'est pas la représentation directe de la parole. Elle s'oppose même à la continuité, à la fluidité, à la connexité propres aux formes ordinaires du langage parlé : conversation, discours, etc. [19]. » La liste n'est donc pas l'équivalent des recommandations parentales, des exclusions ou des ostracismes verbaux qui peuvent toujours être interprétés, déjoués : par sa forme écrite elle exclut et inclut

19. Jack Goody, *La Raison graphique,* Paris, Minuit, coll. « Le Sens commun », 1979, p. 150-151.

sans possibilité d'exception, de jeu à la marge. L'univers des relations amicales possibles se trouve clairement défini. De ce fait même la liste érige en groupe une énumération *a priori* arbitraire, groupe qui se doit ensuite de pratiquer certaines activités communes (sorties culturelles, cours de bridge, cours de danse, soirées dansantes) sans lesquelles elle n'aurait pas de raison d'être [20]. Car c'est une autre propriété de la liste de n'être jamais gratuite : elle n'existe que pour permettre d'accomplir la fin qui lui est socialement assignée, c'est-à-dire rester entre soi.

Figurer sur une telle liste, où voisinent patronymes bourgeois et aristocratiques, procure un profit symbolique indéniable, pour les simples bourgeois, cela va sans dire, mais aussi pour les enfants de la noblesse. La liste inclut le nom, dans les deux cas, dans un ensemble exceptionnel. Certes, de telles listes ont un usage avant tout privé : elles ne sont pas publiées et restent internes au milieu social dont elles collationnent les enfants. Mais justement, ce qui importe, ce n'est pas de proclamer publiquement une affiliation qui, de toute façon, n'aurait guère de sens pour ceux qui n'appartiennent pas au même univers, mais d'être reconnu par le milieu lui-même comme un membre à part entière du cercle étroit des élus. Dans la chronique mondaine de certains périodiques, le groupe se manifeste publiquement. Mais cela reste à usage interne, les magazines concernés, tels que *Vogue* ou *L'Éventail* [21], ayant une diffusion restreinte, limitée au milieu lui-même. Dans *L'Éventail*, les rallyes, en même temps que d'autres manifestations mondaines, faisaient l'objet de comptes rendus, sous la forme d'une galerie de portraits des invités, les noms des jeunes

20. Sur les rallyes, voir notre ouvrage *Dans les beaux quartiers*, *op. cit.*, p. 147-192.

21. *L'Éventail* a cessé de paraître en 1992. Son premier numéro, dont la conception reprenait étroitement celle d'une publication homonyme paraissant en Belgique, avait été publié en janvier 1986. *Point de vue* a repris la formule de la chronique mondaine illustrée, mais cet hebdomadaire paraît hésiter entre l'éphéméride des têtes couronnées, pour faire rêver dans les chaumières, et le carnet mondain à usage interne.

photographiés et ceux des parents ayant la responsabilité de la soirée fournissant les légendes des clichés. Cette forme de publication de la liste demeure confidentielle, compte tenu du public d'une telle revue. Elle n'a de sens que comme présentation d'un milieu à lui-même, comme mise en scène du groupe en situation. Appartenir au « grand » monde ne se proclame pas à la cantonade. Secte sans prosélytisme : il importe certes d'en être, mais il suffit que cette appartenance soit reconnue des seuls initiés. La discrétion est de règle, sachant très bien qui l'on est. Rien ne saurait être plus vulgaire que l'ostentation d'une affiliation qui ne doit rien à la reconnaissance des profanes. Le livre d'or que les invités doivent remplir à la demande de leurs hôtes montre à quel point les listes nominales peuvent être importantes et servir à dessiner les contours du groupe, à préciser les limites du réseau mobilisable.

D'autres listes ont la même fonction : elles sont à forte valeur symbolique, comme la « Liste mondaine » (elle est ainsi explicitement intitulée dans l'ouvrage) du *Bottin Mondain*, certes diffusé commercialement, mais de façon tout de même limitée. Les annuaires des grands cercles, quant à eux, sont confidentiels, d'usage interne, diffusés en principe aux seuls membres. Se les procurer n'est pas aisé pour qui n'appartient pas au sérail, quand ce n'est pas tout simplement impossible. Ces listes valorisent le nom par son voisinage avec d'autres noms de renom, ou tout simplement spectaculaires dans leur forme (doubles ou triples patronymes à rallonges et particules de la noblesse, titres les accompagnant).

Ainsi le grand conseil de l'Union Interalliée présidé par le comte Jean de Beaumont, dont le père a créé ce cercle en 1917, comprend nombre de personnalités de premier plan, dans des domaines très divers mêlant des grands noms de la noblesse liés à la terre ou aux affaires à des patronymes bourgeois de l'industrie, de la finance et de la politique. Le monde des affaires est largement dominant et il n'est pas étonnant que l'ancien président du CNPF, François Ceyrac, y figure. Toutefois c'est l'ensemble des classes dominantes qui y est représenté, dans ses diverses modalités. Appartenir à un tel cercle, c'est donc s'inscrire dans un réseau de relations couvrant tous les domaines de l'activité sociale au plus haut niveau. C'est une forme particulièrement typique d'accumulation de capital social dont les affiliations à d'autres cercles viennent démultiplier les effets [22]. Certains membres du grand conseil de l'Union Interalliée sont aussi présents au Jockey Club, au Travellers, à l'Automobile Club, au Cercle du Bois de Boulogne, au Polo de Paris. En fonction d'activités spécifiques, ils fréquentent le golf de Saint-Cloud, le Yacht Club de France, la Maison de la chasse et de la nature ou encore le Cercle de Deauville.

Dans ces annuaires la présence simultanée de parents, ascendants, enfants, collatéraux et cousins met en évidence le capital « familial » propre à ces familles qui, parce qu'elles sont dignes de figurer dans ces énumérations, y apparaissent sous plusieurs occurrences. On a ainsi, dans le *Bottin Mondain*, une accumulation d'homonymes qui met en valeur l'étendue du réseau familial. Dans l'annuaire du Jockey Club on peut compter 13 La Rochefoucauld, 7 Broglie, 12 Dampierre, 6 Polignac... Listes et annuaires délimitent un espace « exceptionnel » dans l'espace social, auquel correspondent des fractions spécifiques de l'espace géographique, comme le montrent les adresses des personnes citées.

L'effet de nom ne se manifeste jamais aussi clairement que dans le cas de l'aristocratie. En règle générale, le patronyme, par sa forme même (avec la présence quasi systématique de la particule), et parce qu'il est souvent accompagné du titre, exprime le caractère exceptionnel de la personne. Même lorsque la particule est absente, ce qui ne préjuge pas de l'authenticité de l'appartenance à la noblesse, le rappel fréquent du titre

22. Voir notre ouvrage *Dans les beaux quartiers*, *op. cit.*, p. 193-252.

Tableau 5. Le grand conseil du Cercle de l'Union Interalliée

NOMS	PROFESSIONS, RESPONSABILITÉS
Comte Jean de Beaumont	Administrateur de sociétés. Membre et vice-président (1970-1974) du Comité international olympique.
Édouard Bonnefous	Président de la commission des Finances du Sénat. Ancien ministre d'État. Chancelier de l'Institut de France (Académie des sciences morales et politiques).
François Ceyrac	Administrateur de sociétés. Président (1972-1981) du CNPF. Conseiller économique et social.
Olivier Giscard d'Estaing	Administrateur de sociétés. Ancien député (1968-1973). Président du Groupement international de coopération économique et commerciale (GICEC).
Edmond Marchegay	PDG d'Air Paris (1968-1974). Administrateur de sociétés.
Comte de Ribes	Banquier. Administrateur de sociétés.
Comte Arnold de Waresquiel	Exploitant agricole. Vice-président du Conseil général des Bouches-du-Rhône (1957). Vice-président des Œuvres hospitalières de l'ordre de Malte.
Claude Bertrand	Directeur-adjoint de la Banque Louis Dreyfus.
Prince Karim Aga Khan	Imam des musulmans ismaïliens.
Prince Rainier III	Prince souverain de Monaco.
Édouard Balladur	Ancien Premier ministre. Ancien ministre de l'Économie.
Bernard Baudelot	Avocat à la cour de Paris. Ancien bâtonnier (1971-1973).
Général de Boissieu	Général d'armée (CR). Ancien chef d'état-major de l'armée. Ancien grand chancelier de la Légion d'honneur (1975-1981).
Jean-Pierre Bouyssonnie	Président, puis président d'honneur Thomson CSF. Président du groupe Thomson-Brandt. Administrateur de sociétés.
Prince Gabriel de Broglie	Ancien président de la CNCL. Conseiller d'État. Directeur général de Radio-France. Président (1979-1981) de l'Institut national de l'audiovisuel.
Comte de Brossin de Méré	Cadre commercial, société Beghin-Say.
John Crawford	Président de la Chambre de commerce américaine en France. Membre du conseil de la Chambre de commerce internationale.

Étienne Dailly	Exploitant agricole. Administrateur de sociétés. Vice-président du Sénat. Président du Conseil général de Seine-et-Marne. Vice-président du Parti radical-socialiste.
Michel David-Weill	Banquier. Président du groupe Lazard. Administrateur de sociétés (BSN Gervais-Danone, Fiat Crédit Corporation, etc.). Membre du conseil artistique de la Réunion des musées nationaux. Membre de l'Institut (Académie des beaux-arts).
Jacques Dreyer	Commissaire aux comptes. Président d'honneur de la Société d'expertise comptable Streco-Durando.
Jacques de Fouchier	Banquier. Président honoraire de la Compagnie financière Paribas. Inspecteur des Finances.
Comte Bruno de Galbert	Vice-président de la Société de steeple-chase de France. Lieutenant-colonel (CR).
Jean-Louis Gavoty	?
Philippe Guérin	?
Robert Husson	Président de l'Union française de réassurances. Administrateur de sociétés.
Jean de Lachomette	Ancien Sénateur. Vice-président directeur général des Éts Hotchkiss-Brand (1957-1966). Administrateur de Thomson-Brandt (1966-1980). Président de la délégation française au Conseil international de la chasse.
Roger Lebon	Administrateur de sociétés. Président de l'Union des banques à Paris.
Jacques Maillet	Directeur général SNECMA. P-DG d'Intertechnique. Administrateur de sociétés.
Jean Matteoli	Ancien président des Charbonnages de France. Ancien ministre du Travail. Adjoint au maire de Paris.
Comte Olivier d'Ormesson	Exploitant agricole. Conseiller régional d'Ile-de-France (1976-1980). Maire d'Ormesson-sur-Marne. Député européen. Conseiller général du Val-de-Marne.
Jean-Bernard Raimond	Ambassadeur de France. Ancien ministre des Affaires étrangères (1986-1988).
Baron Edmond de Rothschild	Banquier. Président de la banque Benjamin et Edmond de Rothschild S.A. à Genève. Administrateur de sociétés.
Pierre-Christian Taittinger	Ancien pdt du Conseil municipal de Paris. Vice-président du Sénat. Secrétaire d'État. Adjoint au maire de Paris.
Silvestre Tandeau de Marsac	Premier secrétaire de la Conférence du stage des avocats.

SOURCES : *Annuaire* du Cercle de l'Union Interalliée, *Bottin Mondain* et *Who's who.*

vient suppléer cette lacune. Aussi, le nom, parfois le titre qui l'accompagne suffisent à établir l'excellence sociale de la personne. C'est pourquoi ces deux éléments font l'objet d'une vigilance sourcilleuse : la présomption de noblesse doit être fondée. La noblesse veille donc à dénoncer les usurpations de noms et de titres, voire à signaler les patronymes qui ne peuvent se prévaloir que d'une simple apparence noble, même en l'absence de toute tentative frauduleuse de la part des familles dont le nom s'orne d'une particule sans qu'elles appartiennent à l'aristocratie et sans qu'elles songent y prétendre. Le laxisme en la matière trouverait sa sanction dans la dévalorisation du patrimoine spécifique que constitue le nom.

La tribu

Avec un réseau serré de relations, avec une unité de lieu, celle des beaux quartiers parisiens, des villégiatures réservées, la noblesse et la grande bourgeoisie évoquent l'idée de tribu. La définition qu'en donnent Michel Panoff et Michel Perrin (« groupe homogène et autonome du point de vue politique et social et occupant un territoire qui lui est propre [23] ») pourrait conforter l'analogie avec la haute société. Il y a certes, de la part des classes privilégiées, une volonté délibérée de contrôler leurs espaces de vie. On a vu l'intensité des échanges et leur caractère socialement exclusif. Toutefois l'analogie trouve vite ses limites dans un fait majeur : les grandes familles s'inscrivent dans des rapports de domination qui impliquent des relations directes avec les groupes sociaux dominés. Il reste que la notion de tribu est volontiers utilisée pour désigner aristocratie et grande bourgeoisie, selon une logique à la fois ironique et envieuse. La tribu est marquée au sceau de l'archaïsme,

23. Michel Panoff et Michel Perrin, *Dictionnaire de l'ethnologie*, Paris, Payot, coll. « Petite Bibliothèque scientifique », 1973, p. 259.

mais en même temps il est impossible d'en faire partie si l'on n'y appartient pas par la naissance. Or cette « tribu », celle des hautes classes, présente cette singularité de se distinguer d'abord par ses privilèges.

L'un des plus visibles se donne à voir dans les lieux où vit la bonne société. Que ce soit à Paris, à Bordeaux ou dans d'autres grandes métropoles régionales, la grande bourgeoisie entend bien exercer un contrôle sur ses quartiers de résidence. D'abord, par ses possibilités financières, elle peut habiter où bon lui semble. Aussi la règle est-elle celle de l'entre-soi, l'un des moyens d'assurer les meilleures conditions à une transmission réussie des différentes formes de patrimoine. Mais le contrôle du territoire ne saurait être absolu car l'espace, en tant que bien économique susceptible d'entrer dans des échanges, est soumis aux lois d'airain du marché. Le goût de l'aristocratie et de la bourgeoisie pour les espaces préservés, à l'abri du commun, ceux des cercles ou des clubs de golf par exemple, a son principe dans cette impossibilité de contrôler parfaitement l'environnement de la vie quotidienne. Mais ce contrôle peut en revanche être réalisé par le recours à la cooptation, qui est encore le meilleur moyen de s'assurer de ne pas se commettre avec n'importe qui. La surveillance du territoire doit donc être parachevée par des pratiques sociales qui, en faisant appel à un usage privatif de certains espaces dont l'accès est subordonné à d'autres critères que la simple aisance matérielle, excluent symboliquement et surtout pratiquement ceux qui se trouvent aux marges du groupe. C'est à partir de ces considérations que l'on peut comprendre le goût des hautes classes pour des lieux de villégiature qui ne présentent pas toujours des caractéristiques vraiment exceptionnelles. Sinon celle, essentielle, d'être assuré d'un entre-soi sinon absolu, du moins suffisant.

Le bassin d'Arcachon est représentatif de ces lieux d'exception. Il constitue un prolongement encore préservé des quartiers bourgeois de Bordeaux que toute la bonne société fréquente. Durant les week-ends et les vacances, de nombreuses familles dont la fortune est liée au négoce, au vignoble ou au pin des Landes se retrouvent autour du bassin. Certes, les rives de cet immense plan d'eau ne sont pas uniformes, et leur diversité renvoie parfois à de subtiles distinctions à l'intérieur même de la grande bourgeoisie. Le bassin compte aussi des catégories populaires qui tirent leurs revenus de la pêche, de l'ostréiculture ou encore du tourisme. Il reste que, au-delà de ces variations, Arcachon, Le Moulleau, Le Pyla ou Le Cap-Ferret, dont les villas entourées de vastes parcs exhalent un doux et discret parfum de bien-être, sont des lieux de cristallisation des modes de vie grands-bourgeois. Emmanuel Touton, courtier en vins, quitte volontiers son bureau du quartier des Chartrons pour Le Cap-Ferret, où se trouve la maison de sa grand-mère, ou pour Le Pyla, où sa femme, fille du grand négociant en vins Jean Calvet, dispose d'une villa. Partagé entre ces deux lieux emblématiques, il ressent plus que d'autres leur proximité et leur divergence. « Il y a une certaine rivalité entre les deux côtés du bassin d'Arcachon. Il y a ceux qui résident à Arcachon, au Moulleau ou au Pyla, et ceux qui sont au Cap-Ferret. C'est une rivalité amicale, mais les Ferret-capiens détestent aller en face et les Arcachonnais et les Pyladais n'aiment pas du tout aller de l'autre côté. » Plus qu'à des spécificités sociales, cette opposition tient à des urbanisations assez différentes.

Arcachon, comme Deauville ou Biarritz, est une station balnéaire créée sous le Second Empire. Le banquier Émile Pereire, natif de Bordeaux, fut le premier à s'intéresser au bassin. Il acquit quelques hectares de forêts et entreprit d'y créer de toutes pièces une ville au grand air, dont la vocation devait être, au départ, de permettre aux personnes fortunées atteintes de maladies pulmonaires de s'y refaire une santé. « Dans cette forêt, achetée en partie par la Compagnie des chemins de fer du Midi [dont il était le président], en partie par lui-même, il fit construire des " chalets " destinés aux " malades de la poitrine ". C'était en 1862, le succès fut immédiat. La " Ville d'Hiver " passa ensuite aux mains de particuliers [24]. » Pour lancer le bassin d'Arcachon, dont l'air à la fois océanique et balsamique était considéré comme idéal pour soigner les insuffisances respiratoires, Napoléon III fut mis à contribution. Une première fois en 1859, où il vint en compagnie de l'impératrice Eugénie et du prince impérial, et une seconde fois en 1863, où Émile Pereire lui présenta la Ville d'Hiver.

La Ville d'Hiver, située sur les hauteurs d'Arcachon, sur des dunes boisées, offre encore aujourd'hui un ensemble architectural exceptionnel. La ville fut conçue comme un parc urbain. Elle égrène au long des allées sinueuses, dont les courbes étaient censées casser les vents du large, ses chalets suisses, ses villas normandes, ses manoirs gothiques et ses pavillons d'inspiration mauresque. Cette diversité finit par donner un charme et une unité à l'ensemble : celle de l'éclectisme des formes propre à l'architecture des lieux de villégiature, stations balnéaires et villes d'eau de la fin du XIXe siècle.

Puis le bord de mer rivalisa avec les collines et on y construisit le long du rivage des villas dont quelques-unes subsistent encore. Certaines familles de la grande bourgeoisie bordelaise eurent leur maison dans la Ville d'Hiver et une autre, pour les séjours de l'été, au bord de l'eau. Comme dans les autres stations qui fleurirent à l'époque, c'est tout un mode de vie qui fut ainsi mis en place, soutenu par les équipements indispensables. « Le casino mauresque, au centre d'un parc de 8 hectares, est inauguré le 16 août 1863. La nouvelle gare et son buffet,

24. Éliane KELLER, *Arcachon, villas et personnalités. Le temps retrouvé*, Éditions Équinoxe, p. 10.

dit “ chinois ” à cause de la forme de sa toiture, sont mis en service en juillet 1864. Dans le quartier du Moulleau, Notre-Dame-des-Passes est construite en 1864 par l'architecte Garros. L'usine à gaz, derrière la gare, assure l'éclairage de la ville. Le “ Grand Hôtel ” construit en bordure du bassin, à l'ouest de la plage d'Eyrac, est ouvert en 1866 [25]. » Plus que Le Moulleau, pourtant créé dès le départ comme station balnéaire, Arcachon connaît une forte pression immobilière : le bord de mer est grignoté par des immeubles de studios et d'appartements de vacances qui, petit à petit, remplacent les villas.

Le Pyla mais surtout Le Cap-Ferret sont d'urbanisation plus récente et ont conservé un aspect plus « sauvage », en particulier à l'extrémité de la pointe du Cap-Ferret. Bénéficiant de deux rivages, sur le bassin et sur l'océan, cette dernière localité offre des paysages variés et changeants. Les villas y sont vastes et elles se dissimulent avec bonheur entre les pins.

Les Bordelais fortunés semblent apprécier le bassin. Sur une côte peu hospitalière, il offre des plages sans danger pour les enfants et la possibilité de pratiquer la plaisance à l'abri des fantaisies de l'océan. Chaque famille propriétaire d'une villa se doit de posséder une embarcation, barque modeste ou plus souvent voilier, presque toujours habitable, hors-bord ou vedette. C'est que l'un des grands plaisirs du lieu est de traverser le plan d'eau, ou de caboter le long du rivage. Emmanuel Touton décrit ainsi la journée type d'un Bordelais en vacances : « Il prend son bateau, il part vers 11 h 30, il emmène ses amis, sa famille et il va au banc d'Arguin [un banc de sable, en grande partie recouvert par l'océan à marée haute, et qui, à marée basse, ferme presque complètement l'accès au bassin]. Il salue tous les Bordelais qu'il y rencontre et il rentre comme tous les autres

25. Roger Martin, « Arcachon, ville impériale », *Nouveaux Cahiers du Second Empire*, n° 29. Le casino mauresque fut détruit par un incendie en 1977. Le buffet chinois de la gare eut une durée de vie beaucoup plus courte, ayant été démoli en 1882.

vers 17 heures. » Du haut de la dune du Pyla, la concentration des embarcations sur le banc d'Arguin, la multitude de voiles sur le bassin, toute cette agitation vacancière et marine ont quelque chose de joyeux, d'euphorique. Cette impression est encore plus nette le soir du 14 Juillet, lorsque les heureux propriétaires de villas et de bateaux se regroupent à proximité de l'embarcadère d'où sera tiré le traditionnel feu d'artifice. Les bateaux rivalisent de couleurs dans le soir tombant, tous pavillons hissés, feux de position verts, blancs et rouges allumés. On s'interpelle d'une embarcation à l'autre, les ponts ont fait le plein et les fusées de détresse, équipement obligatoire pour la traversée du bassin, servent un apéritif pyrotechnique faisant patienter les spectateurs ordinaires massés sur la plage et les promenades. Dans la nuit devenue d'autant plus noire que l'éclairage public a été coupé, les fusées et les feux de Bengale donnent enfin à cette flottille, où le champagne continue à couler, des allures de bacchanale nautique.

Le 14 Juillet scande ainsi d'un moment fort les retrouvailles de l'été d'une population où presque tout le monde se connaît. Car on vient sur le bassin toute l'année. L'hiver ou à la mi-saison on se retrouve sur le parvis de l'église Saint-Seurin de Bordeaux, à la sortie de la messe dominicale, et on se donne rendez-vous pour le thé au Cap-Ferret ou au Moulleau. D'ailleurs, en ce dimanche d'octobre, chacun est déjà en tenue de week-end : vestes de coton huilé pour les jeunes, qui trahissent ainsi une pratique de la chasse à tir ou de la vénerie, foulard de soie pour les messieurs, plutôt que cravates, et pantalons de velours côtelé, jupes aux motifs écossais pour les dames. Mais les villas font surtout le plein à la belle saison, qui permet aussi d'accueillir les branches de la famille qui se sont éloignées de la région. Une promenade sur la plage est alors l'occasion de multiples arrêts, de saluts échangés, de la manifestation ininterrompue de l'unité du groupe. Les voisins des Chartrons ou du Jardin Public semblent éprouver un intense plaisir à se retrouver en maillot de bain au bord de ce fragment d'océan calmé. Il est vrai que, bien souvent, ce voisinage tant hivernal qu'estival remonte à plusieurs générations. Christel Baseden passe ses vacances dans l'un des appartements aménagés par sa grand-mère dans l'énorme villa familiale des Genêts. Celle-ci fut construite à l'initiative de son arrière-grand-mère, Blanche Prôme, née Bordes, dont le père fut l'un des grands armateurs de Bordeaux. Sa grand-mère, comtesse Arthur de La Taille-Tétrinville, prenant acte des changements de l'époque, devenue moins favorable aux grands rassemblements permanents de la famille élargie, fit restructurer l'immense villa familiale, située au bord du bassin, les « pieds dans l'eau », comme disent les agents immobiliers, en huit appartements indépendants pour chacun de ses huit enfants. « Nous n'y sommes pour rien, dit l'une de ses filles, c'est un cadeau des dieux ! Aujourd'hui nous sommes indépendants. Moi, je ne m'occupe que de mes enfants et petits-enfants. Mais c'est merveilleux de se retrouver entre frères et sœurs qui deviennent des oncles et des tantes, des cousins germains pour la génération suivante. On fête des quarante ans, des cinquante ans, c'est merveilleux ! Grâce à cette maison, la famille n'a pas éclaté. » Pour que cela soit possible encore faut-il que l'habitude en soit prise très jeune. Si ces façons de faire peuvent s'émousser, il en reste toujours quelque chose et dans le cas présent l'indépendance accordée aux ménages par la restructuration de la villa a favorisé le maintien de cette tradition de vacances prises en commun. « On a toujours eu l'habitude de passer nos vacances ensemble, conclut positivement cette tante de Christel Baseden. Forcément nous ne faisons pas partie de ces gens qui vont dans des hôtels, qui voyagent et qui ont des vies très dispatchées l'été. Nous quittons notre maison d'habitation pour venir sur Arcachon. C'est aussi une façon de se plier à la tradition. » Celle-ci n'interdit sans doute pas d'autres formes de loisirs et de vacances. Mais elle offre l'avantage d'un niveau d'interconnaissance élevé. Christel Baseden a fait la connaissance de son futur mari sur la plage, ses futurs beaux-parents ayant une villa à cent mètres de celle de sa grand-mère. Les descendants de la sœur de celle-ci occupe toujours la villa voisine des Genêts et une brèche a été ouverte pour permettre la libre circulation entre les deux jardins. Sur la plage Christel Baseden salue de nombreux baigneurs, dont la famille Seillière de Laborde. « Ils sont parisiens, mais ils viennent ici depuis des générations. Ils ont une énorme maison qui surplombe l'église, la villa Saint-Arnaud. »

Cette permanence des habitudes et la qualité des loisirs disponibles sont des éléments qui structurent la mémoire. Il faudrait essayer de comprendre ce que peuvent signifier les expériences enfantines des « grandes vacances » passées dans de telles conditions, en quoi et comment ces expériences contribuent à la structuration des habitus. Les grands-parents de Jean-Paul Cruse, journaliste, « avaient acheté au Moulleau, à la famille Gervais, celle des petits suisses, une grande maison de style basque ». C'est une constante dans ce genre de milieu de citer ainsi les anciens propriétaires des villas ou des appartements que l'on a achetés : comme si les biens immobiliers eux-mêmes se devaient d'avoir un pedigree [26]. Le bien acquis doit une partie de sa valeur symbolique, et aussi sans doute marchande, à la notoriété de ceux qui l'occupèrent. « Dans cette villa, je retrouvais tous mes cousins et cousines du côté de ma mère, poursuit Jean-Paul Cruse. J'y allais tout le temps lorsque j'habitais Bordeaux. Une grande partie des grandes vacances. C'est là que j'ai appris à faire du bateau à voile. Vers l'âge de quatorze, quinze ans, on allait à vélo à Arcachon. Ce qui fait que tous mes souvenirs, tous mes bons souvenirs d'enfance et d'adolescence, sont en fait plus à Arcachon qu'à Bordeaux ou

26. Cela est vrai aussi pour les œuvres et objets d'art, ou les vieux livres dont les provenances sont généralement mentionnées dans les catalogues des commissaires-priseurs.

Paris. » Aujourd'hui encore, pour ses vacances, Jean-Paul Cruse retourne dans cette maison familiale où vit la mémoire de ses jeunes années.

Ainsi donc il y a de la tribu dans ces microcosmes sociaux et régionaux. Mais la définition communément acceptée de la tribu lui octroie un statut archaïque. Elle viendrait après les bandes, avant les chefferies et les sociétés étatiques [27]. Aussi, en retenant l'analogie avec la tribu, on risque d'induire une stigmatisation négative en renvoyant la bourgeoisie à un stade moins développé de la civilisation. L'usage du vocable « tribu » présente, entre autres inconvénients, celui de rejeter dans un passé obsolète un groupe social qui, en réalité, tout en inscrivant sa domination dans la tradition, continue à accumuler toutes les formes de capitaux avec une grande efficacité. Il en est ainsi du capital social, dont toutes les formes de sociabilité, y compris celles qui peuvent paraître les plus désuètes aux non-initiés, concourent à son maintien et à son accroissement.

L'efficacité des mondanités

Groupes certes dominants mais aussi minoritaires, la noblesse et la grande bourgeoisie font volontiers l'objet des sarcasmes et de l'ironie des groupes dominés, beaucoup plus nombreux, qui trouvent dans cette dérision dérisoire l'occasion d'une revanche symbolique mais mystifiée. Car, en sous-estimant le pouvoir de ceux qui ont le pouvoir, en riant ou en souriant de ce qui chez eux apparaît comme différent, on ne fait que sous-estimer ce qui constitue leur force sociale et par là on joue contre son camp en favorisant la reproduction des hiérarchies et des inégalités. Il en va ainsi des formes de politesse et des pratiques linguistiques des hautes classes qui

27. C'est, par exemple, la conception développée par Marshall Shalins dans *Âge de pierre, âge d'abondance*, Paris, Gallimard, coll. « Bibliothèque des Sciences humaines », 1976.

prêtent à sourire et provoquent aisément le ricanement de ceux qu'elles écartent de positions éventuellement enviées, et en tout cas hors d'atteinte. Le baisemain, un certain langage à la fois châtié et cru, un accent particulier aux beaux quartiers, les règles de la courtoisie, une élégance discrète mais constante, y compris dans les lieux les plus inattendus, comme la forêt les jours de chasse à courre, un maintien du corps à la fois strict et souple : tous ces signes et bien d'autres sont autant d'affirmations de la position sociale, de proclamations de l'appartenance aux classes dominantes.

Ces manières d'être, apparemment rigides et codifiées, s'opposent à la manifestation de valeurs fondées sur le « naturel », la « décontraction », par exemple dans l'éducation des enfants où le laisser-faire semble prévaloir. Ce sont là des façons d'être qu'affectionnent les classes moyennes intellectuelles. Sans doute faut-il voir dans ce système d'opposition l'une des raisons de la véritable phobie que provoque l'idée même de chasse à courre, pratique souvent considérée dans ces milieux intellectuels urbains comme une survivance de l'Ancien Régime. Cette façon de rejeter dans l'anachronisme le monde de l'autre n'est pourtant guère compatible avec l'approche sociologique pour laquelle toute forme sociale vivante est contemporaine.

À chaque forme spécifique de patrimoine correspondent des formes d'organisation et des rituels, des cérémonies ou des manières mondaines dont la raison d'être est à rechercher dans les conditions de l'accumulation et de la transmission de ces patrimoines.

Manifestations mondaines

Ainsi, sous des modalités *a priori* assez inattendues en de tels milieux, à travers des sociétés savantes ou des associations de défense, les habitants privilégiés des beaux quartiers parisiens ont toujours essayé de défendre leur patrimoine immobilier menacé par les convoitises des marchands de biens et des affaires. Les commerces de luxe défendent la griffe spatiale des belles adresses si chèrement acquises en utilisant la forme mondaine de soirées de prestige portes ouvertes [28]. Le champagne coule alors à flots, les buffets sont accueillants : que ce soit pour la soirée des Vendanges, organisée par le Comité de l'avenue Montaigne, qui regroupe les grands couturiers, les entreprises de l'audiovisuel et le Plaza-Athénée, pour la soirée portes ouvertes du Comité Vendôme dont le gros des effectifs est fourni par les joailliers et dont le nom est plus connu à Londres, à New York, à Tokyo, à Abou Dhabī ou, depuis peu, à Moscou qu'à Aubervilliers, la prodigalité ostentatoire des établissements de luxe bénéficie à leurs clients, ravis non pas tant de l'aubaine que du plaisir d'être ensemble.

Le capital économique peut fournir la base de manifestations hautement symboliques, orientées moins vers l'extérieur que vers le groupe lui-même. Dans ces manifestations propres aux beaux quartiers de Paris, ou aux établissements de luxe qui s'y abritent, le public est très sévèrement sélectionné, par le système des invitations et par cette autocensure sociale si efficace qui fait que chacun reste à sa place : il n'y a guère d'instituteurs ou de fraiseurs à se risquer place Vendôme ou avenue Montaigne pour profiter de l'occasion, alors même que l'accès en reste formellement libre. Ces cérémonies sociales sont avant tout des célébrations du groupe par lui-même, offices revenant à échéances régulières qui permettent ces réassurances morales que procure tout rite ésotérique.

Il est toutefois d'autres occasions où le patrimoine économique en se mettant en scène conforte la symbolique de la domination. C'est le cas dans l'univers hippique. Les écuries de courses sont l'un des biens les plus classants qui soient. Leur possession, qui peut être celle

28. Sur ces manifestations voir notre ouvrage *Quartiers bourgeois, quartiers d'affaires*, *op. cit.*, p. 264-268. Sur la notion de « griffe spatiale », *ibid.*, p. 8-10.

d'un capital de rapport, est aussi souvent celle d'un capital symbolique dont le coût est supérieur à la rentabilité. Mais les avantages du point de vue de l'affirmation de la position sociale occupée sont considérables car le monde des courses concerne, outre les pairs, des catégories populaires qui forment la majorité du public des grands prix. Or ceux-ci, comme celui de Diane à Chantilly, ou celui de Deauville qui, à la fin du mois d'août, clôt la saison de la station, sont l'occasion d'une mise en scène exceptionnelle du pouvoir et de la richesse. Le groupe alors s'expose dans toute la magnificence du luxe des toilettes féminines, dans la rigueur aristocratique des tenues masculines. À Deauville le public populaire peut admirer les unes et les autres et, en prime, assister au déjeuner champêtre de ces heureux élus qui vous font parfois le plaisir de vous présenter une tête connue.

Ces cérémonies mondaines peuvent avoir pour occasions des événements culturels, vernissages, premières, festivals de musique... Les gains symboliques sont les plus élevés dans les circonstances qui mêlent le capital culturel et le capital social au caritatif, lorsque luxe et manifestations de charité se rejoignent. Ce fut le cas du Cirque Molier autrefois, cirque des gens du monde dont les bénéfices allaient à des œuvres de charité et qui mobilisait la bonne société sur les gradins comme sur la piste. Que ce soit au profit de l'enfance malheureuse, de la Croix-Rouge, du Rwanda ou des victimes du sida, les familles fortunées se donnent aussi volontiers en spectacle à l'occasion des ces grands élans collectifs de charité organisée. La visibilité de telles manifestations est élevée : la presse nationale et la presse locale couvrent l'événement, les périodiques spécialisés, *Gala* et *Point de vue*, accordent une place importante aux plus grandes manifestations. Le bal de la Croix-Rouge à Monaco est, depuis quarante-six ans, un événement mondain de première grandeur auquel assiste la famille princière. Le prix de l'entrée était de 6 000 francs en 1994. Mais,

« bien que les places soient très chères, leur obtention n'est pas une question d'argent. La difficulté, la seule véritable difficulté, c'est d'être accepté. Pour choisir les 1 000 élus parmi les 3 000 demandeurs qui affluent chaque année en dépit des refus de l'année précédente, la SBM [Société des bains de mer, propriétaire des palaces et du casino] a eu l'idée de nommer un comité de sélection. Là encore un ordre de priorité a été établi : la fidélité, la célébrité, la notabilité, sont les critères retenus [29]. » Les causes à défendre sont diverses. Ainsi à l'automne 1991, le grand joaillier Paolo Bulgari a donné une somptueuse réception à l'orangerie du château de Versailles pour aider le Fonds mondial pour la nature.

À Deauville, le samedi 28 août 1993, le traditionnel gala des Courses, sponsorisé par Mercedes-Benz, organisé au profit des établissements hospitaliers pour jockeys, a amplifié le *melting-pot* social qui se réalise chaque soir au casino. Chaque convive de ce banquet agrémenté d'un spectacle a acquitté la somme de 1 400 francs. Quelques dizaines de badauds attendent les véhicules qui viennent déposer leur lot de smokings et de robes longues devant les marches de l'établissement plus illuminé et resplendissant que jamais. Parmi les spectateurs, certains sont venus spécialement, d'autres ont été surpris alors qu'ils avaient l'innocente intention de passer la soirée dans la salle des machines à sous. Les participants du gala, à la façon des stars à l'entrée du palais du festival de Cannes, doivent donc affronter les regards attentifs d'une haie d'honneur improvisée qui les observe gravir les marches de l'escalier à double révolution, décoré pour l'occasion de volumineuses compositions florales dont l'une, comportant des fruits, reprend fort à propos le thème de la corne d'abondance.

L'atmosphère est détendue, bon enfant. Cette mise en scène de la richesse passe bien. Sans doute parce que

29. Roger-Louis Bianchini, *Monaco. Une affaire qui tourne*, *op. cit.*, p. 196-197.

l'on est ce soir-là en présence d'une soirée de bienfaisance. Cette caution de la charité permet la mise en spectacle de la domination sociale sans que cela soit vécu comme agressif. Le bénéfice est double, puisque l'on met en évidence la position dominante que l'on occupe dans la société tout en légitimant cette position par les préoccupations sociales qui sont la raison d'être officielle de la soirée. De jeunes jockeys sur les marches tiennent les places qui ailleurs seraient occupées par la Garde républicaine. D'une certaine façon les bénéficiaires de la soirée sont là et attestent de son bien-fondé.

Le climat n'est pas tendu et on ne sent pas d'animosité de la part de ceux qui viennent ainsi contempler des toilettes et des façons de vivre qui ne leur seront jamais accessibles. Cette sorte de fascination, au moins apparente, est agrémentée par l'espérance, parfois comblée, d'apercevoir une tête connue, fortune établie, personnalité locale ou vedette de la télévision. Le spectacle vaut la peine et personne ne songe à rompre cette sorte d'enchantement à se sentir soudain si proche de l'inaccessible. Aussi tout cela se passe-t-il dans une confusion relative et une pagaille amusée. Tandis que les participants au gala sablent le champagne, les amateurs de machines à sous se trouvent dans l'impossibilité de rejoindre les salles et patientent en profitant du spectacle derrière les plantes vertes disposées pour leur interdire momentanément le passage. Puis les derniers convives étant arrivés, tous les participants gagnent le grand salon des Ambassadeurs où se déroule le gala. Déplacées par le personnel du casino, les plantes vertes dans leurs pots doivent alors permettre cette migration en dehors de la foule des badauds qui a grossi et attend pour aller dans la salle des machines à sous. Mouvement complexe, incompris par certains, d'où un mélange inopiné des circulations et des genres pour quelques instants avant que chacun ne retrouve sa vraie place.

Manifestations culturelles ou de charité, opérations de promotion de produits de luxe, pratique de la chasse, du golf ou de la plaisance, etc. : les occasions d'exercer ses aptitudes à la mondanité, pour qui en est pourvu, sont nombreuses. La vie mondaine est ainsi faite de variations à l'infini sur la même trame, celle des rituels obligés et des réseaux d'interconnaissance de ceux qui appartiennent au « grand monde ». Cette structuration par les mondanités de la vie grande-bourgeoise est quasi quotidienne, si l'on y inclut les dîners et les thés de l'après-midi. Une telle débauche de réceptions, une telle abondance des cérémonies où se répètent des rituels qui n'ont pas leur place ailleurs, ont fini par donner au terme « mondanités » une valeur péjorative. Ces formes d'accumulation et de gestion du capital social sont mal acceptées par ceux qui doivent tout à leur capital scolaire. Pour en comprendre l'importance il faut considérer ces techniques à leur place dans l'espace social. On peut alors admettre que le formalisme des mondanités est en réalité structurel par rapport à la réalité du groupe. Celle-ci intègre une insertion obligée dans le système des relations qui enserre tous les champs d'activité sociale, insertion sans laquelle l'appartenance aux classes dirigeantes n'est jamais achevée et reste incertaine. On peut appliquer à la vie mondaine ce qu'écrivait Norbert Elias à propos de la vie de cour : « On a tendance à juger les hommes d'une autre époque ou d'une autre société en prenant comme critères les valeurs de son propre temps, à sélectionner dans l'infinité des faits ceux-là mêmes qui, à la lumière de ses propres valorisations, semblent revêtir une importance particulière. En procédant de la sorte, il est impossible de discerner les interdépendances des hommes dont on veut comprendre le comportement. On les détache des interrelations qu'ils entretenaient avec d'autres, on les insère d'une manière hétéronome dans des contextes qui ne sont pas les leurs – et qui sont déterminés par l'échelle des valeurs du chercheur et de son temps [30]. » En transposant la distance qui est ici temporelle en distance sociale, on peut appliquer cette analyse aux difficultés des chercheurs en sciences sociales, toujours menacés d'exercer, sans le savoir, un ethnocentrisme de classe ravageur envers les populations qu'ils étudient, et à prendre, dans le cas présent, pour une critique sociale radicale ce qui n'est que le reflet aliéné de la perception confuse de la position dominée. Cette attitude interdit de voir, par exemple, dans des pratiques aussi surannées que le baisemain tout le bénéfice social que procure le fait de les maîtriser. Car autant l'étiquette reste incompréhensible pour les membres des couches moyennes intellectuelles, et par là toujours quelque peu ridicule comme de vieilles manies sans raison, autant elle parle aux initiés, ne serait-ce qu'en tant que signe de reconnaissance fiable entre membres d'une même minorité. « C'est de cette manière, écrit encore N. Elias, que l'on peut comprendre l'étiquette : elle n'a nullement besoin d'être expliquée par des avantages. Par l'étiquette, la société de cour procède à son autoreprésentation, chacun se distinguant de l'autre, tous ensemble se distinguant des personnes étrangères au groupe, chacun et tous ensemble s'administrant la preuve de la valeur absolue de leur existence [31]. »

De l'extérieur, la perception de la vie mondaine porte volontiers à la commisération ou à l'ironie envers ceux qui paraissent ne pouvoir se dérober aux obligations qu'elle implique. C'est oublier que les agents sociaux qui gèrent ainsi leur capital social ont été produits par leur famille et par la société de façon à en avoir à la fois les moyens matériels et culturels et le goût. Il y a un plaisir propre à l'habitus lorsque la pratique est réalisation des dispositions qui le composent. Il y a toujours du plaisir à être ce que l'on est. Aussi, l'homme de cour autrefois et

30. Norbert Elias, *La Société de cour, op. cit.*, p. 236.
31. *Ibid.*, p. 97.

le grand bourgeois aujourd'hui ne ressentent pas comme une corvée, comme une atteinte à leur liberté la nécessité de se plier aux canons de la mondanité. Le vêtement masculin, perçu comme guindé par des instituteurs ou des techniciens qui portent aujourd'hui le jean, va de soi et ce qui pour d'autres est décontraction est au contraire perçu comme laisser-aller de mauvais aloi, que l'on ne saurait se permettre sans le vivre comme une déchéance, un abaissement de la personne, bien loin de songer à le revendiquer comme libération, conquête de la « réalisation de soi ». Là encore on pourrait transposer ce qu'écrivait N. Elias : « La vie sociale et mondaine à la cour et dans la société de cour était investie d'une fonction double. Elle était d'une part l'équivalent de notre vie privée, elle assurait à ces hommes et à ces femmes détente, plaisirs, divertissements. En même temps elle tenait lieu de notre vie professionnelle, elle était l'instrument direct de l'autodéfense et de la promotion des hommes de cour, le milieu où se décidait leur ascension ou leur chute [32]. » La vie de cour était donc, comme la vie mondaine, à la fois plaisir, détente et travail social spécifique.

Sans doute faut-il prendre garde au fait qu'entre la société de cour et la vie mondaine d'aujourd'hui il y a simplement analogie et non pas identité. L'absence du monarque, la perte de l'exclusivité dont bénéficiait la noblesse, les enjeux des pratiques, beaucoup de paramètres ont changé. N. Elias affirme que le « représentant de la bourgeoisie professionnelle [...] reçoit moins de visites privées et ne peut en recevoir autant que l'aristocrate. Ce dernier consacre beaucoup plus de temps à la vie sociale [33] ». Mais cela n'est valable que pour la période qu'il a étudiée. Aujourd'hui, au contraire, l'une des caractéristiques de la vie mondaine est de mêler noblesse et bourgeoisie. Le degré de réussite sociale et l'intégration dans les classes dirigeantes peuvent même

32. *Ibid.*, p. 32.
33. *Ibid.*, p. 38.

s'apprécier en raison du degré d'intégration dans le monde mondain. La disparition de la société de cour a eu pour conséquence cette « banalisation » très relative des mondanités qui ne furent plus l'apanage des seuls aristocrates. Ce fut là l'un des signes de la fusion des élites, d'ailleurs toujours en cours.

Il en résulte que la participation à la vie mondaine est l'un des principes de division les plus discrets mais aussi les plus efficaces qui séparent les classes les plus dominantes de tous les autres groupes sociaux, y compris des nouveaux enrichis ou des hauts responsables de l'administration ou des affaires qui n'appartiennent pas par la naissance à cet univers. Cette insertion dans l'univers de la vie mondaine est d'autant plus un indicateur de la participation réelle aux sphères les plus centrales du pouvoir et de la domination que l'importance du capital symbolique et du capital social va de pair avec la nécessité plus impérieuse de recourir aux formes les plus sophistiquées de leur gestion, de leur transmission et de leur reproduction. Lorsque la position sociale est pour l'essentiel définie par la position professionnelle, ce qui n'est jamais le cas dans les sphères dominantes, où la personne est irréductible à une position sociale définie de manière unidimensionnelle, le capital social, indispensable aux positions de cadres, peut être en grande partie indépendant d'un travail de gestion interpersonnel, de personne à personne, et se reconstituer sur une base professionnelle – quand il y a, par exemple, changement d'employeur. C'est ce que semble suggérer N. Elias en écrivant que « là où les fondements de l'existence sociale sont essentiellement d'ordre financier ou professionnel, l'entourage social de chaque individu peut être remplacé avec une facilité relative [34] ». Dans tout groupe social il y a recours à un capital de relations, mais son importance varie selon une très grande amplitude et, par voie de conséquence, ses exigences quant à sa gestion. Le capital social est, dans les grandes

34. *Ibid.*, p. 84.

familles, une forme de capital à part entière, qui a même ses « professionnels ». Grands bourgeois ou aristocrates ruinés, conjugués au masculin comme au féminin, peuvent alors se reconvertir et se spécialiser dans la gestion du capital social du groupe. On trouve ainsi les spécialistes de l'organisation de chasses mondaines. Telle jeune femme sera sollicitée pour la composition des invités d'un dîner. En chaque espace chic, Deauville, Biarritz, Monte-Carlo, la personne susceptible de mettre en relation avec les familles qui comptent localement existe toujours.

On comprend l'importance, dans les hautes sphères de la société, de tout ce qui concourt à préparer les nouvelles générations à prendre le relais dans ce travail essentiel de gestion du capital social. Préparation réussie, à entendre Alexandre de Fontmichel, étudiant en droit, affirmer que « le droit des affaires, en soi, n'existe pas vraiment. Il faut avoir beaucoup de relations pour faire des affaires, le droit sans relations ne suffisant pas ». Les savoir-faire spécifiques sont une part essentielle de toute bonne éducation et les établissements d'enseignement eux-mêmes, on l'a vu, ne dédaignent pas d'inclure l'apprentissage de telles technologies sociales dans leur programme pédagogique. Durant l'enfance et l'adolescence, les jeunes sont soumis à la fois aux inculcations involontaires de leur milieu, fruits de l'exemple et de l'habitude, et aux inculcations délibérées, apprentissages volontairement orientés vers ces techniques qu'ils auront à mettre en œuvre une fois devenus adultes. Les souvenirs de Christel Baseden relèvent du premier genre d'inculcation : « J'étais invitée partout, à l'époque c'étaient des soirées extraordinaires, robes longues et châteaux à tomber par terre ! C'était toujours dans des maisons de rêve avec de jolis meubles. » La région bordelaise, avec le cercle étroit de sa grande bourgeoisie où l'interconnaissance est très élevée, est favorable à cet apprentissage sans coup férir dans les hôtels particuliers du Jardin Public ou du cours

Xavier Arnozan, dans les villas du bassin d'Arcachon, dans les stations de sports d'hiver des Pyrénées ou dans les châteaux du Médoc et du Sauternais.

Mais ces apprentissages en douceur sont étayés par des actions éducatives beaucoup plus délibérées telles que les rallyes. On y apprend le plaisir de l'entre-soi et les conditions qui permettent de goûter ce plaisir. Ces rassemblements de jeunes triés sur le volet ont pour objectif de permettre à chacun de reconnaître sans risque d'erreur son semblable dans toutes les situations envisageables de la vie sociale et de choisir en connaissance de cause ses partenaires pour les relations amicales, amoureuses ou conjugales. En même temps il s'agit de développer ce que l'on pourrait appeler un esprit de cercle, cette disposition qui fait que l'on n'est jamais aussi bien qu'avec ses pairs qui, eux-mêmes, ne se lasseront pas de votre compagnie. Il s'agit au fond d'inculquer des solidarités fondamentales qui, en faisant ressentir autrui comme son prochain, sont l'un des fondements symboliques les plus forts d'un esprit de classe sans égal.

CHAPITRE V

Richesse et culture

Les familles de l'aristocratie et de la grande bourgeoisie, en particulier celles qui occupent leur position depuis plusieurs générations, peuvent cumuler toutes les formes de capitaux, et être aussi bien pourvues en capital culturel qu'en capital économique. Mais par cette association même, il devient délicat de faire le partage entre les différentes formes de capitaux. Le capital culturel semble changer de nature et être d'une autre espèce que celui qui assure leur position aux fractions dominées des classes dominantes, c'est-à-dire à ces classes qui doivent tout à leur capital scolaire et culturel. Dans les vieilles familles de la noblesse ou de la grande bourgeoisie, la culture devient un élément matériel et économique du patrimoine, avec ses objets d'art et ses meubles anciens. Leur possession ne va pas sans un certain savoir. Ce savoir et ces objets étant de l'ordre du quotidien, il devient même difficile de maintenir la classique distinction entre les deux sens du mot « culture », qui peut être entendu comme culture « savante » ou comme culture « anthropologique ».

La notion de culture renvoie à deux acceptions différentes. La culture « savante » ou « cultivée » fait référence à la production et à la consommation d'œuvres conçues et diffusées dans un champ relativement autonome, le champ culturel. Cette culture est donc le produit d'agents spécialisés, de producteurs culturels dont le métier est d'alimenter un marché spécifique et d'assurer la diffusion et la transmission des savoirs adéquats. Intellectuels, savants, artistes et enseignants forment l'essentiel du corps de ces producteurs et diffuseurs de culture. Les travaux de Pierre Bourdieu ont bien mis en évidence que l'appropriation de ces biens culturels était loin d'être répartie de manière équitable et qu'elle était dépendante des apprentissages scolaires et du capital culturel disponible dans le milieu familial [1].

Il en va autrement avec l'acception anthropologique de la notion de culture. Il ne saurait alors être question d'inégalités dans son partage, puisque, par définition, une telle culture est le système organisé des pratiques, des modes de vie, dans une société ou dans un groupe social. Dans le premier sens, l'existence d'une culture ouvrière ne va pas de soi. Bourdieu récuse même l'idée que des groupes dominés puissent disposer d'une culture « savante » qui leur soit propre. Ils peuvent tout au plus posséder des bribes de cette culture, y avoir un accès déformé, biaisé par la non-maîtrise des règles culturelles. En revanche, au sens anthropologique, on peut affirmer l'existence d'une culture ouvrière (ou aristocratique, ou bourgeoise...), dont les fondements reposent sur les conditions d'existence et sur la place occupée dans l'espace social. L'alimentation, le vêtement, les rapports entre les sexes : par de multiples aspects les groupes se distinguent les uns des autres et

1. Voir notamment Pierre Bourdieu et Jean-Claude Passeron, *Les Héritiers, les étudiants et la culture*, Paris, Minuit, coll. « Le Sens commun », 1964, et Pierre Bourdieu, *La Distinction. Critique sociale du jugement*, Paris, Minuit, coll. « Le Sens commun », 1979.

affirment leur identité à travers leur manière de vivre. Le rapport à la culture savante peut entrer dans cette culture anthropologique comme élément du mode de vie, mais selon des modalités très variables en fonction des groupes sociaux.

Au point que dans le cas des fractions dominantes des classes dominantes, cette distinction entre les deux acceptions du terme « culture » semble se brouiller. Il devient difficile de faire le partage entre la culture cultivée et la vie quotidienne. Non pas que les grands bourgeois ou les aristocrates soient des créateurs culturels, ou même fassent toujours preuve d'une grande culture. Mais ils entretiennent avec les biens culturels des rapports de familiarité parce que ces biens sont des éléments de leur vie quotidienne. La culture savante est ordinaire. Intégrée à la vie quotidienne, elle constitue une partie de la culture anthropologique du groupe.

Des maisons-musées

Appropriés privativement, les meubles de style, les objets et œuvres d'art, les livres anciens, font partie de l'univers familier. Ce sont les décors anodins et sans prix d'existences hors du commun. Pour les autres groupes sociaux, l'appropriation des biens de culture se fait dans un environnement qui tend à isoler les œuvres de leur environnement « naturel », celui de leur origine. Dans les familles fortunées les biens de culture semblent échapper à l'effet de musée qui arrache l'œuvre à son contexte. Comme le dit Hans Haacke, « la pratique la plus répandue reste celle qui consiste à décontextualiser les objets, un peu comme la présentation d'une collection de papillons rares [2] ». Les appartements grands-bourgeois, avec leurs meubles anciens, leurs tapis et leurs tapisseries, leurs objets d'art, les tableaux accrochés avec profusion, les portraits des ancêtres, sont à la

2. Pierre Bourdieu et Hans Haacke, *Libre-Échange*, Paris, Le Seuil/Les Presses du réel, 1994, p. 102.

fois des musées et le cadre de la vie ordinaire dans lequel s'insère l'existence familiale. Tant et si bien que certaines demeures ont été léguées telles quelles pour servir d'écrin à des œuvres présentées « dans leur jus », comme disent les commissaires-priseurs, c'est-à-dire avec tout le quotidien d'une vie familiale qui leur est plus « naturel » que les froides salles d'exposition. Il en est ainsi, à Paris, des musées Nissim de Camondo et Jacquemart-André. C'est aussi le cas du château de Champs-sur-Marne qui appartenait à la famille Cahen d'Anvers. On trouve bien entendu de semblables exemples à l'étranger. Ainsi, à Londres à la fin du XIXe siècle, Sir Richard Wallace a légué son immense hôtel particulier à l'État, avec le précieux mobilier, les objets d'art et une exceptionnelle collection de tableaux que cette maison abritait.

La villa Ephrussi de Rothschild à Saint-Jean-Cap-Ferrat, ouverte aujourd'hui au public, a conservé, comme l'avait souhaité sa légataire, Mme Maurice Ephrussi, née baronne Charlotte Béatrix de Rothschild, son ambiance de demeure privée. Cette maison, bâtie, entre 1905 et 1912, « sur la portion la plus étroite de l'isthme du cap Ferrat, [...] domine d'un côté la rade de Villefranche, de l'autre la baie de Beaulieu, commandant une vue éblouissante qui s'étend du cap d'Antibes à Bordighera et la côte italienne. La montagne s'y mêle à la mer, l'âpre parfum de la garrigue et l'air marin aux effluves raffinés des jardins des villas qui par centaines bordent la côte [3] ». La villa fut léguée en 1934 à l'Académie des beaux-arts de l'Institut de France pour devenir un musée. « La villa Ephrussi de Rothschild, écrit Marcel Landowski, secrétaire perpétuel de cette académie, telle la villa d'Hadrien à Tivoli qui rassemblait les merveilles du monde, s'est voulue comme le lieu de rencontre des arts. Les collections rassemblées par Béatrix de Rothschild et son époux Maurice Ephrussi sont

3. Jérôme Coignard, « Un palais sur la mer », *Beaux-Arts*, hors série : « La villa Ephrussi de Rothschild », 1993, p. 7.

encyclopédiques. À elle seule la villa est une sorte de Victoria and Albert Museum qui rassemble meubles et tapisseries, sculptures et objets d'art, tableaux anciens et modernes. Elle fait partie de ce club très choisi qui rassemble la Wallace Collection à Londres, le musée Jacquemart-André à Paris, la Frick Collection à New York [4]. » Le patio abrite un ensemble d'œuvres d'art médiévales et Renaissance, dont un tableau de Carpaccio. Un salon Louis XVI est décoré de boiseries du XVIIIe siècle provenant de l'hôtel de Crillon, d'un tapis de la Savonnerie. Le salon Louis XV est orné de tapisseries des Gobelins, d'un tableau de Boucher. La maison abrite une collection de porcelaines de Sèvres et de Vincennes, des croquis et esquisses de Fragonard. En tout, « près de 5 000 œuvres d'art » souligne fièrement la brochure remise aux touristes. Au-delà de l'enthousiasme un peu convenu de la part de ceux qui ont la charge de mettre en valeur ce legs, même si une telle demeure ne peut laisser indifférent, il reste qu'elle est exemplaire de cette imbrication de l'art avec la fortune. Elle présente aussi une sorte de musée de l'art des jardins, fort prisé dans la haute société, le parc offrant sur 7 hectares un jardin à la française, mais aussi des jardins espagnol, florentin, japonais, un jardin lapidaire et un jardin exotique, etc.

À quelques kilomètres de là, à Beaulieu-sur-Mer où elle occupe l'extrémité de la pointe des Fourmis, la villa Kerylos fut édifiée à la même époque pour Théodore Reinach. Cet helléniste fervent et fortuné était d'ailleurs parent de celle qui avait fait construire la villa de Saint-Jean-Cap-Ferrat puisque Charlotte Béatrix de Rothschild avait épousé, comme lui, un membre de la famille Ephrussi. La villa « se présente, est-il écrit dans la brochure destinée au public de cette maison léguée elle aussi à l'Institut de France, comme une restitution remarquable de la Grèce antique, unique au monde, image saisissante de la beauté. Même en Grèce, on ne peut trouver une demeure aussi évocatrice de l'existence

4. Marcel LANDOWSKI, « Avant-propos », *Beaux-Arts*, *op. cit.*, p. 4.

des anciens Hellènes du siècle de Périclès à travers un cadre domestique et ce qu'il comporte : reproduction d'œuvres d'art, mobilier, étoffes, fresques, mosaïques. Tout a été pensé, jusqu'à la dissimulation des éléments du confort moderne : miroirs, électricité, piano. » De nouveau il s'agit d'une demeure exceptionnelle, où chaque élément a été conçu pour s'intégrer à cet ensemble devant évoquer la Grèce antique : chaque meuble a été spécialement dessiné, les menuiseries, les dallages des sols. Collections de poteries, de tanagras, de lampes à huile, de céramiques et une bibliothèque consacrée à la Grèce viennent compléter cette évocation. Au-delà d'une authenticité relative sur certains aspects, il s'agit en soi d'une œuvre originale. Cette maison qui fut habitée est devenue, telle qu'elle fut conçue et vécue, telle qu'elle abrita la vie familiale et la vie mondaine, un musée, un cadre de vie ainsi immortalisé. En venant la visiter, comme la villa Ephrussi et les autres demeures ainsi léguées, les touristes légitiment le capital symbolique cristallisé avec l'aide du label « Institut de France ». Cette institution, en sacralisant sous la forme du musée ces demeures d'exception, et en les rendant accessibles à un large public, contribue à fonder cette violence symbolique qui associe le bon goût et les dispositions cultivées à la fortune et qui fait de ceux qui en jouissent des personnes de qualité. Les châteaux ouverts au public, qu'ils soient encore propriété privée ou non, réalisent également cette alchimie qui transforme le quotidien des familles privilégiées en éternité de l'art et qui fonde la croyance en l'excellence de ceux qui ont pu vouloir abriter leur existence en de tels écrins.

D'autres demeures, comme l'abbaye des Vaux-de-Cernay, dans les Yvelines, qui appartint aux Rothschild, ont été rachetées et aménagées par des chaînes hôtelières, et donc ouvertes au public tout en conservant une grande partie de la décoration et de l'ameublement d'origine. L'une de ces chaînes, les « Hôtels particuliers », a « le souci » d'offrir à ses hôtes « des lieux d'exception ». Ce groupe hôtelier, dirigé par Philippe et Gérard Savry, entend faire vivre « l'âme des pierres, l'esprit d'un lieu, intemporelles valeurs de réflexion, d'évasion ». Le groupe a acheté plusieurs châteaux, transformés en hôtels de luxe. Aux Vaux-de-Cernay les chambres ont conservé le caractère que leur avait donné les Rothschild. La plomberie du XIXe siècle n'a pas été changée dans les salles de bains. Il n'y a pas de télévision dans les chambres. L'ensemble garde un aspect assez rustique qui met en valeur la patine des lieux et respecte les aménagements dans lesquels vécurent les anciens propriétaires. Visiteurs des maisons léguées et clients de ces hôtels « particuliers » y peuvent vivre un temps dans l'atmosphère et dans le décor de grandes familles à la fortune légendaire. Ce qui ne va pas sans entraîner quelques effets de domination symbolique dans lesquels il est bien difficile de faire la part entre le pouvoir symbolique du capital culturel et celui du capital économique. Tant il est vrai que, dans ces maisons-musées, dans ces musées-maisons, la violence symbolique ressentie est le produit de l'évidence de la richesse et de la légitimité qu'elle retire du contenu culturel revêtu par sa manifestation.

La culture savante contribue à définir la culture anthropologique des grandes familles. Cette insertion de la production culturelle dans l'univers grand-bourgeois ne fait que se renforcer. En effet, sous la pression de la concurrence des prétendants, les enfants de la grande bourgeoisie se doivent de réaliser des cursus scolaires brillants. De sorte que, « actuellement, écrit Pierre Bourdieu, une fraction de plus en plus grande du patronat, dans le monde entier, sort des meilleures écoles. Ceux qui dominent le monde économique, les patrons de l'industrie et du commerce, sans être de grands intellectuels, ne sont plus du tout les bourgeois bornés du XIXe siècle. Au XIXe siècle, les artistes, Baudelaire, Flaubert, pouvaient s'opposer aux " bourgeois ", comme à des béotiens, des philistins stupides. Aujourd'hui les patrons sont souvent des gens raffinés, au moins sur le terrain des stratégies sociales de manipulation, et aussi dans le domaine de l'art, qui, lors même qu'il est le produit de ruptures hérétiques et de véritables révolutions symboliques, peut entrer sans problèmes dans l'art de vivre bourgeois [5]. »

Le livre et la lecture

Ces considérations générales sur la place de la culture dans les modes de vie grands-bourgeois méritent que l'on y apporte des nuances et des précisions. En particulier sur la place réservée au livre et à la lecture. Le livre est certes présent en raison de la pratique répandue de la bibliophilie ou de l'existence dans le patrimoine familial d'une bibliothèque à laquelle chaque génération apporte sa contribution. Mais la fréquentation des textes collectionnés, et du livre en général, est très variable. Faibles et grands lecteurs peuvent voisiner dans les mêmes familles ou dans les mêmes salons. C'est que la lecture est l'une des pratiques culturelles les plus solitaires qui soient. C'est donc une pratique très peu mondaine. Or le rapport de la grande bourgeoisie à la culture est avant tout mondain : les activités culturelles font partie des formes de sociabilité propres au groupe. L'ameublement et la décoration des demeures, par leur contribution à l'aménagement des lieux de sociabilité que sont les pièces de réception et les chambres ou les maisons d'amis, font intervenir la culture dans cet aspect de la vie grande-bourgeoise. La bibliophilie prend sens dans ce cadre. La lecture n'est pas la forme culturelle la plus centrale dans un groupe social plus porté vers des activités qui lui permettent d'affirmer son existence et d'entretenir ses réseaux. Par contre des groupes moins favorisés en capital économique mais bien pourvus en capital culturel et scolaire valoriseront

5. Pierre Bourdieu et Hans Haacke, *Libre-Échange, op. cit.*, p. 49.

d'abord la lecture, l'une des pratiques culturelles les plus accessibles matériellement.

Dans l'effort pour apprécier dans leurs relations les pratiques culturelles et construire l'espace des configurations de pratiques possibles, il faut se garder de hiérarchiser, de mettre en œuvre un ethnocentrisme de classe qui aurait tendance à réduire la culture au livre, c'est-à-dire à un produit largement accessible à ceux qui disposent d'un bon capital culturel et scolaire, sans pour autant bénéficier d'un capital économique qui les autoriserait à une appropriation autre que symbolique des productions culturelles. Il faut se garder aussi de hiérarchiser les lectures possibles, les domaines, les genres ou les auteurs, en fonction des lectures propres à l'univers social du chercheur. Une telle hiérarchisation ne peut que conduire à un mépris plus ou moins euphémisé pour les hiérarchies indigènes. On remarquera aussi que le chercheur est, en principe, un professionnel de la lecture, de même que les professeurs de l'enseignement secondaire ou supérieur. Ce n'est donc pas à l'aune des performances de ces spécialistes qu'il faut apprécier celles de nobles ou de grands bourgeois qui ont ailleurs, dans les affaires en particulier, l'essentiel de leurs activités. On retrouve ce même point de vue dans l'élaboration d'une enquête comme celle sur les « pratiques culturelles des Français » menée de 1973 à 1989 par le Département des études et de la prospective du ministère de la Culture et de la Communication [6] : elle donne largement la priorité à la consommation symbolique des œuvres de culture sur leur possession.

Ces nuances apportées, il reste que, par la qualité de leur cadre de vie, les enfants de la noblesse et de la grande bourgeoisie bénéficient d'une atmosphère où des éléments de culture savante sont présents en nombre. Il finissent par entretenir un rapport familier et

6. Olivier DONNAT et Denis COGNEAU, Département des études et de la prospective, ministère de la Culture et de la Communication, *Les Pratiques culturelles des Français, 1973-1989*, Paris, La Découverte - La Documentation française, 1990.

intime avec la culture savante et légitime, comme avec leur langue maternelle. Cette familiarité permet une identification immédiate des styles, des époques, des artistes, et transforme en goûts vécus et souvent perçus comme innés les apprentissages les plus familiaux. Incorporée comme les bonnes manières et le langage châtié, la culture, à la fois savante et anthropologique, devient un élément essentiel des classements sociaux, avec la transformation en différences de nature des acquisitions les plus sociales.

Grandir dans un musée

Les références à un cadre de vie exceptionnel abondent aussi bien dans les volumes de souvenirs qui décrivent par le menu l'existence quotidienne de la noblesse et de la grande bourgeoisie que dans les entretiens réalisés auprès des familles de ces milieux. Cette proximité matérielle avec les œuvres d'art, leur intégration dans l'univers domestique, ont des effets en profondeur sur le rapport aux productions culturelles. L'origine d'une partie des différences culturelles internes aux classes dominantes doit être recherchée dans l'inégale possibilité d'acquérir des œuvres pour en faire le décor de la vie quotidienne. « Le fait que pour les membres de la fraction dominée [des classes dominantes], écrit Pierre Bourdieu, et en particulier pour les professeurs, l'œuvre d'art soit exclusivement (ou principalement) un objet d'appropriation symbolique, c'est-à-dire d'accumulation sous forme de savoir et d'ostentation sous forme de discours, tandis que les membres des fractions dominantes sont en mesure de s'approprier matériellement les objets contemplés ou leurs pareils, par là insérés dans la série des biens de luxe, que l'on " possède " et dont on " jouit ", sans avoir besoin de manifester autrement la délectation qu'ils procurent et le goût dont ils témoignent, contribue aussi à favoriser deux rapports fondamentalement différents à l'œuvre d'art [...]. La conjonction de l'appropriation matérielle et de l'appropriation symbolique donne à la possession des biens de luxe [...] une légitimité qui en [fait] le symbole par excellence de l'excellence [7]. »

La description, par l'héritière de l'une des plus anciennes familles de la noblesse française, Victoire de Montesquiou, fille du duc de Montesquiou Fezensac, de l'appartement d'une proche parente est caractéristique des souvenirs enchantés que peut générer l'environnement privilégié d'une enfance qui ne l'est pas moins. « Nous déjeunions toujours chez elle, au 44, avenue Gabriel, écrit-elle. Dans cet appartement donnant sur le marché aux Timbres et sur le Guignol, tout n'était que beauté : les murs du grand salon et le mobilier recouverts de tapisseries des Gobelins à fond rose, d'après des cartons de Barcher. Sur les tables, les commodes en marqueterie, des personnages de Meissen montés sur bronze côtoyaient les bustes de Rodin, dont la plupart représentaient mamie Fenaille, mon arrière-grand-mère. Des tableaux de Fragonard, de Boucher, les gravures de Debucourt, donnaient à cet ensemble d'un esthétisme parfait une poésie irrésistible [8]. » Les portraits de famille figurent en bonne place dans ces galeries privées. « Ma grand-mère ressemblait au tableau que Foujita avait fait d'elle », se souvient Victoire de Montesquiou. Qu'ils aient pour sujet un membre de la famille, un lieu qui lui fut cher, comme le château des ancêtres, ou une pratique favorite, comme la chasse à courre, les tableaux s'inscrivent souvent dans le contexte

7. Pierre Bourdieu, « Les fractions de la classe dominante et les modes d'appropriation de l'œuvre d'art », *Information sur les sciences sociales*, XIII-3, juin 1974, p. 7-32.

8. Victoire de Montesquiou, *Je suis née un dimanche*, Paris, J.-C. Lattès, 1990, p. 86. L'avenue Gabriel, dans le VIIIe arrondissement de Paris, joint la place de la Concorde à l'avenue Matignon en passant devant la grille du Coq des jardins de l'Élysée. Elle n'est construite que sur son côté nord et les appartements donnent, au sud, sur le jardin des Champs-Élysées.

familial. Ils représentent une partie de la saga de la lignée.

Ces cadres de vie sont à l'origine de souvenirs d'enfance qui sortent de l'ordinaire. « J'ai vécu une enfance exceptionnelle, stupéfiante, raconte Monique de Rothschild. D'ailleurs je me demande souvent si ce n'est pas un rêve éveillé, tant j'ai parfois du mal à réaliser que j'ai vécu cette enfance-là. J'ai grandi à l'abbaye des Vaux-de-Cernay, propriété fabuleuse qui appartenait à mon grand-père. C'est pour moi un conte, une légende. C'était étonnant à tous égards avec les quatre-vingts chevaux aux écuries, avec l'eau de source de la fontaine Saint-Thibault qui était mise en bouteilles sur place, avec une étiquette. C'était une propriété magique. Même l'odeur, ce mélange de pierre et de bois. » Monique de Rothschild a passé son enfance, jusqu'à l'âge de sept ans, au milieu des dentelles de pierre des salles gothiques et des vestiges d'une abbaye cistercienne du XIIe siècle, sous les croisées d'ogives qui abritaient des collections d'art du Moyen Âge et de la Renaissance, des sculptures des XVe et et XVIe siècles, des pièces d'orfèvrerie, des tapisseries [9].

Le château d'Arcangues, près de Biarritz, contient de nombreuses œuvres d'art. Le très vaste salon de réception, où Michel d'Arcangues accueille ses visiteurs devant un tableau de Renoir, est éclairé par une verrière, à la façon de celui de Ferrières. Cet immense « hall » s'élève sur deux étages. Le premier étage est marqué par une galerie en encorbellement qui surplombe le rez-de-chaussée sur les quatre côtés. Cette galerie est occupée par la bibliothèque qui abrite 15 000 volumes. Ces amples espaces sont envahis par les souvenirs de famille, les photographies, les tableaux, les objets d'art, dans une profusion qui fait oublier la majesté des lieux et parvient à leur donner une chaude intimité. Il est bien difficile de faire la part du culturel et du familial dans un

9. Voir François G. ROCHE, *Les Rothschild à l'abbaye des Vaux-de-Cernay*, Paris, I.D.C. plus, coll. « La vallée de Chevreuse en 1900 », s.d.

tel univers. Passionnés de littérature et de cinéma, le grand-père et le père de Michel d'Arcangues ont publié plusieurs volumes de poésie et de souvenirs ou d'essais critiques. Ils ont accueilli dans leur maison de nombreux artistes et écrivains dont les photos dédicacées, les lettres, les ouvrages dédiés remplissent plusieurs vitrines d'un salon attenant au grand hall. Maurice Ravel, Stravinsky, Hemingway, Cocteau, mais aussi Churchill ou de Gaulle, parmi bien d'autres, ont ainsi honoré Arcangues de leur présence. La trace de leur passage nourrit le musée privé qu'est Arcangues d'une note très familiale : la culture ici est la vie même.

De même, au cœur de la vieille ville de Grasse, l'hôtel particulier où vit la famille de Fontmichel mêle la culture artistique et historique à la vie la plus quotidienne. Cet hôtel est dans la famille depuis 1774. Il offre une enfilade de salons « décorés de toiles exécutées à Francfort dans la maison natale de Goethe à la demande du comte de Theas Thorenc [le premier propriétaire de cette demeure] qui s'y trouvait en qualité de représentant de Louis XV en 1759 ». Classé monument historique dans certaines de ses parties, cet immeuble bénéficie de mentions dans les guides consacrés à la région [10].

Le comte Hervé de Fontmichel, ancien élève de l'Institut d'études politiques de Paris, est issu d'une famille dont la noblesse fut acquise par charge au XVIIIe siècle. Elle avait la particularité de combiner « des moyens financiers relativement importants avec un très haut niveau culturel », les études y ayant toujours été très valorisées. Au capital scolaire s'ajoute le fait que les hommes de cette famille « ont tous contracté des mariages avec des femmes intelligentes, brillantes, diverses, et le fait qu'ils étaient tous extrêmement musiciens ». Pour corroborer ces affirmations, Hervé de Fontmichel rappelle que l'un de ses ancêtres fut choisi, à la création de l'École normale supérieure, en 1794, pour

10. Ainsi dans le guide *Alpes-Maritimes*, Paris, Gallimard, 1994, p. 316.

être l'un des deux jeunes lettrés du département des Alpes-Maritimes à faire partie de la première promotion du nouvel et prestigieux établissement. « C'était un poète latin [...]. Mon arrière-grand-père a été Grand Prix de Rome de composition musicale en 1822, mais ce fut également un historien de valeur. » Dans son cabinet d'avocat, qui occupe le dernier étage de l'imposant bâtiment, maître de Fontmichel travaille sur un bureau derrière lequel Chateaubriand le précéda. Il a appartenu en effet à l'une des maîtresses de l'écrivain, la marquise de Custine, et fut réalisé « par l'ébéniste parisien Gaudreaux, sous Louis XV. Mon père était un grand lecteur de Chateaubriand et de tous les historiens du XIXe siècle ». Les meubles eux-mêmes ont leur pedigree et leur fonction est éclipsée par la qualité des rappels historiques et l'évocation d'ancêtres. Le mobilier est ainsi un support matériel de la transmission culturelle et de l'identité familiale.

Âgé de vingt ans, étudiant en droit, Alexandre, l'un des fils de M. de Fontmichel, affirme qu'en « grandissant entouré de belles choses, on ne peut que les apprécier par la suite. On a des parents très cultivés qui ne nous ont jamais dit : " Ce tableau est joli parce qu'il coûte cher ", mais qui nous ont toujours expliqué les origines des tableaux, qui nous ont parlé des peintres et de la façon dont ils peignaient. On nous a donc appris à aimer les belles choses pour ce qu'elles sont et non pas pour ce qu'elles pourraient valoir si on les vendait. Et d'aimer le beau pour le beau, c'est agréable parce que ça permet de voir la beauté des choses sans tout de suite voir le côté patrimonial ».

Les avoirs culturels et leurs savoirs

Les biens immobiliers, les objets de luxe comme le mobilier de style, les arts de la table, les vieux livres, la haute joaillerie, les sculptures ou les tableaux vont de pair avec un langage et une culture spécialisés qui permettent de comprendre et d'apprécier les techniques mises en œuvre dans leur réalisation. Aussi les membres de ces familles évoluent-ils dans les ventes aux enchères, chez les antiquaires ou dans les galeries d'art avec l'aisance que donnent compétence et érudition. Ces savoirs, à la fois techniques et culturels, liés aux objets de luxe et aux objets d'art, sont transmis au sein de la famille par cette familiarisation insensible dont bénéficient ceux qui grandissent dans de véritables musées. Ces apprentissages savants se réalisent d'abord dans le cadre de la vie quotidienne et doivent une partie de leur efficacité au fait que c'est l'identité familiale elle-même qui est, aussi, transmise à travers eux.

Les techniques et les savoirs ainsi acquis permettent d'appréhender ceux du peintre, de l'orfèvre ou de l'ébéniste et d'apprécier le travail réalisé, la qualité de l'objet d'art. La richesse du vocabulaire associé à ces objets et son usage courant, dans les salles de ventes ou les revues d'art et de décoration, témoignent de l'imprégnation de la grande bourgeoisie par cette culture. « Il est des domaines, écrit Claude Duneton, où le Français perd toute notion d'abstraction et de détachement hautain, où il redevient tout à coup sérieux, concret, tatillon, même, dans son besoin de désigner les choses avec une minutie farouche. Quel domaine ? Voilà qui est surprenant ! Le domaine technique qui fait partie de la conversation et des préoccupations des hautes sphères de la société [11] ! » Les exemples donnés concernent la joaillerie et le monde du cheval. Ces vocabulaires et savoirs sont partagés avec les praticiens, artisans, éleveurs et entraîneurs. Le monde de l'art, celui de l'architecture ou l'art des jardins auraient pu fournir d'autres lexiques, dont l'usage dépasse celui des professionnels pour concerner aussi les amateurs éclairés, parmi lesquels les membres des familles nobles ou bourgeoises sont nombreux.

11. Claude Duneton, *Parler croquant*, Stock, 1973, p. 125.

Toute cette culture technique est marquée du sceau de la tradition, ce qui la préserve de la menace d'obsolescence. Dans les techniques traditionnelles de la haute joaillerie, il s'agit de reproduire des gestes ancestraux. Ces savoirs traditionnels peuvent concerner des domaines aussi variés que l'œnologie ou l'élevage des chevaux (on parle d'ailleurs aussi de « négociants-éleveurs » dans le domaine du vin). La connaissance de l'histoire de l'art et de l'évolution de ses techniques est très prisée. Ces savoirs sont en profonde homologie avec l'idée de lignée. Il s'agit au fil du temps, parfois, d'améliorer et d'affiner. Mais surtout, plus le temps passe, plus l'objet produit et l'activité elle-même sont valorisés. On est donc aux antipodes de l'électronique et de l'informatique où le temps rend vite obsolètes matériels et technologies. Où le critère de la rapidité est essentiel, ce qui n'a guère de sens dans l'artisanat de luxe et encore moins dans la production artistique.

Grandir dans un musée, y faire ses premiers apprentissages, au sein d'un patrimoine culturel et artistique, cela contribue à former l'œil, comme on dit sur le marché de l'art. Tant et si bien que le titre d'expert en œuvres d'art n'exige aucun diplôme, ce qui était également le cas, jusqu'en 1973, pour la charge de commissaire-priseur elle-même [12]. Il n'est pas étonnant dans ces conditions que les experts comme les commissaires-priseurs aient des origines sociales élevées. « De longue date, les charges de commissaires-priseurs ont été

12. « Il est évident qu'un bon diplôme n'a jamais fait un bon expert, car en ce métier tout est affaire d'œil, de flair, d'expérience », trouve-t-on écrit dans un numéro spécial de *Connaissance des arts* consacré à Drouot, paru en mai 1988. Sur ce thème, voir Raymonde MOULIN et Alain QUEMIN, « La certification de la valeur de l'art », *Annales*, novembre-décembre 1993. Les auteurs écrivent que « le titre d'expert, en France, n'est ni reconnu, ni protégé et la profession n'est pas réglementée. N'importe qui peut s'intituler expert [...]. " L'œil ", " le regard ", " le sixième sens " alimentent traditionnellement le florilège des propos tenus par les experts généralistes. " L'œil " est hypervalorisé comme don de nature fondant la supériorité du spécialiste sur le profane. C'est à ce titre qu'il est revendiqué comme substitut du diplôme » (p. 1428).

acquises par un nombre relativement restreint de familles. Étant donné le coût élevé d'acquisition des charges, celles-ci étaient traditionnellement acquises par la bourgeoisie d'offices ou, plus largement, par la bourgeoisie de robe [13]. » Toutefois la fortune ne suffisait pas et un minimum de références artistiques et culturelles étaient nécessaires, sauf à ruiner la charge. Cette compétence est acquise dès le plus jeune âge par la longue fréquentation des œuvres chez soi, chez les grands-parents et les autres membres de la famille, chez les amis de cette famille, dans tout cet univers résidentiel de la grande bourgeoise où vit dans une existence semi-clandestine une partie importante du patrimoine culturel national. Les incorporations réussies d'une compétence familièrement acquise sont vécues et apparaissent comme un don personnel, une qualité innée de la personne.

Aujourd'hui la charge de commissaire-priseur exige au moins la possession d'une licence de droit et d'un DEUG d'histoire de l'art (ou d'un DEUG de droit et d'une licence d'histoire de l'art) complétés par deux années de stage dans une étude, après un examen d'entrée, sanctionnées à leur issue par un examen professionnel. Cette réglementation nouvelle semble avoir été adoptée en raison de difficultés survenues dans l'exercice de la profession, les charges transmises par héritage n'étant pas toujours assumées de façon satisfaisante. Cela n'a pas changé les caractéristiques sociales du recrutement des commissaires-priseurs qui restent très majoritairement issus de bonnes familles. Même si, comme le note Alain Quemin, « on peut voir dans cette origine sociale commune le poids lié à l'acquisition d'une charge », même si « l'exercice professionnel des commissaires-priseurs s'appuie sur un “travail” qui nécessite de

13. Alain QUEMIN, *Les Commissaires-Priseurs : analyse d'une profession et de son rôle dans les ventes aux enchères*, thèse de doctorat, Paris, EHESS, décembre 1994, p. 54. Voir aussi, du même auteur, « Les commissaires-priseurs français : de la tradition à la modernité », *Encyclopædia universalis*, vol. *Universalia 1994*, p. 274-277.

maîtriser les règles du jeu de la sociabilité bourgeoise et d'appartenir aux bons réseaux », la formation de « l'œil » par une enfance immergée dans les objets et les œuvres d'art est décisive. « L'orientation d'enfants de la bourgeoisie vers la profession de commissaire-priseur s'explique aussi par le type d'expertise sociale qui est mis en œuvre dans le cadre de l'exercice professionnel [14]. » Tel collaborateur de Jacques Tajan se souvient d' « avoir toujours habité dans des maisons où il y avait de jolies choses. Mes ancêtres, ajoute-t-il, avaient des relations étroites avec des marchands de tableaux fort célèbres ». En fait, comme dans le monde de la banque, on a ici une profonde homogénéité sociale entre le commerce de l'art, l'univers des ventes aux enchères et la grande bourgeoisie. Les professionnels et leurs clients appartiennent au même monde, parlent le même langage, ont les mêmes manières et les mêmes goûts. Tant et si bien que les vocations de commissaire-priseur sont encore présentes parmi les jeunes de ces milieux. Philippe-Emmanuel de Fontmichel envisage cette carrière, « parce que le métier touche le commerce, le droit, les sciences humaines, la culture et l'art ».

Mais les héritiers manifestent parfois quelque coquetterie à reconnaître les effets d'un tel environnement sur la formation des goûts et de la sensibilité. Comme Thierry de Valréal, expert en tableaux modernes, propriétaire d'une galerie d'art, qui se refuse à admettre que le cadre d'une enfance dans une grande famille de la noblesse ait pu contribuer à former son goût pour les beaux objets. Quelques secondes après avoir affirmé qu'il n'était en rien prédestiné à assumer les occupations professionnelles qui sont les siennes, sa « famille n'étant pas du tout là-dedans », il reconnaît implicitement avoir grandi dans un environnement hors du commun. « J'ai eu la chance par mon milieu familial d'être dans de belles choses », dit-il. Mais c'est pour ajouter aussitôt

14. Alain Quemin, *Les Commissaires-Priseurs. La mutation d'une profession*, Paris, Anthropos, 1997, p. 244.

que ces belles choses, « on les voit sans les voir, puisqu'on est dedans. On ne fait pas attention ». Cette dénégation, très fréquente, a sans doute pour raison d'être la difficulté de percevoir clairement les effets de ces influences d'autant plus décisives qu'elles s'exercent sans être ressenties. Mais, en outre, en limitant l'influence reconnue au milieu social, à ce qui peut être considéré comme relevant de l'acquis, on préserve le rôle de l'inné, de la qualité intrinsèque de la personne. Par cette dénégation, on s'offre la possibilité de recourir à l'explication par le don, perçue comme plus valorisante que celle qui renvoie aux héritages et aux transmissions socialement déterminés. Ou, plus précisément, on inscrit l'excellence sociale dans la logique d'un don héréditaire, d'un don familial. C'est l'ensemble de la lignée qui est exceptionnelle.

Ce domaine du goût cultivé, de la connaissance intime des styles et des objets est l'un des plus classants car il renvoie à des expériences primordiales, fondatrices des identités individuelles autant que sociales. L'intériorisation, l'incorporation des savoirs ainsi constitués transfigurent en qualités innées les capacités de jugement acquises. On comprend que cette aisance ou son contraire, cette maladresse, dans la maîtrise des biens de culture soient au principe de jugements sans appel sur les personnes, reconnues et cooptées ou méprisées et rejetées. Ces jugements sociaux sont mis en œuvre pour séparer le bon grain de l'ivraie, à l'intérieur même des familles fortunées, en distinguant nouveaux riches et vieilles familles dans l'aisance relative à maîtriser époques, styles et écoles. On peut avoir fait fortune sans avoir hérité de ces savoirs si spécifiques. Le recours à des spécialistes, accompagné d'une remise de soi culturelle, comme le patient contraint de s'en remettre aux savoirs du chef de clinique, révèle la misère culturelle de ces parvenus de la fortune qui se trahissent comme tels lorsque, chez l'antiquaire, leur désarroi les place à la merci de professionnels. Ceux-ci sont alors sollicités pour aider le néophyte fortuné à s'orienter dans ce dédale où seule une longue pratique permet de se mouvoir avec aisance. Les sommes en jeu sont importantes mais il s'agit pour le nouveau venu sur ce marché de l'art et des antiquités de ne pas commettre d'impair et de n'acheter que ce qui a une indéniable légitimité culturelle, et donc une réelle valeur symbolique. « Ces nouveaux venus, qui ont beaucoup d'argent mais encore peu d'expérience des objets d'art, iront naturellement prendre conseil et acheter chez les grands antiquaires », constate Christiane de Nicolay-Mazery qui travaille dans l'étude de son cousin, Raymond de Nicolay, considéré comme *le* commissaire-priseur des familles de l'aristocratie. « Ce n'est qu'après avoir longtemps acheté chez les grands antiquaires que les fortunes récentes se risquent à fréquenter les salles des ventes où il faut se déterminer rapidement et seul, même si l'on a pu auparavant prendre quelques conseils. »

Art de vivre et œuvres d'art

Le commerce des objets d'art et des antiquités prend d'ailleurs des formes mondaines caractéristiques de cette imbrication de la sociabilité, de la culture et des affaires propre à la haute société. Mme Girardet est antiquaire sur les hauteurs de Sainte-Maxime, face au port de Saint-Tropez que l'on aperçoit depuis chez elle par-delà le golfe. Elle entretient des relations suivies avec toutes les familles anciennes de la région. « J'ai acheté des objets à de grandes familles d'ici, dit-elle, lorsqu'elles ont eu des besoins d'argent, notamment au moment d'une succession. » Elle a fait construire, sur les plans conçus par son fils, architecte, une villa que la lumière traverse de toutes parts, très moderne mais parfaitement intégrée à la colline. Elle y vit au milieu de ses meubles, de ses tableaux, de ses vases, de ses statues en terre cuite, de sa collection de négrillons ou d'objets en marqueterie de paille [15]. La villa est l'écrin dans lequel sont présentées les merveilles qu'elle propose de vendre à ses hôtes fortunés qu'elle reçoit à dîner. On visite la maison et Mme Girardet conseille les plus hésitants dans l'achat de telle ou telle pièce. « Les familles nouvellement enrichies, dit-elle, achètent fort cher de jolies choses, comme si elles cherchaient à acquérir à n'importe quel prix quelque légitimité en s'appropriant des meubles anciens ayant appartenu à de grandes familles anciennes. » Ces dépenses ont du mal à se distinguer de celles qui manifestent trop ouvertement la puissance financière pour qu'on puisse en réduire le sens à leur seule fonctionnalité. Ainsi, dans une région où les routes sont souvent encombrées, ces familles utilisent volontiers l'hélicoptère pour se déplacer et par exemple aller passer la soirée à Monte-Carlo lorsqu'on réside à Saint-Tropez. L'achat d'un meuble, d'une table, d'un secrétaire, de quelques fauteuils, pour des sommes importantes, entre dans la même logique somptuaire. Il faut prouver et se prouver que tout vous est accessible. Cela a peu à voir avec la passion du collectionneur averti et érudit, même si le désintéressement culturel ne saurait, là aussi, épuiser le sens d'une pratique.

À ce niveau de fortune on prend volontiers plusieurs avis et si l'antiquaire a toujours son mot à dire, Mme Girardet doit compter avec la rivalité du décorateur qui, venu tout exprès de Paris par avion, accompagne ses clientes qui souvent s'en remettent assez aveuglément à ses diktats. « C'est lui qui fait la loi. »

L'une des caractéristiques de la haute société est de tout transformer en culturel, de faire de chaque domaine de l'activité humaine un prétexte à collections et à savoirs apparemment désintéressés. Il en est ainsi

15. Il est significatif que les revues luxueuses consacrées à l'immobilier et à l'aménagement du domicile puissent consacrer de longs articles à des demeures qui sont, comme la maison de Mme Girardet, de véritables vitrines de musée où le culturel et le quotidien sont inextricablement mêlés.

avec le vin et l'œnologie. Le vin est en parfaite harmonie avec l'idée de lignée, non seulement parce qu'il se bonifie en vieillissant, du moins jusqu'à un certain âge, mais aussi parce que les pieds de vigne, comme les chevaux et les chiens de meute, sont l'objet de soins incessants, de croisements savants et d'un élevage de tous les instants. Une vigne est le produit maîtrisé de la durée, de l'observation, des essais et des erreurs dans la recherche de l'amélioration de la lignée. Il n'est donc pas incohérent qu'il puisse y avoir des ventes de vins prestigieux dans des lieux de renom. Maître Tajan a dispersé le 22 novembre 1993, dans les salons de l'hôtel George V, les quelque 3 000 bouteilles de la cave de l'hôtel particulier de la comtesse Josée de Chambrun. Des crus de tout premier ordre, comme des Yquem 1900 ou des Château-Ladore 1875, de « belle et aristocratique provenance », ne pouvaient qu'attirer des collectionneurs qui prennent en compte l'étiquette, l'aspect extérieur de la bouteille et du vin, même si celui-ci, plus que centenaire, n'est plus buvable. Toutefois on peut aussi rêver de boire un vin exceptionnel. « Pour les amateurs, déclare un des collaborateurs de l'étude aux visiteurs de l'exposition, c'est aussi pour le goût, pour un certain hédonisme. Boire un bordeaux de grand cru comme 1945, avec des amis, c'est vraiment un moment d'exception. »

Tous les aspects de la vie quotidienne sont donc transfigurés, transformés en éléments culturels, la distinction entre le culturel et l'anthropologique n'ayant plus de sens. Comme si le bon goût, la distinction, la qualité et le raffinement des références venaient à chaque instant légitimer et conforter la position des dominants. Le dernier tailleur acheté vient de chez Chanel, la montre offerte pour les dix-huit ans d'un adolescent est signée Cartier, et le gâteau meringué est un chef-d'œuvre de Lenôtre. La griffe contribue à sanctifier les objets du quotidien et à en changer le statut : les objets de consommation, simples supports nécessaires aux pratiques ordinaires de la vie ordinaire, deviennent des objets d'art dignes des musées, des défilés de mode, des rubriques culinaires de grands journaux, des revues de décoration ou d'architecture. L'art envahit la vie quotidienne de ceux qui peuvent faire de leur quotidien un art de vivre.

Les arts de célébration

Cet art de vivre est à l'origine de commandes et suscite indirectement l'existence de certains secteurs de la production d'œuvres. L'art du portrait et les arts animaliers et cynégétiques en sont des exemples. Ces formes d'art, suscitées par la bourgeoisie elle-même, sont alors encore plus imbriquées avec l'existence quotidienne de ces familles.

Avant l'apparition de la photographie, les familles de la noblesse et de la grande bourgeoisie ont recours aux artistes plasticiens pour immortaliser leurs traits. Ces artistes appartiennent parfois à la famille elle-même, comme la duchesse de Doudeauville, épouse de Stanislas de La Rochefoucauld, qui peignit des portraits de ses proches, objets d'une vente aux enchères en 1989 à l'hôtel Drouot. Il n'est pas rare que des artistes de renom contribuent à l'entretien de la mémoire familiale. La galerie de portraits des ancêtres en perpétue le souvenir tout en accroissant le capital symbolique de la famille dont le nom entre ainsi dans l'histoire de l'art. Les exemples abondent. Deux petites filles de la famille Cahen d'Anvers sont saisies en bleu et rose par Auguste Renoir. Foujita fut un peintre quasi officiel de la bonne société et réalisa plusieurs portraits de la comtesse de Noailles [16]. Lorsqu'ils sont ceux de personnages ordinaires, les noms des modèles des peintres

16. Voir *La Peinture mondaine de 1870 à 1960*, Paris, Éditions Celia, 1993. Dans ce livre suscité par la duchesse de Gramont et réalisé par Patrick Chaleyssin et Thierry Vasseur figure un portrait de la duchesse de Gramont par Trafford Klots, de la vicomtesse Charles de Noailles par Salvador Dali, des cinq frères de Ganay par Sébastien de Ganay, le fils de Victoire de Montesquiou.

sont généralement omis dans le titre du tableau. Il en va autrement lorsqu'il s'agit de personnalités connues dont le nom continue à figurer dans les catalogues ou les guides des musées après que l'œuvre a quitté le patrimoine de la famille. Il en est ainsi dans la demeure du peintre Hébert (1817-1908), rue du Cherche-Midi, dans le VIe arrondissement de Paris, transformée en musée. On peut y contempler des portraits de femmes de la haute société à côté de ceux de servantes. Ainsi celui d'« Agnès de Pourtalès, marquise de Loys-Chandieu », tient compagnie à celui d'une « jeune lavandière songeuse ».

La passion de la chasse à courre a suscité, au sein de l'art animalier, tout un secteur de production qui vient en retour conforter et légitimer une pratique magnifiée par sa célébration artistique. Les arts de la vénerie, dans leur réalisme, entretiennent, nourrissent la passion des veneurs qui voient dans ces œuvres une sorte de consécration. Ce qui est valorisé d'abord, c'est la parfaite connaissance des animaux, de leur morphologie, de leurs attitudes. La précision recherchée exige, comme pendant la chasse, une attention et une patience de tous les instants dans le souci de la finesse et le soin du détail. Les aquarelles du baron Karl Reille sont ainsi d'excellentes évocations des épisodes de telle ou telle chasse. Cette peinture de circonstance, dont la production n'est pas tarie, est un rappel des émotions de la chasse et les veneurs, parmi ceux qui en ont les moyens, sont nombreux à orner leurs demeures d'œuvres de cette sorte. En cela les arts de la vénerie sont des arts d'illustration où l'invention proprement plastique est au service de la relation enchantée des veneurs à la nature, à la forêt et aux animaux. L'art doit rendre compte de ces émotions, en saisir les fondements, et ce de la seule façon possible, avec le réalisme propre aux arts de célébration.

Ces formes artistiques mêlent intimement les œuvres plastiques à la vie quotidienne des familles, à leur mémoire, à leurs passions. On trouve l'équivalent des arts de la vénerie dans les traditions des peintres et artistes de la vie maritime. Le musée de la Marine créé par Roland de La Poype à Antibes constitue l'une des attractions du Marineland dont il est le fondateur. Descendant de l'amiral de La Poype de Ventrieux, il a hérité des collections déjà remarquables qu'il a développées par la suite. De nombreuses maquettes retracent l'évolution des différents modes de navigation, à rames, à voile ou à moteur, de l'Antiquité à nos jours. De multiples objets, curieux ou raffinés, évoquent la mer sous tous ses aspects, et les voyages au loin qu'elle suggère. Des pipes à opium en écaille de tortue voisinent avec des cannes en vertèbres de requin, des marqueteries en nacre ou des bijoux en os de baleine. De nombreux tableaux évoquent les batailles navales et les voyages au long cours. Une tapisserie du XVIe siècle représente une scène de chasse à la baleine. Le Marineland offre des attractions liées à la mer ou aux pays exotiques, avec ses spectacles d'orques et de dauphins et une tropicale jungle des papillons. L'ensemble forme une entreprise de 85 salariés permanents (sensiblement plus en haute saison), sur les 5 hectares aux portes d'Antibes et de Biot, et accueille quelque 800 000 visiteurs par an. Roland de La Poype, propriétaire de l'ensemble, a développé sa fortune à partir d'innovations technologiques liées aux matières plastiques (les berlingots Dop, la carrosserie de la Méhari). Affaires et culture sont ainsi mêlées et ce musée de la mer permet de prendre la mesure des richesses qui peuvent être accumulées dans un cadre familial.

Connivences culturelles

Le musée privé que constitue la demeure d'une grande famille est utilisé pour des pratiques dont l'orientation pédagogique est parfois délibérée. Il s'agit de s'appuyer sur cette présence constante d'œuvres remarquables, chargées d'histoire et de culture, pour développer goûts et connaissances. Là encore, entretiens et mémoires abondent en témoignages sur une enfance où le cadre de vie est prétexte à leçons d'histoire, de littérature et d'histoire de l'art.

La comtesse Jean de Pange décrit ainsi la maison familiale, propriété de ses grands-parents. « Les magnifiques meubles et les objets d'art de la collection [du grand-père] remplissaient la maison. Le rez-de-chaussée surtout était un véritable musée [17]. » Puis elle montre comment les éléments de ce musée intervenaient dans son éducation. « Les fauteuils et les canapés des grands salons étaient recouverts de tapisseries sans doute très belles, représentant des fables ou des scènes de la mythologie. Ma grand-mère inventait un jeu de poursuite entre les meubles d'un fauteuil à l'autre en chantonnant : *Promenons-nous dans le bois/Pendant que le loup n'y est pas !* Mais, chemin faisant, elle me donnait des explications sur les personnages et les animaux des mythes anciens. Elle savait parfaitement ces histoires des dieux des Grecs et des Romains [18]. » Par ce patrimoine familial la culture savante entre dans la sphère domestique, s'y love comme le chat sur le canapé, elle y ronronne tout à son aise. Animal familier, elle est un compagnon de tous les jours, elle est vivante et chaleureuse, réconfortante par sa présence constante qui assure la continuité entre le domestique et le public, entre la culture familiale et celle des musées, des salles de spectacles, des établissements d'enseignement. La culture n'est pas une compétence particulière, acquise par une attitude délibérément extravertie et tournée vers les établissements spécialisés dans sa diffusion, mais une manière d'être, une manière de vivre, un élément de l'*habitus* comme la politesse, le respect des ancêtres et des traditions, le goût pour l'entre-soi.

La familiarité avec la culture s'appuie aussi sur l'aisance financière. Véronique de Montremy se rappelle

17. Comtesse Jean de Pange, *Comment j'ai vu 1900*, *op. cit.*, t. 1, p. 21.
18. *Ibid.*, p. 65-66.

la librairie à l'angle de l'avenue Marceau « où papa nous avait ouvert un compte absolument illimité, ce qui était génial car la responsable de la librairie adorait tout ce qui était littérature étrangère. Tous les samedis après-midi nous passions au moins une heure à discuter de livres étrangers. Car papa était quand même très centré sur les XIXe et XXe siècles français. De telle sorte que c'est grâce à cette dame, une sorte de mentor intellectuel, que nous avons beaucoup lu de littérature étrangère ». Sa grand-mère maternelle lui a offert la possibilité d'assister au festival de Bayreuth en récompense de sa réussite au baccalauréat. « Donc je suis allée à Bayreuth pour mon bachot. La culture était vraiment intégrée à la vie. »

L'école peut prendre le relais du milieu familial, mais pas n'importe quelle école, bien entendu. Éva Thomassin, on l'a vu, fille d'une riche famille originaire d'Argentine, pensionnaire dans un établissement scolaire de Lausanne fréquenté par des enfants royaux et des héritiers de grandes fortunes internationales, montre que ces écoles privées exceptionnelles reproduisent ce rapport de connivence avec l'univers culturel. « Il y a eu un voyage en Italie, de Milan à Naples. Toute l'Italie, pour visiter les musées. C'est un voyage que je n'oublierai jamais, les trains merveilleux de cette époque, les tableaux que j'ai vus dans les musées. On devait être très, très bien accompagnées pour qu'on nous fasse aimer à ce point la peinture, les Fra Angelico... Inoubliable ! À tel point que quand je vois un tableau aujourd'hui, je le reconnais tout de suite. L'autre jour j'ai dit : “ Ah ! c'est un Filippo Lippi. ” Ça ne s'oublie pas. » Cet apprentissage culturel a toujours aussi une dimension mondaine : il s'agit de maîtriser la culture nécessaire à une gestion efficace du capital social. « On nous préparait à entrer dans un salon et à savoir discuter intelligemment, de façon cultivée. » D'ailleurs ce qui caractérise les établissements scolaires valorisés par les grandes familles réside dans la complémentarité avec laquelle ils assurent la transmission de toutes les formes de capitaux, scolaire, culturel, mais aussi social, symbolique et même physique par l'importance accordée au corps et aux sports. En somme une éducation totale pour un homme total.

La culture savante est un élément fondamental de la pédagogie implicite mise en œuvre par les classes supérieures. Le rallye culturel, première étape des rallyes qui regroupent de façon exclusive, par la constitution de listes fermées, des adolescents qui appartiennent au même monde, est l'une des formes mondaines de la familiarisation avec les œuvres de culture [19]. Il n'est pas indifférent en effet que dans ces groupes de jeunes issus de bonnes familles les visites de châteaux ou d'églises et les spectacles se fassent de manière collective. Le rallye créé par le comte Henri de Burton a commencé ses activités par une série de visites culturelles. Dont Chantilly. « Nous sommes allés à la messe dans l'église d'un village dont les vitraux sont très beaux. Le curé était prévenu pour nous faire visiter l'église. » Ensuite le château de Chantilly. « Pour cela, poursuit M. de Burton, j'avais appelé un ami membre de l'Institut, de l'Académie des beaux-arts, qui m'a mis en contact avec l'administration de Chantilly. On avait son pique-nique. Dans l'aristocratie, on fait les choses simplement. On a mangé le pique-nique dans le jeu de paume. Nous avons fait remarquer aux enfants qu'il s'agissait là d'un privilège dont il fallait avoir conscience. » La simplicité, ainsi, n'exclut pas le traitement de faveur, qui ne serait pas accordé à n'importe qui : ne pique-nique pas qui veut dans une salle d'un monument historique. Et ce que, justement, les jeunes apprennent ainsi, c'est qu'ils ne sont pas n'importe qui.

Ils l'apprennent aussi en échappant à l'anonymat du touriste moyen. Le curé les attend et leur fait visiter l'église, l'administration du château les accueille et leur accorde ce qu'elle refuse aux autres. Les visites sont

19. Sur ce point, voir notre ouvrage *Dans les beaux quartiers*, *op. cit.*, p. 167-169.

ainsi l'occasion d'expérimenter le capital social dont on dispose par l'entremise des parents et dont on est appelé à hériter. Le rallye a découvert quelques ambassades. « Les enfants seuls ont visité l'ambassade d'Angleterre, mais l'ambassadeur – j'ai beaucoup d'amis ambassadeurs – avait invité les parents à prendre le thé. » Au château de Breteuil « nous avons été reçus par M. et Mme de Breteuil. Ce sont des amis. Nous avons pique-niqué au pied de l'orangerie ». Dans leurs souvenirs, les jeunes ne pourront plus dissocier le plaisir de la familiarité acquise avec une œuvre de culture et le sentiment que les conditions inhabituelles dont ils ont bénéficié pour accéder à cette œuvre n'étaient dues qu'à la qualité de leur famille. La culture, ainsi, n'est pas séparée de la vie mondaine : au contraire, elle en est un aspect indissociable qui pourra culminer avec les premières théâtrales, les vernissages et autres conférences. Ce qui est inculqué, c'est une familiarité extrême avec la culture qui dépasse celle que peuvent transmettre les parents : c'est la familiarité sociale d'une élite dans son ensemble avec le passé culturel, le patrimoine national et international. Comme l'écrit Fernand de Saint-Simon à propos d'un autre rallye, « le monde, c'est bien, la culture c'est mieux, mais les deux ensemble, c'est ce qu'il y a de meilleur [20] ».

UNE CULTURE BIEN ÉTABLIE

La familiarité entretenue avec les œuvres de culture, les savoirs accumulés à leur propos, leur présence dans l'univers familial et dans l'environnement quotidien, induisent sûreté et sérénité dans les rapports entre les amateurs éclairés et les choses de l'art. Pour une part parce que les œuvres et les objets relèvent souvent d'un art connu, certifié, entériné par les historiens. Mais

20. Fernand de SAINT-SIMON, « Le rallye du Peloux », *L'Éventail*, n° 4, novembre-décembre 1987.

surtout parce que, sur la base de modes collectifs d'appropriation, en tant que prétextes ou supports d'une sociabilité intense, les manifestations culturelles enracinent l'art au cœur de l'identité sociale du groupe.

Toutefois cette inculcation du rapport savant à la culture savante trouve assez fréquemment une certaine limite dans le caractère « classique », ou au moins consacré de la culture ainsi transmise. Les familles envisagées ici sont de vieilles familles, dont les positions dominantes et les grandes fortunes sont anciennes. Or plus ces familles sont anciennes, plus le patrimoine peut être riche en objets et œuvres d'art, mais plus aussi ce patrimoine sera éloigné des formes de la production artistique moderne ou contemporaine. Thierry de Valréal explique que des vieilles familles de noblesse de robe ou de banquiers protestants ont laissé passer l'impressionnisme ou le fauvisme et plus généralement tout l'art moderne (au sens des commissaires-priseurs, c'est-à-dire postérieur à 1830). « On restait avec nos vieilles croûtes, les portraits de nos grands-mères et des paysages, encore dans l'esprit du XVIIIe ou début XIXe, explique-t-il. On ne travaillait pas. La bourgeoisie montante, industrielle, elle, a gagné de l'argent. Ils ont construit les beaux hôtels dans Paris, tous les immeubles d'Haussmann, qu'il a fallu ensuite décorer. Et qu'est-ce qu'ils sont allés acheter ? Ce qui se faisait au goût du jour. On les regardait en se disant : qu'est-ce que c'est que ces nouveaux riches. Et ces nouveaux riches de l'époque, ils achetaient la peinture qui se faisait à ce moment-là. Vous trouverez très rarement dans les familles aristocratiques des tableaux de Renoir, des tableaux de Picasso, ou des tableaux de Monet et Manet. Très peu. Alors que chez les gens qui étaient dans l'industrie, ou la banque, les finances, tout ce qui a explosé à la fin du XIXe, eux ils sont allés acheter ce qui se faisait, les peintres contemporains. Alors il y en a qui, manque de pot, ont acheté les pompiers, qui aujourd'hui ne valent plus rien. Alors qu'ils ont payé ça des fortunes.

Mais ils allaient aussi acheter une toile de Cézanne qui se vendait très difficilement, un Gauguin, un Lautrec, ou des peintres comme ça. Tous ces nouveaux riches ont acheté ce qui se faisait. »

Ainsi les enfants des plus vieilles familles ne sont-ils pas toujours les mieux placés pour être initiés et sensibilisés à l'art vivant. Ce qu'ils ont sous les yeux les rend plus proches des œuvres classiques, d'époques plus anciennes, celles où une grande partie du patrimoine fut accumulé. « Moi, quand je suis rentré dans ce métier, reconnaît Thierry de Valréal, j'étais bercé par la peinture traditionnelle : XVIIIe, XIXe. Je reconnais que, lorsque je suis rentré sur le marché de l'art, je regardais un tableau de Braque, de Picasso, je regardais ça et je me disais : mais qu'est-ce que c'est que ces barbouillages ? Parce que je n'étais pas mûr, je n'étais pas prêt. »

Véronique de Montremy, fille de Berthilde de Wendel, dont la fortune familiale est établie depuis le XVIIIe siècle, raconte que, pour ses grands-parents maternels, « l'idée d'acheter un Picasso ne leur serait jamais venue à l'esprit. On achetait du XVIIIe ! Et on s'arrêtait à 1789, date à laquelle l'esthétique disparaissait ». Du côté paternel, où, toutes proportions gardées, la fortune est beaucoup moins importante, « il y avait un goût esthétique très prononcé. Mon arrière-grand-mère voyageait systématiquement en Italie. Elle a construit et aménagé l'hôtel particulier de l'avenue Marceau. Mon grand-père, lui, avait des responsabilités dans les musées nationaux. Il aimait tout ce qui était gothique, les coffres, les statues dorées, les tapisseries, mais aussi les meubles Louis XV. C'était toujours l'esthétique de l'ancien ». On retrouve les mêmes dispositions chez de jeunes contemporains. « Moi, avoue Alexandre de Fontmichel, je suis un peu rétro dans mes goûts artistiques. Je ne suis pas très friand de peinture moderne. » Son frère, Philippe-Emmanuel, avoue que quand il voit « des tableaux modernes faits de manière barbare », il n'en « comprend pas le sens ».

Norbert Elias, à propos de la société de cour, a insisté sur l'homologie entre la culture classique et cette société. « Le *style artistique* auquel on a donné le nom de " classicisme ", écrit-il, tire son origine de cette même disposition d'esprit. Ce qui caractérise le classicisme, c'est la même ordonnance claire et rationnelle des structures, le calcul minutieux de l'effet et de la valeur de prestige de l'ensemble, l'absence de toute ornementation spontanée, de tout étalage non contrôlé de sensibilité [21]. » On tient sans doute là l'un des principes de cette illusion bien fondée qui veut que, dans les représentations que s'en font les classes moyennes ou supérieures intellectuelles, c'est-à-dire qui doivent l'essentiel de leurs positions sociales à leur capital culturel et scolaire, les classes possédantes soient peu au fait de la culture vivante et au mieux simplement familières de la culture consacrée. C'est faire peu de cas du mécénat et de l'intervention dans le marché de l'art des familles de la grande bourgeoisie les plus culturellement actives. Le cas de la famille d'Arcangues est de ce point de vue très éclairant. La succession de René Tassin de Montaigu, dispersée par maître Jacques Tajan au cours d'une vente dans les salons de l'hôtel George V le 13 juin 1995, était pour l'essentiel consacrée à l'art contemporain, avec des œuvres signées Arman, Klein, Mathieu, Christo, Chaissac, Delaunay.

De plus un patrimoine et une culture classiques offrent de bonnes bases pour un apprentissage rapide et une ouverture sur des formes plus contemporaines. D'autant que la nécessité plus ou moins impérative de travailler et/ou de passer par les fourches caudines de la sélection scolaire transforme le rapport à la culture. Thierry de Valréal travaille aujourd'hui en tant qu'expert en tableaux modernes avec l'une des plus grandes études parisiennes de commissaires-priseurs, avec les compagnies d'assurances et auprès de la cour d'appel de Paris.

21. Norbert Elias, *La Société de cour*, *op. cit.*, p. 109.

Toujours est-il que, le plus souvent, dans les vieilles familles la formation du goût est d'abord classique. On pourrait donner d'autres exemples dans les domaines de la littérature ou de la musique, à partir du contenu des rayonnages des bibliothèques ou de ce que les membres de la famille musiciens interprètent dans le cadre domestique. Mais n'est-ce pas, aussi, la voie royale pour accéder aux formes les plus contemporaines avec toute la culture que requiert implicitement l'accès aux œuvres apparemment les plus éloignées des traditions académiques ?

L'appropriation privée des biens culturels publics

Les formes publiques de diffusion des œuvres culturelles se sont beaucoup développées depuis le début du xxe siècle : musées, salles de spectacles, théâtres et cinémas, bibliothèques. L'accès à ces équipements est ouvert à un large public. Pourtant la noblesse et la grande bourgeoisie s'inscrivent à contre-courant et montrent une nette propension à conserver un caractère aussi privé que possible à leur approche des œuvres ainsi socialisées. Il fut un temps où les grandes familles, qui assuraient les moyens d'existence des artistes et des écrivains, pouvaient les convoquer à leur domicile et y organiser spectacles, concerts ou encore orner leur table de la présence d'auteurs illustres. Mais cette forme privée d'appropriation de la culture vivante pouvait aussi prendre un tour moins domestique. Ainsi, jusqu'en 1914, on avait sa loge à l'Opéra, loge dont la location à l'année faisait partie des privilèges mondains [22]. Les « baux de loge », comme on les appelait, équivalaient quasiment à un droit de propriété : les bénéficiaires avaient le loisir de décorer les lieux à leur goût et pouvaient y recevoir famille et amis à leur guise. Culture et sociabilité étaient ainsi étroitement mêlées.

22. Voir notre ouvrage *Dans les beaux quartiers*, *op. cit.*, p. 79-80.

Si ces formes anciennes d'appropriation des biens culturels publics sont en régression, elles sont encore très présentes. Les grandes familles n'échappent pas au mouvement général de socialisation de la consommation culturelle, mais elles conservent nombre de traits qui rappellent les étapes antérieures. Une publication caractéristique de ce milieu, le *Bottin Mondain*, consacre soixante pages de son édition 1995 aux renseignements pratiques sur les musées et les salles de théâtre et de concerts, dont cinquante présentent les plans détaillés des salles avec la numérotation des places. Cet ouvrage se voulant l'annuaire pratique indispensable aux familles de la bonne société, la présence d'une rubrique aussi fournie met bien en évidence leur rapport privilégié avec le monde du spectacle et l'imbrication de cette vie culturelle avec la vie familiale et les formes de la sociabilité dans ce milieu.

Il est devenu difficile d'obtenir des places pour une représentation à l'Opéra, et la location des loges à l'année a disparu. Mais les membres des grands cercles parisiens se sont dotés d'un service, une agence de tourisme, qui se charge aussi de l'organisation de certains loisirs culturels. Les membres du Jockey Club, du Cercle de l'Union Interalliée, de l'Automobile Club de France, du Cercle du Bois de Boulogne, du Polo de Paris, peuvent faire appel à cette agence qui est toujours en mesure d'obtenir les places demandées. Mais cela n'est rien. Intercercles Voyages est à même d'organiser des modes d'appropriation privés des biens culturels publics : « En France et à l'étranger, selon le responsable de l'agence, après les horaires d'ouverture, nous faisons ouvrir tel ou tel musée, nous faisons une visite privée. Puis le dîner a lieu dans le musée, avec la présence du conservateur. Cela, bien sûr, à guichets fermés. Le musée est à nous. » Intercercles Voyages se doit de montrer sans cesse aux membres des clubs dont l'organisation est l'émanation « qu'ils ne sont pas traités comme les autres ». Cela évoque irrésistiblement les sorties culturelles des rallyes.

Autrement dit, si le poids du secteur public dans la diffusion des biens de culture est devenu considérable, les familles anciennes et fortunées entretiennent tout de même un rapport privilégié avec ces biens et apprécient avant tout des formes d'appropriation qui leur permettent d'échapper à la cohue et au sort commun. Il ne s'agit pas d'un simple souci de confort. Les vernissages chic et les premières sont l'occasion de bousculades mémorables. Mais elles ont lieu entre soi : on ne sort pas de l'univers des pairs et la promiscuité n'est que physique et non sociale. Ces visites privées de lieux publics, accompagnées d'un cocktail ou d'un dîner, sont autant d'occasions de gérer cette forme de capital qui est essentielle à ces milieux, le capital social. La culture, comme élément du mode de vie du groupe, constitue l'un de ses principes identitaires. Capital culturel et capital social, inextricablement liés, se renforcent mutuellement. L'activité d'associations culturelles comme l'AROP (Association pour le rayonnement de l'Opéra de Paris), présidée par la comtesse Guy de Brantes, est exemplaire de ce point de vue. Les membres de cette association ont récemment assisté à une représentation de *Lucia di Lammermoor* de Donizetti. Après le spectacle les invités se sont retrouvés pour un dîner, soirée qui eut les honneurs d'un compte rendu dans le numéro du 14 février 1995 de *Point de vue*. On a donc à la fois la participation à une activité culturelle et une cérémonie sociale qui, comme toute cérémonie, a aussi comme fonction de conforter la croyance en l'excellence sociale du groupe. Les mondanités culturelles de la haute société font ainsi partie de ces stratégies implicites, non délibérées, qui permettent de redonner à ceux dont la foi serait vacillante la certitude de la légitimité de leurs privilèges et, pour tous, de consolider cette assurance de soi sans laquelle il serait vain de vouloir établir sa suprématie sociale.

Les grandes familles sont également présentes dans le processus de socialisation des biens culturels par le système des dons, legs et dations aux musées. « Les Rothschild, à eux seuls, interviennent dans la liste des 2 700 donateurs du Louvre pour une vingtaine de noms. Des noms en face desquels, de surcroît, s'inscrivent non point quelques pièces, mais le plus souvent d'impressionnantes séries [23]. » Michel David-Weill, dont la fortune personnelle a été évaluée entre 4,5 et 4,8 milliards de francs, et la fortune professionnelle à 8,5 milliards [24], président du groupe Lazard et membre du grand conseil du Cercle de l'Union Interalliée, petit-fils de David David-Weill, régent de la Banque de France en 1936, appartient à une famille dont les membres « comptent parmi les plus munificents donataires des musées de France ». Michel David-Weill est « membre de l'Institut, président du Conseil européen du mécénat, membre du conseil de la Réunion des musées nationaux de France, comme du Conseil des musées aux États-Unis [25] ».

Mieux comprendre le rapport à la culture des familles qui cumulent toutes les formes de richesse permet un autre regard sur celui des autres catégories sociales. Car les avoirs culturels et artistiques, quand ils se combinent aux savoirs et aux compétences qui leur sont associés, procurent des profits considérables dont les intermédiaires culturels et plus généralement les couches moyennes intellectuelles sous-évaluent la portée dans les rapports de domination et dans les processus de la reproduction sociale.

Cérémonies sociales et cérémonies culturelles

Cette gestion collective du rapport à l'univers culturel se donne à voir dans certaines cérémonies où le groupe constitué fête tout à la fois son existence et son lien

23. Louis BERGERON, *Les Rothschild et les autres... La gloire des banquiers*, Paris, Perrin, coll. « Histoire et fortunes », 1991, p. 140.
24. Voir *Le Nouvel Observateur*, « Les 200 Français les plus riches », n° 1257, 8 au 14 décembre 1988, et *Le Nouvel Économiste*, n° 967, 14 octobre 1994 (« Fortunes professionnelles, les quatre cents »).
25. René SÉDILLOT, *Les Deux Cents Familles*, Paris, Perrin, coll. « Vérités et légendes », 1988, p. 108.

privilégié à la culture. Il en est ainsi à l'occasion des soirées « portes ouvertes » organisées dans ces hauts lieux du marché de l'art et des antiquités que sont le Triangle rive droite et le Carré rive gauche. Ces deux dénominations sont celles d'associations qui regroupent, pour la première, quelque 80 galeries ayant pignon sur rue avenue Matignon, rue de Miromesnil, rue de Penthièvre, c'est-à-dire dans le quartier de l'Élysée, et, pour la seconde, environ 130 antiquaires dont les boutiques sont installées dans le carré que délimitent le quai Voltaire, la rue du Bac, la rue de l'Université et la rue des Saints-Pères, entre le musée d'Orsay et l'école des Beaux-Arts [26].

Les propriétaires de galeries et les antiquaires de ces quartiers organisent des journées portes ouvertes tous les ans. L'expression est à prendre au pied de la lettre : les portes de ces boutiques, qui recèlent des trésors, sont habituellement fermées et il faut sonner pour se les faire ouvrir, ce qui est très dissuasif pour les simples curieux. Selon le président du Triangle rive droite, ces journées sont d'abord l'occasion de réaliser un vernissage collectif et donc de rassembler le plus de monde possible. Les galeries du Triangle font preuve d'un grand éclectisme, allant de Buffet à Dubuffet, de Michel Henry à Poliakoff. Mais avec une majorité de galeries dédiées à l'art contemporain. Les antiquaires du Carré rive gauche présentent du mobilier d'époque et de style, des objets d'art et d'ameublement, des tableaux anciens, des œuvres en provenance d'Extrême-Orient... Tous ces objets sont dignes des plus grands musées.

Au sud du quai Voltaire, entre la rue du Bac et la rue des Saints-Pères, ce quartier d'antiquaires haut de gamme est proche de l'école des Beaux-Arts. Aussi certains des membres de la foule élégante qui se presse sur les trottoirs et dans les boutiques, à l'occasion de la soirée inaugurale des « cinq jours de l'objet

26. Voir notre ouvrage *Quartiers bourgeois, quartiers d'affaires*, *op. cit.*, p. 247-267.

extraordinaire », ont-ils quelque chose de l'artiste, un négligé savant de la tenue, qui manifestent qu'ils sont là pour la beauté des choses et non par vanité mondaine. Pourtant le costume croisé est encore très présent, mais une écharpe rouge, un panama élégamment ôté à l'entrée d'une boutique sont de ces détails qui, en marquant un certain détachement à l'égard des canons de l'élégance convenue, suffisent à montrer que l'on n'est pas ici dans la compagnie, honnête mais besogneuse, de vulgaires cadres supérieurs. Il est vrai que, même rétribués de manière convenable, bien peu de ces derniers seraient à même de s'offrir une paire de sièges XVIIe à 80 000 francs pièce, ou le tableau de Jan Bruegel proposé pour près de 7 millions de francs. Alors que d'ordinaire les boutiques sont fermées et ne s'ouvrent qu'au coup de sonnette du visiteur, elles semblent, ce jour-là, aussi accessibles au tout-venant qu'une épicerie de quartier. Et pourtant les barrières sociales demeurent : ne pénètrent dans ces chapelles du bon goût cultivé et dispendieux que ceux qui peuvent s'y sentir à leur aise et se renseigner avec naturel sur le prix des objets exposés ou saisir la coupe de champagne qui leur est tendue comme une chose allant de soi et non comme une aubaine inespérée.

Alors, bien sûr, le champagne coulait à flots pour honorer tout ce beau monde de toutes nationalités qui se pressait dans les boutiques car la richesse est, par définition, internationale. Mais, comme place Vendôme, à l'occasion des journées portes ouvertes des grands joailliers, en décembre, les personnes qui viennent ici appartiennent au cercle étroit des grandes fortunes. Aussi n'est-il pas étonnant qu'ils se connaissent et se reconnaissent : « Alors, on est de tous les salons, de toutes les fêtes ? »

En des occasions semblables, l'adéquation momentanée de l'assistance et du cadre urbain apparaît presque parfaite. Et il faut voir dans la qualité d'un tel accord la raison de l'aspect enjoué de tous ces visages reposés malgré l'heure tardive, de ces manières qui restent affables en dépit de l'affluence. À n'en pas douter, les hommes et les femmes qui sont là ont l'assurance d'être bien à leur place, la coupe de champagne à la main, se livrant sans retenue aux plaisirs de la conversation en bonne compagnie.

C'est à une cérémonie sociale, à une célébration tout à la fois solennelle et enjouée que l'on a alors l'impression d'assister. Fortune et culture font bon ménage. Ces œuvres offertes sont comme l'écrin de cette excellente société. Les invités sont les clients privilégiés de ces boutiques, les biens qu'elles recèlent sont les leurs, sinon individuellement, du moins collectivement.

La notion de capital patrimonial

La notion de capital patrimonial désigne cette imbrication de différentes formes de capitaux qui paraît spécifique aux classes dominantes, et qui mêle capital économique, capital symbolique, capital culturel et capital social. Tout objet d'art est le support de ces différentes dimensions. Le livre est source de savoir, donc de capital culturel, mais c'est aussi un objet de collection, un manuscrit calligraphié, une édition originale dédicacée par un grand auteur, ou encore un ouvrage relié par un artiste connu. Il peut alors atteindre une grande valeur vénale : en 1995, l'étude Tajan a mis aux enchères, dans les salons de l'hôtel George V, 26 « beaux livres dans de belles reliures », selon le catalogue, dont les estimations atteignaient 200 000 francs pour une édition de *Paul et Virginie*, de Bernardin de Saint-Pierre, en deux volumes, 60 000 francs pour une édition du livre de Prévert et Ribemont-Dessaignes consacré à Miró, avec une reliure, 10 lithographies et de nombreuses reproductions d'œuvres du peintre, ou encore 500 000 francs pour une édition de 31 descriptions d'animaux tirées de l'*Histoire naturelle* de Buffon avec pour chacune une eau-forte de Picasso, la reliure étant de Paul Bonnet. Une édition de *L'Odyssée*, estimée à 250 000 francs, illustre la sociabilité liée à ce type de biens culturels puisqu'elle est due à la Compagnie des Bibliophiles de l'Automobile Club de France, sociabilité de toute façon affichée par le caractère de rituel mondain que revêt une telle vente [27]. Le livre peut donc fournir aussi une forme de gestion et d'accumulation du capital social. La bibliothèque du château de l'Esparrou, dans les Pyrénées-Orientales, qui appartient à la famille Sauvy, dont la fortune a été constituée pour l'essentiel à partir du vin et de son négoce, comptait, en 1995, un millier de volumes environ. Parmi eux figurent de nombreux envois dédicacés par les auteurs à François Sauvy (1862-1906). Fondateur de cette bibliothèque, il recevait des écrivains et des peintres. Beaucoup de ces livres sont reliés selon le modèle propre à l'Esparrou. Ils en viennent ainsi à faire intégralement partie, y compris dans leur présentation matérielle, du fonds patrimonial représenté par le domaine [28].

Les classes dominantes possèdent objets d'art, tableaux, vieux livres, meubles, demeures qui ont une grande valeur économique, mais qui ne peuvent se

27. Le catalogue publié par l'étude de maître Tajan, commissaire-priseur, donne pour chaque livre une description précise et d'une certaine technicité. Ainsi pour *L'Odyssée* : « Homère, *L'Odyssée*. Traduction de Victor Bérard, Paris, La Compagnie des Bibliophiles de l'Automobile Club de France, 1930-1933, 4 volumes in-quarto, maroquin noir orné de divers jeux de filets dorés s'entrecroisant en diverses compositions et se prolongeant sur le dos et le second plat, chaque premier plat orné d'un laque encastré, serti par un listel de maroquin de couleur, reprenant une illustration de l'ouvrage : pour le volume I Pallas armée d'une lance et d'un bouclier ; le mont Olympe surplombant la mer Égée au volume II ; l'aigle messager de Zeus perché sur le toit d'un palais au volume III et les armes d'Ulysse au volume IV, encadrement intérieur orné d'un filet doré et d'un filet à froid, doublure et garde de reps jaune d'or, rose, vermillon et rouge foncé, tête dorée, couverture et dos, étui. » (*Beaux Livres dans de riches reliures*, catalogue de la vente du lundi 27 mars 1995, Étude Tajan, 1995, n° 20 du catalogue). Toutefois, une partie de ce lexique technique concerne d'abord les professionnels, et la compétence des familles en ce domaine est variable.

28. Ces informations sont tirées de l'inventaire dressé par Jean-Baptiste RENDU, *Bibliothèque de l'Esparrou : classement alphabétique*, 90 pages.

réduire à cette dimension. Ces biens culturels sont aussi une partie de la mémoire familiale et de la notoriété du nom. Ce capital est patrimonial dans la mesure où il est la forme matérielle de l'accumulation sur plusieurs générations de la bonne fortune qui a permis à la famille de se constituer et de se maintenir.

Échapper à l'usure du temps

En cela les grandes familles bénéficient d'un régime de faveur. Pour les autres groupes sociaux, en effet, ces traces et cette sédimentation du passé ne peuvent s'inscrire que de manière exceptionnelle dans des traces matérielles. En général, les biens accumulés perdent leur valeur au fil du temps et des générations et deviennent ainsi obsolètes. Tandis que les demeures des grandes familles et ce qu'elles contiennent accèdent au statut enviable de monuments historiques et d'œuvres d'art. Les biens qui forment ce capital patrimonial sont en homologie avec les dispositions propres aux familles de la noblesse et de la bourgeoisie : ils ont une propension très nette à s'inscrire dans la longue durée, voire dans l'éternité. Ces familles, qui se sont elles-mêmes constituées dans des lignées longues, valorisent les biens qui échappent à l'usure du temps car elles s'appuient sur ce temps, dans la succession des générations, pour assurer et légitimer leur position dominante. La plupart des biens accumulés, château ou hôtel particulier, tableaux de maîtres ou mobilier, orfèvrerie ou joaillerie, vieillissent si bien que non seulement leur valeur monétaire ne cesse d'augmenter, mais encore leur valeur symbolique, étant de plus en plus recherchés sur les marchés spécialisés. Les objets et les savoirs spécifiques qui leur sont liés ne cessent de se valoriser, ils ne peuvent devenir obsolètes. Alors que, dans les autres groupes sociaux, les résidences familiales, ayant peu de signification historique, et le mobilier, de médiocre qualité, se dévalorisent au fil du temps.

Cette bonification exceptionnelle de ce qui, chez les autres, tend à se dévaluer rend compte, pour une part au moins, du paradoxe du contentement relatif ressenti par les châtelains contraints d'ouvrir leur demeure au public. Les visiteurs, qui représentent certes une intrusion dans le berceau familial, attestent aussi par leur présence la qualité du lieu habité par la famille et donc celle de la famille elle-même. Le sentiment de remplir un devoir, une responsabilité héritée avec le château, domine : il s'agit de maintenir le patrimoine que l'on a reçu en dépôt, dont on a en quelque sorte l'usufruit mais dont les véritables propriétaires sont l'ensemble des membres de la famille, voire le peuple de France dont on aurait ainsi en charge une part du patrimoine. Loin de perdre son identité dans cette ouverture au public, le châtelain et ses proches assurent une charge héritée qui conforte leur identité d'exception.

Le service « Monuments et Musées Gestion » de l'Institut de France est un organisme collectif grâce auquel les grandes familles peuvent assurer l'entretien des fragments de leur capital patrimonial tombés dans le domaine public. Il en est ainsi avec les villas Ephrussi de Rothschild et Kerylos, léguées à l'Institut. Le précurseur en la matière a été le duc d'Aumale qui a fait don du domaine de Chantilly à cette même institution à la fin du siècle dernier, à charge pour elle « de conserver ce domaine, avec le musée et la bibliothèque qu'il renferme, et de les mettre à la disposition du public ». Les liens entre les grandes familles et les académies qui forment l'Institut sont anciens et étroits. Par son testament en date du 19 janvier 1912, Mme Nélie Jacquemart, veuve de M. Edmond André, a légué l'ensemble de ses biens et de ses collections artistiques à l'Institut. Il en est de même pour le musée Marmottan et ses collections d'œuvres impressionnistes. L'architecte de la villa Kerylos était membre de l'Académie des beaux-arts tandis que son propriétaire, Théodore Reinach, était membre de l'Académie des inscriptions et belles-lettres. L'Institut est donc là pour prendre en charge les biens dont il assurera la pérennité matérielle et symbolique : grâce à son intervention, la mémoire des personnalités fortunées pourra être préservée malgré l'absence de légataires privés.

L'argent et la culture

Cette imbrication de l'économique avec le culturel et le symbolique, les dimensions affectives de ce patrimoine, rendent compte de l'irrationalité de certains comportements. Car il est bien difficile dans un tel contexte d'adopter la ligne de conduite d'un agent économique qui ne chercherait qu'à maximiser ses profits monétaires. C'est qu'il y a bien d'autres types de profits possibles que le seul profit économique. Certes, pour certains, les œuvres sont réduites à leur seule dimension vénale. Comme le reconnaît Thierry de Valréal, les objets d'art n'étant pas soumis à l'impôt de solidarité sur la fortune, des contribuables fortunés ont pu choisir d'investir dans ce domaine pour réduire l'assiette de l'impôt. Certains, même, tentent de spéculer sur les œuvres d'art. « Je suis allé la semaine dernière chez quelqu'un à Neuilly, raconte-t-il, qui s'occupait de pierres précieuses, et comme les pierres précieuses, ça ne marche pas du tout en ce moment, eh bien, il a réalisé un peu de son stock et il s'est reporté sur les tableaux. Il n'y a aucun sentiment. C'est au poids, au mètre. Et c'est au coffre, et puis il vous revend ça dans les six mois. C'est uniquement l'appât du gain. »

Certes, comme l'écrit Raymonde Moulin, « les collectionneurs spéculateurs considèrent, à la limite, le tableau comme l'équivalent d'une action boursière ». Cependant ces hommes d'affaires, en intervenant sur le marché de l'art, « anoblissent leurs activités professionnelles en leur donnant un aspect de jeu et d'apparente gratuité ». Les motivations du spéculateur apparaissent alors dans toute leur ambiguïté. « La jouissance esthétique n'exclut pas le gain, la consommation ostentatoire n'est pas indépendante du calcul rationnel, l'anoblissement conféré par l'art à celui qui le possède pouvant se conjuguer avec le prestige associé à l'activité capitaliste elle-même [29]. »

Toutefois un objet d'art est toujours aussi une partie du patrimoine, au sens strictement économique du terme. Les familles fortunées n'aiment guère le dire, ni même y penser, mais les tableaux, les meubles, les pendules, les objets de table, tout cela représente potentiellement des sommes considérables. C'est donc là une réserve dans laquelle il est toujours possible de puiser, même si cette éventualité apparaît sacrilège, invraisemblable avant que la nécessité ne la rende inéluctable. Ou même avant qu'il n'apparaisse plus raisonnable de se défaire de certains biens afin de faire face plus confortablement à des échéances comme l'installation des enfants ou des petits-enfants.

La non-prise en compte des œuvres d'art dans l'assiette de l'ISF est justifiée par plusieurs considérations, relatives au marché de l'art, qu'il s'agirait de protéger, ou encore par la difficulté à évaluer la valeur de ces biens d'un caractère particulier [30]. De ce point de vue, les comptes patrimoniaux eux-mêmes reculent devant leur délicate inclusion dans les estimations chiffrées [31]. Mais, au-delà de causes techniques indéniables, ce traitement particulier des œuvres les situe hors du champ de l'économie. Même en cas de succession, alors qu'elles

29. Raymonde MOULIN, « Un type de collectionneur : le spéculateur », *Revue française de sociologie, 5* (2), 1964, p. 161. Voir aussi Raymonde MOULIN, *Le Marché de la peinture en France*, Paris, Minuit, coll. « Le Sens commun », 1967.

30. Sont exonérés de l'ISF les biens suivants : les objets d'antiquité ayant plus de cent ans d'âge (ce qui comprend les meubles anciens) ; les objets d'art ou de collection (tapis et tapisseries, tableaux, gravures, estampes, timbres-poste, objets de collections minéralogiques, paléontologiques, etc.) ; les véhicules de collection.

31. André BABEAU, *Le Patrimoine aujourd'hui*, Paris, Nathan, 1988, p. 60. Les avoirs en or sont également ignorés, mais pour une autre raison, à savoir l'impossibilité, non de chiffrer, mais simplement de recenser les quantités possédées.

redeviennent imposables, la possibilité de la dation, c'est-à-dire d'acquitter une partie des droits sous la forme de dons à l'État d'une partie des biens concernés, maintient ce statut d'exception. Cela revient à signifier que la famille est détentrice d'une partie du patrimoine national. Il y a dans cette réglementation un encouragement à la dénégation de l'importance de la valeur vénale de ces biens. Ou du moins il y a affirmation qu'autre chose est en jeu, d'une valeur supérieure à toute estimation en termes monétaires. Dans le film de Marianne Lamour, déjà signalé, on demande à l'ex-épouse du duc de La Rochefoucauld pourquoi la famille ne vend pas un tableau de grand prix pour pouvoir faire quelques travaux indispensables au château. « On y pense très souvent, répond-elle, mais on ne le fait jamais. Ces tableaux appartiennent à François-Xavier [âgé de sept ans au moment du tournage, futur héritier du titre de duc et du château] et après ils appartiendront à son fils à lui. Il faudra les garder. Ce tableau-ci, dit-elle en montrant un portrait, représente Ernestine de La Rochefoucauld et il est attribué à David. Le vendre permettrait de passer un été entier en Grèce sur un yacht style Onassis, avec quarante maîtres d'hôtel. Et puis non, il restera là. »

Pourtant le marché de l'art voit se réaliser des transactions dont les niveaux sont étonnants. Le 15 décembre 1993 a eu lieu, dans les salons de l'hôtel George V, une vente de tableaux anciens, du XVe siècle au début du XIXe, dirigée par maître Tajan. Le prix d'adjudication le plus bas a été de 55 000 francs. Mais les prix ont été souvent beaucoup plus élevés. Il y a eu 95 « lots » mis aux enchères et tous ont trouvé acquéreur. Le total des enchères a atteint 92 millions de francs. Les acheteurs ayant à régler 9,495 % de frais, ce sont environ 100 millions de francs qui ont été consacrés ce soir-là à l'achat de tableaux. Le tout a duré une heure et demie. La somme atteinte doit beaucoup à un seul tableau, une vue de Venise par Canaletto. Pour cette œuvre les enchères ont atteint 66 millions de francs, hors frais.

Dispersion et recomposition des patrimoines : les ventes aux enchères

Les ventes aux enchères publiques peuvent parfois permettre aux familles de reconstituer une partie de leur capital patrimonial dispersé pour des raisons diverses. « Quand je vais à Drouot –, cela m'est encore arrivé il n'y a pas longtemps –, raconte Thierry de Valréal, je rachète des couverts aux armes des Valréal : ça m'énerve de les voir passer. Si j'ai de l'argent à ce moment-là, je les rachète. Ce qui m'irrite, c'est que quelqu'un les vende avant de prévenir les membres de la famille. » Les commissaires-priseurs sont bien entendu particulièrement bien placés pour voir passer dans les ventes des biens qui auraient appartenu à la famille. Ainsi François de Ricqlès rachète toutes les porcelaines de son grand-oncle quand elles sont au catalogue d'une vente « car elles ont un cachet " Collection Émile de Ricqlès ", c'est une grande collection de porcelaines ».

La mémoire de la famille d'où proviennent les objets mis en vente n'est pas pour autant perdue. Elle est utilisée pour valoriser les œuvres. Chaque fois que la provenance d'un objet d'art est connue, elle est mentionnée dans le catalogue de la vente car elle intervient dans son évaluation. On parle de pedigree dans ces catalogues, y compris pour un meuble par exemple, et les anciens propriétaires sont aussi importants, et parfois plus, que les créateurs eux-mêmes. La provenance fait partie de la griffe, de la qualité de l'œuvre. D'ailleurs les commissaires-priseurs n'hésitent pas à organiser certaines ventes dans le cadre qui avait abrité les objets et pour lequel ils avaient été rassemblés ou créés. C'est ainsi qu'une partie des collections d'Hussein Pacha a été vendue aux enchères au Sporting Club de Monte-Carlo et une autre partie dans la somptueuse villa de l'ancien propriétaire à Saint-Jean-Cap-Ferrat, voisine de la villa Ephrussi de Rothschild. Selon l'un des responsables de cette vente, « les enchères sont montées parce qu'elles se déroulaient dans la villa même du pacha. Elles auraient été certainement moins élevées si elles avaient eu lieu à Drouot. La magie des lieux entre complètement dans la définition du prix dans la mesure où les acheteurs ont l'impression de s'approprier une histoire, un passé et un nom liés à une figure mondaine de la Côte d'Azur des années cinquante ».

Cette importance des lieux où se déroulent les ventes vaut pour nombre d'entre elles et les commissaires-priseurs en ont bien pris conscience puisque, à Paris, ils diversifient ces lieux et quittent parfois Drouot pour le théâtre des Champs-Élysées ou l'hôtel George V lorsqu'ils veulent donner un éclat particulier à certaines enchères. « Il existe un lien étroit, écrit Alain Quemin, entre la qualité des objets vendus et le lieu, mais aussi entre les caractéristiques des biens et celles des habitants des différents quartiers, les beaux objets étant dispersés dans les beaux quartiers [32]. » Ainsi les locaux dépendant de Drouot sont-ils eux-mêmes hiérarchisés, depuis Drouot-Montaigne au théâtre des Champs-Élysées, situé sur l'avenue du luxe qui concentre aujourd'hui les grands couturiers, jusqu'à Drouot-Nord, dans le XVIIIe arrondissement, en passant par Drouot-Richelieu, dont les bâtiments rénovés sont au cœur du IXe.

Mais les ventes publiques sont des lieux où se forme le capital patrimonial. C'est une source d'achats importante pour les professionnels mais aussi les collectionneurs et les familles. De telle sorte que l'univers des ventes aux enchères, lorsqu'il s'agit des plus prestigieuses, est d'une grande homogénéité sociale. Les commissaires-priseurs, les experts, les particuliers acheteurs ou vendeurs, certains acheteurs professionnels, beaucoup appartiennent à la haute société ou en

32. Alain Quemin, « L'espace des objets. Expertises et enchères à Drouot-Nord », *Genèses*, n° 17, septembre 1994, p. 52-71.

sont très proches. Il n'est pas étonnant alors que l'on retrouve les uns et les autres dans les mêmes grands cercles, dans les mêmes dîners et dans les mêmes réceptions. « Les activités sociales pratiquées en dehors des heures de travail peuvent toujours permettre de trouver de la marchandise à disperser, écrit Alain Quemin. Cela explique en partie pourquoi les commissaires-priseurs aiment des sports comme le golf, [...] qui les mettent également en contact avec autant de correspondants (notaires, avocats...) et de clients potentiels. L'investissement temporel [...] qu'ils réalisent dans des clubs et associations ou dans des dîners en ville relève de la même logique [33]. »

Il y a certes une relative homologie entre un commissaire-priseur, ses spécificités sociales, et sa clientèle. Ainsi celle de Raymond de Nicolay est-elle considérée comme l'une des plus aristocratiques qui soient. D'ailleurs, précise Christiane de Nicolay-Mazery, « on ne fait que du volontaire, pas du judiciaire, on ne travaille pas du tout avec des familles ruinées ». Dans un autre point de cet espace professionnel, la clientèle de maître Jacques Tajan, selon l'un de ses collaborateurs, serait plutôt composée de gros industriels, de familles nouvellement fortunées. Mais il y a une très grande diversité à l'intérieur de la profession. En particulier en raison de la part relative des ventes volontaires et des ventes judiciaires selon les études. Nous nous sommes intéressés ici uniquement aux commissaires-priseurs spécialisés dans les ventes d'art.

Ces ventes aux enchères sont un espace d'échanges où, en définitive, les mêmes biens, tout en changeant de propriétaires, ne quittent pas le milieu grand-bourgeois. Commissaires-priseurs et experts apparaissent comme l'un des maillons de ce corps collectif qui gère, accumule et redistribue les patrimoines. Tout se passe comme si ces professionnels avaient en charge de drainer les objets de valeurs, les « belles choses », celles qui

33. Alain Quemin, *Les Commissaires-priseurs...*, *op. cit.*, p. 244-245.

sont dignes des grands antiquaires et des vastes demeures des beaux quartiers, vers leurs propriétaires naturels, ceux qui disposent à la fois des moyens matériels et des moyens culturels pour s'approprier matériellement et symboliquement ces biens.

Les œuvres d'art, lorsqu'elles appartiennent depuis plusieurs générations à une même famille, sont indissolublement du capital économique, du capital culturel et du capital symbolique. Autrement dit du capital patrimonial. À tel point que ce capital patrimonial est lui-même agrémenté d'une griffe : on parle du style Givenchy ou du style Rothschild pour désigner la façon dont a été conçu et composé l'aménagement des résidences de ces familles. Givenchy a contribué dans les années soixante à réhabiliter le style Boulle et il sait associer le style Régence à des bergères recouvertes de lin et à des sculptures contemporaines. Le style Rothschild serait caractérisé par un mélange d'objets et de meubles du XVIIIe siècle avec des objets et des meubles de style Napoléon III, très confortables avec leurs épais capitons de soie rouge.

On peut comprendre une part du rapport privilégié qu'entretiennent ces familles avec la culture dominante à partir de l'existence de ce capital patrimonial dont le rôle est important dans le maintien de leur position sociale. Le désir et le plaisir de culture sont d'autant plus vifs et présents qu'ils sont ressentis comme un passage à l'acte de l'habitus dont de nombreux aspects renvoient à ce capital patrimonial. Pour les familles des classes dominantes, les pratiques culturelles se confondent avec les pratiques anthropologiques, la vie culturelle est un aspect principal du mode de vie et, dans les pratiques culturelles, la satisfaction est d'autant plus grande que c'est une manière d'être ce que l'on est.

Les différentes formes de capital, ainsi fondues en un seul, sous l'espèce patrimoniale, sont difficilement dissociables. Les centres de gestion de patrimoine des grandes banques d'affaires le savent, qui ont intégré dans leur gestion la dimension culturelle. Ainsi, la Banque Paribas gère de manière globale les différents éléments des patrimoines, un service spécialisé étant chargé des œuvres d'art. « Cette équipe, précise Pierre de Leusse, existe depuis 1975, elle est dirigée par la même personne issue de l'École du Louvre. L'approche à la Banque Paribas n'a jamais été une approche en termes d'investissement. Il s'agit plutôt d'avoir un pôle de compétence disponible pour nos clients qui en auraient besoin. C'est la même conception tout à la fois d'intermédiaire dans les transactions et de conseil qui vaut pour les autres services. »

Par ailleurs la Banque Paribas cultive les relations avec sa clientèle notamment par des invitations « à des manifestations culturelles et artistiques organisées sous l'égide de la Fondation Paribas ». Les clients du centre de gestion de patrimoines recevront donc des invitations aux premières de l'Opéra, à des concerts de musique baroque sud-américaine ou du quatuor Isaïe. Certains concerts sont donnés dans l'orangerie de l'immeuble du siège de Paribas, espace magique, constitué d'un patio couvert dont le calme, au cœur du brouhaha du quartier de l'Opéra, tient du miracle et procure ce même sentiment d'échapper au sort commun et d'accéder à un espace hors des contraintes ordinaires que celui qui règne dans les salons des grands cercles, eux aussi situés au cœur tumultueux du centre-ouest de Paris. Ces clients particulièrement choyés reçoivent, de temps à autre, les livres d'art édités par la Fondation Paribas. L'une des activités permanentes de cette fondation est de concevoir et de publier des catalogues, comme ceux du musée de la

Porcelaine de Limoges ou du musée Nissim de Camondo, à Paris.

La formule « art et patrimoine » a d'ailleurs un certain succès dans les milieux fortunés. La revue *Intercercles* a une rubrique intitulée de cette façon. Des articles y ont été consacrés à l'exposition des Nabis au Grand Palais ou à une exposition Gromaire, plus confidentielle mais intéressant plus directement le patrimoine puisque se tenant dans une galerie du faubourg Saint-Honoré [34]. C'est sous cette appellation désignant l'imbrication de l'économique et du culturel que le Crédit municipal de Paris, autrefois dénommé Mont-de-Piété, a créé un secteur d'activité ayant comme slogan : « La finance et l'art, tout est là. » Différentes équipes y offrent des services spécialisés, comme le financement sur œuvres d'art, l'assistance juridique et fiscale, les conseils en placements et acquisitions, les services bancaires, les ventes aux enchères, la restauration et le transport des œuvres, et des conférences sur l'art. Mais si ce service a contribué à transformer l'image du Crédit municipal, il n'est pas sûr qu'il soit arrivé à rivaliser avec les services des grandes banques d'affaires, car il semble avoir connu quelques difficultés. Toujours est-il que les publicités abondamment publiées par le Crédit municipal dans *Le Courrier du Jockey Club* ou *Intercercles magazine* mettent en évidence combien les gestionnaires de fortunes ou les financiers savent à quel point culture et richesse sont solidaires.

On a même pu parler de « quartier patrimonial » à propos du Marais ou du faubourg Saint-Germain. Or ces quartiers, menacés un moment de dégradation et de dégénérescence urbaine, furent créés et longtemps habités par la haute société. La haute valeur sociale et symbolique de ces quartiers tenait à la solidarité de tous les éléments, y compris historiques, dont les qualités conjuguées en faisaient des quartiers d'exception. Par l'action de l'État, avec l'intervention d'André

34. *Intercercles magazine*, n° 12, automne 1993.

Malraux, ils bénéficièrent du statut de secteur sauvegardé, ce qui leur permit de préserver la qualité collective de leur habitat. Maintenir la valeur patrimoniale d'un quartier suppose ainsi la mise en œuvre d'une action collective, seule à même de maintenir ou de restituer ce qui est l'œuvre d'un groupe social dans son urbanisation d'un quartier tout entier, comme c'est aujourd'hui encore le cas pour des lotissements chic de la région parisienne ou de la Côte d'Azur.

CHAPITRE VI

La collectivisation de la propriété individuelle : les lotissements chic

« Propriété privée, défense d'entrer » : ce panneau qui orne le hall des immeubles bourgeois, la grille des voies privées du XVIe arrondissement, le porche de l'hôtel particulier parisien et de la villa au bord de la mer, ou encore arrête le touriste à l'orée du parc du château, semble faire du grand bourgeois ou de l'aristocrate un individualiste déterminé dès lors que le bien dont il s'est réservé l'usage est en cause. À l'image d'ailleurs de la plupart des propriétaires qui, grands ou modestes, paraissent attachés à sauvegarder l'intimité de la sphère privée.

Mais le patrimoine immobilier des grandes familles voit sa valeur d'usage et sa valeur d'échange dépendre des immeubles et de la population qui, par leur voisinage, en forment l'environnement architectural et social. La valeur d'un immeuble ou d'une maison individuelle est liée aux caractéristiques physiques et sociologiques de l'espace dans lequel l'édifice s'insère. Cette dépendance semble plus marquée pour les biens les plus prisés dont la valeur tient pour une grande part au contexte dont ils peuvent bénéficier. Ainsi, pour qu'il y ait effet de griffe spatiale, c'est-à-dire pour qu'un quartier jouisse d'une réputation liée à la qualité sociale de ceux qui y vivent, il est nécessaire que l'ensemble des éléments qui constituent ce quartier soient « chic ». Il s'agit aussi bien de l'architecture de ses immeubles et du paysage urbain que du style de vie et de l'allure de ceux qui l'habitent.

Le maintien de cette griffe ne va pas de soi et les espaces les plus valorisés peuvent être menacés d'être « dégriffés », comme ces vêtements vendus au rabais après que la marque les authentifiant leur aura été ôtée. Pour maîtriser les qualités sociales et urbanistiques d'un espace chic, il faut, paradoxalement, que l'individualisme, si consubstantiel à la propriété immobilière privée, soit contenu au profit de modes collectifs de gestion, voire au profit même de modes collectifs de constitution de ces patrimoines.

Dans le cas d'un urbanisme concerté dès le départ comme à Maisons-Laffitte, au Vésinet ou dans les parcs de Saint-Tropez, les familles de la haute société interviennent au niveau institutionnel et réglementaire avec les cahiers de charges et les plans d'urbanisme qui s'en inspirent. Puis les modes de gestion de ces lieux d'exception sont contrôlés par les familles ou leurs représentants. Le pouvoir social donne un pouvoir considérable sur l'espace, qui s'exprime parfois par des institutions *ad hoc*. Celles-ci permettent de surveiller les processus urbains et d'intervenir avec efficacité comme c'est le cas dans nombre de lotissements chic.

En effet, les classes dominantes ont inventé dès le XIXe siècle le lotissement, l'une des premières formes de l'urbanisme concerté. Le patrimoine ainsi constitué est à la fois familial, dans la mesure où il reste la propriété privée d'une famille, et collectif pour la partie qui est possédée en copropriété et surtout parce que chaque partenaire, à partir de règlements d'urbanisme draconiens, dispose d'un droit de regard sur les autres. Ce n'est qu'au début du XXe siècle que les réformateurs sociaux mettront en œuvre des procédures semblables en faveur de la main-d'œuvre ouvrière avec la réalisation des cités-jardins [1]. Mais avant celles des banlieues

1. Voir Susanna MAGRI et Christian TOPALOV, « De la cité-jardin à la ville rationalisée. Un tournant du projet réformateur, 1905-1925. Étude comparative : France, Grande-Bretagne, Italie, États-Unis », *Revue française de sociologie 28* (3) 1987, p. 417-451.

populaires, l'urbanisme opérationnel, le souci des paysages et de l'environnement avaient pu s'exprimer dans des réalisations dont la vocation était loin d'être sociale [2].

La création des grands lotissements de la bourgeoisie

Le parc de Maisons-Laffitte

L'un des premiers promoteurs immobiliers fut certainement le banquier Jacques Laffitte qui, face à de graves difficultés financières en 1830, résolut de lotir la plus grande partie du parc du château de Maisons dont il était propriétaire. Mais l'opération fut conçue sous un jour original : un cahier des charges définit de strictes règles de construction, « avec une largeur de vues et un désir de normes sévères à propos desquelles on peut, un siècle avant qu'il fut en usage, prononcer le mot d'urbanisme [3] ». Sur les 307 hectares du parc, 171 furent vendus sous la forme de lots individuels tandis que 136 restèrent propriété collective des acquéreurs sous la forme de places, de squares, de parcelles boisées et d'avenues plantées. Celles-ci, à l'exclusion de toute voie dénommée rue, le terme étant sans doute trop ordinaire, développent 70 kilomètres de larges artères verdoyantes.

Aujourd'hui ce lotissement, ou plutôt le « Parc », comme il est d'usage de désigner avec respect cette urbanisation originale à bien des égards, couvre 60 % du territoire communal et regroupe 40 % de la population de la commune de Maisons-Laffitte. Le Parc est toujours régi par le cahier des charges élaboré sous le contrôle de

2. Voir Michel Pinçon et Monique Pinçon-Charlot, « Propriété individuelle et gestion collective : les lotissements chic », *Les Annales de la recherche urbaine*, n° 65, décembre 1994, p. 35-46.

3. Georges Poisson, *De Maisons-sur-Seine à Maisons-Laffitte*, Association de sauvegarde et de mise en valeur de Maisons-Laffitte, 1973, p. 67. Cet ouvrage a été réédité en décembre 1993 par la même association avec le concours de l'Association syndicale autorisée de Maisons-Laffitte.

Jacques Laffitte en 1834. Cent soixante ans plus tard, les actes de vente signés chez le notaire en reproduisent encore le texte. Comme si les nouveaux habitants, en prenant possession de leur maison, se trouvaient dans la situation de ces héritiers « hérités » par leur héritage, pris dans le devoir de maintenir et de transmettre à leur tour.

Le plan d'occupation des sols (POS) est particulièrement restrictif dans le Parc « et ne permet pas, selon le maire-adjoint chargé des affaires économiques et de l'environnement, la réalisation, sauf très, très rare exception, de collectifs ; ce qui fait qu'aujourd'hui n'est véritablement possible dans le Parc que la construction de maisons individuelles ». Le cahier des charges de 1834 est publié dans le rapport de présentation du POS et toutes ses contraintes et servitudes sont toujours en vigueur.

Le banquier Laffitte, dans sa volonté de créer un habitat exceptionnel réservé à une élite sociale, avait prévu de « faire élever sur chaque portion de terrain vendue une maison d'habitation dont les constructions [devraient] être terminées dans le cours d'une année à partir du jour du contrat de vente et d'y consacrer une somme de 2 000 francs au moins ». Ceci dans le but d'éviter que des constructions précaires et provisoires viennent gâter le paysage. Toujours pour préserver l'aspect champêtre du Parc, les clôtures des propriétés se doivent d'être discrètes. On ne peut « se clore sur la partie bordant les avenues, boulevards, places et carrefours, que par des haies-charmilles, sauts-de-loup ou murs à hauteur d'appui ». Le caractère résidentiel est absolu. Est interdite dans le Parc la présence « des usines, des manufactures, des exploitations ». « Ni commerce, ni industrie, ni, en un mot, exercer un état quelconque pouvant nuire, soit par le bruit, soit par l'odeur », ne sont acceptés.

J. Laffitte, dans les dépliants publicitaires de l'époque, revendiquait le terme de « colonie », alors très à la mode, signifiant par là qu'il entendait bien créer un phalanstère bourgeois. « En somme, conclut G. Poisson, il conciliait, non sans élégance, sa nécessité de spéculation, son souci d'esthétique et son désir de garder l'illusion d'un parc intact et continuant à lui appartenir [4]. »

La ville nouvelle du Vésinet

Au Vésinet, sous d'autres modalités, on retrouve cette urbanisation d'un grand domaine sur un mode collectif. La commune, non loin de Maisons-Laffitte, toujours donc dans cet ouest résidentiel de l'agglomération de Paris, a été créée en 1875 à partir d'un lotissement dont les terrains formaient la forêt du Vésinet, partagée à l'origine entre les trois communes de Chatou, Le Pecq et Croissy. La commune actuelle se confond avec les limites de l'opération telle qu'elle fut conçue au XIXe siècle.

Sous le Second Empire le duc de Morny, demi-frère de Napoléon III, en fut l'instigateur. Il eut l'idée de provoquer un échange entre les 300 hectares de la forêt de Malmaison et les 400 hectares du bois du Vésinet, pour agrandir la propriété de la maison impériale, mais surtout pour récupérer auprès du banquier chargé de l'opération les sommes qu'il lui avait confiées. Pour réaliser le lotissement Morny choisit un industriel fortuné, Alphonse Pallu. « Avec sa double expérience de chef d'entreprise et d'administrateur local [il avait été maire de sa commune auvergnate, puis conseiller général], Pallu comprit l'importance de l'œuvre à réaliser en faisant du Vésinet, bien desservi par le chemin de fer, un lotissement modèle en essayant de réaliser cette éternelle idée des hommes : marier la ville et la nature. Pallu imagina de faire pour le bois du Vésinet ce qui avait été fait pour le parc de François Mansart [à Maisons-Laffitte] : le transformer en une “ colonie ”, comme on disait alors, un lieu de résidence d'été où des rivières,

4. *Op. cit.*, p. 69.

des pièces d'eau, des pelouses entoureraient les habitations disséminées dans la verdure [5]. » Comme à Maisons-Laffitte le patrimoine des familles aisées s'inscrit dans un ensemble collectif, véritable paysage sur lequel les intéressés veillent avec jalousie.

D'ailleurs la notion de paysage urbain était revendiquée. Le cahier des charges prévoyait, en 1858, l'interdiction de tout établissement industriel et de clôtures qui auraient été susceptibles de briser la vue. Seules entreprises autorisées, les pépiniéristes et autres jardiniers étaient supposés ne pouvoir gâter le caractère bucolique de ce qui n'était pas encore une commune. Le Vésinet fut conçu comme un gigantesque parc anglais, agrémenté de 5 lacs reliés par des rivières d'une longueur totale de 4 kilomètres. La propriété individuelle de chaque acquéreur devait s'inscrire d'emblée dans ce décor. « L'idée essentielle du comte de Choulot étant de dessiner et même de peindre, disait-il, un ensemble paysager où les couleurs, les perspectives, les tracés de plantations se composeraient en un tout harmonieux auquel les propriétaires seraient intégrés et même asservis [6]. » De telle sorte que, comme à Maisons-Laffitte, les parties privées et les parties publiques doivent se fondre dans « une même composition afin de sauvegarder l'unité de l'ensemble : idée nouvelle et même révolutionnaire, au moins en France, en cet âge d'or de la " propriété " où chaque petit domaine, soigneusement clôturé, était conçu et aménagé en abstraction complète de l'environnement [7] ».

Pour G. Poisson, on l'a vu, il s'agit de marier la ville et la nature ; pour d'autres, c'est un retour à la nature

5. Georges Poisson, *La Curieuse Histoire du Vésinet*, Ville du Vésinet, 1986, p. 62. On pourra également consulter : *Le Vésinet, modèle d'urbanisme paysager, 1858-1930*, « Cahiers de l'inventaire », n° 17 (Imprimerie nationale) ; Sophie Cueille, « Une colonie dans une forêt : le lotissement du Vésinet (1858-1930) », *Villes en parallèle*, n° 14, juin 1989, p. 71-75 ; Jacques Catinat, *Grandes Heures de Chatou et la naissance du Vésinet*, Chatou, Éditions SOSP, 1985 (première édition en 1972).
6. *La Curieuse Histoire du Vésinet*, *op. cit.*, p. 71.
7. *Ibid.*, p. 77.

dont l'idée « se développe et se répand vers la fin du XVIIIe siècle avec un défenseur ardent en la personne de Jean-Jacques Rousseau [8] ». Mais on peut aussi interpréter cette urbanisation champêtre comme la réalisation du désir d'une bourgeoisie montante d'adopter un mode de vie aristocratique tout à la fois marqué de multiterritorialité et de flou dans les lignes de division entre la ville et la campagne. Le château matérialise cette utopie du mélange de l'urbain et du rural [9], tandis que l'hôtel particulier du faubourg Saint-Germain se veut le symbole de la campagne à la ville [10]. C'est d'ailleurs à un esthète noble, le comte de Choulot, qu'Alphonse Pallu demanda de dessiner le parc résidentiel du Vésinet. Pour la réalisation de ce projet, une société en commandite par actions fut créée par Alphonse Pallu. La société, propriétaire de tous les sols, traitait directement, sans intermédiaires administratifs, avec les acquéreurs de lots.

8. Robert JOHY et Élisabeth CAMPAGNAC, *Racines historiques du lotissement*, Paris, Secrétariat d'État à la Culture, Copedith, 1976.

9. Éric MENSION-RIGAU, « La persistance du modèle du château dans les modes de vie et les valeurs aristocratiques, ou les limites de la fusion des élites dans l'univers de la ville », communication au colloque *Noblesses et villes, 1780-1950*, Tours, Éditions de la Maison des sciences de la ville, 1995.

10. Norbert Elias avait déjà noté que « les hommes de cour avaient créé avec leurs " hôtels " un type de résidence citadine assez particulier. Il s'agissait bien de maisons de ville, mais on sent qu'elles dérivent de l'ancienne gentilhommière. La cour de ferme existe toujours, mais elle est devenue une simple voie d'accès pour les carrosses, un espace " représentatif ". On retrouve encore les écuries, les communs, les bâtiments des domestiques, mais ils font corps avec le bâtiment central. Le jardin remplace la campagne environnante. Les réminiscences campagnardes de l'" hôtel " ont une valeur de symptôme. Il est certain que les hommes de cour sont des citadins, la vie citadine les a marqués dans une certaine mesure. Mais leurs liens avec la ville sont bien moins solides que ceux de la bourgeoisie exerçant une activité professionnelle. La plupart sont propriétaires d'une ou de plusieurs résidences campagnardes. C'est d'elles qu'ils tirent en général leur nom, une bonne partie de leurs revenus, c'est là qu'ils se retirent parfois. Leur société est toujours la même, si le lieu de résidence change ». (*La Société de cour, op. cit.*, p. 21.)

D'autres expériences

C'est également sous le Second Empire que furent lotis les terrains du nord de Neuilly, qui correspondaient à la propriété du duc d'Orléans. « Napoléon III décida, au mépris de tout droit, de faire lotir l'immense parc des Orléans qui se trouvait entre la rue de Villiers, la Seine et l'enceinte de M. Thiers. On fit de l'ancienne propriété royale 700 lots, desservis par 7 boulevards. Plus du tiers actuel de Neuilly est bâti sur l'emplacement du domaine [11]. » Mais là encore un cahier des charges, toujours aux fins de préservation des qualités de l'espace d'origine, prévoyait des servitudes diverses depuis les clôtures et les plantations d'arbres jusqu'à la largeur des voies. L'une des caractéristiques principales de ces cahiers des charges était le « gaspillage » d'espace que les règles imposaient. La taille des terrains constructibles, toujours élevée, l'importance des espaces publics ou collectifs, l'obligation de recul par rapport aux limites des propriétés, toutes ces clauses organisent une dépense ostentatoire d'espace qui, en se transformant en capital symbolique, est l'une des garanties du maintien de l'excellence de ces espaces et donc du maintien, voire de l'augmentation de leur valeur vénale.

Le XIXe siècle vit d'autres lotissements chic, comme le Hameau fleuri, à Billancourt (1840), ou encore le parc du château à Chatou (1862) [12]. Nettement plus tard, le lotissement d'une partie du parc de Sceaux à partir de 1926 est une opération semblable où la rigueur des règlements d'urbanisme vient garantir à tous un maintien de la qualité des lieux. Avec des exigences bien moindres, les réformateurs sociaux appliquèrent les

11. Georges Poisson, « Neuilly-sur-Seine, histoire », dans : *Évocation du vieux Paris. La banlieue nord-ouest*, Paris, Minuit, 1960, p. 433.

12. Sur Chatou, on pourra consulter : sous la direction de Dominique Hervier, textes de Laurent Robert, photographies de Jean-Bernard Vialles, *Chatou, Croissy-sur-Seine, villégiatures en bordure de Seine*, Paris, Association pour le développement de l'inventaire général, 1993.

principes du lotissement pour l'amélioration des conditions de vie des familles ouvrières en créant les cités-jardins comme à Suresnes (1921-1947) ou à Châtenay-Malabry à partir de 1931. Si certaines conceptions qui avaient présidé aux opérations du Vésinet ou de Maisons-Laffitte se retrouvent bien dans les réalisations des offices d'HBM (Habitations à bon marché), les différences sont considérables. Elles sont visibles dans le rapport à l'espace, beaucoup plus généreux dans les communes bourgeoises : la prodigalité avec laquelle il en est fait usage est l'un des marquages symboliques les plus immédiatement lisibles. Le pouvoir est pouvoir sur l'espace et y occuper une grande place signifie aussi toute la place que l'on entend occuper dans l'espace social.

Plusieurs conditions semblent nécessaires pour une transmission réussie de génération en génération des lotissements bourgeois : un positionnement à l'ouest de la région parisienne, une certaine ampleur de la réalisation et la maîtrise par les propriétaires des aspects réglementaires et urbanistiques. Ces trois conditions sont liées et par exemple un positionnement à l'est de la région parisienne peut suffire à ce qu'un lotissement bourgeois à l'origine ne se transmette pas aussi bien, en tant que tel, que celui de Maisons-Laffitte ou du Vésinet.

Un contre-exemple : le parc du château du Raincy

Les origines du Raincy, ville bourgeoise perdue dans les terres ouvrières et communistes de la Seine-Saint-Denis, sont semblables à celles de Maisons-Laffitte : le parc d'un château loti par un homme d'affaires avisé.

Jacques Bordier, intendant des finances depuis 1649, se fit construire un château au Raincy avec les concours les plus prestigieux de l'époque, Le Vau pour l'architecture, Le Nôtre pour les jardins et Le Brun pour la décoration [13]. Au XVIIIe siècle « le parc fut complètement transformé selon les exigences d'un temps qui découvrait la nature. Les ans sont envolés de la rigueur et d'un ordre où la raison guidait le dessin d'un Le Nôtre [14] ». En 1812 Napoléon devint propriétaire du Raincy. « Le parc était alors indiqué comme couvrant 193 hectares dont 74 en arbres de haute futaie, 37 en bois taillés, 2 en terres labourables, 1 en potager et 79 en prairies. Le tout enclos de murs [15]. » Puis Le Raincy, devenu propriété personnelle de Louis-Philippe, fut mis sous séquestre et confisqué après les événements de 1848. En 1854 fut constituée, sous la direction d'un homme d'affaires, Delion, une société civile pour acheter les lots proposés par ce qui était alors l'administration des Domaines, ce qui fut fait dès 1855. Mais très vite, contrairement à ce qui se passa au Vésinet et surtout à Maisons-Laffitte, la structure institutionnelle disparut. En effet, dès « le 16 septembre 1859, les ventes étant achevées, la Compagnie foncière fut dissoute et les 700 acquéreurs se trouvèrent dans la nécessité de s'organiser. Il n'était pas pensable de demander à la commune de Livry de prendre en charge les services nécessaires à la colonie qui affirmait sa communauté propre [16] ». Aussi les habitants du parc ont-ils demandé que celui-ci soit constitué en commune. Ce qui fut fait par un décret impérial du 20 mai 1869, Le Vésinet ayant dû attendre 1875 pour exister. Le Raincy demeure encore aujourd'hui une commune bourgeoise avec, en 1990, 13,2 % d'ouvriers contre 21,6 % pour l'ensemble de l'agglomération de Paris. Mais parce que situé à l'est, au cœur d'un département où la population est beaucoup plus modeste que dans celui des Hauts-de-Seine ou des Yvelines, il semble que le patrimoine collectif constitué par le lotissement

13. Jean ASTRUC, *Le Raincy, « Forêt j'étais, ville je suis »*, ouvrage publié avec le concours de la ville du Raincy à l'occasion de son centenaire (1869-1969).
14. *Ibid.*, p. 57.
15. *Ibid.*, p. 103.
16. *Ibid.*, p. 134.

du parc du château du Raincy, aujourd'hui détruit, ait du mal à se maintenir comme espace aussi chic que Le Vésinet ou Maisons-Laffitte. Bien sûr on peut encore retrouver le dessin sinueux des allées de l'ancien parc à l'anglaise. La beauté de la vue, toujours aussi dégagée, puisqu'il s'agit d'un coteau aux pentes parfois assez prononcées, n'est altérée que par la grande hétérogénéité des propriétés. De grandes maisons bourgeoises [17] côtoient de très modestes pavillons ouvriers sans qu'il y ait d'espaces proprement réservés aux uns ou aux autres.

Approche statistique des spécificités locales

Maisons-Laffitte et Le Vésinet ont conservé, en raison de leurs origines, une population dont le niveau social est supérieur à celui de l'ensemble de l'agglomération de Paris [18]. La différence est moins nette en faveur du Raincy, même si elle est encore perceptible. Les cadres d'entreprise passent de 12 % pour l'ensemble de l'agglomération à 14 % au Raincy, 24 % à Maisons-Laffitte et 26 % au Vésinet. À l'inverse, les ouvriers représentent 6 % des actifs de cette commune, 13 % de celles de Maisons-Laffitte et du Raincy contre 22 % pour l'ensemble de l'agglomération (tableau 6, ci-dessous). Ces chiffres seraient encore plus accusés si on les établissait pour les seuls îlots de ces communes qui correspondent aux lotissements étudiés. On pourrait alors éliminer le centre du Vésinet, certes compris dans le périmètre de

17. En 1992 on comptait 500 déclarants à l'impôt sur les grandes fortunes (ISF) entre Le Raincy et les communes limitrophes, Villemonble, Gagny et Montfermeil. En 1983 Le Raincy comptait ainsi autant de grandes fortunes que le Morbihan et plus que la Savoie. Voir Jack Dion et Pierre Ivorra, *Sur la piste des grandes fortunes*, Paris, Messidor-Éditions sociales, 1985.

18. Dans les tableaux de l'INSEE fournissant les résultats du recensement de 1990, l'agglomération de Paris a été désignée comme « unité urbaine de Paris ». Nous avons conservé le terme « agglomération », la dénomination « unité urbaine » étant utilisée pour couvrir le cas, rare, de villes isolées en même temps que celui des véritables agglomérations.

l'opération d'urbanisme d'origine, mais dont le rôle a toujours été de fournir un centre commercial à la cité avec un habitat dense traité en immeubles collectifs. La différence serait encore plus nette à Maisons-Laffitte en ne retenant que les 40 % de la population communale qui habitent dans le Parc proprement dit.

Tableau 6. Répartition de la population active selon la catégorie socioprofessionnelle

	Agglo-mération de Paris	Le Raincy	Maisons-Laffitte	Le Vésinet
Artisans et commerçants	4,9	7,1	5,4	6,6
Chefs d'entreprise	1,0	2,1	2,0	4,6
Professions libérales	1,6	4,8	2,7	4,6
Cadres d'entreprise	11,9	14,3	24,2	26,3
Cadres de la fonction publique	6,5	7,3	6,0	9,7
Professions intermédiaires	22,4	26,2	23,2	20,8
Employés	30,1	25,0	22,8	20,8
Ouvriers	21,6	13,2	13,6	6,7
Ensemble	100,0	100,0	100,0	100,0

SOURCE : INSEE, recensement de la population de 1990, sondage au 1/4.

Les résultats du recensement concernant les niveaux de diplômes vont dans le même sens. Ainsi 10 % de la population âgée de 15 ans ou plus, dans l'ensemble de l'agglomération, disposait, en 1990, d'un diplôme supérieur au niveau d'études « bac + 2 ». Ce taux était de

12 % au Raincy, de 17 % à Maisons-Laffitte et de 24 % au Vésinet. Parallèlement, le dépouillement au quart du recensement donnait un taux de chômage de 5,5 % au Vésinet et à Maisons-Laffitte, de 6 % au Raincy contre 9 % pour l'ensemble de l'agglomération. Ces indicateurs de niveau social sont donc tous convergents. Mais la population du Raincy apparaît comme moins favorisée, tout se passant comme si des enclaves bourgeoises dans un environnement prolétarien étaient condamnées à connaître une évolution qui les rapproche du tissu urbain dans lesquelles elles s'insèrent.

Graphique 3. Poids statistique des cadres d'entreprise et des ouvriers

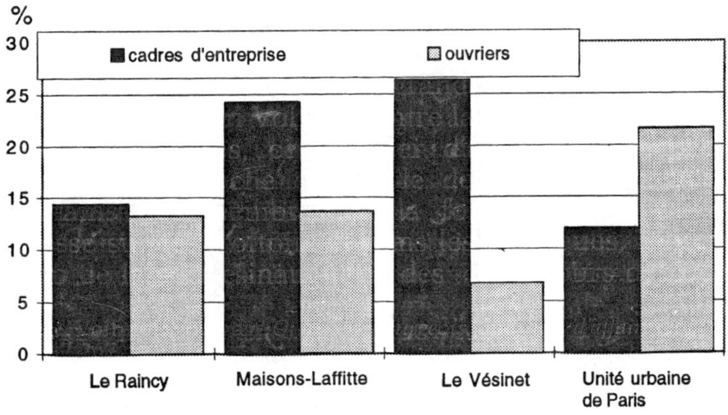

La distribution par âges montre une poids plus important des tranches d'âges les plus élevées dans les communes considérées. On compte 23 % de personnes de plus de 60 ans au Vésinet, 21 % à Maisons-Laffitte, 21 % au Raincy, mais seulement 16 % dans l'ensemble de l'agglomération. Inversement les jeunes adultes, et donc en même temps les jeunes de 0 à 14 ans, sont proportionnellement moins nombreux : 48 % de personnes âgées de 20 à 49 ans pour l'ensemble de l'agglomération, 41 % au Vésinet, 44 % à Maisons-Laffitte, 45 % au Raincy. Plus la population est aisée, plus elle est âgée.

Tableau 7. Répartition des logements (maisons individuelles et logements en collectifs) selon la date de leur construction

	Type de logement	avant 1915	1915 à 1948	1949 à 1967	1968 à 1974	1975 à 1981	1982 ou après	TOTAL
Agglomération de Paris	maison individuelle	12,7	26,1	20,7	12,9	12,1	15,5	100,0
	logement en immeuble collectif	23,3	14,9	25,0	19,0	11,0	6,8	100,0
Le Raincy	maison individuelle	36,3	35,9	11,6	6,5	5,2	4,5	100,0
	logement en immeuble collectif	22,4	23,9	18,2	9,3	15,1	11,0	100,0
Maisons-Laffitte	maison individuelle	26,1	35,3	20,0	5,6	5,4	7,6	100,0
	logement en immeuble collectif	12,5	11,6	44,4	15,7	10,8	5,1	100,0
Le Vésinet	maison individuelle	33,0	36,1	17,5	5,7	3,8	3,9	100,0
	logement en immeuble collectif	13,1	15,7	44,1	10,5	10,4	6,2	100,0

SOURCE : INSEE, recensement de la population de 1990, sondage au 1/4.

Le parc immobilier présente des caractéristiques remarquables. Dans l'agglomération 39 % des maisons individuelles ont été construites avant 1949. Mais cette proportion passe à 72 % au Raincy, 61 % à Maisons-Laffitte et 69 % au Vésinet. Or il s'agit d'une banlieue déjà lointaine où la plupart des communes n'ont connu que récemment une urbanisation massive et donc où les dates de construction sont beaucoup plus récentes. Nos trois communes faisaient en effet partie de l'ancienne Seine-et-Oise. Pour ce qui est des logements en immeubles collectifs, Le Raincy ne diffère pas nettement de l'ensemble de l'agglomération. En revanche au Vésinet et à Maisons-Laffitte l'urbanisation sous forme collective est plus récente : 76 % des logements sont postérieurs à 1948, contre 62 % pour l'agglomération (tableau 7, p. 239). L'essentiel se joue d'ailleurs entre 1949 et 1967, c'est-à-dire dans une période où la faiblesse de la réglementation de l'urbanisme et la pression d'une crise aiguë du logement ont conduit à une effort de construction relativement marqué.

Le statut d'occupation et la taille des logements vont dans le même sens : l'habitat dans les communes considérées est spécifique et le serait encore plus si l'on ne prenait en compte que le périmètre des lotissements du XIXe siècle. On compte 40 % de propriétaires de leur logement dans l'ensemble de l'agglomération de Paris, mais ce taux varie entre 55 % et 58 % dans les communes étudiées. Quant à la taille des logements elle est exceptionnelle : 5 pièces ou plus pour 15 % des cas dans l'agglomération, mais 24 % au Raincy, 23 % à Maisons-Laffitte et 38 % au Vésinet, qui apparaît là encore particulièrement favorisé. Le nombre moyen de pièces par logement reflète la forte présence des grands logements : il passe de 3,11 pour l'agglomération à 4,16 pour Le Vésinet (tableau 8, p. 241). La logique qui veut que, dans l'agglomération, les plus vieux logements soient aussi les plus petits, et les plus vétustes, se trouve ici inversée. Dans l'agglomération, les logements antérieurs à 1915 comptent en moyenne 2,74 pièces, ceux du Vésinet en offrent 5. Par contre les moyennes sont de 3,6 et 3,9 pièces pour les logements postérieurs à 1982. Quelle que soit la période considérée, l'avantage reste toujours aux communes du Vésinet, de Maisons-Laffitte ou même du Raincy, mais cet avantage se réduit : c'est dans la réalisation ancienne de lotissements hors du commun que l'on doit rechercher la source de l'originalité de ces communes.

Tableau 8. Nombre moyen de pièces par logement

	avant 1915	1915 à 1948	1949 à 1967	1968 à 1974	1975 à 1981	1982 ou après	ensemble
Agglomération de Paris	2,74	2,81	3,26	3,25	3,34	3,61	3,11
Le Raincy	3,92	3,40	3,45	3,90	3,37	3,44	3,59
Maisons-Laffitte	3,92	3,54	3,50	3,30	3,06	3,68	3,52
Le Vésinet	5,01	4,19	3,82	3,64	3,58	3,93	4,16

SOURCE : INSEE, recensement de la population de 1990, sondage au 1/4 (agglomération) et dépouillement exhaustif (communes).

À LOTISSEMENT D'EXCEPTION, GESTION EXCEPTIONNELLE

À Maisons-Laffitte, les limites du lotissement de l'ancien parc du château conçu par François Mansart au XVIIe siècle sont signalées à l'entrée, flanquée de ses pavillons d'origine, par un grand panneau « Parc de Maisons-Laffitte - Propriété privée ». D'emblée les particularités de la voirie s'imposent avec ses larges avenues arborées, comme l'avenue Albine, prénom de la fille du banquier Jacques Laffitte. La trame urbaine porte l'empreinte de l'histoire du parc. François Mansart, qui avait construit le château de Maisons pour René de Longueil, surintendant des finances, avait dessiné le parc autour de deux grands axes et d'une demi-étoile d'où partaient des allées destinées à faciliter la chasse. Puis le maréchal Lannes, ayant racheté le château et son parc en 1804, traça de nombreuses voies organisées en une grande composition circulaire et rayonnante sur le thème de la croix de la Légion d'honneur. Leurs noms ajoutent à la symbolique napoléonienne : les avenues d'Austerlitz, de Wagram, de la Moskowa, de Marengo, de Sainte-Hélène, convergent vers la place Napoléon.

Enfin, Jacques Laffitte racheta l'ensemble du domaine et lotit le parc en définissant les zones constructibles. Il en est résulté un cadre urbain qui laisse une place considérable aux arbres. Il n'y a pas de trottoirs bitumés mais des chemins le long des avenues. Le Parc semble prendre le dessus sur les constructions, les maisons sont à peine visibles et disparaissent derrière les frondaisons de grands arbres centenaires. Peu de voitures circulent alors que, pourtant, les avenues privées sont ouvertes au public, la municipalité, sous forme d'une subvention, contribuant à leur entretien. Mais, selon un agent immobilier dont les bureaux se trouvent près de l'entrée principale, « le Parc est un espace clos, ce n'est pas une voie traversière, seuls les habitants y circulent car on ne peut aller nulle part ailleurs que dans le Parc ». En effet, celui-ci est bordé par la Seine au nord et à l'est et par la forêt de Saint-Germain-en-Laye à l'ouest. Seul le sud du Parc s'ouvre sur le vieux village de Maisons-Laffitte dont les rues étroites contrastent avec ses avenues spacieuses et verdoyantes.

En 1994 le groupement d'intérêt économique « Galop » avait décidé la fermeture des hippodromes de Maisons-Laffitte et de Chantilly en raison de leurs déficits financiers. Une campagne de pétitions qui a recueilli 16 000 signatures et un montage financier complexe ont permis à la ville de Maisons-Laffitte de racheter son hippodrome et de signer un accord le 1er juin 1995 avec France Galop, société présidée par Jean-Luc Lagardère qui a exprimé son intention de relancer les courses hippiques en France. À Maisons-Laffitte, il y avait autrefois 10 000 spectateurs pour les grands prix, il n'y en a plus aujourd'hui que 2 000 au maximum. Toutefois le cheval est encore omniprésent. Dans les allées brumeuses, au petit matin, les quelque 800 chevaux de course et leurs lads foulent avec élégance le tapis de feuilles mortes. D'ailleurs, depuis 1990, un arrêté accorde la « priorité aux chevaux » sur les automobiles comme l'indiquent de nombreux panneaux.

Que ce soit à l'automne, en ce jour de novembre 1993 où les feuilles mortes tombées à terre et non encore ramassées forment un tout coloré et lumineux avec celles restées sur les arbres, ou en hiver, comme lorsque la neige mêle pelouses, arbres et maisons dans un camaïeu de bleus, le promeneur oublie qu'il déambule dans une ville de 8 000 habitants [19], ce qui représente à peu près la population de Mende, préfecture de la Lozère. Le bruit est proscrit depuis longtemps, puisque, selon un arrêté de 1864, on ne peut « sonner du cor de chasse, trompe et instruments de même nature à l'intérieur du village de Maisons et de la colonie ». Aujourd'hui un panneau indique que « par arrêté municipal du 18 mars 1933 les jeux de balle et de ballon sont interdits ». Jean Cocteau qui y est né le 5 juillet 1889 a laissé une description de cette « manière de parc d'entraîneurs semé de villas, de jardins, d'avenues de tilleuls, de pelouses, de plates-bandes, de jets d'eau sur des places. Le cheval de course et la bicyclette y régnaient en maître. On y jouait au tennis les uns chez les autres, dans un monde bourgeois que l'affaire Dreyfus divisait [...]. Tout composait pour l'enfance un domaine propre

19. Selon le recensement de 1990, il y avait exactement 8 059 habitants dans le Parc, soit 36,3 % de la population de Maisons-Laffitte (22 171 habitants).

à flatter cette illusion qu'elle a de vivre dans des lieux uniques au monde [20] ».

Mais pour qu'un tel paysage ait pu survivre il a bien entendu fallu toute la vigilance des propriétaires. Au nombre de 2 800, dont 700 pour les maisons individuelles et 2 100 pour les appartements en immeubles collectifs, ils sont toujours regroupés au sein de l'Association syndicale autorisée du parc de Maisons-Laffitte, fondée en 1869. Cette association a le statut d'un établissement public administratif et elle est placée sous la tutelle du préfet des Yvelines [21]. Tout propriétaire en est obligatoirement membre, y compris les personnes morales et donc la Société sportive d'encouragement et la Société des steeple-chases [22]. Le percepteur est le comptable de l'association et c'est donc lui qui prélève la contribution de chaque propriétaire, contribution qui s'ajoute à la taxe d'habitation de la ville et représente en moyenne environ 1 500 francs par an et par logement (appartement ou maison individuelle). L'entretien du Parc est assuré par la quinzaine d'ouvriers employés par l'Association syndicale autorisée. Pour les permis de construire dans le parc, le maire consulte le conseil syndical de l'association avant de prendre sa décision. « Or, précise le secrétaire général de l'association, nous

20. Jean COCTEAU, *La Difficulté d'être*, Paris, 1948, cité par Georges POISSON, *De Maisons-sur-Seine...*, *op. cit.*, p. 91.

21. Ce type d'associations, régies par la loi du 21 juin 1865, est peu fréquent en milieu urbain car leur vocation première semble être rurale et concerner principalement les travaux d'irrigation agricole. L'Association syndicale autorisée du parc de Maisons-Laffitte (ASP) « est de loin la plus importante et celle qui réunit le plus grand nombre de propriétaires » selon la brochure de présentation de cette association. La jurisprudence a confirmé le caractère d'établissement public et « l'application stricte à ces associations des règles de la comptabilité publique, l'intérêt général inhérent aux travaux de l'association, le droit d'expropriation, le caractère de fonctionnaires publics des administrateurs et agents de l'association, la compétence des tribunaux administratifs » (*Le Secrétaire de mairie*, vol. 1, p. 110).

22. L'hippodrome de Maisons-Laffitte et certaines pistes d'entraînement font partie du Parc. A eux seuls, ces deux propriétaires représentent plus du quart des voix. « Mais, précise le secrétaire général de l'ASP, chaque propriétaire ne peut, selon les statuts, exprimer lors des votes plus de 5 % des voix. »

sommes très attentifs aux permis de construire. Nous avons même quatre gardes qui sont d'anciens gendarmes et qui sont non seulement chargés de surveiller la circulation et le stationnement mais également les constructions et les travaux effectués. Car le risque, c'est de devenir Neuilly, en se surdensifiant. » Le cahier des charges envisageait deux protections : l'interdiction des activités industrielles et commerciales et la non-constructibilité des réserves boisées, qui sont la propriété de l'association. Dans les années soixante de nombreux immeubles collectifs furent réalisés. « Au début de 1963, 10 immeubles étaient en construction et 23 en projet. Leur édification jetait bas des plantations centenaires et modifiait tout l'équilibre du quartier. Ils s'élevaient sans plan général, au petit bonheur des transactions, avec des normes de construction abusives [23]. » Le mécontentement fut grand et c'est d'ailleurs cette année-là que des propriétaires se regroupèrent en créant l'Association de sauvegarde et de mise en valeur du parc de Maisons-Laffitte. En effet, en 1963 le maire était également président du conseil syndical du Parc, organe exécutif de l'association, et ce cumul de fonctions lui donnait une plus grande marge de liberté pour délivrer les permis de construire [24].

Selon un habitant, l'Association de sauvegarde représente aussi un des moyens pour se faire élire à l'Association syndicale. L'Association de sauvegarde a la réputation d'être très stricte quant à la préservation de l'ensemble historique et du cadre naturel du Parc. « Ce sont, d'après cet habitant, de véritables chiens de garde. Il y a parmi eux des gens qui sont fanatiquement opposés à ce que quoi que ce soit change. » Cet habitant du Parc, qui se voit reprocher de ne pas recrépir la façade de sa maison, se félicite par ailleurs que des constructions collectives aient été réalisées dans les années cinquante et soixante car elles ont permis un meilleur

23. Georges Poisson, *De Maisons-sur-Seine...*, *op. cit.*, p. 119.
24. Depuis, ce cumul a été rendu impossible.

« équilibre sociologique », grâce à ces appartements financièrement plus accessibles. « Et puis cela nous a donné l'égout, alors qu'avant nous n'avions que des puisards, et l'éclairage public, tandis qu'autrefois, le soir, le Parc était sinistre, dans une obscurité quasi totale. »

Ces immeubles collectifs présentent un autre avantage : ils permettent aux habitants âgés de trouver à se reloger sur place, en appartement, lorsqu'ils sont amenés à quitter une villa devenue trop grande. De surcroît « les personnes âgées se trouvent ici, selon le maire-adjoint de Maisons-Laffitte, dans un univers très médicalisé. On a une centaine de médecins, des hôpitaux et des cliniques ; Maisons-Laffitte est une des villes les plus médicalisées de France ».

L'agent immobilier estime que « globalement c'est un " plus " d'habiter le Parc, mais il demeure quand même le problème de l'éloignement, de l'isolement et les difficultés inhérentes à l'entretien de grandes parcelles. L'absence de commerçants ici explique qu'il y ait des propriétés de ville qui se vendent au même prix que dans le Parc ».

Du fait de l'emblème du cheval, de la situation d'enclos de la commune, il y a une forte identité de Maisons-Laffitte, une identité quasi provinciale. « On vend, précise le même professionnel, 50 % de nos logements à des gens qui habitent déjà Maisons-Laffitte et pour les maisons, c'est 75 %. Car Maisons-Laffitte fonctionne comme une ville de province, beaucoup de vieilles familles sont là depuis longtemps. C'est d'ailleurs Maisons-Laffitte qui attache, ce n'est pas forcément le Parc, c'est un phénomène de localisation. »

Pour préserver le parc de Maisons-Laffitte les réglementations auront été fort utiles. Les plans d'urbanisme ont comblé les lacunes du cahier des charges. Aujourd'hui c'est le plan d'occupation des sols (POS) qui vient à son secours. « S'il n'y avait pas de POS, remarque M. Langlumé, maire-adjoint, il n'y aurait plus les écuries actuelles mais des résidences réalisées par les promoteurs. » Par ailleurs, de nombreuses avenues sont inscrites à l'inventaire des Monuments historiques. C'est le cas des avenues Albine et Eglé. Les autres sont classées comme sites ainsi que, depuis 1989, toutes les réserves, ces espaces plantés inconstructibles qui sont la propriété de l'association.

Au Vésinet, la confusion est totale entre le lotissement et la municipalité. Pour la plus grande satisfaction de la société Pallu et des propriétaires, le lotissement est constitué en commune en 1875. Auparavant, Le Vésinet « s'administre lui-même, selon ses propres lois et au moyen de ses délégués propres, sans que les communes mères aient la plupart du temps à intervenir : aussi quand on les sollicite de remplir leur rôle, par exemple en matière d'éclairage et de police, y mettent-elles la plus mauvaise volonté possible. Pourtant les habitants du Vésinet sont contribuables dans les communes dont ils dépendent, bien que les charges correspondantes soient assurées par la société. Les Vésigondins en auront vite assez de cette sujétion administrative et financière sans objet, alors que les communes voisines feront tout pour conserver le pactole [25] ». La nouvelle commune ne comprenait que des terrains qui appartiennent à la société Pallu, et Alphonse Pallu en fut le premier maire. « Ainsi, en moins de vingt ans, [il] avait réalisé son rêve : d'un bois faire une cité résidentielle modèle et en devenir le chef [26]. » De telle sorte qu'encore aujourd'hui le POS du Vésinet doit largement au cahier des charges de 1858. Le Vésinet est resté résidentiel et bourgeoisement habité. La commune présente encore en certains endroits un paysage rare avec ses lacs, ses ruisseaux bordés de sentiers de randonnée baptisés du nom des communes étrangères avec lesquelles le Vésinet est jumelé, comme la promenade Oakwood en hommage à la cité américaine. Pour ne pas gâter le paysage arboré, de nombreux trottoirs ne sont pas goudronnés pour

25. Georges Poisson, *La Curieuse Histoire du Vésinet*, *op. cit.*, p. 107.
26. *Ibid.*, p. 122.

mieux se fondre dans la verdure. Ces « banquettes anglaises » reviennent assez cher quant à leur entretien. Toute la zone dite « naturelle non constructible », qui comprend ces « coulées », lacs, rivières et pelouses, constitue un site classé de sorte que « toute modification importante dans l'aménagement des mouvements de terrain, plantations ou voies la parcourant sera soumise au préalable à l'autorisation ministérielle » comme le stipule le règlement du POS.

L'idée de paysage si chère au comte de Choulot préside encore aujourd'hui aux réflexions des responsables municipaux. Ils se sont assurés le concours d'un architecte urbaniste, Gérard Bauer, dont les réflexions sur les plans d'aménagement de cette commune résidentielle ont pour base « un projet urbain. Autrement dit, je pars de ce que je veux obtenir puis j'en déduis les règles ». D'ordinaire, précise-t-il, on fait l'inverse. « Mais c'est possible au Vésinet car l'idée générale que ses habitants se font du Vésinet prime sur les intérêts particuliers. C'est pourquoi certains peuvent accepter des entorses au droit individuel de propriété pour sauvegarder l'ensemble. » Donner priorité, en certains cas, au paysage sur la règle d'urbanisme signifie qu'au nom du paysage il peut y avoir des inégalités de traitements entre des parcelles identiques, avec par exemple des COS différents [27]. Mais ces atteintes au droit individuel de propriété sont concevables au Vésinet car les habitants savent bien que leur patrimoine individuel ne tire sa valeur que des qualités physiques, urbaines et sociales tout à fait exceptionnelles de l'ensemble de la commune.

D'ailleurs, depuis 1965, la ville dans son ensemble est inscrite à l'inventaire national des Sites. Les exceptions aux règles coutumières y sont nombreuses. Ainsi, selon M. Lallemand, maire-adjoint à l'urbanisme, « même avant la loi de décentralisation de 1982, c'était le maire

27. Le rapport de présentation du POS précise que « la notion de COS fixé *a priori* ne va plus s'appliquer en zone UB. Les règles [...] privilégient la notion de volume, ce qui sur le plan architectural est plus logique » (p. 32).

du Vésinet qui délivrait le permis de construire ». Tout est spécial au Vésinet, même le RER. Sa gare semble avoir poussé naturellement entre les arbres. « La transformation en 1972 du vénérable chemin de fer en métro régional aurait pu entraîner une catastrophique “ modernisation ” de la gare et de ses abords. Mais les habitants, qui souhaitaient conserver l'agréable sensation quotidienne de passer directement du train au parc, exigèrent que l'emprise des voies et du stationnement demeure réduite au minimum [28]. »

Comme à Maisons-Laffitte, les habitants ont créé une association de sauvegarde au début des années soixante devant ce qu'ils considéraient comme une densification importante du Vésinet avec la construction de petits collectifs. Pourtant il y a si peu de logements sociaux que le POS a dû être modifié début 1994 à cause des « conséquences que doit tirer la ville du Vésinet de l'entrée en vigueur à partir du 1er janvier 1994 des dispositions de la loi du 13 juillet 1991 », appelée encore LOV, Loi d'orientation de la ville, qui définit des quotas de logements sociaux. Or, la commune présente un déficit de 735 appartements par rapport à son quota. « En effet, en comptant, selon les statistiques du recensement de 1990, 6 137 résidences principales assujetties à la taxe d'habitation, elle devrait compter 20 % de logements sociaux, soit 1 227, alors qu'aujourd'hui elle n'en enregistre que 492. » La modification du POS était motivée par le fait qu'au Vésinet, pour éviter que les rues et autres avenues ne soient encombrées de voitures, il prévoyait 1,2 place de stationnement par appartement n'excédant pas une pièce d'habitation principale et 2,2 au-dessus. Or le code de la construction et de l'habitat ne prévoyait qu'une place par appartement de logement social et il a fallu modifier le POS en conséquence dans les zones concernées.

28. Gérard BAUER, Gildas BANDEZ, Jean-Michel ROUX, *Banlieues de charme ou l'art des quartiers-jardins*, Paris, Pandora Éditions, 1980. Un chapitre est consacré au Vésinet : « Un bois de Boulogne résidentiel : Le Vésinet ».

Le Vésinet reste aujourd'hui tout à fait en harmonie avec ses armes adoptées en 1898. Au centre un cor de chasse rappelle qu'avant l'urbanisation, les allées du bois du Vésinet étaient parcourues par des chasses à courre. Branches et feuilles de chêne évoquent cette même forêt et le caractère verdoyant conservé par la commune.

La qualité exceptionnelle du paysage urbain est elle-même source de rentrées financières avec les nombreux films qui y sont tournés [29]. Le Vésinet entend bien conserver son caractère résidentiel. « Il n'existe aucune industrie au Vésinet », est-il bien précisé dans le rapport de présentation du POS qui spécifie que la taxe professionnelle ne représente que 19,41 % du budget communal, alors que la moyenne nationale est de 44,97 % [30].

Les parcs de Saint-Tropez

Les lieux de villégiature sont propices à la réalisation de lotissements chic. Les beaux endroits sont rares, il faut donc les préserver, que ce soit sur les hauteurs de Marbella, en Espagne, ou de Ramatuelle, avec le domaine de La Tourraque, ou encore sur les bords de mer avec les parcs de Saint-Tropez. M. et Mme Georges

29. Par exemple *Julie Lescaut*, mis en scène par Élisabeth Rappeneau, *L'Inspecteur Moulin*, réalisé pour TF1, *Délit mineur*, de Francis Girod.

30. Dans sa mise en relation des structures sociales avec les bases fiscales, Edmond Preteceille montre que Le Vésinet et Maisons-Laffitte n'appartiennent pas exactement au même type de communes. Le Vésinet est une « commune huppée de banlieue », où « seuls les industriels, gros commerçants et professions libérales progressent » alors que Maisons-Laffitte est une « commune de salariés à statut élevé » où les « cadres administratifs supérieurs progressent fortement ». Il est vraisemblable que le Parc considéré isolément viendrait se ranger avec Le Vésinet. En tout état de cause les deux communes se retrouvent dans le même type de fiscalité locale, caractérisé par « un niveau très élevé des bases de la taxe sur le foncier bâti et de la taxe d'habitation, ce qui est logique : les communes les plus bourgeoises sont les communes où le patrimoine immobilier et foncier a le plus de valeur ». Par contre la taxe professionnelle y est très faible, ce qui correspond bien à leur caractère éminemment résidentiel. Edmond Preteceille, *Mutations urbaines et politiques locales*, Paris, Centre de sociologie urbaine, 1993, p. 40 et 138-139.

Hervet possèdent une villa dans ce lotissement discret où ils ne se rendent qu'en juillet et août, avec parfois un court séjour en hiver [31]. La majorité des maisons, vastes et somptueuses, ne sont occupées que quelques semaines par an. Le recours à une gestion collective grâce à une association syndicale des propriétaires apparaît comme le moyen le plus rationnel de faire face aux problèmes posés par l'entretien et la surveillance de propriétés délaissées durant de longs mois [32]. On comprend que la formule du « lotissement » soit très utilisée : la taille des terrains est suffisante pour assurer à chacun son indépendance, le plus petit lot étant, aux Parcs, de 5 000 mètres carrés, ce qui est d'ailleurs la surface minimale définie par le POS pour rendre un terrain constructible. Mais la mise en commun de services permanents permet d'assurer la surveillance et l'entretien des espaces communs qui isolent chaque villa en créant une zone protégée. La multiplication de ces « lotissements » chic, sur la Côte d'Azur et ailleurs, permet d'assurer cet entre-soi et cette sécurité auxquels les familles de la grande bourgeoisie tiennent beaucoup. Cela a un prix, et la contribution annuelle au fonctionnement des services communs des Parcs est de l'ordre de 50 000 francs. Pour cette somme ne sont assurés que le gardiennage des parties collectives et l'entretien de la voirie et des plantations communes. Chaque propriétaire doit donc assumer pour sa part le gardiennage de sa villa et son entretien, y compris celui du jardin : pour cela, M. et Mme Hervet emploient un couple, logé sur place à demeure. Si l'association offre quelques autres services communs, comme des courts de tennis ou les leçons d'un maître-nageur, leur accès est payant. Le fils aîné des Hervet, âgé de neuf ans, doit par exemple

31. Georges Hervet, banquier, a dirigé l'établissement fondé par son ancêtre à Bourges, en 1830, établissement qui avait magnifiquement prospéré avant d'être nationalisé en 1982.

32. L'Association syndicale des propriétaires a été constituée, selon le cahier des charges, en vertu de la loi du 21 juin 1865, la même qui fut utilisée pour la création de l'Association syndicale autorisée de Maisons-Laffitte.

s'acquitter d'une cotisation de 6 000 francs pour avoir la possibilité de pratiquer le tennis lorsqu'il se trouve en vacances aux Parcs. Ce que sa mère « ne trouve pas très élevé ». Il est clair, toutefois, que le calme, les services et la sécurité ont leur prix.

Sur la carte IGN au 1/25 000 on peut voir, à quelques kilomètres du centre de Saint-Tropez, entre le cap Saint-Pierre et la pointe de l'Ay, un ensemble de routes sinueuses qui desservent les constructions disséminées et qui zigzaguent autour du signe symbolisant le château. On en conclut aisément à la présence d'un lotissement réalisé dans le parc. La carte Michelin, moins détaillée, apporte une précieuse indication supplémentaire, dissuasive pour le promeneur : la route principale de ce réseau, seule reprise sur cette carte, y figure en rouge, elle est donc interdite à la circulation. Sur place, il s'avère qu'une barrière empêche en effet le passage des automobiles étrangères au lotissement. Un petit bâtiment abrite en permanence un agent de sécurité qui peut accorder aux invités ou aux fournisseurs l'autorisation de pénétrer dans les parcs de Saint-Tropez.

Les piétons, eux, curieusement, sont acceptés, et ce depuis le cahier des charges d'origine, établi en 1956. Toutefois un panneau avertit le promeneur qu'il pénètre dans un territoire où il n'est que toléré, grâce à la bienveillance des propriétaires des lieux. « Les Parcs groupent des propriétés absolument privées, y lit-on. Leurs résidants vous souhaitent la bienvenue et vous offrent pour votre promenade à pied l'agrément d'avenues qui sillonnent les plus beaux sites du cap. Ils attendent de vous en retour que vous respectiez le calme et la tenue de ces lieux. » Les promeneurs sont invités à ne pas quitter ces avenues, à ne pas cueillir de fleurs, à ne pas pique-niquer. Le directeur des Parcs, responsable de l'entretien et du gardiennage, estime qu'il s'agit là d'une faveur tout à fait désintéressée puisque la municipalité n'intervient ni pour l'entretien de la voirie ni pour celui des réseaux d'eaux usées, qui sont à la charge des propriétaires. Ceux-ci, simplement, trouveraient « plus élégant d'ouvrir que de se barricader ». Il en va de même pour l'entretien du sentier du littoral, cimenté en partie, dans les passages difficiles, avec çà et là l'aménagement de marches qui aident à franchir les rochers trop raides. Ce sentier, d'ailleurs obligatoire, en principe, sur tout le bord de mer, permet de prendre la mesure du privilège que représente le fait de disposer de pareilles demeures aussi vastes, surplombant la Méditerranée, agrémentées de grands parcs ouverts aux horizons marins. Toutefois les propriétaires laissent croire que les véritables privilégiés, ce sont les promeneurs qu'ils autorisent ainsi à longer leurs pelouses et à entrevoir leurs piscines. Les panneaux disposés le long du sentier rappellent en effet que se promener en un tel lieu doit être apprécié à sa juste valeur. « Nous avons aménagé tout le long des rivages une promenade pour les piétons : nous vous souhaitons d'en profiter agréablement », est-il courtoisement écrit en préambule. Puis viennent les recommandations, à peu près identiques à celles qui figurent à l'entrée principale. Avec une précision utile : « Nos gardes sont assermentés pour dresser procès-verbaux aux contrevenants. » Suit une phrase ambiguë : « Merci pour le respect de ces dispositions afin de nous aider à maintenir ce privilège dans les Parcs. » À la réflexion, il ne peut s'agir que du privilège des heureux promeneurs admis à longer le paradis, le territoire des dieux.

Entourant le château Borelli, les Parcs, dont le nom fut à l'origine « Parc du cap Saint-Pierre », occupent 120 hectares. Les villas dominent le golfe de Saint-Tropez, pour celles qui occupent les positions les plus élevées, dont celle de M. et Mme Hervet, ou donnent directement sur le rivage, rocheux à cet endroit. L'ensemble de cette propriété appartenait à Jean Bréaud, lié au monde de la finance et de l'immobilier, qui a donc procédé au lotissement de ses terrains à la fin des années cinquante. Le château, au plus haut du cap, a été transformé en cinq appartements dont certains ont été vendus 18 millions de francs. Plus de 150 villas s'égrènent, derrière les frondaisons de leurs parcs, le long des allées sinueuses et pentues. Elles sont peu visibles depuis les petites routes et la présence de promeneurs, selon Mme Hervet, ne gêne pas les propriétaires, à l'abri derrière une végétation abondante et d'autant plus efficace que les constructions sont en général éloignées des chemins. Cyprès, pins, tilleuls, eucalyptus, mimosas, forment un écrin de verdure qui assure calme et discrétion. À tel point que les jardins ne sont pas clôturés et que les Parcs eux-mêmes sont largement ouverts sur la campagne environnante. Mais la végétation luxuriante dissimule avec efficacité cet espace préservé, indemne des ravages d'un certain tourisme, et donne l'impression au promeneur de se trouver dans un parc public. Même l'été, alors que les foules se pressent sur les quais de Saint-Tropez ou sur les plages, il n'y a que peu de promeneurs dans ce havre de paix. Pour l'essentiel, selon Mme Hervet, ce sont des gens des environs et des ornithologues, les Parcs étant un refuge pour les oiseaux. Mais les visiteurs viennent surtout, en nombre limité, hors saison, profitant du calme et de la luxuriance de la végétation. La barrière et le gardien à l'entrée ont peut-être un effet dissuasif, la timidité sociale empêchant de venir lire le panneau qui précise bien que l'entrée est libre pour les piétons. Le sentier des douaniers est lui plus fréquenté l'été.

Les maisons, dont certaines sont vastes pour des « résidences secondaires », comptant dix pièces ou plus, sont en très bon état alors qu'elles ne sont utilisées qu'un ou deux mois par an pour la plupart. Il est vrai que le cahier des charges exige un excellent entretien des villas et que l'on ne saurait, aux Parcs, admettre ce que Mme Hervet, née princesse Marie d'Arenberg, a connu ailleurs, dans les châteaux de la famille, où l'entretien des jardins et l'état des menuiseries laissaient parfois à désirer. Ces villas, récentes puisque le lotissement ne date que des années cinquante, sont en général construites dans un style provençal et n'ont rien à voir avec les édifices fantaisistes et rococo du début du siècle, comme on peut en voir à Biarritz ou à Deauville. La villa de la famille Hervet, crépie en rose, a été dessinée en 1977 par l'un des architectes à la mode sur la Côte d'Azur, Herrerra. Elle est construite de plain-pied, mais, en raison de la déclivité du terrain, sur plusieurs niveaux. Située au sommet du cap, elle bénéficie d'une vue remarquable sur la mer dont on profite pleinement à partir du salon, « ouvert de tous les côtés ». Une salle à manger et un salon réservé aux enfants complètent les pièces de réception. Avec six chambres et quatre salles de bains on peut recevoir famille et amis dans ce cadre enchanteur complété par la piscine, élément dont presque toutes les villas bénéficient. Dans un tel cadre, avec le service du couple de gardiens et celui d'une cuisinière ramenée de Paris, on peut supposer que les conditions sont remplies pour qu'il puisse être possible de passer un séjour agréable, malgré la cohue estivale qui envahit la région.

Les heureux propriétaires de ces lieux privilégient avant tout le calme et la discrétion, comme le directeur des Parcs ou le personnel de gardiennage savent le faire comprendre. Le mutisme sur l'identité des personnalités vivant en ces lieux est résolument impénétrable, de même que tout ce qui concerne les nationalités, les spécificités sociales et professionnelles. Heureusement le *Bottin Mondain* et son nouveau complément, le *Petit Mondain*, qui classe les personnes figurant sur la liste mondaine en raison des adresses, par département, sont d'un secours utile, même s'il reste insuffisant. Quatorze propriétaires ont pu être ainsi identifiés, soit un peu moins de 10 % du total.

Tous ces propriétaires ont une résidence à Paris ou à Neuilly, à deux exceptions près, l'une en faveur de Boulogne-Billancourt, commune dont l'embourgeoisement est très marqué, l'autre en faveur de Chamalières (mais dans ce cas il y a aussi une adresse en Floride...). À Paris les adresses se situent dans les beaux quartiers. L'avenue Foch, qui est l'une des adresses les plus chères de la capitale, et le VIIe arrondissement sont bien représentés. Le code 116 désigne le nord du XVIe arrondissement, plus chic que le sud, désigné par le code 016. Beaucoup de ces heureux propriétaires sont donc voisins à la ville comme en vacances. D'autant que certains fréquentent les mêmes clubs, deux étant à l'Interallié et quatre au Polo. Des promeneurs tropéziens ont complété ces informations lacunaires, révélant la présence de Bernard Arnault, président du groupe LVMH, décrivant la fabuleuse demeure d'un homme d'affaires saoudien, invisible depuis la route de desserte, ou insistant sur la présence dans certains jardins de pistes d'hélicoptère, moyen de transport bien utile au plus fort de la saison.

L'Association syndicale des propriétaires qui, avec les mêmes statuts qu'à Maisons-Laffitte, gère les parcs de Saint-Tropez n'exerce aucun contrôle sur les ventes et les achats de villas. L'une d'elle était proposée dans *Propriétés de France* [33] en ces termes : « Les parcs de Saint-Tropez. Charme, sérénité, quiétude, exposition sud et vue sur mer. Splendide terrain et petite maison existante avec piscine dans un domaine privé, gardé et de très haute notoriété. Permis de construire accordé de 380 mètres carrés. » Le niveau des prix pratiqués suffit à assurer une rigoureuse sélection, certaines maisons ayant été négociées, à la fin des années quatre-vingt, au maximum de la croissance des valeurs immobilières, pour 40 à 50 millions. Le marché est revenu à des niveaux plus raisonnables, mais on ne peut trouver de

33. *Propriétés de France*, n° 27, mars-avril 1994. Cette publication, éditée par *Le Figaro*, propose, dans une première partie, des articles sur le marché immobilier haut de gamme d'une région, sur la décoration ou encore sur une maison particulière, choisie pour la qualité de son architecture et de son agencement. La seconde partie, la plus longue, est composée d'annonces immobilières dont les descriptifs sont détaillés et s'appuient toujours sur des photographies en couleurs qui mettent en scène des demeures de rêve et des châteaux de contes de fées.

maison aux Parcs à moins de 10 millions. La discrétion des lieux et les contraintes du cahier des charges contribuent à trier les acheteurs potentiels, mais la pression sur la région est telle, la demande si forte que tous les acheteurs ne se plient pas volontiers aux contraintes

Tableau 9. Caractéristiques sociales et résidentielles de propriétaires de villas dans les parcs de Saint-Tropez [34]

NOM (NOM DE LA VILLA) CERCLES ET CLUBS	AUTRES ADRESSES	« PROFESSION »	ÉPOUSE OU ÉPOUX
Gérard Adam de Villiers (Macui) MBC	av Foch, Paris 116	écrivain (auteur des romans d'espionnage SAS)	Christine Loncle
comte Romée de Regnauld de Bellescize (Laurediane)	• pl St-Sulpice Paris 6 • château de Saint-Léger, Côte-d'Or	conseiller d'État, maître des requêtes au Conseil d'État	comtesse Diane de Bonneval
Fernand Bricout (Skiouros)	av du Colonel Bonnet Paris 016	professeur à la faculté de médecine	Cécilia Médina
Michel Canque (La Restanque)	• av Thermale, Chamalières, Puy-de-Dôme • Holley by the Sea Gulf Breeze, Floride États-Unis	docteur en médecine	Monique Marcilhacy

34. Voici la signification des abréviations utilisées dans le tableau : ACF = Automobile Club de France ; CDC = Club des Cent ; CI = Cercle de l'Union Interalliée ; DV = Cercle de Deauville ; GM = Golf de Morfontaine ; MBC = Maxim's Business Club ; P = Polo de Paris ; RC = Racing Club de France ;StC = Saint-Cloud Country Club.

NOM (NOM DE LA VILLA) CERCLES ET CLUBS	AUTRES ADRESSES	« PROFESSION »	ÉPOUSE OU ÉPOUX
François Dalle (Les Quatre Oliviers)	av Frédéric Le Play Paris 7	administrateur de sociétés (dont Philips et BNP), P-DG de l'Oréal, vice-président de Nestlé	Geneviève Clément
Alain-Pierre Duvaux (La Pierrire) ACF-CI-P	bd d'Argenson, Neuilly	administrateur de sociétés	Josiane Berliet
Albert Frère (La Bastide de l'Ay) CDC-P	• domaine de La Peupleraie, Gerpinnes, Belgique • av Foch Paris 8		Christine Hennuy
Didier Hallenstein (La Grivolière)	rue de Paris, Boulogne-Billancourt		Sophie Bricout fille de Fernand Bricout, ci-dessus
Georges Hervet (La Beriaude) CI-DV-GM-P	• bd Maurice Barrès Neuilly • Menetou Salon, Cher	Banque Hervet	S.A.S la princesse Marie d'Arenberg [les d'Arenberg possèdent le château de Menetou]
Antoine Le Conte (L'Olivade) RC	• av Henri Martin Paris 116 • Le Pré Naudin Saint-Viatre, Loir-et-Cher	[grande famille, nombreuses alliances importantes]	Nicole Vitry

NOM (NOM DE LA VILLA) CERCLES ET CLUBS	AUTRES ADRESSES	« PROFESSION »	ÉPOUSE OU ÉPOUX
Mme Solange Miot (La Tramontane) P-St C	bd Maillot, Neuilly	Née Solange Hervet, fille de Henri Hervet, le père de Georges ci-dessus, donc son frère	veuve de Jacques Miot, banquier, P-DG de Francefi
Mme Michel Motte (La Bergerie)	pl du Palais-Bourbon Paris 7	née Claire Droulers, d'une famille d'industriels du Nord	veuve de Michel Motte, l'un des multiples descendants de la lignée des Motte, grands industriels du Nord
Mme Prevesianos (La Bergerie)	pl du Palais-Bourbon Paris 7		fille de Mme Michel Motte, ci-dessus.
Gérard Rebut (Aulx sauvages)	av Georges Mandel Paris 116		Brigitte Deleplanque

SOURCES : *Bottin Mondain* et *Who's who*.

collectives et il arrive que l'association des propriétaires doive engager des actions en justice pour faire respecter le cahier des charges à des nouveaux venus peu soucieux du cadre exceptionnel.

CONCLUSION : DES FORMES DE GESTION COLLECTIVE

Le pouvoir social est donc aussi un pouvoir sur l'espace. Cette forme particulière du pouvoir se traduit par la capacité à maîtriser l'environnement résidentiel, tant du point de vue de sa composition sociale que de celui de l'aménagement et des paysages. Au XIXe siècle, le Second Empire fut une période d'intense urbanisation. Que ce soit dans la région parisienne ou dans les lieux de villégiature, stations balnéaires ou stations thermales, la haute société a beaucoup fait construire. Pour sa résidence ou ses loisirs, des modalités nouvelles sont apparues qui tendaient à assurer un contrôle étroit des processus urbains. Tout s'est passé comme s'il s'agissait de ne rien laisser au hasard. Deux soucis principaux et d'ailleurs étroitement imbriqués sont au principe de cette prudence urbanistique : d'une part la nécessité sociale de s'assurer de l'entre-soi, dans les limites d'un espace que l'on se choisit, se ménage et s'aménage, et d'autre part le goût pour un cadre de vie qui soit le digne écrin d'existences exceptionnelles. Pour construire un environnement social et un environnement urbain hors du commun ces tenants du libéralisme économique et de l'initiative individuelle font appel à des formes collectives comme le lotissement et le cahier des charges.

Maisons-Laffitte et Le Vésinet présentent cette particularité *a priori* assez étonnante de classes sociales aisées engagées collectivement dans la défense d'un patrimoine qui apparaît comme indissolublement individuel, familial et collectif. Ce paradoxe n'est compréhensible que si l'on tient compte du fait que les valeurs de ces patrimoines, aussi bien les valeurs d'usage que les valeurs d'échange, ne sont ce qu'elles sont que par leur renforcement réciproque. Le contre-exemple du Raincy tend à le montrer. L'environnement est pour beaucoup dans la valeur d'un bien immobilier. Sa valeur la plus précieuse réside dans sa valeur symbolique. Mais que l'environnement sociologique vienne à se dégrader et cette valeur symbolique est menacée. Le travail social destiné à assurer les meilleures conditions de transmission est alors important. On retrouve au niveau du groupe social les mêmes angoisses, en tout cas les mêmes préoccupations qu'au niveau de la structure familiale : comment assurer, dans les meilleures conditions, la pérennité du pouvoir, dont un habitat d'exception est l'un des facteurs puisqu'il le manifeste symboliquement.

La représentation du sens commun associe aménagement du territoire et hauts fonctionnaires, planification urbaine et XXe siècle, alors que ceux qui cumulent toutes les sortes de capitaux ont toujours su, discrètement, mais efficacement, maîtriser certains aspects du développement urbain à leur profit. Il est vrai toutefois qu'en laissant faire les forces du marché ce contrôle peut échapper même à ceux qui disposent des meilleurs atouts. Aussi, comme on va le voir dans certains lieux de villégiature, lorsque ses intérêts à la fois familiaux et économiques sont en jeu, la grande bourgeoisie n'hésite pas à casser la logique du marché à son profit. On voit alors se développer dans quelques espaces à part un protectionnisme urbain tout à fait remarquable, condition de la préservation des avantages acquis et des rentes de situation.

CHAPITRE VII

Espaces contestés, espaces défendus

Le cas des lotissements chic de la banlieue parisienne a montré que le maintien de la qualité urbaine n'allait pas de soi. Pour assurer une transmission réussie, il apparaît nécessaire que les propriétaires unissent leurs efforts pour contrôler au mieux les processus de l'évolution urbaine qui risquent toujours de conduire à une certaine « dégradation ». Dès le début du siècle des voix se faisaient entendre parmi les grandes familles qui occupaient les hôtels particuliers des Champs-Élysées pour dénoncer ce qui était déjà perçu comme l'amorce d'un déclin [1]. Dans les années 1880, les membres du Cercle de Deauville s'étaient fait l'écho de craintes semblables, n'hésitant pas à parler de « la dégénérescence de la clientèle de notre plage [2] ».

À l'origine d'un beau quartier ou d'un lieu de villégiature réputé, la présence des familles de la haute société, le calme engendré par la profusion de l'espace et de la verdure, l'élégance de l'architecture, la perfection d'une vie sociale autorisée par l'entre-soi que savent se ménager aristocrates et grands bourgeois, expliquent le prestige de ces lieux d'exception. Mais un destin funeste

1. Voir *Quartiers bourgeois, quartiers d'affaires*, *op. cit.*, p. 101-107.
2. Voir Michel Pinçon et Monique Pinçon-Charlot, « L'aristocratie et la bourgeoisie au bord de la mer : la dynamique urbaine de Deauville », *Genèses*, n° 16, juin 1994, p. 69-93.

semble attaché au devenir des espaces chic, comme si leurs qualités rares contenaient en puissance le processus de leur dépérissement. Car les belles adresses attirent et attisent la convoitise de ceux qui disposent des ressources économiques suffisantes pour y accéder sans maîtriser nécessairement les codes de conduite et les manières de la vieille bourgeoisie qui a fait ces espaces. Aujourd'hui, hommes d'affaires nouvellement enrichis et vedettes de l'audiovisuel sont perçus comme le ver dans le fruit : un danger fatal pour la permanence de la qualité. Les affaires et les commerces de luxe, en envahissant les immeubles réservés autrefois à l'habitation, vident les quartiers du centre-ouest de Paris de leur vie sociale traditionnelle et menacent les repères identitaires et spatiaux des grandes familles. À Deauville et dans d'autres lieux de villégiature, la diversification du public soulève des inquiétudes semblables.

Pour enrayer l'inéluctabilité de cette loi urbaine qui fait que la grandeur a toujours appelé la décadence, les propriétaires ou futurs propriétaires s'organisent. Face à un urbanisme anarchique, parce que livré aux lois du marché, des associations et des comités de défense des beaux quartiers tentent de préserver le privilège de l'entre-soi et le respect de l'ordre architectural par des actions ou des interventions plus ou moins ponctuelles.

Une vieille tradition : la défense des beaux quartiers

Dès la fin du XIXe siècle, après le traumatisme haussmannien, les grandes familles se mobilisent à travers des associations et des sociétés savantes. Il s'agit de faire en sorte qu'on ne puisse plus détruire n'importe quoi. Dans certains arrondissements, le combat peut dépasser la défense des vieilles pierres. Il en fut ainsi dans le VIIIe arrondissement où la Société historique et archéologique, fondée en 1899, regroupait alors des propriétaires et des locataires soucieux, bien sûr, de préserver la beauté architecturale et urbaine de leur arrondissement, mais aussi le bien-être de l'entre-soi des grandes familles. Il est vrai que ces familles fortunées de la rive droite étaient poussées vers l'ouest par l'emprise que les banques et les compagnies d'assurances ne cessaient d'étendre sur les Grands Boulevards et sur tout le IXe arrondissement, tandis que, sur l'autre rive, les nobles habitants du faubourg Saint-Germain cédaient du terrain devant la pression des ministères et des ambassades. Par leur départ les familles pouvaient réaliser une bonne affaire. Toutefois, certaines d'entre elles, notamment celles dont les revenus étaient essentiellement terriens, après la chute des fermages en 1946, ont mal vendu leurs biens. Pressées de réaliser une partie de leur patrimoine, il leur est arrivé de le brader.

Devant cette poussée des activités tertiaires, nombre de grandes familles ont créé des associations de défense dans leur arrondissement ou dans leur quartier. Le cas de la rue du Cirque est exemplaire. Cette rue étroite et tranquille, car elle n'est empruntée que par les riverains, parallèle à l'avenue Matignon et à l'avenue de Marigny, joint l'avenue Gabriel à la rue du Faubourg-Saint-Honoré. Une galerie marchande a été ouverte entre le 16 de l'avenue Matignon et les 9 et 11 de la rue du Cirque. À deux pas de l'Élysée, cette rue, depuis toujours très « bien » habitée, est encore exceptionnellement résidentielle dans un VIIIe arrondissement où un grand nombre de logements ont été transformés en bureaux. Les huit appartements des 9 et 11 de la rue du Cirque qui ont été supprimés représentaient une surface totale de 1 700 mètres carrés, soit une surface moyenne de 212 mètres carrés...

L'enjeu n'était pas architectural. Selon le projet, les façades de la fin du XIXe siècle ont été préservées, et même mieux, l'un des immeubles de la rue du Cirque ayant été construit dans les années trente, sa façade a été reconstruite dans le style des autres bâtiments de façon à accentuer la cohésion de l'ensemble. Les craintes, toutefois, furent d'autant plus vives que l'opération, à l'origine, comprenait une salle des ventes et un entrepôt sous douane qui lui était lié, ce qui impliquait une circulation de camions auxquels les habitants de la rue n'étaient guère habitués. Le problème résidait également dans les nuisances que cette galerie marchande risquait de susciter, dont les moindres n'étaient pas celles liées à l'éventualité de la présence dans la rue de la population fréquentant les Champs-Élysées, qui jusqu'alors n'y venait pas. Bien sûr, en raison de la proximité de l'avenue Matignon, ce sont des galeries d'art qui auraient dû occuper – et l'ont fait – cette nouvelle infrastructure commerciale. Mais, comme disait, sceptique, l'un des propriétaires, « on sait ce que sont devenues les Halles ». Une telle perspective inquiéta les riverains. « Au point de vue de notre agrément de vie et de notre isolement c'est très dommageable car badauds et clients vont aller et venir », soulignait ce même interlocuteur.

L'émotion a été vive et l'association a bien vite compté 90 membres, 98 % des familles de la rue étant ainsi représentées. La comtesse de Brantes, belle-mère de Valéry Giscard d'Estaing, figurait parmi eux et sans doute avait-elle participé au travail de prosélytisme qui consista à déposer une lettre d'information dans chaque domicile et ensuite à prendre contact avec les familles. Leur homogénéité sociale n'est pas pour rien dans la mobilisation des habitants. Cette activité a renforcé les liens entre voisins. Une convivialité s'est développée et des dîners réunissent encore, de temps à autre, les « militants ».

Dans un premier temps, la société d'assurances AXA, promotrice de l'opération, a refusé toute négociation. L'Association de la rue du Cirque a alors travaillé en étroite collaboration avec SOS Paris, créée en 1972 par Marthe de Rohan-Chabot. Il s'agissait à l'époque de tenter d'empêcher la réalisation de projets, chers à Georges Pompidou, visant à permettre une meilleure pénétration de la circulation automobile dans la capitale. SOS Paris comptait en 1992 environ 800 membres. Bien que son combat ne concerne pas seulement les beaux quartiers, l'association comprend des membres qui appartiennent à la meilleure société. En 1992, son président, Philippe Denis, est un ancien président de plusieurs filiales financières du Crédit commercial de France. Il est issu d'une famille de la bourgeoisie de province et il est membre de plusieurs cercles, dont l'Automobile Club de France et le Polo de Paris. Selon ses propres paroles, SOS Paris « regroupe du beau monde et du petit linge ». Henri Fabre-Luce, neveu de Mme de Brantes, a été un temps l'avocat de cette association. Sur la liste des membres figurent des Clermont-Tonnerre, le baron Guy de Rothschild, Anne de Lacretelle, le marquis de Breteuil, la princesse de Faucigny-Lucinge. Pour porter des patronymes moins connus, la grande bourgeoisie n'en est pas moins très présente avec, par exemple, Jacques Cheuvreux, ancien agent de change, aujourd'hui P-DG d'une société de Bourse. D'ailleurs, si les domiciles des membres de SOS Paris sont dispersés dans tous les arrondissements, ils sont proportionnellement plus nombreux dans les beaux quartiers : 15 % sont situés dans le VIIe arrondissement, 14 % dans le XVIe. SOS Paris a vocation à étendre son action à toute la capitale, parfois en appuyant telle association de quartier, comme ce fut le cas avec celle de la rue du Cirque.

Les deux associations ont travaillé de façon conjointe pour provoquer l'intervention d'« appuis politiques très puissants » afin de faire échouer ou au moins de modifier les projets de galerie marchande de la société d'assurances AXA. Un premier permis de construire est refusé en mai 1991. En mai 1992, un nouveau projet est accepté. Mais le nouveau permis ne comporte plus les parkings sur trois niveaux sous l'immeuble comme cela était prévu. Puis des tractations entre les associations et l'avocat de la société AXA ont abouti à la suppression dans le projet de deux éléments importants, la salle des ventes et l'entrepôt sous douane, qui devaient entraîner une importante circulation de camions de 12 tonnes dans une rue jusqu'alors d'une tranquillité exceptionnelle. La galerie sera réalisée, mais avec de sérieux amendements au projet initial qui devraient en limiter les nuisances.

Ainsi, les familles les plus privilégiées ne sont pas à l'abri d'un « accident » urbain de ce type. Les familles et les affaires entrent en concurrence pour l'appropriation des espaces les plus cotés. Mais les associations de défense comme celles de la rue du Cirque ou SOS Paris ne sont que des pis-aller et elles interviennent quand l'espace urbain est déjà menacé. Il est d'autres situations où les familles de la haute société entendent contrôler l'ensemble du processus de construction et maîtriser l'espace dans le cadre d'opérations d'urbanisme concertées comme celles qui furent réalisées sous le Second Empire.

L'ARISTOCRATIE ET LA BOURGEOISIE AU BORD DE LA MER : LA DYNAMIQUE URBAINE DE DEAUVILLE

Il est des lieux de villégiature où les familles de la haute société se trouvent rassemblées en des ensembles collectifs qui recréent d'une certaine façon les ghettos du gotha des grandes cités. Il s'agit des lieux de villégiature que la haute société a toujours su se ménager. Comme elle fut à l'origine des beaux quartiers parisiens, elle construisit des « stations », qu'elles soient thermales, balnéaires ou de sports d'hiver. Pour leurs loisirs aussi, pour les séjours à la campagne, à la montagne ou à la mer, les grandes familles préfèrent, en règle générale, urbaniser elles-mêmes une terre vierge plutôt que de reconquérir un habitat ayant déjà servi. Le petit port de pêche où l'on achète une vieille maison sans être sûr de son voisinage, cela n'est guère le fait des catégories les plus aisées qui, là encore, préféreront décider de leur environnement et construire à leur image l'écrin qui doit abriter leurs loisirs. Deauville présente un cas exemplaire de cet urbanisme planifié par quelques individus au profit de familles de la haute société.

Des marais à la belle adresse balnéaire

Deauville est, avant la lettre, une ville nouvelle, sortie des marais du bord de mer par la volonté de quelques riches hommes d'affaires du Second Empire, avec le projet délibéré d'offrir un cadre digne de la belle société acquise à l'idée des bienfaits des bains de mer dont elle allait lancer la mode. La création de la ville, de 1859 à la Première Guerre mondiale, vient peu après le succès mondain de Dieppe, qui fut un temps le lieu d'élection de l'aristocratie du faubourg Saint-Germain, et celui de Trouville, qui n'est séparée de Deauville que par la Touques, modeste rivière maritime. Mais dans les deux cas les villas et les hôtels de luxe vinrent se greffer sur des cités de pêcheurs dont le caractère populaire enraya la réussite mondaine. L'hétérogénéité sociale, qui fait le charme des vieux quartiers parisiens pour nombre de membres des classes moyennes qui aiment à y résider, n'offre que peu d'attraits pour la haute société, du moins lorsqu'il s'agit d'offrir les conditions optimales pour un séjour prolongé.

Des hommes d'affaires avisés, soucieux de disposer pour eux-mêmes d'un lieu de villégiature en bord de mer et conscients des profits qui pouvaient naître de la nouvelle mode, jetèrent leur dévolu sur les marais qui, au sud de la Touques, séparaient du bord de mer le petit village rural de Deauville, perché sur une colline. Le conseil municipal, assemblée bien modeste alors, accepta le 31 août 1859 de céder aux sieurs Donon et Olliffe ces marais sans valeur, propriété de la commune, qui servaient de maigres pâturages.

Donon, banquier, fondateur de la Caisse d'escompte, dirigea de nombreuses sociétés, dont la Société de travaux publics et de construction. Le docteur Olliffe était né en Angleterre en 1808 et avait fait des études de médecine à Paris où il avait exercé comme praticien attaché à l'ambassade britannique. « Il aimait la vie mondaine et ses animateurs, et par réciprocité, la société, empreinte d'une certaine teinte d'anglomanie, l'accepta [3]. » D'autant plus aisément, sans doute, qu'il avait, par son mariage, acquis une fortune considérable. Les deux initiateurs de l'opération reçurent le soutien du duc de Morny, demi-frère de Napoléon III, qui jouait un rôle de premier plan dans la vie mondaine du Second Empire. Il contribua de façon décisive au lancement de Deauville en lui apportant la caution d'un personnage important du régime. Dans un ouvrage sur l'hôtellerie de luxe, les auteurs écrivent que « cette politique de création et/ou de développement touristique mise en place dans les années 1850-1860 est particulièrement intéressante à étudier du point de vue de l'urbanisme et des enjeux sociaux et économiques en matière urbaine. Comme le souligne Marie-Hélène Contal, " l'aménagement de stations thermales et balnéaires est pour Napoléon III un support de démonstration, une mise à l'essai des projets impériaux sur l'expansion économique et urbaine " [4] ».

Le trio tomba d'accord pour désigner Breney comme architecte en chef de la nouvelle Société anonyme des

3. Roger DELIENCOURT et Jean CHENNEBENOIST, *Deauville, son histoire*, s. n., imprimerie Marie, Honfleur, t. 1 : *Des origines à 1914*, 1977, p. 107 (t. 2 : *De 1914 à 1977*, 1982). Roger Deliencourt, médecin, fut maire-adjoint de Deauville dès 1947. Il seconda ainsi les maires Robert Fossorier et Michel d'Ornano. Jean Chennebenoist, professeur au lycée de la ville, eut également des responsabilités comme conseiller dans la municipalité dirigée par Michel d'Ornano en 1971. Ces ouvrages d'histoire locale fournissent une multitude d'informations précises et fort utiles.

4. François ASCHER, Jean-Louis COHEN et Jean-Claude HAUVUY, *Luxe, habitat, confort : les références hôtelières*, Paris, Institut français d'urbanisme, université de Paris VIII, 1987. Marie-Hélène CONTAL, *1854-1936, Création d'une ville thermale*, Paris, Institut français d'architecture, CEP, éditions du Moniteur, 1982.

immeubles de Deauville [5]. Dès 1861, il sera le nouveau maire de la commune, tous les pouvoirs étant ainsi rassemblés entre les mains d'un groupe solidaire. En disciple d'Haussmann, Breney conçoit de larges avenues qui se coupent à angle droit et de vastes places. La première villa est édifiée en 1861. C'est celle du duc de Morny, baptisée *Sergewna*, en l'honneur du second fils du duc, le suffixe étant un hommage aux origines russes de la duchesse.

Les grandes familles emboîtent le pas. Elles achètent des lots et font construire des villas à l'architecture souvent imaginative. Du style normand au style mauresque, en passant par toutes les fantaisies des riches propriétaires, les inventions architecturales, baroques et néo-classiques, foisonnent [6]. Les affaires sont florissantes. « Après lotissement et viabilisation partielle, les ventes commencent en 1861 et rapidement les prix s'élèvent. Dès 1863 certains terrains, achetés 33 centimes le mètre carré, sont revendus sur la base de 8 à 10 francs [7]. » Or les parcelles sont vastes, elles peuvent atteindre ou dépasser 10 000 mètres carrés. Sur celle du duc de Morny, dès 1912, on pourra construire le Royal, un palace de plus de 300 chambres. Au prix du terrain il fallait bien entendu ajouter celui du coût de la

5. Cette société anonyme est entre les mains d'un petit nombre d'exploitants. « Les acheteurs de 1859, écrit É. Acacie, le duc de Morny et l'architecte Breney, en forment le noyau principal. Tout laisse penser que Deauville apparaît à ses promoteurs et aux actionnaires principaux des sociétés comme une opération spéculative. » Élisabeth ACACIE, « La naissance d'une station balnéaire sous le Second Empire », *Villes, histoire et culture, URA CNRS 1010*, n° 1, décembre 1994.

6. « Cet exotisme-là annonce l'utopie balnéaire contemporaine. En convoquant les styles arabe, asiatique ou scandinave, palais persans ou chalets suisses, en un lieu où ils n'ont pas lieu d'être, les anachronismes volontaires de cette architecture hétéroclite dressée derrière la promenade ou sur la dune scellent la rupture de l'avant-pays avec le reste du monde. » Jean-Didier URBAIN, *Sur la plage. Mœurs et coutumes balnéaires*, Paris, Payot, 1994, p. 280. Pour l'historique des stations balnéaires anglaises et françaises voir Alain CORBIN, *Le Territoire du vide. L'Occident et le désir du rivage, 1750-1840*, Paris, Flammarion, coll. « Champs », 1990.

7. Gabriel DÉSERT, *La Vie quotidienne sur les plages normandes du Second Empire aux Années folles*, Paris, Hachette, 1983, p. 24.

construction de villas imposantes et pourvues de tout le confort de l'époque.

Le public intéressé est constitué par des familles fortunées qui réalisent un placement en même temps que le désir de disposer d'une résidence en bord de mer. D'ailleurs banquiers et hommes d'affaires achètent des terrains beaucoup plus importants que ce qu'il serait nécessaire pour construire la villa familiale, et parfois en lots spatialement séparés : en gestionnaires avisés de fortunes considérables, ils allient à la recherche d'un cadre de vie agréable pour les vacances d'été les bénéfices probables d'opérations foncières ou immobilières fructueuses, tout en gardant un droit de regard sur le peuplement de Deauville. Le marché contrôlé, les premiers occupants peuvent gérer l'arrivée de nouveaux propriétaires sur un mode proche de celui de la cooptation. Il n'y a pas de meilleur moyen de s'assurer de la « qualité » des futurs voisins. On peut retrouver des traits semblables dans « la participation de l'aristocratie anglaise à la création de villes de villégiature », qu'il s'agisse de villes d'eaux ou de stations balnéaires [8].

À la manière des villes nouvelles et des nouveaux villages construits ces deux dernières décennies en Île-de-France et à la périphérie des grandes agglomérations, ce n'est pas seulement un produit immobilier qui est proposé, mais tout un style de vie. À Deauville, il s'agit d'offrir un habitat et un environnement qui soient propices à l'épanouissement du mode de vie aristocratique et grand-bourgeois. Pour cela il faut assurer des moyens de communication rapides et agréables avec Paris. C'est chose faite en 1863 avec l'inauguration de la ligne de chemin de fer et de la gare. L'hippodrome et le casino ouvrent l'année suivante, un an avant les établissements de culte, l'église Saint-Augustin et le temple protestant. En 1866 est inauguré le bassin à flots.

8. David CANNADINE, « L'aristocratie et les villes dans l'Angleterre du XIXe siècle : les stations balnéaires », *Urbi*, I, 1979, p. 33-46.

Deauville se devait d'accorder une place de choix au cheval. Le nouvel hippodrome couvre à lui seul 65 des 357 hectares que compte la ville. Le Cercle de Deauville est créé en 1873 dans le but, selon son actuel secrétaire-gérant, le comte Guy de Jouvencel, d'accueillir les propriétaires d'écuries de courses et de leur offrir les commodités et les agréments de la vie de cercle à l'image de celle qu'ils prisent dans les cercles parisiens. Le Cercle de Deauville occupe encore le bâtiment construit alors pour lui en front de mer, les salons s'avançant en demi-rotonde vers le rivage. Il constitue l'un des rares témoins de cette époque pionnière et symbolise aujourd'hui l'originalité de Deauville, station balnéaire sortie du néant par la volonté de quelques hommes d'affaires et familles fortunées. Il s'agit d'un urbanisme opérationnel qui a dû réaliser l'ensemble des infrastructures nécessaires, y compris les établissements de culte ou ce siège du cercle. « C'est à ma connaissance le seul bâtiment construit pour l'usage d'un cercle et dont la destination n'a pas changé depuis cent vingt années d'existence », souligne le comte de Jouvencel. Ville nouvelle, Deauville se devait de produire simultanément l'ensemble des bâtiments et des équipements indispensables à sa vocation de station balnéaire mondaine.

En 1870 un plan indique la liste des propriétaires des villas de la Terrasse de Deauville, aujourd'hui boulevard Eugène Cornuché, fondateur du casino actuel et des grands hôtels de la station. On trouvait, sur le bord de mer, M. Tenré, banquier à Paris, le marquis de Salamanca, le baron Poisson, M. Boitelle, préfet de police, le comte de Gontaut-Biron, etc.[9]. Les villas des trois promoteurs de Deauville étaient contiguës, et d'ailleurs les premières à avoir été construites. Il n'en reste

9. Parmi les autres propriétaires : MM. Hauttement, Delahante, Dalloz, Bourgoin, Jouhet, le duc de Sesto (qui avait épousé la duchesse de Morny, son mari étant décédé en 1865), le prince Demidoff, le comte de Kersaint, M. de La Lombardière. Ce plan nous a été aimablement communiqué par M. Agnès, archiviste de Deauville, qui nous a aussi aidé à comprendre les grandes lignes de l'histoire de la ville. Qu'il en soit ici vivement remercié.

aujourd'hui que quelques gravures. Outre l'hôtel Royal qui a remplacé la villa du duc de Morny, des immeubles de quatre étages ont fait disparaître celles d'Olliffe et de Donon, comme cela a été le cas sur tout le bord de mer.

Ce bord de mer est étonnamment loin des premières constructions. En réalité les villas ont bien été construites à la limite de la plage. Mais à deux reprises, en 1872 et en 1876, de violentes tempêtes abandonnèrent des masses de galets et d'alluvions, faisant reculer de trois cents mètres la laisse des pleines mers. Cela n'empêcha pas la station de connaître le succès que l'on sait. Les lais, ces étendues sableuses et peu attrayantes qui séparaient dorénavant les villas du bord de mer, posèrent bien quelques problèmes d'aménagement, mais elles n'entravèrent pas la mise en valeur de la ville, initiée par Donon et Olliffe. Tant il est vrai que les familles en séjour à Deauville en attendent bien autre chose que les bains de mer, même si ceux-ci restent une motivation de leur venue. Les palaces, le casino, les hippodromes, le golf furent et sont encore au principe de l'organisation de la vie quotidienne à Deauville pour ceux qui y sont en villégiature, au point qu'il n'est pas rare, encore aujourd'hui, que l'on vous rappelle sur le mode de la plaisanterie qu'à Deauville « il y a aussi la mer ».

Elle était faite pour eux, ils étaient faits pour elle : Deauville à son apogée

Les villas, les palaces, le casino, les boutiques de luxe, sont autant de formes du social cristallisées dans des objets urbains. Ils représentent un niveau et un mode de vie. Ils sont une forme objectivée de la réalité sociale. Les agents sociaux, et en l'occurrence ceux qui fréquentent ces endroits, sont aussi un produit de la société. Ils sont du social incorporé, dans les mentalités, les habitudes, les goûts mais aussi les attitudes corporelles et les multiples manières d'être qui trahissent sans cesse la position dans la société. La vie urbaine peut alors être analysée comme étant le résultat de l'interaction permanente entre ces deux formes du social.

Or, à Deauville, jusque dans les années soixante, les familles fortunées de l'aristocratie et de la bourgeoisie vivaient en harmonie avec un cadre de vie balnéaire non seulement construit pour elles, mais encore à l'initiative de certains de leurs membres. Cette adéquation rare n'est jamais aussi bien perçue qu'avec le recul du temps, alors que l'évolution urbaine a introduit quelques hiatus entre la ville et les gens. Deauville était comme Cannes et Biarritz, un lieu de villégiature. Le Royal était un hôtel de vacances où les familles arrivaient vers le 14 Juillet et repartaient le lendemain du Grand Prix de Deauville, traditionnellement couru le dernier dimanche d'août. Aujourd'hui les séjours sont beaucoup plus courts : Deauville est devenue une ville de week-end, comme tous les entretiens l'ont confirmé [10].

Mais surtout le style a changé. Le mode de vie grand-bourgeois allait tellement de soi qu'il était impensable, au Cercle de Deauville, que l'on puisse dîner autrement qu'en smoking. Y compris pour les membres, dans la salle à manger qui leur était réservée et qui était donc le

10. Outre la lecture des ouvrages sur Deauville, l'enquête s'appuie sur des observations de type ethnographique réalisées au cours d'un séjour prolongé durant l'été 1993. Une quinzaine d'entretiens ont été menés auprès de familles ayant une résidence à Deauville, auprès du personnel de l'industrie hôtelière, de membres du Cercle de Deauville, de l'archiviste de la ville.

L'interprétation de l'histoire de Deauville que nous proposent les familles de l'aristocratie et de la grande bourgeoisie est une interprétation partielle de faits et d'événements sur lesquels on peut porter d'autres appréciations. Ce qui est vécu comme « dévalorisation » par certains sera ressenti comme « démocratisation » par d'autres. Certaines innovations perçues comme catastrophiques par les uns seront défendues par leurs promoteurs comme ce qui a permis à la station d'éviter de devenir une « ville fantôme, réservée à quelques privilégiés ». Tant il est vrai que les représentations du monde social varient comme les positions que l'on y occupe et les intérêts que l'on y défend. Des entretiens réalisés dans la rue et sur les « planches » auprès de « nouveaux venus » et auprès du public populaire du Grand Prix de Deauville viennent apporter d'autres points de vue.

lieu public le plus privé de la ville, où l'assurance d'être entre soi était la plus totale. Après le dîner les membres du cercle avaient l'habitude de se rendre en voisins au casino. L'établissement, raconte M. de Jouvencel, « était très heureux d'accueillir les membres du Cercle de Deauville qui y allaient plutôt pour rencontrer des amis que pour jouer, prendre un verre au bar, faire un petit tour avant d'aller se coucher. C'était très élégant et très convivial ».

Le Cercle, qui a toujours regroupé l'élite de l'élite dans l'intimité feutrée de salons qui n'ont guère changé depuis le XIXe siècle, était certes le fleuron mondain de la ville, mais n'y détonait point. La profonde homogénéité sociale entre les estivants avait pour corollaire une grande perméabilité entre les lieux. « À telle enseigne, se souvient le comte de Jouvencel, que, lorsque j'étais jeune membre de ce cercle, le maître d'hôtel qui encaissait les repas acceptait tout à fait que l'on sorte de sa poche un jeton du casino pour payer son addition. C'était une monnaie qui avait cours dans le Cercle. »

Les liens étaient encore plus étroits avec le monde hippique, le Cercle ayant même eu en charge, jusqu'en 1920, la gestion des courses qui avaient lieu sur l'hippodrome de Deauville. La plupart des membres du Cercle étaient propriétaires d'écuries ou passionnés de courses. Encore aujourd'hui le Cercle dispose d'une tribune réservée sur l'hippodrome de Deauville, à la façon du Jockey Club dont les membres jouissent d'une tribune à Longchamp et à Chantilly.

Le baron Guy de Rothschild, membre du Cercle de Deauville, est propriétaire-éleveur de chevaux au haras de Meautry, à 3 kilomètres de la ville. Son nom est d'autant plus associé à la station que les Rothschild y ont leurs habitudes depuis plusieurs générations. « Mon père, raconte Guy de Rothschild, passait lui aussi la saison à Deauville. Il avait hérité de son père la passion des chevaux. Il en élevait depuis sa jeunesse [11]. »

11. Guy de ROTHSCHILD, *Contre bonne fortune...*, *op. cit.*, p. 98.

C'est d'ailleurs lors du gala des Courses, soirée de prestige qui se tient chaque année dans le somptueux salon des Ambassadeurs du casino, que Guy de Rothschild fit la connaissance de celle qui devint sa femme, Marie-Hélène de Zuylen de Nyevelt de Haar. Au cours de cette soirée traditionnelle dans la vie mondaine de Deauville, propriétaires, entraîneurs, éleveurs et jockeys sont à l'honneur. Les efforts consacrés à l'« amélioration de la race chevaline » sont récompensés par la remise solennelle de divers prix.

Le monde hippique est constitutif de l'univers ordinaire des milieux sociaux les plus élevés. On trouvait aussi, à la belle époque de Deauville, le tir au pigeon, très pratiqué au Cercle, et le polo qui était et demeure l'un des pôles d'attraction du sommet de la saison à la fin du mois d'août. Le Yacht Club avait son Club House non pas sur le port mais sur la plage, à peu près en face du casino, ce qui n'était pas toujours pratique pour les plaisanciers dont le bateau était amarré loin, mais ce qui offrait un emplacement idéal pour les juges de régates. Le golf fut présent dès la fin du siècle dernier. Deauville disposait ainsi de l'ensemble des infrastructures de plein air que la bonne société pouvait souhaiter trouver sur un lieu de villégiature.

Cette correspondance avec les attentes d'un public privilégié doit beaucoup à la personnalité de ceux qui conçurent et mirent en chantier la station. Ils étaient du même monde et ce qu'ils faisaient leur convenait autant qu'à ceux qu'ils cherchaient à attirer et satisfaire. Les planches, l'une des célébrités de la ville, sont un élément très significatif de cette adéquation entre un cadre et ceux qui sont appelés à y vivre. Ce long trottoir de bois, d'un bois exotique capable de supporter les intempéries et l'humidité sans en pâtir, long de plusieurs centaines de mètres, permet la promenade, et on ne peut que penser aux élégantes se rendant autrefois au bois (de Boulogne) ou flânant sur les Champs-Élysées. Les planches ont cette vertu d'autoriser la marche en bord de mer sans qu'il y ait à craindre de se tordre le pied et à redouter les contorsions disgracieuses d'un équilibre incertain. « Jusque dans les années soixante, se souvient M. de Jouvencel, vous alliez à pied jusqu'aux planches, les hommes avaient des pantalons blancs, un blazer et un panama. Ils prenaient un verre au bar du Soleil, au bord des planches. C'était tout à fait autre chose qu'aujourd'hui. »

M. de Mazerand, descendant de l'une des premières familles à avoir fait construire une villa en bord de mer, a toujours aimé fréquenter le casino. Mais il est loin de correspondre à ce qu'il fut du temps de sa splendeur. Du point de vue des sommes jouées tout d'abord. « M. André Citroën jouait des sommes astronomiques, 1 million de francs-or ! » Après la Seconde Guerre mondiale encore, une certaine aristocratie de l'argent « pouvait jouer 2 millions le coup. Ce qui représentait à l'époque la valeur d'une villa en bord de mer ». Mais il fallait savoir tenir son rang et l'argent n'est rien sans l'élégance qui vous permet de manifester que votre position relève aussi des qualités de la personne. « Une femme arrivait pour la saison avec trente robes longues, une pour chaque soir. » Certaines familles poussaient le sens de l'hospitalité et de la courtoisie jusqu'à retenir des chambres dans les palaces pour y loger leurs invités. Les salles de jeu du casino étaient aussi de hauts lieux de l'élégance, celle des bijoux et des robes de haute couture. On pouvait y côtoyer les grands noms de l'industrie, du spectacle, voire des têtes couronnées. Deauville était le prolongement estival des beaux quartiers parisiens et abritait sous d'autres formes le même univers du luxe et du pouvoir.

De nouveaux venus

Selon la rumeur, Deauville aujourd'hui, « c'est le Sentier ». Ce terme générique entend désigner une population composée de familles juives, originaires d'Afrique du Nord, où elles bénéficiaient déjà d'une position sociale assez aisée, améliorée encore par les investissements réalisés dans l'industrie de la confection du quartier parisien du Sentier. De la part de membres de la « bonne » société, une telle assertion revient à déplorer le remplacement d'une population de vieille bourgeoisie ou de noblesse fortunée par des familles plus récemment enrichies, ne disposant pas des manières ni du réseau de relations qui puissent accréditer l'appartenance à l'excellence sociale. En d'autres termes, il s'agit de nouveaux riches. Le discours ici n'est pas différent de celui que l'on entend dans les beaux quartiers parisiens, où l'on se plaint facilement de la présence de voisins estimés ne pas appartenir à la meilleure société.

Quelle que soit la réalité statistique de la présence de ces nouveaux venus à Deauville, il est certain qu'ils sont rendus responsables du fait que Deauville, « ce n'est plus ce que c'était ». Les bases sur lesquelles reposent de tels jugements sont confuses. Afficher sa richesse, en faire étalage, serait considéré comme vulgaire, malséant. Il est vrai que, par exemple, la multiplication de véhicules voyants, au couleurs rutilantes et aux moteurs vrombissants, véhicules 4X4 aux chromes surabondants ou petits bolides japonais écarlates, quand il ne s'agit pas de Ferrari faisant avec complaisance plusieurs fois le tour de la place Morny, cœur de l'animation urbaine à Deauville, a tout de la mise en scène délibérée de l'aisance matérielle. Cet exhibitionnisme de la fortune, vieux bourgeois et membres du Cercle disent l'avoir en horreur. Mais, simultanément, les mêmes personnes regrettent vivement l'abandon, dans les soirées au casino, de la robe longue et du smoking. Il y a l'art et la manière de s'afficher : il faut le faire avec classe. Il faut surtout que l'affirmation de son rang soit plus à usage interne qu'à usage externe : l'élégance de la tenue, la courtoisie des manières (la pratique du baisemain), sont plus une façon de s'identifier à un groupe que de proclamer vers l'extérieur son étrangeté. Ce que le « nouveau riche », tenté de marquer les distances relativement nouvelles et modestes qui le séparent du commun, est toujours porté à faire.

L'une des raisons de cette référence quasi obligée au « Sentier » réside dans la grande homogénéité relative de ce milieu au sein duquel l'interconnaissance est très élevée. En conséquence les familles se promènent ensemble sur les planches, les jeunes forment des bandes d'amis qui occupent les terrasses des cafés et les trottoirs de la place Morny. Le groupe se donne à voir. Toutes raisons qui en font, dans les représentations, la cause principale de ce qui a changé. Bien sûr, la grande bourgeoisie ou la noblesse ne furent pas toujours d'une grande discrétion. Les grandes soirées au casino, les réceptions dans telle ou telle villa, les équipages partant en promenade, les rencontres sur les planches et les groupes aux discussions animées ne manquèrent pas. Ce qui pose problème, c'est que le groupe nouveau apparaît comme concurrent pour l'occupation de l'espace. Ce caractère conflictuel est d'autant plus exacerbé qu'il met en évidence ce que les grandes familles se sont évertuées à dénier ou à euphémiser : la modestie et la discrétion que doit affecter l'usage de la richesse n'est guère compatible en effet avec la magnificence de villas somptueuses, qui n'abritent la fortune qu'avec, au fond, une discrétion toute relative. L'écrin laisse deviner ou imaginer un contenu hors du commun. On peut alors se demander si l'irritation, le désagrément ressenti par les vieilles familles de Deauville en présence de ces nouvelles catégories, ne renvoient pas à un certain malaise inconscient devant le rappel de ce qu'elles-mêmes ont pu mettre en scène de leur puissance et de leur richesse.

L'évolution de Deauville rappelle celle des beaux quartiers parisiens : après la réalisation d'opérations immobilières de grande ampleur, sous le contrôle direct ou indirect de la meilleure société qui se faisait construire hôtels particuliers et immeubles de rapport, l'éclatement du marché immobilier conduit à une grande diversification sociologique des habitants, le seul critère de sélection devenant la solvabilité. La concurrence pour l'occupation de l'espace devient alors très forte du seul fait que beaux quartiers et belles adresses constituent un label de qualité pour ceux qui y vivent, une griffe spatiale en quelque sorte, l'adresse jouant le rôle de la marque, de la griffe apposée par le grand couturier. Disposer d'un pied-à-terre à Deauville peut entrer dans une stratégie de recherche de la légitimité de la réussite sociale au même titre que la résidence dans un beau quartier parisien ou à Neuilly. Cela prouve, déjà, que l'on en a les moyens. Mais aussi que ces moyens ont été utilisé avec discernement en choisissant ce qui pouvait avoir le plus de valeur symbolique, autrement dit avec une connaissance efficace de cette symbolique, premier pas vers l'accession à la légitimité sociale. Ce qui conduit à la cohabitation dans les lieux publics, le casino, les restaurants, les palaces, sur les planches ou dans les immeubles en copropriété. Car il n'y a de critères de cooptation que pour l'admission au Cercle. Tous les autres lieux relèvent de la logique marchande : qu'il s'agisse des cabines en bord de mer et des parasols multicolores qui font la joie des photographes, ou des tables du Ciro's et de chez Miocque, les restaurants à la mode, qu'il s'agisse des suites du Normandy et du Royal ou de l'accès aux tables des salles de jeu et aux machines à sous.

Mais pour que cette évolution soit possible, il fallait que les circonstances s'y prêtent. L'amélioration des conditions des voyages au loin a favorisé l'adoption de nouvelles habitudes en ce qui concerne les vacances par les familles fortunées. Les voyages à l'étranger se sont multipliés, de même qu'à l'intérieur du territoire national : les longs séjours dans la villa familiale se font plus rares. Deauville, devenue si proche de Paris, a vu sa vocation changer : elle est devenue ville de week-end. Au point que l'on parle volontiers de XXIe arrondissement de Paris [12]. Aujourd'hui, même en saison, c'est-à-dire au mois d'août, la ville tend à se vider le dimanche soir pour refaire le plein le vendredi suivant. Ce changement opéré dans les rythmes s'accompagne d'une démocratisation des brefs séjours à la mer qui concernent parfois des gens peu fortunés, venus se promener sur les planches et fréquenter la salle des machines à sous du casino.

Toutefois la valeur des témoignages qui reviennent sur les splendeurs du passé mérite un examen attentif. À toutes les époques et en des lieux fort divers il semble que ceux qui bénéficient des positions les plus élevées et des conditions de vie les plus favorables expriment toujours leur inquiétude, voire leurs récriminations contre ce qu'ils considèrent comme une menace de dégradation. Nous avions déjà constaté cela à propos des Champs-Élysées : dès le début du siècle des voix se faisaient entendre, parmi les grandes familles des hôtels particuliers, pour dénoncer ce qui était déjà perçu comme un déclin de l'avenue [13]. À la même époque, à Deauville, le comité directeur du Cercle s'était fait l'écho de craintes semblables. Ainsi peut-on lire dans le compte rendu de sa séance du 8 juin 1886 que « dans l'état actuel, les courses constituent par le fait le seul attrait véritable [de Deauville]. Aussi, de saison en saison, peut-on constater la dégénérescence de la clientèle de notre plage. Un public trop partagé, et ne se recrutant plus guère que dans le monde spécial des courses, a remplacé par le nombre, mais non par la qualité, la société élégante des premières années. Là est le péril pour l'avenir de Deauville. Nous ne devons pas avoir de soin plus pressant que d'y remédier par tous les moyens à notre portée. Dans cet ordre d'idée, nous ne saurions mieux faire que de donner un bal dont le succès serait certain et qui donnerait une vive satisfaction aux éléments que

12. Il existe un périodique au titre évocateur : *Deauville-Trouville, Côte fleurie : le 21ᵉ arrondissement, le magazine de l'Élite.*
13. Voir *Quartiers bourgeois, quartiers d'affaires, op. cit.*, p. 101-107.

nous désirons garder autour de nous ». Sur ces attendus, le comité retint le principe du bal proposé. Les élites sociales se sentent toujours talonnées par les prétendants et en cela menacées. Il leur faut préserver cet entre-soi où elles peuvent être elles-mêmes. Essentiellement parce que l'homogénéité sociale est l'une des conditions de la réalisation heureuse des dispositions de l'habitus. Cette remarque est d'ailleurs valable pour tous les groupes sociaux. Mais les classes privilégiées, parce que disposant des moyens qui leur permettent de choisir leur environnement résidentiel, sont les plus attentives à s'assurer le contrôle de leur cadre de vie. Et elles expriment volontiers craintes et griefs à ce sujet.

Le péril serait aujourd'hui consommé à Deauville. M. de Mazerand regrette qu'avec l'ouverture de la salle de machines à sous le casino ait perdu son âme. « Maintenant tout le monde rentre. Tandis que dans le temps, au mois d'août, il y avait environ 200 personnes qui admiraient à l'entrée du casino, comme un véritable spectacle, l'arrivée des hommes en smoking et des femmes en robe de soirée, qui se rendaient à la salle de jeu. Il y avait du rêve et de la magie. »

On retrouve à Deauville les mêmes arguments que ceux utilisés par les grandes familles du VIIIe arrondissement de Paris pour dénoncer la transformation des Champs-Élysées. Ainsi, un certain laisser-aller dans les tenues et les attitudes choque. « L'année dernière, en venant au Cercle depuis mon domicile, raconte, encore outré, l'un de ses membres, j'ai vu, devant la porte même du Cercle, des Asiatiques qui avaient ouvert les deux portes de leur voiture et qui avaient installé une serviette sur le trottoir. C'était très chic et très élégant ! Ils étaient assis par terre autour de la serviette, il y avait du pâté, en un mot ils saucissonnaient sur le trottoir ! Devant la porte du cercle ! En plein milieu de l'après-midi, je n'avais jamais vu ça ! Voilà ce qu'on voit aujourd'hui à Deauville ! » On y voit aussi des familles dormir dans les voitures, faire la sieste en laissant dépasser leurs pieds des portières. La perception des hiérarchies sociales passe ainsi de façon explicite par le maintien du corps, le style vestimentaire et les manières de faire. Et l'étonnement, voire la réprobation à l'encontre de ceux dont les postures sont jugées relâchées concernent aussi bien les nouveaux riches que les gens modestes.

Certains lieux cristallisent ces problèmes de cohabitation entre agents sociaux pourvus d'habitus fort différents. Il en est ainsi, sur les Champs-Élysées, des établissements de restauration rapide, McDonald's et autres, où se trouvent rassemblés cette « faune », comme disent les habitants privilégiés du VIIIe arrondissement, dont la présence est mal acceptée. Ces établissements n'ont fait qu'une timide apparition à Deauville et les grandes chaînes ne se sont pas encore implantées. Mais depuis cinq ans le casino a ouvert une salle de machines à sous qui joue le même rôle que les fast-foods des Champs-Élysées dans les représentations et la déploration de ce qui ne va pas. Cette salle est dénoncée comme ayant pour effet d'attirer une population qui n'avait pas autrefois sa place dans la station, et encore moins au casino. Dans l'esprit de nombre de nos interlocuteurs, elle est devenue l'un des facteurs de ce qu'ils vivent comme le déclin de Deauville.

Les machines à sous concentrent les inquiétudes. Mais il y a d'autres sujets de récrimination, comme les politiques de prix des palaces qui, devant la difficulté à atteindre un taux d'occupation suffisant, offrent des forfaits qui permettent de passer une semaine dans l'un de ces luxueux établissements pour des sommes bien inférieures aux tarifs officiels [14]. La piscine olympique,

14. Le Royal et le Normandy comprennent chacun 300 chambres et une vingtaine de suites, le Golf disposant de 178 chambres. Ces établissements de luxe, qui appartiennent tous les trois au groupe Lucien Barrière, de même que le casino de Deauville et celui de Trouville, proposaient en juillet 1993 (la haute saison se situant en août) des forfaits de cinq nuits consécutives pour 4 500 francs (Royal et Normandy) et 3 800 francs (Golf) comprenant un accès gratuit aux activités sportives (piscine, golf, tennis, bicyclette...) organisées dans le cadre de ces établissements. Selon le tarif 1993, le prix d'une nuit en juillet était de 1 200 francs au Royal.

réalisée sur les lais de mer, en face du Royal et du Cercle, et les marinas de Port Deauville sont jugées gâter les perspectives et les points de vue et par là contribuer à une dévalorisation du site.

Il est bien clair pour l'observateur qu'un hiatus s'est creusé entre un décor fait de villas et de palaces, conçus au siècle dernier pour l'aristocratie et la bourgeoisie, et une population plus mêlée qu'autrefois, dont les éléments les plus éloignés de la haute société traditionnelle manifestent une discordance radicale avec un cadre pour lequel ils ne sont pas faits, ou plutôt qui n'a pas été fait pour eux. Il en est ainsi dans les halls des palaces qui voient des groupes de jeunes en jeans bavarder avec une volubilité qui paraît agressive dans un cadre si évidemment conçu pour les conversations feutrées, ou qui voient passer des clients dans des tenues de touristes moyens, baskets aux pieds et chemisettes largement ouvertes portées au-dessus du short. Dans la grande salle de jeu du casino, la majesté des lieux contraste avec la désinvolture apparente de nombre de joueurs, en bras de chemise, sans cravate, en pantalon parfois pour les femmes, le jean n'étant pas rare sous les dorures, près de la rotonde qui abrite le bar, devant les fresques ornant les murs, dans les profonds fauteuils des coins-salons. Le contraste le plus aigu est celui qui oppose cette partie du public aux croupiers aux smokings impeccables, à la tenue toujours digne et aux gestes précis et élégants. Déjà dans les années cinquante, selon un ancien petit argentier du Royal, lorsque les membres du personnel allaient au casino, ils étaient reconnus parce que, disaient-ils, « nous, au moins, on ne fait pas de fautes de maintien ». Si les baskets et les tenues de plage sont prohibées, y compris pour l'accès aux machines à sous dont la salle est nettement séparée de celle des tables de jeu (roulette, black jack, chemin de fer, baccara), les styles vestimentaires et les attitudes évoquent plus la détente que l'élégance. Au point que, de la part de ceux qui appartiennent à un autre univers social, et qui ont une expérience un peu ancienne des lieux, la déploration est systématique. Comme le souligne une femme de l'aristocratie, au restaurant du casino qui surplombe légèrement la salle de jeu, « il ne suffit pas d'avoir de l'argent, il faut encore être éduqué ». Depuis la table où elle dîne en compagnie de son mari, elle exprime toute sa réprobation pour les tenues négligées et son regret des toilettes d'antan qui faisaient une grande partie du charme des soirées en cet endroit. Sans doute ce qui peut être ressenti comme un mépris de classe exprime-t-il avant tout une éducation fondée sur le contrôle de soi, sur une affirmation de la culture et des codes contre le laisser-aller que d'autres revendiquent au nom du « naturel ».

Mais c'est précisément la beauté du décor, sa qualité largement reconnue, qui attire aussi ces nouveaux venus, nouveaux riches volontiers stigmatisés par ceux dont ils dérangent les habitudes. Comme les autres, ils ne sont pas insensibles aux petites places fleuries, à la gaieté des parasols aux tons vifs mais harmonieux, au trot matinal des chevaux partant à l'entraînement. « On a l'impression d'un rêve », nous ont-ils dit. La majesté du casino magnifié par une débauche d'électricité attire en nombre ces nouveaux habitués, fréquemment amateurs de machines à sous ou de tables de jeu. Cela fait partie de la fête, de cette ambiance « fabuleuse et festive » où ils aiment à se retrouver, de week-end en week-end. La proximité de Paris et les fastes qui demeurent au-delà des changements de public font que la station continue à connaître un vif succès, même si certains l'ont déjà désertée.

La ville n'évolue que lentement, ses transformations peuvent prendre du retard sur celles de la société et il peut ainsi s'instaurer des décalages entre les formes urbaines et les réalités sociales qui les travaillent et les engendrent. Ainsi les médiations sont-elles trop complexes et les pesanteurs trop fortes pour que les harmonies qui parviennent parfois à s'établir entre les cadres urbains et les agents sociaux puissent être durables. À

Deauville cela s'exprime par ces hiatus entre le décor de la vie mondaine d'autrefois, qui perdure, et des agents sociaux, c'est-à-dire aussi des corps modelés par la société, dont les apprentissages ne leur permettent pas une insertion en douceur dans cet écrin produit pour d'autres.

La gestion de la cohabitation

Les familles de la noblesse et de la vieille bourgeoisie, depuis longtemps installées à Deauville, les familles parisiennes nouvellement enrichies et celles, plus ou moins modestes, qui passent par Deauville à l'occasion d'un week-end au bord de la mer, les personnels du groupe Lucien Barrière [15], la municipalité, dirigée depuis 1962 par Michel d'Ornano, puis, à partir de 1977, par sa femme, Anne d'Ornano : tous ont à gérer cette hétérogénéité sociale. Travail incertain et délicat : en tant que station balnéaire, Deauville est soumise aux modes, aux aléas de l'époque. On change plus facilement de lieu de villégiature que de domicile. Sauf pour les grandes familles qui conservent là une partie de leur mémoire abritée des embruns et des vents du large dans les grandes maisons du siècle dernier. Mais dans un processus d'effritement de leurs positions, leur hégémonie sur cette ville sortie des marais n'est plus absolue et il leur faut composer, ou ruser.

Les modalités selon lesquelles sont gérées les promiscuités sociales varient en fonction des lieux, des circonstances et des enjeux. La clientèle des palaces a changé. Les halls de ces établissements voient se côtoyer des clients divers, même si tous, par définition, disposent de revenus confortables. Il en va ainsi dans les étages et, bien que les chambres soient suffisamment bien insonorisées pour que votre voisin puisse faire marcher sa télévision en mettant le son au maximum

15. Lucien Barrière, aujourd'hui décédé, figurait au 35e rang du palmarès de *L'Expansion*, « Les 150 Français les plus riches », *op. cit.*

sans vous gêner, l'ambiance des couloirs laisse quelquefois à désirer, lorsque, par exemple, des enfants s'autorisent à les transformer en aires de jeux. Sans compter que le style des parents peut apparaître à certains comme exagérément décontracté. Aussi a-t-il été envisagé d'organiser une sorte de cloisonnement interne aux établissements. Tel étage serait classé comme chic, mondain, et on éviterait d'y loger les familles au mode de vie trop détendu. Par contre les adeptes de l'élégance traditionnelle, du baisemain et de l'éducation stricte des enfants bénéficieraient d'aires au calme assuré et au voisinage en harmonie avec ce qui fait la distinction. Un tel projet ne fait qu'étendre à l'hôtel proprement dit ce qui est depuis très longtemps la règle dans la restauration de haut niveau : les maîtres d'hôtel y veillent à placer chaque client dans la salle en tenant compte de sa personnalité et de celles de ses voisins. En outre les tables sont inégalement agréables et stratégiques pour la vue qu'elles peuvent offrir sur l'extérieur et sur les autres clients. Là aussi il s'agit de traiter chacun avec diplomatie en fonction de son rang, connu, ou, plus difficile, évalué et supposé sur son apparence et ses manières.

Le casino, qui est accessible à un public plus large que celui des palaces, offre encore plus d'occasions de confrontations de modes de vie différents. Depuis juillet 1988, les machines à sous y ont attiré une nouvelle clientèle. Mais, pour des raisons réglementaires liées à des problèmes de sécurité, les casinos ne peuvent disposer que d'une seule entrée publique. Si bien que les joueurs, qu'ils aillent affronter les « bandits manchots », s'asseoir autour des tables de jeu ou participer à un dîner mondain, passent par le même hall et gravissent le même escalier. La confusion a pu être à son comble à certains moments de l'arrivée des invités au gala des Courses. Mais dans ces circonstances il y a tout de même une grande adéquation entre la position sociale et celle que l'on doit occuper ce soir-là dans l'espace du casino. La distance sociale est considérable, explicite, le risque d'erreur est nul. Chacun sait, ou croit savoir à quoi s'en tenir sur l'autre. À la limite une telle clarté dans la dissymétrie des rapports ne laisse pas d'autre choix que la condescendance acceptée ou l'évitement. Dans d'autres circonstances, ces lieux deviennent emblématiques des inégalités sociales et peuvent être le théâtre d'un affrontement verbal, comme en ce jeudi 26 août 1993 lors d'une manifestation contre des menaces de licenciement organisée par la CGT. On pouvait lire sur les pancartes brandies par les manifestants bloquant l'entrée de l'établissement des slogans tels que : « La bourgeoisie claque son fric dans les casinos où le luxe insolent s'affiche. »

Le casino offre parfois des rapprochements sociaux quasi surréalistes. Il en était ainsi dans l'après-midi du 28 août 1993, à l'occasion de la vente-signature par Guy de Rothschild de son dernier livre [16]. Installé en ce lieu stratégique que constitue le palier en haut de l'escalier du casino, l'auteur a passé l'après-midi derrière sa table à attendre le lecteur-client-admirateur. Cette fois la situation a quelque chose d'incongru. Certes l'auteur apparaît détendu et il répondra avec amabilité aux questions d'une journaliste du quotidien local tout en faisant preuve de la plus grande amabilité envers les lecteurs auxquels il dédicacera son œuvre. Mais pendant ce temps les joueurs des machines à sous passent en nombre devant lui, jetant un regard distrait sur le personnage, pressés qu'ils sont d'aller tenter leur chance. Et tout l'après-midi retentira, comme à l'habitude, le tintamarre métallique des pièces libérées par les machines, le bruit n'ayant qu'un rapport assez lointain avec les gains réels de l'ensemble des joueurs. L'auteur n'avait sans doute pas prévu cette promiscuité, mais elle avait quelque chose d'extraordinairement insolite dans cette rencontre inattendue entre l'une des plus grandes fortunes de France et l'illusion sonore de l'abondance générée par cette monnaie tintinnabulante. À l'euphémisation

16. Guy de Rothschild, *Mon ombre siamoise*, Paris, Grasset, 1993.

distinguée de la richesse héritée et maîtrisée répondait ainsi la recherche quelque peu désespérée du gain immédiat, dans une sorte de raccourci saisissant qui pouvait faire sentir tout ce que redoute la vieille bourgeoisie dans la promiscuité des nouveaux riches : l'impudeur et le cynisme de l'argent fraîchement accumulé qui ne craint pas de se faire entendre et remarquer. Membre de l'Automobile Club de France et du Cercle de Deauville, le baron Guy de Rothschild n'est certes pas un nouveau riche et ses origines juives, qu'il revendique, affirmant hautement sa solidarité avec sa communauté, ne l'empêchent pas de faire partie de la « meilleure société » [17]. Tant il vrai que les appartenances religieuses sont de peu de poids en regard du label d'excellence que fournit l'ancienneté de la fortune, et de la famille dont elle provient. C'est socialement que s'établissent les clivages et les antagonismes : la grande bourgeoisie fonde son unité sur sa position dans l'espace social, non sur une religion. C'est en tant que nouveaux venus, en tant que prétendants qui se trouvent être, dans les années récentes et à Deauville, majoritairement d'origine juive, que les nouveaux habitués de la station dérangent ceux qui sont déjà en place. Quant aux touristes plus modestes, pique-niqueurs du dimanche, le laisser-aller de leur comportement et de leurs tenues, tel du moins que les membres du Cercle de Deauville peuvent le percevoir, suscite une réprobation immédiate et entière.

On comprend mieux alors que certaines institutions aux apparences un peu surannées soient encore bien vivantes. Le Cercle de Deauville offre ainsi un havre de bon goût et de distinction. Ouvert seulement au mois d'août, c'est-à-dire pendant la haute saison de la station, il comprend 282 membres, uniquement des hommes à l'image de certains cercles et clubs parisiens. Il est vrai que près de la moitié d'entre eux (133) habite Paris, mais

17. Guy de Rothschild, *Contre bonne fortune*, *op. cit.*, p. 131-145 et 345-359.

uniquement dans les beaux quartiers, c'est-à-dire dans les XVIe, VIIIe, VIIe et XVIIe arrondissements, par ordre décroissant du nombre de membres concernés. Il y a une soixantaine d'adresses en province et une quarantaine à l'étranger, mais seulement trois à Deauville : on comprend que le Cercle ne soit ouvert qu'en août.

Le poids de la noblesse est important dans cette institution. Les présidents ont toujours porté un titre et, en 1993, le poste était occupé par le duc de Noailles, le vice-président étant le duc d'Audiffret-Pasquier. Parmi les 282 membres, 82 disposaient d'un patronyme d'apparence noble, dont 56 s'ornaient d'un titre. On est toutefois loin du poids de la noblesse au Jockey Club et le Cercle de Deauville a vocation à rassembler plus largement. Il vrai qu'il est seul sur la place et que la bonne société mondaine n'a pas d'autre choix. Le Cercle constitue une sorte d'abrégé de la haute société parisienne. On y trouve aussi bien des personnalités du monde politique (Édouard Balladur qui possède une villa dans le centre de la station), des industriels du luxe (Claude Guerlain, Kilian Hennessy ou Henry Racamier, ancien P-DG de la maison Vuitton), des industriels ou des hommes d'affaires (Jean-Luc Lagardère, Jean-Louis Hachette ou Guy de Rothschild) que de nombreuses personnalités étrangères qui permettent de donner un caractère international au capital social géré dans ce type d'institutions.

La famille d'Ornano y est présente depuis trois générations. Michel d'Ornano, bien que n'appartenant pas à une vieille famille de Deauville, offrait, pour la direction des affaires municipales, l'avantage de porter un grand nom de la noblesse d'Empire. Sa femme, Anne de Contades, est issue d'une famille de noblesse plus ancienne. L'un et l'autre ont contribué par leur présence élégante à poursuivre l'œuvre des familles de la noblesse et de la grande bourgeoisie. Il est possible que leur fils prenne la succession : il vient d'entrer au Cercle de Deauville où son père et son grand-père avaient été présents. C'est donc une famille conforme à l'idéal des grandes familles intéressées au devenir de Deauville qui contrôle le pouvoir municipal.

La cooptation au cercle de Deauville est la règle. Un cercle n'est pas une association à laquelle il suffit de verser sa cotisation pour y avoir accès. Si bien que, le critère de la fortune étant secondaire, les familles nouvellement enrichies se trouvent écartées de fait, parfois au profit de familles aux revenus inférieurs, mais dont les quartiers de noblesse ou de bourgeoisie suppléent aux infortunes, relatives, des affaires.

Aussi, selon le comte de Jouvencel, le Cercle de Deauville est-il un des rares havres de paix pour les familles ayant un certain rang à tenir. « Être ici, précise-t-il dans l'un de ces salons auxquels la patine du temps donne un caractère un peu vieillot et dont les cercles ont le secret, c'est la tranquillité, on est chez soi, on est entre nous, on ne subit pas. Je peux vous dire que la plupart des membres qui viennent ici garent leur voiture dans la cour pour tout leur séjour et chacun va à pied du cercle au champ de courses, c'est très agréable. » Être chez soi, cela signifie « se retrouver entre gens de bonne compagnie. Avec des gens qui tiendront leur fourchette comme vous et moi, qui savent se tenir à table ». Sans doute le respect des manières de table n'a-t-il une telle importance qu'en raison de la place qu'occupent déjeuners et dîners dans l'existence sociale de ces groupes où la gestion du réseau de relations est une tâche prioritaire. Comme tous les grands cercles, celui de Deauville offre un service de restauration à ses membres qui ont le loisir d'y inviter, sous leur responsabilité, qui bon leur semble. Autre espace réservé, celui de la tribune privée à l'hippodrome, où le respect des convenances s'impose : « Aucun membre ne peut entrer dans cette tribune, tient à préciser M. de Jouvencel, s'il n'a pas une cravate. » Sans doute cette attention à ces petites choses qui font toute la différence est-elle au principe de ce qui apparaît être une constante dans la haute société : la déploration de la dégradation des manières et de la fréquentation de certains endroits réputés chic. On a vu que le comité du Cercle de Deauville s'est préoccupé de la fréquentation de la station dès 1886.

Il faut la pratique commune d'une activité où se mêle la passion pour que les distances sociales puissent être suspendues, au moins provisoirement, durant le temps de l'activité elle-même. Le Deauville Yacht Club fut aussi un lieu chic ; il fait toujours partie des cercles mentionnés par le *Bottin Mondain*. Il fut fondé en 1928, assez tardivement compte tenu de la date de création de la station. L'industriel Louis Bréguet en fut l'un des animateurs les plus actifs. Aujourd'hui la composition du club s'est diversifiée. On y trouve encore de grandes fortunes, mais aussi des ingénieurs, des cadres supérieurs, voire les représentants de quelques professions plus modestes, dont un artisan charpentier. En 1992, sur 246 membres, 5 seulement portent un nom d'apparence noble, ce qui est une proportion sans commune mesure avec celle du Cercle de Deauville. La voile, comme ailleurs la vénerie, transcende les différences de classe. Si, au cercle, l'excellence sociale des membres est admise et même revendiquée comme ce qui fait la spécificité de l'institution, le président du Yacht Club se montre très soucieux de faire admettre que ce qui rassemble ses membres, c'est le goût de la mer et des bateaux. Le club a abandonné ses installations en bord de plage, à proximité du Royal, bien trop loin des quais et des bateaux pour de vrais passionnés de la mer. Les bateaux sont d'ailleurs les seules résidences secondaires de certains des membres, qui vivent donc, lorsqu'ils sont à Deauville, dans le confort relatif des voiliers.

Sur le terrain d'une passion commune peuvent donc se rejoindre des agents distants socialement. Les courses et le cheval en donnent un autre exemple. Le monde hippique, du côté des propriétaires, reste bien évidemment lié à la haute société. Les courses de Deauville ont été fondées en 1864 par le duc de Morny, donc tout au début de la réalisation de la station. Il y a en fait deux hippodromes, celui de la Touques, dont 65 des 72 hectares sont situés sur la commune de Deauville, occupant 21 % de sa superficie. Pour réaliser l'autre hippodrome situé sur la commune de Clairefontaine, Deauville a dû y acheter 25 hectares. Ce sont des endroits où s'organisent la vie balnéaire et la vie mondaine, au même titre qu'au casino ou sur les terrains de golf. Grands prix, championnat de polo, ventes des yearlings, jeunes pur-sang d'un an à un an et demi, toutes ces manifestations attirent un public nombreux et concentrent la bonne société.

Ainsi en ce 29 août 1993, jour du Grand Prix de Deauville, qui est le sommet de la saison, la firme Lancel (bagagerie de luxe) a fait installer des tentes et un buffet en plein air à côté des tribunes. Les invitées, robes de cocktails et capelines, et les invités, costumes clairs et panamas, arrivent à pied d'un parking peu éloigné où ils ont abandonné leur véhicule. De temps à autre un hélicoptère y dépose quelques personnalités. Sous le regard amusé ou admiratif de nombreux badauds arrivés avec deux heures d'avance sur le départ de la première course pour pouvoir profiter du spectacle gratuit de cette mondaine assemblée, les invités se dirigent avec assurance vers le buffet et grignotent en bavardant et en buvant le champagne qui leur est généreusement offert. Tout cela au son d'un orchestre qui déverse des flots de musique de café-concert, et au vu de tout un public ravi par cette scène. « Ça fait huit ans que l'on vient, dit un couple très modeste. On s'arrange pour venir le dernier week-end d'août pour le prix Lancel. Notre but, ce n'est pas les courses, ce sont les toilettes. » L'épouse d'un petit agriculteur breton déclare aimer « le défilé de ces dames, les grandes toilettes, les chapeaux. Pour moi, c'est un bonheur de spectacle. Deauville, c'est quand même une renommée. Mais hier soir, c'était 1 400 francs l'entrée [il s'agit du gala des Courses]. Nous n'étions pas de la fête, ça ne pouvait pas être des nôtres. »

De simples barrières en bois blanc, d'un mètre de haut environ, délimitent l'espace sacré, celui où le commun ne peut entrer. Mais les heureux élus, loin d'être à l'abri des regards, paraissent au contraire en représentation, offrant le spectacle rare d'une réunion mondaine et d'un déjeuner, abrité sous les tentes mais tout aussi exposé aux regards que le buffet de l'arrivée. Tout se passe comme si on était là pour être vu. On se laisse photographier et filmer par la presse, mais aussi par les badauds qui profitent de l'aubaine pour fixer quelques images qui leur paraissent exotiques. Le contraste accusé entre les deux publics ne semble pas poser problème. Aux complets-veston de bonne coupe correspondent les chemisettes à carreaux, aux silhouettes épaisses et fatiguées les maintiens sveltes et élancés, soigneusement mis en valeur par des tenues ajustées : le monde du prêt-à-porter s'oppose à celui du sur-mesure. Mais tout cela se passe dans une ambiance détendue, comme si le fait de se retrouver ensemble, bien que de chaque côté de la barrière, exprimait une connivence plus forte que les divisions sociales, autour de la fête et du goût partagé pour cette atmosphère si particulière des champs de courses, où, malgré ce marquage social de l'espace, chacun ayant ses tribunes, ses lieux propres, s'exprime une sorte de communauté, temporaire mais réelle. Une atmosphère que l'on retrouve aux rendez-vous des chasses à courre, sur le Grand Prix automobile de Monaco : dans des situations où la compétition efface, dans une sorte de représentation symbolique de la société et de ses combats, les différences qui renaîtront aussitôt le vainqueur désigné. Une sorte de messe sociale où les dominants et les dominés célèbrent un instant ensemble l'organisation sociale qui les a produits et les fait vivre. De ces situations sont absentes les couches sociales qui doivent leur position à leur capital scolaire. Ainsi, au cœur de l'une des stations balnéaires les plus chic, il y a place pour ces instants et ces espaces de dénégation des contradictions, ou plutôt de sublimation des antagonismes sociaux.

Cérémonies mondaines, soins apportés à la décoration florale des rues, entretien méticuleux de la plage et parasols multicolores, restauration luxueuse du casino, tout est fait à Deauville pour maintenir une atmosphère, une ambiance dignes du passé prestigieux de la station. La ville garde un cachet particulier, avec les places fleuries, le trot des chevaux au petit matin sur les pavés lorsqu'ils partent pour l'entraînement sur la plage, la débauche électrique des illuminations du casino. Mais ces efforts pour assurer la continuité trouvent leurs limites dans leur propre logique : le prestige dont les familles de la haute société dotent les lieux qu'elles ont choisis ruine à terme la valeur urbaine. Le succès mondain est bientôt suivi d'un succès plus ordinaire. La haute société et la foule ne sont guère compatibles. Deauville, comme les Grands Boulevards autrefois ou les Champs-Élysées aujourd'hui, a été submergée par une population plus diverse, qui n'appartient plus exclusivement aux plus hautes sphères de la société. Il n'y a aucun jugement de valeur à porter sur cet état de fait. Il suffit de constater qu'en ce domaine le pouvoir sur l'espace trouve sa limite dans les lois du marché : la valorisation extrême de certains espaces porte en elle-même les germes de leur évolution et de leur mutation sociale.

Les congés payés et la Sécurité sociale

Il est d'autres lieux de villégiature qui doivent leur évolution à l'État-providence et à ses politiques sociales. Les congés payés, dont l'influence ne se fait sentir que de façon marginale à Deauville, et la Sécurité sociale ont profondément affecté la physionomie d'autres stations balnéaires et des stations thermales en autorisant à les fréquenter des catégories sociales qui, jusqu'à ces acquis sociaux, ne pouvaient se le permettre. Lieux d'exception, les espaces aménagés par et pour la grande bourgeoisie sont donc soumis à la convoitise des prétendants, des nouveaux enrichis, mais aussi à celle de catégories sociales démunies.

Arcachon : bord de mer et Ville d'Hiver

Il n'y a pas si longtemps, la station d'Arcachon égrenait ses villas rococo ou néogothiques, basques ou mauresques, le long du bord de mer. Dans cette diversité propre aux villes balnéaires et aux villes d'eaux du Second Empire la grande bourgeoisie bordelaise avait ses résidences. Victime de sa célébrité et de l'agrément de son cadre, le bord de mer a vu disparaître les villas, remplacées par ces immeubles sans charme, avec vue sur le bassin, vides durant de nombreux mois. Il subsiste quelques témoins du glorieux passé de la station, comme la villa Saint-Yves de la famille de Broglie. Ou comme l'imposante villa où Christel Baseden passe l'été, à quelques pas de la propriété occupée par ses beaux-parents. « Regardez, dit-elle, la villa de mes beaux-parents. Ils se sont battus pendant des générations pour la garder, mais à notre génération on sait que ce sera fini. Dans dix ans ce sera certainement un immeuble. Il y a cinq enfants. Admettons qu'il y en ait trois qui désirent la garder. Ils doivent déjà dédommager les autres. C'est un budget faramineux. Et puis il y a les travaux. Alors il y a toujours un promoteur qui arrive au bon moment avec un beau budget et les gens plongent. On râle tous, on a toujours critiqué ceux qui se sont laissé tenter, mais on fera la même chose, on ne pourra pas faire autrement. » Sans doute aurait-il fallu que le mode de gestion des problèmes urbains soit plus collectif, comme à Maisons-Laffitte ou au Vésinet.

Le destin de la Ville d'Hiver, sur les hauteurs d'Arcachon, vient, *a contrario*, souligner l'importance de la collectivisation des mesures de défense du patrimoine, bien que d'une manière différente de ce qui se passe dans les lotissements chic de la banlieue parisienne. En effet, la défense collective du patrimoine urbain ne s'est organisée, dans la Ville d'Hiver, qu'après le départ des familles de la grande bourgeoisie, et le sauvetage des villas s'est accompagné d'un renouvellement de la population. Une bourgeoisie moyenne, qui dispose de revenus confortables mais qui n'appartient pas aux couches les plus élevées de la société, est ainsi venue remplacer les vieilles familles fortunées qui étaient à l'origine du quartier. La Ville d'Hiver est un exemple de transfert de patrimoine de la grande bourgeoisie aux classes moyennes aisées et de l'accès de ces classes au capital « spatial » de la grande bourgeoise.

Sur les hauteurs d'Arcachon, la Ville d'Hiver était destinée, en raison de la qualité vivifiante de son air, à abriter, durant la mauvaise saison, les malades atteints d'affections pulmonaires. Toutefois, afin de préserver les bronches fragiles des rigueurs hivernales de l'océan, les frères Pereire établirent un plan sinueux et profitèrent des dunes pour mettre à l'abri les malades fortunés et leurs familles, tous convaincus des vertus roboratives du grand air océanique. Dans la même fantaisie architecturale que celle des villas du bord de mer, cet ensemble immobilier très original, dont l'unité réside paradoxalement dans la diversité surprenante des formes et des éléments décoratifs, a un charme soutenu par la magnificence des jardins et leur végétation luxuriante.

La possession d'une villa dans les dunes, abritée des vents du large mais privée de perspectives marines, allait souvent de pair avec celle d'une autre résidence, préférée l'été, en bordure du bassin. Peu à peu l'importance accordée aux bienfaits de l'air salubre et en même temps la méfiance à l'égard des vents du large décrurent et les villas de l'intérieur furent délaissées au profit de ces résidences au bord de l'eau. Si bien que, vers les années cinquante, la Ville d'Hiver était à l'abandon, de nombreuses villas étant tombées en déshérence. Il s'en fallut de peu que cet ensemble architectural exceptionnel, très représentatif de l'architecture balnéaire du siècle dernier, ne disparaisse au profit de petits immeubles d'appartements et de studios de vacances. Des commerçants, des professions libérales, des enseignants parfois, achetèrent les vieilles maisons dont l'état était souvent peu engageant. La présidente de l'association qui regroupe les nouveaux propriétaires appartient aux couches moyennes qui n'ont pas hérité d'une villa, mais qui cherchent, par un travail de restauration important, à pouvoir vivre dans des maisons au passé prestigieux. Le délabrement des villas était dû en partie au fait qu'elles furent construites très rapidement, selon des techniques de quasi-préfabrication. Les terrains acquis et lotis par Émile Pereire, celui-ci, en homme d'affaires avisé, hâta la construction. « On utilise la technique du préfabriqué (le mot n'est pas encore inventé). Les anciens fournisseurs de la Compagnie du Midi sont mis à contribution pour la fabrication d'éléments qui sont transportés par rail jusqu'à Arcachon [18]. » Soigneusement caché par l'abondance décorative et la variété des styles, ce caractère rudimentaire du gros œuvre ne rebuta pas les nouveaux occupants qui firent de la Ville d'Hiver leur résidence principale, travaillant tous à Arcachon ou dans les environs.

Mais cette réaffectation sociologique des villas ne s'est pas faite sans difficultés, surtout lorsqu'il s'est agi de préserver l'ensemble du site. La lutte dont la villa Teresa fut l'objet est révélatrice d'enjeux contradictoires. Cette villa, l'une des plus majestueuses du lieu, élevée au milieu d'un vaste parc, fut mise en vente il y a quelques années. Elle fut acquise par un promoteur dont les intentions étaient de la raser pour libérer le terrain et construire un immeuble de 24 appartements dont la rentabilité était assurée. Mais les nouveaux habitants de la Ville d'Hiver se sont mobilisés, ils ont créé une association de sauvegarde et, avec l'appui d'associations écologiques, ils ont réussi à faire classer la villa, *in extremis*, en mars 1980, à l'inventaire supplémentaire des

18. Roger Martin, « Arcachon, ville impériale », *op. cit.*, p. 29.

Monuments historiques. La villa Teresa, ainsi sauvée, fut transformée en hôtel tout en conservant son aspect et donc son charme. Bien mieux, ses nouveaux propriétaires lui ont redonné sa majesté d'antan en rétablissant les panneaux décoratifs en carrelage de céramique qui ornaient l'entrée et qui avaient été pillés, ainsi que les rampes monumentales de l'escalier d'honneur dont le bois avait servi à réchauffer des squatters frileux. Puis la Ville d'Hiver fut inscrite parmi les sites pittoresques de la Gironde, au titre de la loi de 1930. « Il y a 285 villas dans la Ville d'Hiver, précise la propriétaire de la villa Teresa. C'est comme au Vésinet, sauf qu'ici c'est une dune qui a été lotie. Nous sommes en contact avec la ville du Vésinet qui nous a fait parvenir son nouveau POS. » Mais si la même volonté de protéger des sites urbains exceptionnels est partagée, il reste que ce patrimoine balnéaire urbain a été abandonné par la grande bourgeoisie au profit d'un autre groupe social.

Biarritz à la recherche de son identité

Biarritz, victime de son succès, a subi des transformations considérables. Cette station balnéaire est aujourd'hui à la recherche de son identité. Le maire actuel, Didier Borotra, paraît avoir évincé le maire sortant grâce à un programme qui faisait la part belle à une réhabilitation de l'image de la station par la mise en valeur des symboles qui la situent dans un passé prestigieux. C'est ainsi que le casino, édifié en 1929 par l'architecte Alfred Lamblé, a été restauré « dans le respect étroit de l'architecture Arts déco de 1928, mais en modernisant toutes les fonctions : théâtre, salle de congrès, salle de jeu. Le casino, poursuit Michel Veunac, maire-adjoint responsable de la communication, est un peu le symbole de la philosophie qui guide la municipalité actuelle dans une volonté de développement de la ville articulant modernité et tradition ».

Pour certains, l'identité de Biarritz se construit à la Belle Époque et pendant l'entre-deux-guerres. Pour d'autres, c'est Eugénie de Montijo puis le couple impérial qui, comme Morny créa Deauville, ont lancé la station. Pour les premiers, le rôle du couple impérial à Biarritz tient plus du mythe que du référent identitaire et symbolique légitime. Les seconds regrettent que les dépliants touristiques soient trop discrets sur les origines napoléoniennes de Biarritz et militent, comme le fait la délégation biarrote des Amis de Napoléon III, qui compte une centaine de membres dans la cité, pour que la station ait au moins une avenue dédiée à l'Empereur. Il existe une paroisse Sainte-Eugénie inaugurée en 1856 et une avenue de l'Impératrice, mais rien n'est consacré à la mémoire de son illustre mari. Toutefois, ne serait-ce que par l'importance de la délégation locale des Amis de Napoléon III, le souvenir de l'Empereur est vivace dans la station. Plus qu'à Arcachon ou Deauville, où, à notre connaissance, il n'existe pas de semblable délégation. Il est vrai que le rôle de Napoléon III n'y fut qu'indirect.

En fait, à Biarritz, personne n'ignore que le magnifique Hôtel du Palais a été édifié au début du siècle à l'emplacement de la Villa Eugénie, que Napoléon III avait fait construire en dix mois en 1854 sur un terrain très bien situé puisque surplombant l'océan. Ce qui permet aujourd'hui à la salle à manger du palace international d'offrir un panorama exceptionnel entre ciel et mer, entre rochers et écume.

C'est dans cet établissement de grand renom, racheté en 1956 par la municipalité, et dont le directeur est lui-même membre des Amis de Napoléon III, qu'ont lieu les réunions de cette association qui y donne ses conférences et ses banquets. Le souvenir napoléonien est ravivé chaque année par l'attribution du prix Napoléon III qui est décerné avec la ville de Biarritz. Il est remis dans les salons de l'Hôtel du Palais sous la présidence de S. A. le prince Murat et de Didier Borotra, maire de la cité. Chaque année, les Amis de Napoléon III participent aux trois messes célébrées dans la chapelle impériale, léguée à la municipalité, à l'occasion des anniversaires de la mort de l'Empereur, de l'Impératrice et du prince impérial.

C'est encore dans le cadre somptueux de l'Hôtel du Palais qu'est donné le bal impérial dont des revues comme *L'Éventail* ou *Point de vue* rendent compte volontiers. En 1990, il était présidé par la comtesse de Barcelone, mère du roi d'Espagne, Juan Carlos. « Biarritz est internationale depuis Napoléon III, qui était, de ce point de vue, particulièrement ouvert, sa femme étant espagnole », rappelle M. Bognar, président de la délégation locale des Amis de Napoléon III. La présence espagnole est encore attestée par celle du marquis Pedro de Carvajal, qui figure sur l'une des photographies publiées par *Point de vue*. « Les invités en costume d'époque, note *L'Éventail*, ont fait revivre pour un soir les fastes et les élégances du Biarritz de Napoléon III [19]. » Ce VIIe bal impérial n'était pas donné uniquement en l'honneur de souvenir de l'Empereur et de sa famille, mais il avait aussi, comme nombre de manifestations de ce type, une vocation caritative puisqu'il fut organisé au profit de l'œuvre du Rayon vert, qui vient en aide à l'enfance malheureuse.

Selon Jean-Claude Lachnitt, secrétaire général de la Fondation Napoléon, « la vie du couple impérial n'était pas tellement mondaine et protocolaire à Biarritz. L'Impératrice tenait à ce que l'étiquette de la Cour soit réduite au minimum ». Pourtant tout le gotha international était attiré par la nouvelle station. « Les Biarrots médusés verront arriver successivement la reine Isabelle d'Espagne, le roi de Wurtemberg, Léopold II de Belgique, les souverains du Portugal, le prince Jérôme Bonaparte, le prince Albrecht de Bavière, le comte Walewski, les princes de Metternich, les écrivains Prosper Mérimée et Octave Feuillet, sans oublier l'illustre Bismarck, le chancelier de fer qui poursuit une idylle

19. *L'Éventail*, n° 33, décembre 1990, p. 113.

avec la charmante princesse Orloff [20]. » On voit que le succès de Biarritz doit beaucoup à l'attachement que le couple impérial lui voua.

Cette querelle autour de l'identité à donner à la station, à mettre en avant, est étroitement liée aux enjeux quant à son avenir. La recherche emblématique d'un passé chargé de prestige, le rappel des heures de gloire d'une station où séjournèrent les grands de ce monde, sont sans doute autant de moyens de signifier l'exceptionnalité d'un lieu dont la pression touristique, devenue massive, risque de ruiner l'attrait pour les catégories sociales qui en avaient fait l'un de leurs lieux de prédilection.

Deauville, Arcachon, Biarritz : ces trois exemples montrent combien l'infrastructure balnéaire des côtes françaises est liée au développement économique du Second Empire. Coïncidant avec l'apparition de la mode des bains de mer et avec la réalisation du réseau ferré, des bases solides étaient ainsi lancées pour enraciner la vocation touristique du littoral. Un développement qui, à travers les hésitations et les inflexions de l'histoire, ne devait pas se démentir jusqu'à nos jours. À ces exemples balnéaires il faudrait, pour être complet, ajouter ceux des stations thermales et des stations de montagne. Le Second Empire modela aussi nombre des dimensions touristiques du territoire national.

Les stations thermales : Enghien-les-Bains et Vichy

Si l'instauration des congés payés ont eu leur part dans l'évolution de Deauville, d'Arcachon et de Biarritz, en permettant à des catégories qui jusqu'alors n'en avaient guère la possibilité de fréquenter le bord de mer, la Sécurité sociale eut pour effet de modifier la fréquentation des villes d'eaux. Il en fut ainsi à Vichy et, dans

20. Brochure de présentation de l'Hôtel du Palais. On pourra également lire Wanda LAPARRA-VULLIEZ, *Gloire de Biarritz*, Paris, éditions France-Empire, 1979. Les fêtes et les excursions de la cour impériale y sont décrites avec beaucoup de détails et de précision.

une moindre mesure, à Enghien-les-Bains, dont le rôle thermal n'atteignit jamais le même renom que celui de la première ville.

Au début du XIXe siècle Enghien devient une ville d'eaux à la mode pour les Parisiens qui en sont si proches. Située au nord de Gennevilliers et d'Épinay-sur-Seine, elle est aujourd'hui enserrée dans une banlieue ouvrière et industrielle, et constitue, comme Le Raincy, une enclave bourgeoise en terre populaire. Ce n'était pas le cas au début de son succès, lorsque le petit hameau, alors isolé, était envahi l'été par les familles aisées qui venaient chercher sur les bords de son lac un peu de fraîcheur dans leurs résidences que l'on n'appelait pas encore secondaires. *La* station thermale de Paris fut créée en 1821, à l'initiative de M. Peligot, administrateur de l'hôpital Saint-Louis. La gare, inaugurée en 1846, permit aux curistes et aux visiteurs d'affluer dans ce nouveau lieu de villégiature. Enghien obtint le statut de commune à part entière peu après, en 1850. Il fallut encore attendre un demi-siècle pour la mise en service de l'hippodrome, en 1879. Un premier casino fonctionna à partir de 1901, l'établissement actuel, au bord du lac, datant de 1934. La station semble avoir démarré lentement et n'avoir atteint son rythme de croisière que progressivement. Il est vrai qu'elle ne fit pas l'objet d'une opération d'urbanisme concerté comme Deauville, ou encore comme Maisons-Laffitte ou Le Vésinet. L'apogée de la station est peut-être atteint vers 1936. À cette date, 15 familles recensées dans le *Bottin Mondain* donnent Enghien-les-Bains, Seine-et-Oise, comme lieu de résidence, ce qui est beaucoup, puisque l'on compte 22 mentions pour Maisons-Laffitte et 37 pour Le Vésinet, mais beaucoup moins et souvent pas du tout pour de nombreuses autres communes.

Encore aujourd'hui Enghien demeure un espace chic, avec son casino et son théâtre, son palace, qui font partie de la même chaîne Lucien Barrière que les établissements de Deauville. À partir de 1968, semblable en cela aux autres communes bourgeoises de la banlieue parisienne, comme Maisons-Laffitte, Le Vésinet ou Neuilly, Enghien voit sa population diminuer : elle passe de 12 000 habitants en 1968 à 9 735 en 1982. Ce qui est d'autant plus remarquable que les villes voisines, Deuil-la-Barre en particulier, connaissent une croissance soutenue. Il est vrai que, « pour les ménages de revenus modestes ou moyens, il a toujours été difficile de trouver un logement à Enghien [21] ». Pourtant, si la commune possède encore aujourd'hui les attributs d'un lieu de villégiature chic, avec son palace qui fait face au lac d'une superficie de 44 hectares, son casino et son hippodrome, elle fait aussi figure de ville moyenne avec ses fonctions multiples. Sa fonction résidentielle affirmée est doublée aujourd'hui d'une fonction commerciale dont l'influence déborde les strictes limites communales. La fonction médicale demeure, avec l'établissement thermal qui a accueilli 4 000 curistes en 1991, l'exploitation des eaux sulfurées étant d'ailleurs la condition légale du maintien de l'exploitation des jeux, d'où l'intérêt du groupe Barrière pour le thermalisme [22]. Mais cette fonction médicale s'est démocratisée avec la prise en charge des cures par la Sécurité sociale. De même, compte tenu de l'environnement immédiat et de l'insertion de la commune dans une banlieue peu favorisée, la fréquentation de loisir s'est développée et socialement diversifiée.

Malgré les spécificités liées à son environnement urbain, l'évolution d'Enghien est tout de même similaire à celle d'autres villes d'eaux, et singulièrement à celle de Vichy. Selon le docteur Pilloy, qui a exercé comme médecin dans cette ville, cette station a retrouvé son statut premier, perdant celui qui s'y était greffé, celui de lieu de villégiature. Les grands palaces, dont celui qui abrita le gouvernement de Vichy, ont été fermés, vendus

21. Jean-Paul Neu, *Enghien-les-Bains, nouvelle histoire*, Saint-Ouen-L'Aumône, Éditions du Valhermeil, 1994, p. 131.
22. *Ibid.*, p. 135-136. Le groupe Barrière a créé, en partenariat avec la municipalité, l'Irtherme, Institut de recherches thermales d'Enghien.

et transformés en appartements. Pour ce médecin, la décolonisation n'a pas été pour rien dans ce déclin : « La clientèle s'est complètement modifiée avec la disparition des colonies. Car les coloniaux venaient en nombre à Vichy pour soigner leur foie gonflé par le pastis [...]. Vichy ne vit aujourd'hui que grâce aux gens pris en charge par la Sécurité sociale. Et c'est une clientèle qui dépense peu. » À Vichy, comme à Biarritz, il y a des luttes symboliques qui visent à affirmer telle ou telle image de la station. L'association des Amis de Napoléon III y est également très active, bien que moins fournie en membres.

Ayant pris sa retraite à Anglet, près de Biarritz, le docteur Pilloy expérimente dans sa nouvelle résidence, un appartement aménagé dans une vaste villa ayant appartenu à une riche famille sud-américaine, les Santos-Suarez, une évolution semblable, celle d'une relative démocratisation des stations balnéaires comme des stations thermales. Les Santos-Suarez, qui donnaient dans leur demeure des fêtes auxquelles assistaient le roi Farouk, se sont ruinés au casino, rappelle Mme Pilloy. Le parc a été loti, et comme à Deauville, Arcachon, Vichy ou Enghien la densification s'est accompagnée de profonds changements dans la population, qu'il s'agisse de résidents permanents ou de familles en villégiature.

Il semble que l'élément fort de ces évolutions réside dans le bouleversement du thermalisme, consécutif à son accessibilité aux catégories sociales modestes à travers les prises en charge par les systèmes de protection sociale, et dans la pression touristique irrésistible liée à la généralisation des congés payés. S'il est vrai que ces lieux de vacances, de loisirs ou de repos créés par la haute société constituent bien un patrimoine sous une forme collective, les acquis sociaux des travailleurs modestes, et même des classes moyennes, conduisent à une remise en question des privilèges spatiaux de la grande bourgeoisie.

Mais celle-ci n'est pas sans ressources : la thalassothérapie est arrivée à point nommé. La thalassothérapie.

moins répandue puisque les curistes dans ce secteur sont quatre fois moins nombreux que ceux du thermalisme (environ 150 000 pour plus de 600 000, chiffres respectivement de 1992 et 1988), est peu prise en charge par la Sécurité sociale et son public est moins démocratisé. Ainsi congés payés et Sécurité sociale sont-ils au principe d'une évolution de lieux privilégiés. On retrouve dans les espaces chic cette sorte de malédiction urbaine qui veut que les lieux à la mode, les lieux de la richesse et de la vie mondaine, soient très régulièrement l'enjeu de rivalités, de luttes pour leur appropriation [23].

De jeunes ouvriers à la conquête de la Côte d'Azur

Outre les processus généraux de démocratisation des stations balnéaires ou thermales, rendues plus accessibles par les acquis sociaux, des revendications explicites sur les espaces les plus enviables ont pu, çà et là, menacer de remettre en cause le monopole de fait des hautes classes. Ainsi, dans les années cinquante, un mouvement de jeunesse a pu faire du slogan « La Côte d'Azur à la portée de tous » un mot d'ordre qui a eu des conséquences concrètes.

Les CLAJ (Clubs de loisirs et d'action de la jeunesse), un mouvement né dans le sillon de celui des Auberges de jeunesse, d'inspiration progressiste et un moment chrétienne, se portèrent acquéreurs en 1952 d'une vieille villa blanche abandonnée, entre Nice et Monaco, à Cap-d'Ail, au bord de la Méditerranée, l'une des localisations les plus recherchées de la Côte d'Azur. Cette villa fait partie des 1 956 résidences qui, de Saint-Tropez à Menton, jouissent du privilège d'avoir les pieds dans

23. Voir sur les stations thermales : Jacques Ion, *Tradition touristique et société locale : Aix-les-Bains, station thermale. Contribution à une sociologie du phénomène touristique*, thèse de troisième cycle, université de Saint-Étienne, 1970 ; Armand Wallon, *La Vie quotidienne dans les villes d'eaux (1850-1914)*, Paris, Hachette, 1981 ; François Bluche, *La Vie quotidienne de la noblesse française au XVIIIe siècle*, Paris, Hachette, 1973 (p. 67 et suivantes : la mode des villégiatures thermales) ; Jacqueline Débordes, *Vichy, ville-jardin*, Vichy, Éditions du Cygne, 1993.

l'eau [24]. La villa acquise par les CLAJ est bien entendu environnée de demeures plus luxueuses les unes que les autres. Celle si justement baptisée « Le Grand Large » ouvre de tous côtés sur la mer. Utilisant le marbre blanc avec abondance, elle abrite une grande fortune étrangère et offre dans son jardin de deux hectares une piscine dont le trop-plein se déverse en cascade dans la mer. La lointaine propriétaire de la villa des CLAJ, Mme Théodora de Janotta, résidait au Brésil et devait peu se soucier de la personnalité de ceux qui achetèrent cette maison couverte de lierre. C'est alors la pacifique invasion des jeunes ouvriers et ouvrières qui entreprennent la remise en état des lieux. « De tous côtés surgissent les " millionnaires du dimanche " comme les appellera Enrico Macias quelques années plus tard [...]. Sur les murs, papier de verre et couteaux de peintres grattent les lambris de plâtre rose et toutes les écailles du passé, le passé snob et nostalgique de la Côte d'Azur des princes russes, des lords anglais, des fortunés de la guerre et des trafics, des vieilles Bugatti et des casinos rococo [25]. » Les jeunes qui mènent cette opération sont souvent de la région. Ils estiment avoir droit eux aussi, au bord de mer, à ce « coin paradisiaque ». Après la remise en état des lieux ils savoureront le « plaisir suprême de pouvoir glisser dans cet écrin de résidences luxueuses sa propre réalisation populaire et joyeuse ». Plaisir de l'interdit, d'accéder à l'inaccessible. Mais qui ne va pas sans soulever les protestations indignées de certains voisins, affolés encore aujourd'hui par cette promiscuité qu'ils avaient justement voulu fuir en s'établissant dans ces lieux privilégiés. Les jeunes des CLAJ

24. Selon le recensement proposé par le directeur de l'agence « Waterfront Property », Michel Chassagne, spécialisé dans la commercialisation de ces propriétés exceptionnelles. Ce recensement s'appuie sur la consultation du cadastre. « Le premier prix pour un bel emplacement se situe autour de 20 millions de francs. Une jolie maison de pêcheurs, simple mais charmante, se négociera autour de 3 millions de francs. » *Propriétés de France*, n° 27, mars-avril 1994.

25. CLAJ-Jeunesse camping, *La Bataille des loisirs. Les années cinquante*, Nice, Éditions Serre, coll. « Actual », 1990, p. 77-78.

semblent avoir été sensibles aux différences d'attitudes entre grande bourgeoisie et ceux qui étaient peut-être de nouveaux enrichis. « Les voisins célèbres restent discrets. Winston Churchill, Boussac, nous ne les verrons jamais ! Sacha Guitry, grand seigneur, refusera de signer des pétitions contre la villa Thalassa, relais international de la Jeunesse. Les autres, roquets de la fortune, pingres de la renommée, s'agiteront dans tous les sens, avec à leur tête le maire promoteur et agent immobilier. Les classes intermédiaires sont toujours les plus acharnées à défendre leur lopin de propriété [26]. »

L'opération sera rééditée en 1956. Cette fois les CLAJ acquièrent « une magnifique villa appartenant à la marquise du Boisgelin ! La villa Sperling est située dans ce quartier haut de gamme de Cimiez, qui jouxte les hauteurs du Regina Palace [à Nice] [27]. »

Toutefois c'est plutôt sous la forme de ce qui a été appelé « les châteaux du social » que le processus se prolongera [28]. Une partie du patrimoine des familles fortunées sera ainsi vendue à des municipalités, comités d'entreprise et autres mutuelles qui en feront des lieux de vacances, de soins ou de convalescence. Il n'est pas indifférent que ces activités socialement très marquées viennent s'implanter dans les lieux dont ce n'était pas la destination. On ne saurait réduire à une fonctionnalité douteuse, même si l'espace disponible est un aspect qui facilite ces installations, le choix de ces bâtiments. Il y a aussi des effets symboliques dans de telles localisations.

On retrouve ainsi, d'une autre façon, des difficultés inhérentes au maintien dans leur intégralité des patrimoines immobiliers des familles fortunées. Que ce soit le château de famille, ou la villa du bord de mer, des pressions diverses mettent en cause la transmission de ces biens. Du point de vue des lieux de villégiature, la

26. *Ibid.*, p. 79.
27. *Ibid.*, p. 83.
28. Sur cette question des « châteaux du social », voir les travaux de Mathias Gardet du CRIV, Centre de recherche interdisciplinaire de Vaucresson.

question se pose de savoir si de nouvelles régions ont été investies par ces familles. Un quartier sur les hauteurs de Marbella, telle station suisse, tel village de Sardaigne, semblent jouer aujourd'hui un rôle important dans la localisation de ces lieux de villégiature. Par ailleurs Biarritz et Monte-Carlo ont encore de beaux restes.

Au-delà de ces vicissitudes sur les lieux de séjour ou les maisons de famille, c'est la permanence d'une partie importante du patrimoine qui est en jeu, d'autant plus importante qu'il s'agit de ce qui n'a pas de prix, c'est-à-dire de ce qui soutient la mémoire familiale, constitue les fondations de son capital symbolique et supporte donc toutes les autres formes de capitaux.

Ces difficultés affectent également les espaces de loisirs que les hautes classes ont toujours su se préserver. Ces patrimoines de « villégiature » peuvent représenter une part importante du patrimoine de jouissance, dont les revenus sont appréciables matériellement, par l'usage d'un bien de grande valeur, mais aussi par les revenus symboliques, voire affectifs, qu'ils peuvent procurer. Car, à la manière du château, les demeures familiales du bord de mer sont les écrins dans lesquels sont pieusement conservés les souvenirs enchantés de l'enfance. Mais aussi ceux de la vie familiale et mondaine des longs séjours balnéaires. Aux gains affectifs sont mêlés les gains symboliques de résidences dans des cadres exceptionnels et qui bénéficient en outre d'un environnement social hors pair. Là encore il y a un effet de griffe et la valeur de la résidence de vacances dépend aussi, comme dans les beaux quartiers parisiens ou les lotissements de la banlieue ouest résidentielle, de la qualité sociale d'un voisinage trié. Maintenir de tels espaces au niveau de perfection urbaine atteint représente un travail social qu'il serait vain de vouloir mener individuellement et qui, même pris en charge collectivement, n'est pas toujours couronné de succès.

CHAPITRE VIII

Le devoir de transmettre

Le maintien du patrimoine au sein de la famille au fil des générations ne va pas de soi. Tout un travail est nécessaire, avec des stratégies symboliques et économiques spécifiques visant à maintenir, à retransmettre ce qui a été reçu et à transmettre ce que l'on a soi-même acquis. Selon D. Kessler et A. Masson, l'altruisme intergénérationnel est rare, les legs de précaution étant plus fréquents que les legs de transmission : ce qui est hérité relève de l'épargne de prévoyance des légataires plus que d'une accumulation destinée à être léguée. Mais il existe un « noyau dur restreint de transmetteurs » dont le recrutement se limite pratiquement aux ménages les plus aisés [1].

La transmission des biens n'est pas seulement la transmission d'un patrimoine mais aussi la transmission d'un rapport social. « Ce qui institue l'institution de l'héritage, c'est la transmission d'un rapport; *elle est rapport de transmission d'un rapport* [2] », ce qui signifie que l'héritier doit être apte à hériter, que l'héritier doit même être capable d'être hérité par son héritage. La

1. D. Kessler et A. Masson, « Le patrimoine des Français : faits et controverses », *op. cit.*, p. 160. Voir aussi Luc Arrondel, « L'approche économique de l'héritage : modèles et tests », *Communications*, « Générations et filiation », n° 59, 1994.

2. Daniel Bertaux, *Destins personnels et structure de classe*, *op. cit.*, p. 75.

transmission de biens importants constitue un processus collectif, un ensemble de négociations entre les générations, entre les parents et les enfants. C'est l'une des raisons pour lesquelles les « nouveaux riches » sont l'objet de la suspicion des familles anciennes car ils n'ont pas encore fait la preuve de leur capacité à transmettre ce rapport. « La richesse est intrinsèquement honorable et confère l'honneur à son propriétaire. Par un surcroît de raffinement, il y aura désormais plus d'honneur à posséder une richesse transmise par des ancêtres ou d'autres prédécesseurs qu'à en acquérir par ses propres efforts [3]. »

La transmission des patrimoines sera saisie ici comme rapport social et comme processus collectif au sein du groupe familial. Les chapitres précédents ont insisté sur le fait que, dans les grandes familles, l'individu n'est pas considéré en lui-même, mais en fonction de sa place et de son rôle dans la structure familiale. Il n'est qu'un élément d'un tout qui le transcende [4]. Ce qui importe, c'est la pérennité de la famille, même si au fil des générations il peut se présenter des héritiers mal préparés ou inaptes à assumer leur charge. Il faut donc utiliser avec prudence les contre-exemples qui viennent à l'esprit, tant la possibilité de récupération du système

3. Thorstein VEBLEN, *Théorie de la classe de loisir*, Paris, Gallimard, coll. « Bibliothèque des sciences humaines », 1970 (1re édition 1899), p. 22.

4. Ernst Kantorowicz analyse historiquement la constitution de l'incarnation de la royauté, du pouvoir politique, dans un roi de chair et de sang, qui a abouti aux « cris entendus à l'enterrement des rois de France à l'abbaye de Saint-Denis : "Le roi est mort ! Vive le roi !" » (p. 296), cris qui indiquent clairement la continuité dynastique et juridique. Kantorowicz décrit la « construction d'une philosophie qui rendit transparente une immortalité fictive par l'intermédiaire d'un homme mortel, son incarnation temporaire, tandis que l'homme mortel devenait transparent grâce à cette nouvelle immortalité fictive qui, créée par l'homme comme l'est toute immortalité, n'était ni celle de la vie éternelle dans un autre monde, ni celle de la divinité, mais celle d'une institution politique rien de moins que terrestre » (p. 315). Dans une certaine mesure, il en va de même avec les lignées aristocratiques ou bourgeoises. (Ernst KANTOROWICZ, *Les Deux Corps du roi*, Paris, Gallimard, coll. « Bibliothèque des Histoires », 1989.)

est importante. On connaît le cas célèbre de Wittgenstein qui, ayant renoncé à son héritage, considérable, en fit bénéficier ses sœurs et son frère, assurant ainsi la continuité collective, bien que la lignée individuelle fût rompue. Mais si la dimension économique de la transmission fut refusée, les aspects moraux et culturels semblent ne pas avoir pu l'être. Le projet paternel, lui aussi construit à partir d'une rupture, fut d'une certaine façon assumé par un fils qui semble en avoir intériorisé l'essentiel. Il n'est pas si aisé de refuser d'être l'enfant de ses parents et la volonté de rupture affichée n'est pas toujours la garantie d'une critique conséquente de ce qui est transmis [5].

Don, contre-don et contrat entre les générations

Dans la majorité des familles françaises on n'aborde guère le sujet de l'héritage. Le silence peut s'expliquer, dans les milieux les plus modestes, par le fait qu'il n'y a rien à transmettre ou si peu... Dans les milieux intermédiaires, les couches moyennes des villes, il semble qu'il y ait une très grande dénégation de la transmission des quelques biens dont hériter. « L'absence de parole sur l'héritage, affirme Anne Gotman, résulte en premier lieu de ce que sa perspective est strictement associée à l'événement même de la mort [...]. Mort, convoitise et soumission, telles sont les principales raisons du silence familial qui impose aux héritiers une absolue discrétion non seulement verbale, mais également de pensée. Il est une règle qui fait l'unanimité quant à la perspective de l'héritage : celle-ci ne doit pas être, un héritage ne s'attend pas. Mieux, on ne s'y attend pas. L'héritage ne se présente pas sous la forme d'un interdit mais d'une

5. Voir l'article d'Anne Gotman, « Déshéritage, dilapidation et filiation : Wittgenstein », *Communications*, « Générations et filiation », n° 59, 1994.

non-pensée [6]. » Aussi peut-on voir une analogie entre l'héritage et l'échange symbolique effectué sous la forme du don et du contre-don selon le modèle exposé par Marcel Mauss [7]. Le respect et l'amour filial, qui sont moralement dus aux parents constituent le contre-don indispensable à une transmission qui puisse être reçue sans culpabilité après le décès d'êtres chers. Le don des parents, posthume, ne peut être reçu sereinement sans le contre-don anticipé de l'amour filial et donc sans que soit tue la perspective incontournable de la mort et de l'héritage. La relation est enchantée : la mort et la transmission vont de soi, mais on évite de traiter de cette question. C'est là l'une des propriétés de l'économie des échanges symboliques : « C'est le *tabou de l'explicitation* (dont la forme par excellence est le prix). Dire ce qu'il en est, déclarer la vérité de l'échange, ou, comme on dit parfois, " la vérité des prix " (quand on fait un cadeau, on enlève l'étiquette...), c'est anéantir l'échange. On voit en passant que les conduites dont l'échange de dons est le paradigme posent un problème très difficile pour la sociologie, qui, par définition, explicite : elle est obligée de dire ce qui va de soi et qui doit rester tacite, non dit, sous peine d'être détruit en tant que tel [8]. » L'héritage est donc en général un échange qui va sans dire.

Le maillon de la lignée

Il en va autrement avec les riches héritiers. Le respect des ancêtres, le devoir de transmettre à son tour, le fait de se vivre comme le maillon d'une lignée, se sentir

6. Anne Gotman, *Hériter*, Paris, PUF, 1988, p. 137 et 139. « Le salarié d'aujourd'hui *laisse* à ses enfants plus qu'il ne transmet, et leur abandonne ses biens plus qu'il ne les leur remet », écrivent Anne Gotman et Anne Laferrère dans leur article sur « L'héritage », dans *La Famille, l'état des savoirs*, Paris, La Découverte, coll. « Textes à l'appui », série « Sociologie », 1991, p. 247.
7. Marcel Mauss, « Essai sur le don », *Sociologie et Anthropologie*, Paris, PUF, 1966.
8. Pierre Bourdieu, *Raisons pratiques*, *op. cit.*, p. 181-182.

n'être que l'usufruitier de biens qui, au fond, ne vous appartiennent pas, dont vous n'êtes que le dépositaire, tout cela ne se vit pas spontanément sur le mode de l'évidence et doit s'apprendre. Au point que Jean d'Ormesson, dans sa préface à l'autobiographie de Victoire de Montesquiou, affirme que « c'est un terrible handicap d'être né dans tant de passé [9] ». Car ce passé, il faut l'assumer, savoir s'en montrer digne. Thierry de Valréal se dit incapable de faire sortir de la famille, par leur vente, les tableaux et le château dont il a hérité. « Quand je regarde tous ces biens, je ne pense pas une minute à l'argent, je ne mets pas de valeurs sur tous ces objets. » Patrice Fustier et sa femme Hélène de Nervaux-Loÿs sont copropriétaires du domaine de Courson en Île-de-France. Comme nombre de châtelains ou de propriétaires de monuments historiques, propriétés de la famille depuis plusieurs générations, ils se sentent « responsables d'un dépôt avec Courson, qui nous est confié mais qui n'est pas vraiment nôtre. Notre parc est le produit de six générations d'amateurs de jardins ».

Le marquis François des Monstiers pense qu'il a pris conscience d'être le maillon d'une lignée dès l'âge de sept ou huit ans. « Parce qu'on me disait de la maison : " Tu sais, elle n'est pas à toi, on te la prête. Il faudra que tu la laisses derrière toi. " Nous ne sommes jamais propriétaires, conclut-il aujourd'hui à l'âge de quatre-vingt-deux ans, nous ne sommes que locataires mais nous sommes responsables de ces biens, le temps où Dieu nous prête vie. C'est une charge morale très lourde que j'ai ressentie avant même d'être propriétaire de cette maison, car c'est une notion que l'on m'avait inculquée très jeune. » Alors qu'il s'agit d'un château Renaissance, M. des Monstiers parle, comme d'ailleurs les aristocrates du Jockey Club dont il est membre, de maison. « Dans des familles comme les nôtres, explique-t-il, on ne parle jamais de château mais de maison, parce que,

9. Victoire de Montesquiou, *Je suis née un dimanche, op. cit.*, p. 10.

justement, c'est le côté familial qui prime. Mes parents ont ainsi fêté en 1928 le sept-centième anniversaire de notre maison, puisque l'acquisition de cette propriété par notre famille remonte aux environs de 1228. Elle est restée dans notre famille de mâle en mâle jusqu'à aujourd'hui. » La maison est l'objectivation, la matérialisation de la lignée, le lieu privilégié de l'accumulation du capital familial, forme spécifique du capital social [10]. Cette inscription de la lignée, cristallisée dans la maison, est aussi, de façon symbolique, une certaine maîtrise du passé et de l'avenir que bien peu de groupes sociaux peuvent envisager.

La paysannerie est l'un des rares milieux à partager ce privilège avec l'aristocratie et la grande bourgeoisie ancienne. La monographie d'une famille de paysans des Pyrénées, les Mélouga, que Frédéric Le Play a réalisée à Cauterets, en août 1856, montre que grâce à tout un travail de socialisation et d'inculcation auprès des enfants, dès le plus jeune âge, la maison de la famille Mélouga et ses propriétés agricoles se sont perpétuées dans leur intégralité de génération en génération. Car, selon Le Play, « le bien est toujours transmis à l'aîné des enfants (garçon ou fille) ». La maison reste ainsi associée au nom de la famille Mélouga, dans une imbrication forte entre le capital économique, lié aux biens, et le capital symbolique, accumulé autour du nom de la famille, puisque même lorsque l'aînée est une fille, son prétendant, pour l'épouser, doit accepter d'en porter le nom. Les autres enfants peuvent rester célibataires à la maison et contribuer au travail domestique et agricole, ou partir moyennant une dot. « À quelques nuances près »,

10. « Dans l'usage de l'ancien régime, écrit N. Elias, la notion de " famille " s'applique plus ou moins à la haute bourgeoisie, tandis que la notion de " maison " est réservée au roi et à la haute aristocratie. » (*La Société de cour, op. cit.*, p. 28). La notion de lignée fonde l'existence même des familles nobles. Voir Guy Chaussinand-Nogaret, *La Noblesse au XVIIIe siècle. De la féodalité aux Lumières*, Paris, Complexe, 1994. « À la limite, écrit l'auteur, le noble n'a pas d'existence individuelle, de moi spécifique, il n'est qu'un maillon de la chaîne constitutée d'une race » (p. 12).

comme dit Le Play, seuls des moyens légaux sont mis en œuvre pour conserver ainsi le patrimoine dans son intégralité au sein de la famille. Cela n'est possible que parce que « chaque membre d'une communauté, appréciant de bonne heure les avantages qui s'attachent à la conservation d'un bien patrimonial, subordonne à ce sentiment toute sa conduite et se prête avec déférence aux intentions du père de famille [11] ». L'objectif de cette monographie de la famille Mélouga, comme exemple de la famille-souche dont l'extension semblait à Le Play le moyen le plus efficace de lutter contre la montée de l'individualisme et la désorganisation sociale grandissante, est de montrer à Napoléon III les méfaits du Code civil de 1804 liés à l'obligation de partager les biens familiaux de manière égalitaire entre les enfants. Sur ce point, Le Play a dû bénéficier de l'accord des familles aristocratiques et en tout cas en bénéficierait aujourd'hui, tant leur ressentiment est vif à l'égard de cet aspect du code.

Les travaux de Pierre Bourdieu sur « le célibat et la condition paysanne » dans le Béarn montrent que, encore au milieu du XXe siècle, nombre d'aspects du système de transmission à la faveur de l'aîné se maintiennent. « La compensation accordée aux cadets n'est qu'une concession forcée à l'impératif de l'équité, la coutume successorale privilégie résolument la sauvegarde du patrimoine, octroyé à l'aîné, sans que soient sacrifiés, comme autrefois en Angleterre, les droits de cadets [12]. » « À la fois lignage et patrimoine, ajoute P. Bourdieu, la maison, “ la maysou ”, demeure, tandis que passent les générations qui la personnifient [13]. » De même, les travaux d'Élisabeth Claverie et Pierre Malmaison sur le

11. Frédéric Le Play, Émile Cheysson, Bayard, Fernand Butel, *Les Mélouga. Une famille pyrénéenne au XIXe siècle*. Postface d'Alain Chenu : « La famille-souche, questions de méthode », Paris, Nathan, collection « Essais et Recherches », 1994, p. 63.
12. Pierre Bourdieu, « Célibat et condition paysanne », *Études rurales*, nº 5-6, avril-septembre 1962, p. 58.
13. *Ibid.*, p. 37.

Gévaudan [14] ou les observations que nous avons pu faire en Pays basque français tendraient à prouver la prégnance de ce système de transmission préciputaire dans le sud et surtout le sud-ouest de la France, où l'aîné (ou celui qui est désigné comme tel dans le cas du Gévaudan) doit à la fois gérer la maison, et les activités qui lui sont liées, sur le plan matériel et défendre l'honneur de la famille et de la maison, cette fois, sur le plan symbolique.

La capacité à concevoir l'avenir sur le long terme apparaît tributaire de la possibilité de faire référence à un passé, aussi riche et lointain que possible. La demeure grande-bourgeoise ou aristocratique est, de ce point de vue, un véritable sanctuaire du passé familial : Mémoires non publiés mais précieusement conservés, vieux livres, collections, meubles, bijoux, portraits de famille, œuvres d'art, bibelots, tout fait sens car tout a une histoire. « Quand le rapport métaphorique de la demeure et du domaine à la famille qui y vit, y a vécu et y vivra est le plus étroit, quand on peut parler indifféremment de grande famille ou de grande maison, le terme en vient à désigner simultanément la demeure matérielle et la présence permanente dont elle est le lieu et le symbole », écrit Marc Augé [15]. Cette ambivalence du terme « maison », qui peut désigner la construction ou ceux qu'elle abrite, le bâtiment ou la famille qui y vit, a été notée par Émile Benveniste qui relève la tendance généralisée dans le monde indo-européen « à identifier le groupement social avec son habitat matériel », d'où les contaminations qu'il observe entre les deux racines, pourtant distinctes, *dem--* (famille) et **dem(ə)* (bâtir) [16]. Mais cette histoire, cette inscription de la mémoire

14. Élisabeth Claverie et Pierre Malmaison, *L'Impossible Mariage. Violence et parenté en Gévaudan aux* XVIIe*,* XVIIIe *et* XIXe *siècles*, Paris, Hachette, coll. « La Mémoire du temps », 1982.

15. Marc Augé, *Domaines et châteaux*, Paris, Le Seuil, coll. « La Librairie du XXe siècle », 1989, p. 172.

16. Émile Benveniste, *Le Vocabulaire des institutions indo-européennes*, Paris, Minuit, coll. « Le Sens commun », 2 volumes, 1969, vol. 1, p. 307.

familiale dans un lieu, il faut la poursuivre, c'est une des acceptions de « noblesse oblige ». Et ce devoir de poursuivre ce que les ancêtres ont légué est d'ordre économique – il s'agit de biens aux valeurs vénales élevées –, mais aussi d'ordre symbolique et affectif.

L'explicitation des enjeux

Si les notions de don et de contre-don peuvent être utiles pour comprendre le jeu et les enjeux entre les générations dans la plupart des groupes sociaux, il en va autrement dans les hautes classes où la transmission inéluctable n'est ni déniée ni euphémisée. Certes, il y a bien un acte social qui s'apparente au don en ce sens que ce qui est transmis paraît l'être sans contrepartie et sans être dissociable de la personne du donateur. Des expressions usuelles comme les « biens de famille » ou le « vase de ma tante » en témoignent [17].

En matière d'héritage, le don/contre-don s'établit dans une relation interpersonnelle forte, comme l'écrivent F. Bloch et M. Buisson : « Que le donataire se sente accepté comme sujet dans ce " quelque chose de soi " qui passe dans le don, alors il recevra celui-ci comme une invitation à donner à son tour. Que le donataire sente, au contraire, que le don ne lui est pas vraiment destiné, qu'il n'est pas vraiment reconnu par le donateur comme une personne ayant sa propre subjectivité, alors il s'esquivera, refusera la relation dont il se sent prisonnier : ce qui, dans le cadre familial, n'est pas toujours simple [18] ! » Toute l'éducation, dans les grandes familles, prépare explicitement à ce passage du relais. Il y a beaucoup à transmettre, économiquement et

17. Voir Anne Gotman, « Le vase, c'est ma tante », *Nouvelle Revue d'ethnopsychiatrie*, n° 14, 1990, p. 125-150. Sur la théorie du don chez Mauss, voir Jean Lojkine, « Mauss et l'essai sur le don. Portée contemporaine d'une étude anthropologique sur une économie non marchande », *Cahiers internationaux de sociologie*, vol. LXXXVI, 1989.

18. Françoise Bloch et Monique Buisson, « La circulation du don entre générations, ou comment reçoit-on ? », *Communications*, n° 59 (« Générations et filiation »), Seuil, 1994.

symboliquement ; l'explicitation est incontournable. Il importe que le don soit bien reçu et qu'il puisse générer le contre-don, c'est-à-dire la perpétuation du nom, la permanence de la lignée. D'où la nature contractuelle du rapport entre les générations plutôt que la tonalité du don/contre-don, dont la relation enchantée parce que déniée ne saurait satisfaire aux exigences complexes de ces transmissions exceptionnelles par leur volume et leur composition. Les services bancaires de gestion de fortunes viennent aussi renforcer le niveau d'explicitation des transmissions entre générations. « Nous savons, écrit la Banque Paribas dans un texte publicitaire paru dans *Le Courrier du Jockey Club*, que nous n'avons pas été indignes de notre mission lorsque nous entendons un fils se féliciter de la gestion de son père... qui, en fait, était un peu celle de notre banque. »

Dans le documentaire télévisé consacré à la famille La Rochefoucauld [19], la duchesse de Liancourt expose les méthodes éducatives qu'elle met en œuvre pour préparer son fils, François-Xavier, à hériter du titre et du château des ducs de La Rochefoucauld : « Nous essayons de l'élever de manière simple. Il y a deux facettes dans son éducation. Il y a tout d'abord la vie quotidienne avec la valeur d'exemple de ses parents, mais il y a un plus, car il va falloir qu'il apprenne qu'il fait partie d'une famille qui a mille ans. C'est pourquoi nous lui avons choisi pour parrain Jean-Dominique de La Rochefoucauld, l'historien de la famille. Nous comptons beaucoup sur lui pour lui apprendre ce qu'était sa famille et pour qu'il assure la continuité. » Quand il y a gros à hériter, les injonctions formalisées et les discours moralisateurs sont très présents. Entre les générations, dans les milieux dominants, la structure de l'échange n'est pas refoulée, elle est explicitée au niveau individuel et au niveau collectif. L'inculcation de valeurs morales et culturelles n'est pas

19. Marianne Lamour, *La Famille la Rochefoucauld, une famille millénaire*, Planète, mai 1994.

incompatible avec le fait que l'on donne à voir le calcul suivant : « On te donne, tu dois recevoir mais tu devras rendre, tu n'es qu'un usufruitier. » Il est possible d'étaler au grand jour la réalité du rapport, d'expliciter les tenants et les aboutissants de l'héritage, et même les conséquences de la mort des parents, parce qu'il ne s'agit jamais de recevoir seulement un legs. Celui-ci est en même temps une charge, un devoir, celui d'assurer le passage du relais à son tour et de faire en sorte que puisse survivre la lignée dans l'immortalité apparente du patrimoine matériel et symbolique. Le groupe des pairs, noblesse ou grande bourgeoisie, veille à ce que les héritiers remplissent bien leur mission et ne dérogent pas. Le fils prodigue constitue une figure symétrique et tout autant abhorrée que celle du nouveau riche.

Selon l'article 578 du Code civil, « l'usufruit est le droit de jouir des choses dont un autre a la propriété, comme le propriétaire lui-même, mais à la charge d'en conserver la substance ». Et le propriétaire, en l'occurrence, c'est la famille dans sa durée, la lignée dans sa réalité transcendante.

Les vivants et les morts

Pour qu'il y ait transmission et réception de l'héritage dans de bonnes conditions, la croyance dans la lignée est indispensable, et même une certaine idéalisation, voire une « sacralisation » de la famille qui doit être vécue comme source d'enchantement. « Pourquoi, demande Christiane de Nicolay-Mazery dans l'introduction de son livre, *La Vie de château*, ai-je voulu vous entraîner avec moi à travers la campagne française tout au long d'une année ? Non pas pour vous montrer des demeures historiques, mais pour vous faire partager l'intimité de maisons que j'ai aimées, des maisons de famille, conservées de génération en génération, où chacun a laissé son empreinte. Des maisons qui réchauffent le cœur, douces à ceux qui naissent à la vie, apaisantes à ceux qui s'apprêtent à la quitter [20]. » La mort est dans la vie, mais inscrire sa propre disparition dans la logique de la lignée permet de l'assumer avec plus de sérénité. « J'ai intériorisé très jeune, grâce aux photos que je découvrais dans les archives familiales, que la succession des générations est un processus irréversible, confie Christiane de Nicolay-Mazery. Je regardais tel oncle ou telle tante à cinq ans, puis le jour de son mariage et enfin sur son lit de mort. Quelques instants plus tard je retrouvais une grand-mère ou une arrière-grand-mère fixées ainsi par le photographe aux différents âges de la vie. J'intériorisais ainsi l'inéluctabilité des cycles de la vie et leur apparente ressemblance. » La familiarité avec les générations antérieures varie selon les milieux sociaux. Il se peut que la mémoire soit proportionnelle à l'importance des patrimoines. Sous une forme ramassée et donc simplificatrice, on peut admettre que la misère fait vivre dans l'immédiateté et l'opulence dans l'éternité. Ce qui n'est pas l'un de ses moindres charmes.

Les familles les plus riches organisent de leur vivant au moins une partie de leur succession. Selon Anne Laferrère et Luc Arrondel, d'après une étude réalisée à partir d'un échantillon des déclarations de succession de l'année 1987, « au sein des 1 % les plus riches, près d'une succession sur trois est répartie inégalitairement. Les gens fortunés semblent donc organiser leur " succession " en partie de leur vivant et fixent plus souvent que les autres ménages les parts destinées à chaque héritier (en dehors de ce qui leur est *réservé* par le droit) [21] ».

20. Jean-Bernard NAUDIN, Christiane de NICOLAY-MAZERY, *La Vie de château*, Paris, Éditions du Chêne, 1991, p. 3.

21. Luc ARRONDEL et Anne LAFERRÈRE, « Accumulation et transmission des grandes fortunes », Communication présentée aux XIIIe Journées d'économie sociale, Nantes, 16-17 septembre 1993, p. 10. Voir, des mêmes auteurs, « La transmission des grandes fortunes. Profil des riches défunts en France », *Économie et statistique*, n° 273, 1994-3, p. 41-52. Dans cet article ils insistent également sur les inégalités quant au patrimoine transmis puisque les 1 % les plus riches des défunts transmettent

La transmission des biens matériels au sein d'une même famille entre les générations doit permettre à chacun de reprendre le flambeau comme dans une course de relais, chaque coureur étant en permanence confronté à la double nature, économique et symbolique, des biens hérités. De quasi-techniques pédagogiques préparent aux échéances inéluctables. Les livres de raison, cahiers sur lesquels les chefs de famille successifs consignent événements, réflexions et conseils à l'usage des futures générations, constituent de véritables manuels du parfait héritier. Thomas Mann fait jouer à celui des Buddenbrook un rôle important dans la formation de son héroïne. « Elle se grisait de l'importance avec laquelle l'on traitait ici des événements les plus modestes, de l'histoire de la famille... La tête dans ses mains, elle appuya ses coudes et elle lut avec une dévotion croissante, fière et grave. Tout son passé à elle, pourtant si restreint, s'y déroulait au complet. Sa naissance, ses maladies d'enfant, sa première classe, son entrée au pensionnat de Mlle Weichbrodt, sa première communion... Tout était consigné par le consul, de sa petite écriture cursive de commerçant, minutieusement, avec un respect presque religieux de l'événement en soi : le moindre d'entre eux n'était-il pas issu de la volonté d'un Dieu qui avait merveilleusement dirigé les destins de la famille ?... Qu'allait-il être rapporté à l'avenir, à la suite de son nom, ce nom qu'elle avait reçu de sa grand-mère Antoinette ? Tout cela serait lu par les membres futurs de la famille avec la même piété qu'elle éprouvait à suivre maintenant les événements passés [22]. »

La catégorie même d'*ancêtre* est à constituer, elle ne va pas de soi : il faut que tout un travail de deuil ait pu

19 % du patrimoine. « Les écarts sont très importants entre les très riches : le dernier de ce groupe laisse 4,8 millions de francs et le plus riche 434,8 millions de francs » (p. 43). On pourra consulter également Jérôme Accardo et Philippe Monteil, « Le patrimoine au décès en 1988 », *Résultats* (INSEE), n° 390 (série « Consommation - modes de vie », n° 71, avril 1995).

22. Thomas Mann, *Les Buddenbrook*, Paris, Le Livre de Poche, coll. « Biblio », n° 3192, p. 197.

s'effectuer dans de bonnes conditions pour que le mort devienne ancêtre, comme le dit si justement Marc Augé. « Lorsque le mort est devenu ancêtre, l'héritage peut redevenir patrimoine transmis et à transmettre, l'identité s'ancrer simultanément dans l'évidence des ascendants et des descendants, du passé recomposé et du futur antérieur : dans l'image des autres en tous les cas [23]. » La place attribuée à la mort dans les grandes familles anciennes contribue à faire des morts des ancêtres. La mort n'est pas tout à fait la même, subjectivement, c'est-à-dire aussi socialement, lorsqu'elle vient prendre place dans la succession des générations. De votre vivant, vous savez que votre souvenir sera célébré de multiples façons, par les portraits de la galerie des tableaux de famille, par la fanfare de vénerie qui vous est dédiée et qui, sonnée à la fin d'une journée de chasse, vous fera, un instant, revivre dans la pensée des veneurs avertis et parcourir de nouveau un coin de forêt où vous avez accumulé tant de souvenirs [24]. La transmission du patrimoine est indissociable de la construction de la lignée et de la mémoire familiale. Sans patrimoine à transmettre, peu de mémoire vivante. « La mémoire des pauvres, écrit Albert Camus, déjà est moins nourrie que celle des riches, elle a moins de repères dans l'espace puisqu'ils quittent rarement le lieu où ils vivent, moins de repères aussi dans le temps d'une vie uniforme et grise. Bien sûr il y a la mémoire du cœur dont on dit qu'elle est la plus sûre, mais le cœur s'use à la peine et au travail, il oublie plus vite sous le poids des fatigues. Le temps perdu ne se retrouve que chez les riches. Pour les pauvres il marque seulement les traces vagues du chemin de la mort. Et puis, pour bien supporter, il ne faut pas trop se souvenir [25]. »

Ces liens entre les vivants et les morts se tissent dès le plus jeune âge. Christiane de Nicolay-Mazery décrit

23. Marc Augé, préface au livre d'Anne Gotman, *Hériter*, *op. cit.*, p. vii.
24. Michel Pinçon, Monique Pinçon-Charlot, *La Chasse à courre*, *op. cit.*, p. 59 et 199-202.
25. Albert Camus, *Le Premier Homme*, Paris, Gallimard, 1994, p. 79.

ainsi son enfance au château familial dans la Sarthe : « À travers les portraits, les objets personnels et les meubles : beaucoup de mes ancêtres s'étaient assis dans ce fauteuil, ils avaient habité cette chambre, s'étaient promenés dans cette allée... Je sentais la présence de tout un monde qui me semblait très vivant. Il y avait aussi beaucoup de lettres écrites par mes ancêtres qui étaient ainsi à la fois morts et vivants. Dans les greniers où j'aimais aller, toutes les générations se mélangeaient, je ne faisais pas de différence entre l'ancien et le nouveau. Et pourtant je n'ai connu ni mes arrière-grands-parents ni mes grands-parents, mais *ils étaient là*. Je lisais dans la bibliothèque les lettres que ma grand-mère écrivait à son mari et celles de mon arrière-grand-mère manifestant ses préoccupations pour le mariage de telle ou tel. » Pour Christiane de Nicolay-Mazery ses ancêtres étaient actifs et elle était active vis-à-vis d'eux : « Je voulais savoir qui ils étaient. Je cherchais les ressemblances, les signes de tempérament, de caractère, le sens des responsabilités, certains traits d'humour que je retrouvais chez les vivants. » Dans le souterrain qui conduit du château à l'église du village, se trouve le caveau familial « où il y avait mes grands-parents, la place future de mes parents. Il y avait déjà les " trous " pour nous ». La mort est bien assumée dans la mesure où elle est présente avec les ancêtres qui se mêlent ainsi à la vie quotidienne d'une petite fille. La mort est prise en charge collectivement par la famille mais aussi par les domestiques et les gens du village. Le père de Christiane de Nicolay-Mazery est mort en 1991. Pour son enterrement l'église offrait le souvenir des arrière-grands-parents immortalisés dans les motifs des vitraux. « C'étaient six hommes travaillant sur la propriété qui portaient le cercueil. Le village était silencieux, toutes les boutiques fermées, un peu comme si on enterrait le père du village. »

Dès la naissance, coutumes et rituels plus ou moins fixés règlent l'inscription du bébé dans la lignée. « La robe de baptême est familiale, raconte Christiane de Nicolay-Mazery. Mes enfants ont été baptisés dans la robe de baptême de mon père et de ses frères, qui avait servi à ma grand-mère paternelle. Au-dessus de la robe j'avais rajouté un petit manteau blanc qui avait été porté par mon beau-père. Le voile de la mariée est également un voile de famille, ainsi que le bijou qui tient le voile. Autrefois on utilisait aussi le même dessus de lit pour les accouchées. On le mettait pour les visites. Le drap du mort est également un objet familial, un grand drap en velours bleu marine avec des broderies en fil d'argent que l'on dépose sur le cercueil. On réhabille de génération en génération le berceau du bébé. Celui de mes enfants était une balancelle en fer forgé blanc avec de l'organdi blanc. C'était le berceau de mon beau-père, il a servi pour mes trois enfants, je l'ai gardé et il resservira. » Certes, comme pour d'autres aspects des pratiques, cette transmission, beaucoup plus chargée de sens symbolique que de valeur matérielle, se retrouve dans d'autres milieux sociaux. Les berceaux, par exemple, passent volontiers de génération en génération. Mais il est rare que cette inscription des moments forts de la vie familiale – la naissance, le mariage et la mort – s'inscrivent avec autant de systématicité et de force dans les objets du passé, dans les symboles familiaux venus des temps anciens, inscrivant ainsi l'existence individuelle dans la longue durée. Venant se cumuler avec tout le reste, cette fétichisation contribue au culte de la famille.

Tout se passe comme si, dans ces rituels, ce culte de la mémoire et cette omniprésence du passé, il s'agissait de donner aux morts, le plus rapidement possible, le statut d'ancêtres, et aux vivants celui de continuateurs de la lignée. Sans doute parce que si, comme l'écrit Marc Augé, « les morts sont encombrants, les ancêtres rassurent [26] ». Mais aussi parce que cette transfiguration, privilège des grandes familles qui disposent

26. *Domaines et châteaux*, *op. cit.*, p. 18.

des ressources indispensables à ce culte des morts bien particulier, est l'un des éléments fondateurs du capital symbolique qui leur est propre.

Les ancêtres de la famille des Monstiers reposent dans la chapelle du château du Fraisse, mais ils sont aussi peints ou photographiés un peu partout, dans les salons, les couloirs, les salles de jeux et les chambres. Louis des Monstiers, le petit-fils aîné de l'actuel propriétaire, sera appelé à prendre la relève. Pour lui, les ancêtres sont très présents, au point qu'il raconte volontiers à leur propos quelque plaisante anecdote. Lui aussi recherche des ressemblances entre les vivants et les morts. Le regard de ses ancêtres immortalisés sur les toiles qui ornent les murs des salons lui semble être une injonction à ne pas casser une chaîne commencée au XIIIe siècle.

Un héritier apte à hériter

Louis des Monstiers, vingt-sept ans, titulaire d'un DESS d'aménagement du territoire, qui, dit-il, devrait lui donner une vision plus globale et lui permettre de mieux diriger le Fraisse, est prêt. Il aime le château, berceau de sa famille, écrin merveilleux de son enfance. Il y fait toujours quelque chose, cirant les reliures des vieux livres, plantant deux rangées d'arbres pour isoler visuellement le tennis, concevant des projets de restauration pour le « vieux château », la partie des bâtiments qui date du XVe siècle. Il dit ne pas exister vraiment en tant que « Louis », mais en tant que « des Monstiers ». Le « nous » prime sur le « je ». La tradition est ainsi l'un des piliers des transmissions réussies. C'est probablement dans ces milieux traditionnels, en tout cas enracinés dans une longue lignée, que l'illusion biographique dont parle Pierre Bourdieu est la moins présente [27]. Car le poids de l'héritage est tel qu'il a le dernier mot sur l'héritier en tant qu'individu. L'héritier est avant tout hérité

27. Pierre Bourdieu, « L'illusion biographique », *Actes de la recherche en sciences sociales*, n° 62-63, juin 1986, p. 69-72.

par un héritage fruit du travail des ancêtres, qui doit être transmis à son tour. La reprise des mêmes prénoms de génération en génération vient contester l'illusion de l'individualité. Il y a un double processus, familial, de nomination, par le prénom et par le patronyme, qui subjugue l'individualité avec, pour compensation, un gain symbolique considérable.

Car plus les déterminismes sont forts et structurants, plus ils tendent à passer inaperçus et plus, en conséquence, ils pourront être vécus positivement. Tout simplement parce qu'il tend alors à y avoir harmonie entre les habitus, les systèmes de dispositions intériorisés comme une seconde nature, et les conditions de la pratique [28]. L'environnement est suffisamment puissant pour induire chez les agents les attitudes, les attentes, les besoins, les projets les plus conformes à ces conditions. La pratique peut alors être vécue, paradoxalement, sur le mode de la réalisation de la vocation, de l'accomplissement de soi, alors même qu'elle est le produit d'un habitus parfaitement adapté aux conditions qui l'ont engendré. Louis des Monstiers est voué au Fraisse et entend bien s'y vouer et s'y dévouer dans la réalisation accomplie de ce qui est son identité, celle de la lignée dont il est issu. Poser la question de la conscience de ces déterminismes ne saurait remettre en cause cette certitude d'être là où toute l'histoire familiale vous incite à être. Le sentiment de liberté et de plénitude dans la conduite de son existence ne saurait en effet être plus entier que dans ces conditions où le sens même de l'existence vous est donné par votre naissance. Si les membres des grandes familles peuvent exercer un certain charisme, une certaine séduction, qui sont attestés par la condescendance réussie et les rapports paternalistes, c'est aussi en raison de l'aisance manifeste de leur conduite, ou, comme cela est souvent dit dans les entretiens, en raison du sentiment de liberté et de

28. Sur ce thème, voir Michel PINÇON, *Besoins et habitus*, Paris, Centre de sociologie urbaine, 1978.

sereine réalisation de soi qui accompagne cette harmonie, cette homologie entre l'individu et le monde où il agit [29].

Le poids de l'héritage et ses symboles

Mais parfois l'héritage peut sembler lourd. Surtout lorsque des ancêtres négligents ont appauvri un patrimoine terrien sans lequel il semble que le principe même de la lignée soit menacé. Albert de Mun est l'arrière-petit-fils de son homonyme qui vécut de 1841 à 1914. Celui-ci fut un homme politique et un dirigeant catholique de rayonnement national. « Certes, déclare aujourd'hui Albert de Mun, l'héritage est d'autant plus fort qu'il est un constant rappel de mes devoirs. » Il n'en demeure pas moins que l'arrière-petit-fils dit éprouver un certain amusement à se retrouver sur l'avenue qui porte le nom de son bisaïeul, et donc le sien. L'avenue Albert de Mun, dans le XVIe arrondissement, longe les jardins du Trocadéro et son éponyme a aussi donné son nom à une station d'autobus, si bien que ce patronyme, sauf en cas de grève de la RATP, retentit tous les jours aux oreilles des voyageurs. Mais cette importance de votre nom, qui n'est pas tout à fait le vôtre puisqu'il est aussi le symbole de la lignée, est aussi une difficulté existentielle, un rappel cette fois trop insistant de votre statut de maillon dans la continuité familiale. « Vous n'avez pas vraiment d'importance, sauf qu'il vous faut transmettre. Le nom est sacré parce qu'en fait il ne vous appartient pas, il appartient à la famille », poursuit Albert de Mun. « Je vous avouerai, conclut-il, que je regrette de ne pas avoir changé de prénom dans mon travail, quand j'avais vingt ans. » Cette dénégation de l'individualité est aussi l'un des fondements de cette courtoisie que d'aucuns appelleront condescendance, si

29. Voir Pierre Bourdieu, « Le mort saisit le vif. Les relations entre l'histoire réifiée et l'histoire incorporée », *Actes de la recherche en sciences sociales*, n° 32-33, avril-juin 1980.

fréquente dans les vieilles familles aristocratiques ou bourgeoises. Autant le « nouveau riche » est porté à penser qu'il ne doit rien à personne et qu'il s'est fait tout seul, à la force de son caractère et de ses talents, autant l'héritier d'une lignée prestigieuse sait que même son nom, voire son prénom, il les doit aux ancêtres et qu'il a été fait par tous ceux qui l'ont précédé. L'identité et la légitimité, pour soi et pour les autres, se jouent alors sur la réussite de la transmission.

La noblesse, peut-être plus encore que la vieille bourgeoisie, use de prénoms de famille que les générations successives transmettent en même temps que le patrimoine. Ces prénoms sont des biens symboliques de la plus haute importance puisqu'ils rappellent l'appartenance à la lignée. Leur attribution semble être la règle chez les des Monstiers. Louis porte le prénom de son arrière-grand-père paternel ; son père Jean-François porte le prénom de l'évêque de Bayonne, Jean des Monstiers, qui fut ambassadeur de François Ier puis de Henri II et qui reconstruisit le Fraisse dans le style Renaissance, et de son propre père. Ainsi, sur 22 générations, 20 fils aînés ont porté le prénom François, soit seul, soit composé avec un autre prénom [30]. La fille aînée de l'actuel marquis François des Monstiers porte le prénom de Quitterie en mémoire de Quitterie du Fraisse qui, au XIIIe siècle, a épousé Urban des Monstiers, « et comme elle était la dernière de sa famille, celle-ci s'est éteinte dans la nôtre », dit-on aujourd'hui chez les des

30. Sur le choix des prénoms dans d'autres familles aristocratiques, voir Éric MENSION-RIGAU, *Aristocrates et grands bourgeois, éducation, traditions valeurs*, Paris, Plon, 1994, p. 103-107. Sur le choix des prénoms on pourra lire Philippe BESNARD et Cyril GRANGE, « La fin de la diffusion verticale des goûts ? (prénoms de l'élite et du vulgum) », *L'Année sociologique*, 1993, p. 269-294. Voir également Michel BOZON, « Histoire et sociologie d'un bien symbolique, le prénom », *Population*, 1, 1987, p. 83-98. « On peut dire qu'il existe de véritables stocks lignagers de prénoms relativement cloisonnés, écrit M. Bozon, surtout pour les vocables destinés aux aînés. Car les prénoms ont à la fois une fonction interne, certains d'entre eux sont réservés aux aînés successeurs, tandis que d'autres désignent exclusivement les cadets, et une fonction emblématique, en direction de l'extérieur, le prénom de l'aîné redoublant symboliquement la signification d'un patronyme. »

Monstiers. Le vitrail de la chapelle familiale lui est dédié. Dans la liste des ancêtres qui signale ceux qui ont là leur sépulture, il apparaît à plusieurs reprises. L'une des statues de la vieille église représenterait sainte Quitterie. Ces prénoms, présents encore dans les galeries de tableaux, sont ainsi mêlés au patrimoine et en constituent une des dimensions. Ils sont en outre, pour les familles catholiques, une référence permanente à l'histoire de l'Église et de ses saints, inscrivant ainsi les vivants dans une autre lignée, celle de la continuité de la communauté des croyants.

Le nom de la famille est symboliquement représenté par ses armes qui figurent de façon abondante sur les bâtiments et les documents de toutes sortes. Le blason des des Monstiers était à l'origine d'argent à trois faces de gueule (c'est-à-dire qu'il comportait des bandes horizontales, blanches et rouges). Puis il fut « écartelé » (c'est-à-dire divisé en quatre quartiers), le quartier d'angle senestre du chef (en haut à droite) et le quartier d'angle destre de la pointe (en bas à gauche) étant chargés d'accueillir les lions léopardés qui figuraient sur les armes de la famille Chastillon, dont un des Monstiers venait d'épouser la dernière héritière. Les armes de cette famille, qui, en ligne directe, a aujourd'hui disparu, ont pu ainsi survivre.

Ces armes se retrouvent aujourd'hui sur la porte du vieux château, d'où elles ont donc veillé pendant plus de six siècles sur la cour d'honneur. Jean-François des Monstiers porte une chevalière dont le motif est fourni par ces armes. Le vitrail dédié à sainte Quitterie en est également orné. Le blason figure en tête du texte remis aux visiteurs du Fraisse à l'occasion des journées portes ouvertes des Monuments historiques. Il décore la cheminée de la salle à manger utilisée l'hiver, restaurée par le grand-père du marquis François des Monstiers en 1905. Autrement dit, cette marque familiale est omniprésente sur toutes les formes du patrimoine. C'est l'une des façons les plus manifestes d'inscrire son pouvoir dans l'espace. C'est aussi une manière de rappeler aux membres de la famille leur appartenance au groupe et les devoirs qui en résultent. Les armoiries sont un accompagnement obligé du nom et, sous une forme symbolique, donc efficace, elles en assurent la présence permanente dans les endroits les plus divers, depuis le trumeau des cheminées ou le dallage des pièces de réception jusqu'aux assiettes et aux draps qui peuvent porter les initiales et les armes de la famille [31]. Ce « marquage » de l'espace et des objets quotidiens n'est pas spécifique aux grandes familles, mais il est beaucoup moins présent dans les familles des classes moyennes et populaires, qui ne disposent pas des mêmes supports symboliques pour le réaliser. La noblesse est la mieux armée pour cela, mais la grande bourgeoisie ne dédaigne pas de recourir à ce type de pratiques. Il en est ainsi avec les ex-libris des bibliophiles.

Hériter, c'est aussi donner

Tout ce travail social de construction de la lignée explique que, contrairement à ce que démontre Anne Gotman pour d'autres groupes sociaux beaucoup moins

31. « Chacun est libre d'adopter les armoiries de son choix, sous réserve des droits des tiers, c'est-à-dire à condition de ne pas prendre un blason déjà utilisé par une personne privée ou morale, car le blason, étant " le nom dessiné et colorié ", jouit de la même protection que le nom. Les tribunaux civils sont compétents pour statuer sur les litiges relatifs aux usurpations d'armoiries. On peut faire protéger son blason en déposant son dessin à l'Office de la propriété artistique et industrielle : la protection et l'exclusivité du dessin entraînent celles du blason qu'il figure. » *Quid*, Paris, Laffont, 1994, p. 564. L'usage dans la noblesse veut que, si un château vient à changer de propriétaires, la nouvelle famille y conserve les armes de la famille qui l'a précédée. Il en est ainsi à Sannat, mais aussi au château d'Arbieu, à Bazas, en Gironde, chez M. et Mme Philippe de Chenerilles où les armes qui demeurent sont celles de la famille Saige, à laquelle l'arrière-grand-père de M. de Chenerilles a acheté Arbieu. Cet usage est un indicateur de l'importance de la maison, sanctuaire sacré de la famille. Les hommes portent la chevalière, mais les femmes ont aussi leur signe de reconnaissance avec le bracelet à médailles. « On met en général les médailles de ses enfants ou de ses ancêtres, déclare Christel Baseden. Moi j'ai mis toutes les médailles de papa quand il était petit. »

fortunés, l'héritage n'est pas ressenti, dans ces milieux, comme un bien usurpé. Car toute l'éducation prépare explicitement l'héritier à le recevoir et à le transmettre à son tour le moment venu. Le sens de l'héritage n'est pas de recevoir, mais, paradoxalement, de donner. Car hériter, ce n'est pas profiter du travail des générations antérieures, mais y ajouter le sien propre. C'est du moins ainsi que les choses sont vécues, et il est vrai que le discours tenu aux jeunes générations est beaucoup plus celui du devoir que celui des droits acquis. Ce qui n'interdit pas de jouir d'une fortune confortable, mais selon des règles et avec la charge de passer le relais. Les exhortations du consul Buddenbrook à sa fille, tentée par une alliance matrimoniale contraire aux intérêts de la famille, sont à cet égard édifiantes : « Nous ne sommes pas nés, ma chère fille, lui écrit-il, pour réaliser ce que notre courte vue considère comme notre petit bonheur personnel, car nous ne sommes pas des individus libres, indépendants, doués d'une existence propre ; nous sommes pour ainsi dire les anneaux d'une chaîne et, comme tels, nous ne saurions être imaginés sans la série de ceux qui nous ont précédés et nous ont frayé le chemin en suivant eux-mêmes, avec rigueur et sans détourner leur regard du but, une tradition éprouvée et vénérable. Ta voie, me semble-t-il, s'ouvre devant toi depuis de longues semaines, claire et strictement tracée, et tu ne serais pas ma fille, ni la petite-fille de ton grand-père qui repose en Dieu, ni un membre véritable de notre famille, si toi seule songeais sérieusement à suivre, dans la révolte et l'inconstance, tes sentiers personnels et irréguliers [32]. »

La famille joue un rôle prédominant dans les inculcations nécessaires pour que le passage du relais puisse se faire. Mais dans l'institution scolaire certains établissements offrent la possibilité de poursuivre le travail entrepris dans le cadre de la famille. Surtout l'école n'est pas un univers étranger au domaine familial comme

32. Thomas Mann, *op. cit.*, p. 184-185.

cela peut être le cas pour les enfants de milieu populaire. Au contraire, les familles sont très présentes et très actives dans l'institution comme on l'a vu pour l'École des Roches. Les parents en sont souvent d'anciens élèves. Dès le secondaire les jeunes condisciples font preuve d'un véritable esprit de corps. Ils construisent dans cet espace à part, à la manière de leurs parents, un espace social de relations, une forme de capital social durable qui, à partir de ce milieu scolaire très sélectionné, redouble celui de la génération antérieure et se prépare à lui succéder. C'est donc aussi collectivement que se transmet l'héritage de l'excellence. Ces écoles d'exception sont d'abord les lieux privilégiés de l'inscription des privilèges dans des lignées. À l'École des Roches, ce sont les héritiers qui apprennent individuellement et collectivement à s'inscrire dans la succession des générations.

Cette idée d'une continuité à assurer au-delà des générations est fondamentale. L'héritage n'a pas « une valeur macabre », comme Anne Gotman peut l'écrire pour d'autres groupes sociaux, car, dans les milieux fortunés depuis plusieurs générations, il est au contraire le symbole de la vie qui triomphe de la mort. Mais les évolutions récentes de la société, avec la crise agricole et le développement du capital financier, risquent de bouleverser les transmissions réussies.

QUAND LES VALEURS MOBILIÈRES VIENNENT AU SECOURS DES BIENS IMMOBILIERS...

Le château du Fraisse est au centre d'un territoire agricole de 750 hectares avec des fermes, des cultures, de l'élevage de bovins et plus récemment d'ovins. « Mes parents, comme beaucoup de gens de l'époque, explique, à quatre-vingt-deux ans, le marquis François des Monstiers, vivaient des revenus de certains capitaux qui étaient pour l'essentiel fonciers et agricoles. Je ne pense pas que mes parents aient eu un portefeuille d'actions. Non ! Il y avait la terre du Fraisse, une forêt en Charente qui appartenait à mon père et la dot de ma mère avec des appartements parisiens. »

L'alliance des fortunes bourgeoises

Pourtant les alliances avec la bourgeoisie d'affaires sont nombreuses dans cette famille de noblesse ancienne. René des Monstiers, le grand-père maternel du marquis François des Monstiers [33], a épousé Suzanne Firino, dont la famille s'est ensuite appelée Firino Martell, « quand mes cousins ont eu la maison de Cognac », en vertu d'un décret datant de 1921 autorisant la modification du nom patronymique. Leur fille cadette, Andrée des Monstiers, a épousé Maurice de Wendel. « Mais il n'y a jamais eu ni une action Martell ni une action Wendel dans le patrimoine de mes parents, précise M. des Monstiers. D'abord parce que ma grand-mère avait été évincée de la maison Martell, comme cela se faisait beaucoup à l'époque, et au lieu de l'associer à la maison on l'avait dédommagée, je ne sais plus comment. Et puis, ce n'était pas parce que ma tante Andrée avait épousé Maurice de Wendel qu'il devait revenir à mes parents des participations aux affaires des Wendel. Non, la fortune de mon père était terrienne et immobilière, il n'avait aucun intérêt dans la finance. Ce n'était d'ailleurs pas du tout dans la mentalité des terriens et des ruraux qu'étaient mes parents. Il faut se rappeler qu'il y avait eu les krachs financiers, l'histoire de Suez...

33. « Je suis des Monstiers du côté paternel et du côté maternel, explique l'intéressé, puisque ma grand-mère maternelle était également des Monstiers, ayant épousé un de ses cousins des Monstiers. » Ses grands-parents maternels, propriétaires du château de Voisin en région Île-de-France, l'ont vendu pour acheter à 25 kilomètres du Fraisse le château de Sannat, aujourd'hui encore aux mains de cette branche de la famille. Ainsi, lorsqu'il était enfant le marquis François des Monstiers pouvait aller d'un château à l'autre par une route que son père avait aménagée, à travers une forêt faisant partie du domaine, pour rendre les allées et venues plus faciles.

Des gens ont perdu leur fortune. Je crois qu'à la génération de mes grands-parents, les seules valeurs sûres c'étaient la pierre et la terre. C'étaient en tout cas les fondements de nos fortunes. Ou même, plus précisément, la pierre venait consolider la terre. Les appartements parisiens étaient des valeurs assez sûres avec des rendements assez réguliers. Ce qui n'a plus été le cas plus tard car des lois ont rendu ce type d'investissement beaucoup moins attrayant. »

D'autres alliances du même type ont encore été contractées par la suite : le marquis François des Monstiers a épousé Jacqueline Darblay dont les parents, industriels du papier, étaient des amis de la famille. « Mes parents avaient beaucoup de relations parisiennes, du fait qu'ils vivaient une partie de l'année à Paris, dans un de leurs appartements de la rue du Colonel-Combes [...]. J'ai rencontré ma femme à déjeuner chez les Darblay où j'étais invité comme ami de Stanislas Darblay. Mes futurs beaux-parents avaient une propriété aux environs de Paris, à Saint-Germain-les-Corbeil, où j'allais jouer au tennis le dimanche. C'est ainsi que j'ai connu ma femme [34]. » Celle-ci avait dans sa dot des actions Darblay et quelques biens immobiliers à

34. « Les Darblay, membres du conseil de régence [de la Banque de France], ne contrôlent plus la célèbre papeterie qui porte leur nom. La famille figurait pourtant parmi les plus considérables du pays et son histoire illustre la vitalité du capitalisme français d'avant-guerre. L'ancêtre est maître de poste. Ses deux fils s'associent pour faire du commerce de grain. L'un deux devient député de Corbeil en 1841. L'autre, ingénieur, consacre sa vie à l'amélioration de la farine. Du moulin à grain, il passe au moulin à papier avant de devenir député à son tour en 1852 [...]. En 1932, la famille a racheté à Grand-Couronne, dans la banlieue de Rouen, la Société nouvelle de papeterie fondée cinq ans auparavant par l'État grâce à des fonds versés par l'Allemagne au titre des dommages de guerre. Elle fusionne un peu plus tard avec les Papeteries de la Chapelle fondées, non loin de là, par un industriel suisse. Pour n'avoir pas entrepris, dès 1958, une politique résolue d'investissement, l'entreprise, dont le capital est passé sous le contrôle de Paribas et de l'IDI (Institut de développement industriel), dépose son bilan en 1980. » Gabriel MILÉSI, *Les Nouvelles 200 familles. Les Dynasties de l'argent, du pouvoir financier et économique*, Paris, Belfond, 1990, p. 18. Le *Bottin Mondain* de 1995 indique deux adresses au nom de Stanislas Darblay, avenue Frédéric-Le-Play dans le VIIe arrondissement, et le château de Saint-Germain-les-Corbeil à Corbeil-Essonne.

Paris, notamment des appartements dans un hôtel particulier dont elle a hérité à la mort de ses parents dans le VIIIe arrondissement et où vivent encore aujourd'hui plusieurs des sept enfants qu'eurent M. des Monstiers et Jacqueline Darblay.

Lorsque François des Monstiers reprit la direction du domaine du Fraisse, celui-ci était rentable et les bénéfices que la famille en retirait permettaient l'entretien du château. Cette situation florissante, pendant laquelle il était possible de faire faire de nombreux travaux, dura jusque vers le début des années soixante-dix. Puis ce fut la chute des revenus agricoles et aujourd'hui l'exploitation est largement déficitaire, si bien que le marquis François des Monstiers doit la renflouer chaque année. Les 750 hectares coûtent ainsi plus qu'ils ne rapportent. Mais il ne saurait être question de vendre, du moins pour l'instant, car ce serait amputer une part sacrée du patrimoine, celle autour de laquelle se joue l'identité et la pérennité familiales. M. des Monstiers incrimine certes la politique européenne mais aussi les impôts fonciers, qui atteignent 200 000 francs, et les charges sociales qui, versées au prorata des surfaces cultivées, atteignent le même montant [35]. Il va de soi que, pour être en mesure de faire face à de telles dépenses, il faut que le capital du marquis François des Monstiers soit encore important. « Heureusement j'ai réussi à constituer un portefeuille en vendant des appartements qui venaient de ma mère. J'ai donc investi dans des valeurs boursières et ce portefeuille me donne une certaine souplesse. La terre me coûte une fortune ! » Enfin, mais M. des Monstiers ne l'a pas dit, ce n'est peut-être pas un si mauvais calcul que cela. Qui peut prédire un avenir toujours radieux aux seuls investissements financiers ?

35. Ainsi, les allocations familiales sont calculées à partir du revenu cadastral et non sur les salaires versés.

Le château doit s'autofinancer

Un château comme le Fraisse est un gouffre financier. Comme le soulignent à plaisir les châtelains, la vie de château, ce n'est pas toujours rose. D'abord il y a la relativité du confort. L'hiver il faut se replier sur les pièces chauffables. Il y en a encore beaucoup au Fraisse, mais d'autres restent glacées durant six mois, sans parler des couloirs et des escaliers. L'eau est fournie par le château à partir d'une source. Mais en cas de fortes pluies, ce qui fut le cas en avril 1994, l'eau devient trouble, encore potable toutefois, contrairement aux apparences.

Les prélèvements fiscaux de l'impôt de solidarité sur la fortune, les droits de succession, toujours jugés trop élevés, et la baisse des revenus ne permettent plus le même niveau d'entretien qu'autrefois et certains aspects sont tout à fait délaissés. Il en est ainsi du potager : il n'y a plus assez de personnel pour s'en occuper et, après avoir vu sa superficie se réduire au fil des ans, il n'est plus aujourd'hui qu'un souvenir nostalgique dans la tête de Louis des Monstiers qui tente au coup par coup de redresser la barre et, par des plantations judicieuses, de redonner de l'allure aux terrains qui entourent le château.

Dans celui-ci, la salle des trophées rappelle que l'on a chassé à courre au Fraisse. Il n'en est plus question aujourd'hui et les écuries sont abandonnées. Le chenil du grand-père n'est plus qu'un souvenir. Il y aurait beaucoup de travaux à entreprendre, ici ou là, en particulier au vieux château, celui du XVe siècle, qui menace ruine. Certes il est hors d'eau : le toit est en bon état, ayant été refait dans un passé pas trop lointain. Mais les poutres maîtresses qui soutenaient les planchers du premier étage se sont affaissées. L'intérieur du bâtiment est en ruine. Pourtant l'un des fils du marquis François des Monstiers, Stanislas, aurait aimé restaurer cette vieille maison pour en faire la sienne. Mais les frais à engager sont considérables.

Chaque génération a apporté sa contribution à l'œuvre commune, restaurant ici, agrandissant là. Le grand-père du marquis François des Monstiers a réaménagé la salle à manger et le salon d'hiver en faisant poser des boiseries, en reprenant les cheminées : une date, 1905, peinte sur l'une d'elle garde la mémoire de cette intervention. Sybil des Monstiers, la mère de Louis, a refait une chambre en changeant tous les tissus tendus sur les murs, les fauteuils et le lit à baldaquin. Le tissu utilisé, neuf, est identique à celui d'origine, ayant été réalisé sur le même modèle par un spécialiste. Ces pièces très soignées sont la fierté de la maison et on les fait visiter au cours des journées portes ouvertes. De même des chambres d'amis ont été restaurées, les salles de bains modernisées, marquant ainsi un sens et un goût pour l'hospitalité.

Mais tout cela est coûteux et n'est mené qu'au compte-gouttes, en regard de l'ampleur des besoins. Aussi les des Monstiers, et ceux sur qui repose aujourd'hui le devoir de maintenir et de transmettre, Jean-François et son fils Louis, réfléchissent-ils au moyen de rendre le château autosuffisant du point de vue financier, c'est-à-dire de faire en sorte qu'il produise suffisamment de revenus pour subvenir à ses besoins d'entretien et de restauration. L'ouverture au public est donc envisagée. C'est un sujet volontiers abordé avec les invités de passage, auxquels on demande leur avis. Pour les journées portes ouvertes des Monuments historiques, à l'occasion desquelles le château reçoit des visiteurs depuis environ dix ans, ceux-ci étaient 200, puis 300 et cette année, dans le seul après-midi du dimanche, 500 visiteurs se sont bousculés sous les plafonds peints. Ce sont pour la plupart des gens du pays qui, une fois l'an, peuvent entrevoir la vie de château.

Combien viendraient si le château était ouvert au public de façon régulière ? La région n'est pas très touristique. Elle pourrait certes le devenir, mais ce n'est pas un élément acquis. Louis, dont le goût pour la botanique s'est développé, rêve d'un jardin Renaissance, en rapport avec les intentions de Jean des Monstiers, évêque de Bayonne, diplomate sous Henri II et humaniste, qui a édifié la maison.

Il faut « faire travailler le Fraisse » comme disent ceux qui l'habitent. Faire travailler le château en l'ouvrant à la visite, en organisant peut-être, comme à Courson, des Journées des plantes, en offrant ses écuries et ses communs aux réceptions, mariages et autres séminaires, en louant une partie des terres agricoles à un club de golf [36]. Mais la concurrence est rude, de nombreux châteaux ayant été ouverts au public ces dernières années. Michel d'Arcangues, en ouvrant la demeure familiale à des hôtes de prestige pour des réceptions haut de gamme, « essaie de moderniser l'outil de la tradition. Le défi des gens qui ont acquis des patrimoines, des maisons importantes, c'est d'essayer de les maintenir dans la vie active et pas d'en faire des symboles du passé ou d'une gloire ancienne complètement périmée. Il faut que la maison se transforme en outil de travail, en outil productif ». Toujours dans le but d'éviter le démantèlement du domaine, Michel d'Arcangues rappelle que « la création du golf répond aussi au désir d'éviter la perte des terres que le jeu des successions finit par morceler jusqu'à épuisement. Le golf est, maintenant, indivisible ». Encore faut-il que le château, la maison n'y perde pas son âme et reste le berceau familial. Patrice Fustier regrette que certains châtelains les considèrent, lui et son épouse, « comme des marchands de merguez ». « Vous prostituez votre maison ! », leur reproche-t-on. Puisque désormais, moyennant un simple ticket d'entrée, n'importe qui peut ouvrir la porte et

36. À l'occasion des Journées des plantes de Courson on a pu constater à quel point la notion de patrimoine est extensive et doit inclure, par exemple, les parcs et les jardins, qui constituent un patrimoine foncier mais aussi culturel et symbolique. L'art des jardins, comme tout art, est aussi un espace de profits économiques et symboliques. Voir Françoise Dubost, *Vert Patrimoine. La constitution d'un nouveau domaine patrimonial*, Paris, Éditions de la Maison des sciences de l'homme, coll. « Ethnologie de la France », 1994.

pénétrer dans le secret, dans le sacré familial, par ailleurs au fondement de la construction même de la maison. Devant la contradiction de cette ouverture au public de l'intimité familiale, les propriétaires de châteaux n'hésitent pas alors à élargir la famille à la nation. Ces biens historiques marqués par les grands moments de la constitution de la nation française appartiennent symboliquement à tous, il est donc normal de les ouvrir. La satisfaction des châtelains à montrer leur domaine prend appui sur le sentiment qu'ils ont de remplir une sorte de devoir civique qui, au-delà des incitations financières, vient légitimer la démarche. La fierté de participer à la mise en valeur et à l'ouverture au public d'un héritage historique qui dépasse les intérêts privés donne à ces intérêts une valeur symbolique exceptionnelle. En permettant de conserver le patrimoine des ancêtres et en élargissant le nombre des individus mis en mesure de percevoir, à travers sa forme objectivée, l'exceptionnalité de la famille, l'ouverture d'un château au public peut, loin d'amoindrir le prestige d'un nom, le conforter [37]. L'absence la plus difficile à assumer est celle d'un terroir familial, d'un patrimoine immobilier, château ou grande demeure, qui cristallise la mémoire familiale. Car un ancrage profond dans un territoire participe de manière décisive à cette construction sociale qu'est la famille.

Ces châteaux classés monuments historiques peuvent aussi survivre à la famille soit par l'intermédiaire de l'État, comme ce fut le cas du château de Champs, aux portes de Paris, qui fut légué en 1935 par la famille Cahen d'Anvers, soit par des établissements comme l'Institut de France, ou par des sociétés privées, des chaînes hôtelières notamment, comme « Relais et

37. La notion de patrimoine a d'ailleurs une acception collective qui a été induite des biens individuels et familiaux aux biens nationaux et historiques. Des pratiques aussi socialement marquées que la chasse à courre ont aussi acquis le statut de bien patrimonial national. En tout cas, c'est la volonté des veneurs de présenter ainsi la vénerie, et la démocratisation de la pratique ainsi que le succès populaire des laisser-courre vont dans ce sens. Voir *La Chasse à courre, op. cit.*

Châteaux » ou « Les Hôtels particuliers ». La transmission doit donc être envisagée à l'échelle du groupe et non pas au niveau de l'individu ou de la famille restreinte. La définition des limites pertinentes de la famille varie d'ailleurs en fonction des milieux sociaux.

La famille comme construction sociale

Dans une société patrilinéaire les noms patronymiques se transmettent par les mâles. M. et Mme de Rochetaillée ont eu trois filles, mais aucun garçon. Or M. de Rochetaillée est le seul descendant du nom qui est donc menacé de disparition. « Mais on peut relever le nom », précise-t-il. Ce qui est très important dans les cas, comme pour les Rochetaillée, où le nom du territoire et celui de la famille ne font qu'un. Il est alors important pour l'identité familiale que ce patronyme à double sens soit préservé. Il est alors possible que le mari de la fille aînée relève le nom, un patronyme pouvant être modifié, légalement, pour des raisons valables, dont la reprise d'un nom illustre, ou présenté comme tel. L'article 61 du Code civil précise en effet que « toute personne qui justifie d'un intérêt légitime peut demander à changer de nom. La demande de changement de nom peut avoir pour objet d'éviter l'extinction du nom porté par un ascendant ou un collatéral du demandeur jusqu'au quatrième degré. Le changement de nom est autorisé par décret ». Le droit met en évidence combien la famille est une construction socialement établie et contrôlée. Et combien, aussi, sans doute, l'État républicain fait sien le capital symbolique représenté par des patronymes appartenant peu ou prou à l'histoire. Comme si, au fond, les grands noms étaient aussi une partie du patrimoine national.

L'adoption, dont souvent celle d'un neveu, est aussi un moyen utilisé pour perpétuer un nom en voie d'extinction. Le marquis de Vibraye, propriétaire du château de Cheverny, n'ayant pas d'héritier, avait ainsi adopté

Roland de Vibraye, le fils de son frère cadet, son propre neveu. Mais celui-ci mourut accidentellement en 1967 à l'âge de vingt-cinq ans. Le marquis de Vibraye adopta alors l'année suivante le fils aîné de la sœur de Roland, son petit-neveu, Charles-Antoine de Sigalas. Le fils aîné d'Arnaud de Sigalas et d'Hélène de Vibraye s'appelle désormais Charles-Antoine de Vibraye. Le droit français prévoit en effet la formule de l'adoption simple, qui requiert l'accord des différentes parties. Selon l'article 360 du Code civil « l'adoption simple est permise quel que soit l'âge de l'adopté ». Toutefois, si l'adopté a plus de treize ans, « il doit consentir personnellement à l'adoption ». En ce qui concerne le nom, l'article 363 précise que « l'adoption simple confère le nom de l'adoptant à l'adopté en l'ajoutant au nom de ce dernier. Le tribunal peut, toutefois, à la demande de l'adoptant, décider que l'adopté ne portera que le nom de l'adoptant ». Selon l'article 364, « l'adopté reste dans sa famille d'origine et y conserve ses droits, notamment ses droits héréditaires ». La comtesse Anne de Bryas, propriétaire du château de Mauvières, dit « avoir connaissance d'une jeune femme, aînée de trois filles, qui s'est mariée et qui a voulu que son premier-né, un garçon, porte son nom de jeune fille, afin que celui-ci ne s'éteigne pas. Le père de cette jeune femme a donc adopté son petit-fils légalement, pour assurer la continuité du nom ».

L'Éventail de novembre 1989, dans un article consacré au château de Cheverny, publie la photographie de famille de ses habitants actuels. D'après la légende du document, ce sont « le vicomte et la vicomtesse Arnaud de Sigalas, entourés de leurs cinq enfants, *Charles-Antoine de Vibraye*, Amaury, Aliénor, Gabrielle et Alexandre de Sigalas ». Autrement dit, le futur héritier du domaine, qui relèvera le nom, est présenté tout naturellement au sein de sa fratrie avec le patronyme dont il a reçu la charge [38]. Cette pratique de l'adoption simple est suffisamment fréquente pour que, au détour d'un

38. Le *Bottin Mondain* adopte d'ailleurs une présentation similaire.

entretien, on vous dise, comme si cela allait de soi : « Mon beau-père a été adopté par son grand-oncle pour que la maison reste dans la famille avec le même patronyme. »

Les gestionnaires de fortunes, par ailleurs, ont beaucoup de soucis avec les enfants illégitimes. Plus que dans d'autres groupes sociaux, semble-t-il, il y a encore des mariages qui ont été contractés de façon délibérée pour réaliser des alliances de patrimoines. Ou encore le divorce est proscrit parce qu'il mettrait en jeu la solidité de ces mêmes patrimoines. De telle sorte que chacun connaît l'existence d'enfants illégitimes, nés d'amours extraconjugales que le caractère cyniquement contractuel de certains mariages suscite et incline à tolérer. Ces enfants « naturels » sont généralement bien acceptés, les choses de l'amour et celles du mariage étant clairement distinguées dans ces circonstances. À condition toutefois que ces enfants soient « bien nés », c'est-à-dire que le père, ou la mère, non légitime, soit du même milieu social. S'il appartient à la famille ou au groupe des pairs, le géniteur sera même souvent choisi pour parrain. La conception de la famille apparaît comme plus soucieuse d'efficacité dans la charge prioritaire de transmission du patrimoine et de préservation de la lignée que sourcilleuse sur le respect de la loi du sang et sur celui de principes moraux que l'on aurait pu croire plus intangibles.

Dans les familles où les patrimoines et donc les enjeux économiques et sociaux sont considérables, il y a une explicitation des processus à travers les discours et les injonctions. On atteint à un certain cynisme, en tout cas à une assez grande clarté des rapports à travers une utilisation rationalisée du droit, bien plus mis à contribution que dans d'autres milieux sociaux. Il y a ainsi une culture juridique qui fait partie du capital culturel du groupe. La fréquence des études de droit est d'ailleurs remarquable. Cette culture juridique permet de faire jouer les ressources du droit, au sein même de la famille proche, au bénéfice de la perpétuation de la lignée.

Des conditions structurelles, indépendantes des volontés individuelles, peuvent influer sur la réussite ou l'échec de la transmission. Il en est ainsi des compositions familiales, certaines se montrant plus favorables que d'autres au maintien des lignées et de leurs patrimoines. Le château du Fraisse et ses terres agricoles a pu rester dans la famille des Monstiers-Mérinville pendant plusieurs siècles, la transmission ayant pu s'effectuer en ligne directe, de mâle en mâle.

Une lignée bien établie

C'est ce qui s'est passé aussi pour la famille Fontmichel, à Grasse. Selon le chef de famille actuel, Hervé de Fontmichel, avocat, ancien maire de Grasse et conseiller régional, la permanence de la famille s'est appuyée sur deux biens immobiliers transmis en ligne directe depuis le XVIIIe siècle, lieux d'identité, de mémoire et de prestige pour le groupe familial. Il s'agit de l'hôtel particulier situé au cœur de la vieille ville de Grasse, acquis le 10 juillet 1774, et d'une propriété de la campagne grassoise, vieille bastide achetée en 1765. Deux ensembles immobiliers aujourd'hui classés. « Ce sont ces deux implantations géographiques qui donnent à cette famille une permanence de légitimité locale », conclut Hervé de Fontmichel qui voit quatre raisons à cette permanence. La première résiderait dans les moyens importants dont cette famille a depuis longtemps disposé. « Cette famille est de noblesse acquise. Ma famille n'est pas du tout d'ancienne noblesse féodale, c'est une famille anoblie par charge. Elle a toujours disposé de moyens relativement importants, accompagnés d'un très haut niveau culturel, avec des goûts très déterminés qui contribuent à cette continuité familiale. » La fortune a été constituée au départ grâce à « des charges de robe, puis par la possession d'une flotte de navires à Marseille. C'est un de mes ancêtres ayant le génie du commerce international qui s'est jeté dans le commerce maritime avec la Guyane, l'Afrique et l'Orient lointain ». Puis cette fortune s'est partiellement investie, aux générations suivantes, dans des biens immobiliers et des terres agricoles, « dont pas mal ont été confisquées pendant la Révolution française, mais il nous en est resté ».

La deuxième raison de cette transmission réussie tiendrait au fait « qu'il n'y a eu qu'un seul partage, entre mon grand-père et ses sœurs. Depuis 1773, la fortune a bien entendu été atteinte par les droits de succession et par quelques dépenses importantes qui ont obligé mes ancêtres à vendre de temps en temps des choses. Mais du point de vue de la succession, on peut dire qu'il n'y a eu qu'un seul partage notable depuis le début du règne de Louis XVI ! »

Certes aujourd'hui, père de quatre fils, Hervé de Fontmichel, lui-même fils unique, se trouve devant une situation patrimoniale plus difficile que ses ancêtres. Mais, et c'est là la troisième raison de son optimisme, il espère que la chaîne pourra se poursuivre, arguant du fait qu'il a éduqué ses enfants comme lui-même l'a été. Le père et les fils admettent l'idée qu'ils ne sont pas ou ne seront pas réellement les propriétaires du patrimoine familial qui est le bien d'une entité collective, la lignée, chacun des membres qui la composent étant à son service. « Je considère que les propriétés, les tableaux, argenterie et bijoux, qui viennent de ma famille, ne m'appartiennent pas, estime Hervé de Fontmichel, mais appartiennent à ma famille. D'ailleurs nos enfants sont élevés dans la même optique. Je considère les biens patrimoniaux comme des choses dont je suis le dépositaire. Je n'ai pas le droit de me séparer de quoi que ce soit dont j'ai hérité. Rien. Ce dont j'ai hérité est inaliénable par principe. » Ainsi les terrains de Mandelieu, qui ont pris de la valeur en raison de l'expansion et de la pression immobilière sur la Côte D'Azur, sont simplement loués. « Je ne peux pas les vendre, je ne peux que les louer, ce qui me fait profiter de l'expansion de la Côte d'Azur, mais par le seul biais de la location. »

Enfin, un quatrième élément qui, selon Hervé de Fontmichel, apparaît favorable à la transmission réside dans le classement comme monuments historiques des deux propriétés principales de la famille, l'hôtel particulier de Grasse et le domaine de Saint-Vallier à quelques kilomètres de là. Le classement a des effets contradictoires. Il valorise culturellement et donc symboliquement le bâtiment classé. Mais, dans le même mouvement, il en dévalorise la valeur vénale en raison des contraintes très lourdes qui pèsent alors sur les travaux d'entretien et de transformation et sur les usages possibles des bâtiments. « Ce qui n'a pas d'importance puisque, selon ma conception, précise Hervé de Fontmichel, je n'ai pas à en disposer, mais à les léguer à la génération suivante. »

Les châteaux disparus

Parmi les éléments de variation qui peuvent expliquer les destinées inverses de certaines lignées, on peut retenir les aléas historiques et les événements tragiques liés aux bouleversements sociaux et politiques. Les guerres et les révolutions ont entamé nombre de patrimoines. Tout le monde a en mémoire les emprunts russes. Les conflits mondiaux ont fait disparaître en fumée une partie des patrimoines immobiliers, les châteaux ayant échappé au massacre ont été pillés et surtout les avoirs à l'étranger ont pu être dévalorisés ou nationalisés.

La vulgate sur la dilapidation des grandes fortunes par de mauvais héritiers, incapables de faire face aux charges inhérentes à la gestion du patrimoine, doit être nuancée par la prise en compte des conditions de la pratique : les habitus de l'héritier, même parfaitement modelés dans l'agent ayant la charge de recevoir et de transmettre, ont pu être confrontés à des circonstances tellement décalées par rapport à celles dans lesquelles les dispositions s'étaient formées, que les réponses produites ont pu échouer dans leur tentative pour surmonter les aléas d'une conjoncture à laquelle personne ne peut prétendre être préparé.

Ces aléas peuvent se combiner à une propension à dépenser pour satisfaire une passion coûteuse, et la conjonction de périodes difficiles et de ces dispositions à la magnificence met en péril la transmission du patrimoine économique. Mondanités et mécénat ont pu générer des dépenses inconsidérées qui ont fini par avoir raison de la fortune familiale. Natalie Champin et son frère, Albert de Mun, journaliste spécialisé dans le domaine du tourisme, encore fortunés, considèrent n'avoir reçu des générations antérieures « que des miettes », tant le patrimoine familial était autrefois considérable. Dans la salle à manger de Natalie Champin, âgée de soixante-trois ans, les souvenirs des splendeurs passées ont pris la forme d'assiettes peintes qui représentent les propriétés familiales qui ne le sont plus. L'artiste, la princesse Chachavadze, était une amie des parents de Natalie Champin. Elle figure souvent sur le livre des dîners tenu par Aude de Mun, née Vauréal, la mère de Mme Champin et de son frère Albert. « Ça a été très triste pour moi car j'ai vu partir beaucoup de propriétés dans ma famille aussi bien du côté paternel que du côté maternel. » Le château de Sassetot-le-Mauconduit, propriété de son grand-père paternel, demeure appréciée par Élisabeth d'Autriche qui y a séjourné à plusieurs reprises, ouvre la série des assiettes et des demeures disparues. Henri de Mun et son épouse, née Perquer, fille d'un armateur du Havre, propriétaire de nombreux bateaux marchands et d'haciendas en Argentine, en furent les occupants. Pendant la dernière guerre, d'autres occupants, américains et surtout allemands, laissèrent en bien piètre état cette demeure de Seine-Maritime et ses fermes disséminées sur 650 hectares. Selon Natalie Champin, tout « a été complètement dévasté ». À la mort de leur père, Natalie Champin et ses deux frères, Pierre-Henri, aujourd'hui décédé, et Albert cherchèrent à vendre ce bien qui était devenu trop lourd à entretenir. Il leur fallut dix ans pour trouver un acquéreur. « C'est un immense sentiment de tristesse que nous avons éprouvé car nous avons vu partir tant de propriétés que ça a toujours été un déchirement supplémentaire. » En l'occurrence, ce château du XVIIIe, acheté par un cabinet d'avocats, a été transformé en hôtel et a les honneurs du *Guide du Routard.* Il y est décrit en ces termes : « Une élégante façade rose sertie dans la verdure d'un grand parc à l'anglaise de 10 hectares. Dans le hall, bel escalier à double volée. Construit au XVIIIe siècle, le château servit de résidence à l'impératrice d'Autriche (Sissi pour les intimes). Entièrement restauré en 1988, il offre des chambres moins spatieuses, mais plus confortables, avec moquette, TV et salle de bains. Chaque chambre a sa personnalité, mais toujours arrangée avec goût, avec vue sur le parc [39] ». On peut concevoir qu'il y ait un certain malaise pour les anciens propriétaires à voir ainsi le château du grand-père investi par les Parisiens en mal de nature et de vieilles pierres. Chaque partie du patrimoine qui échappe à la famille pose un problème de conscience : n'aurait-on pu faire mieux, cet abandon était-il véritablement inévitable ?

Le berceau de la famille a disparu. D'une belle mort en quelque sorte, puisque les pierres du château de Mun, près de Bigorre, ont servi, selon Albert de Mun, à construire les maisons du village. Mais cela est une histoire très ancienne et les pertes plus récentes sont plus mal cicatrisées. La troisième assiette de la série représente le château de Lumigny, en Seine-et-Marne, où vécut l'arrière-grand-père, Albert de Mun, l'un des opposants les plus en vue et les plus actifs à la loi de séparation de l'Église et de l'État en 1905. Château vendu lui aussi.

39. Guide du Routard, *Week-Ends autour de Paris*, Paris, Hachette, édition 1995-1996, p. 99.

L'ancien rendez-vous de chasse en Sologne, la grande propriété de Fonsbelle qui appartenait aux grand-parents maternels, et où Natalie Champin a passé les meilleures années de son adolescence, avait été acheté par la famille avec les 200 000 francs-or que rapportaient chaque année les investissements réalisés dans les « phares du Moyen-Orient ». Il est aujourd'hui la propriété d'une tante, mais son maintien dans la famille paraît très menacé car les cousins qui en hériteront semblent ne guère avoir les moyens, ni l'intention, de faire face aux charges inhérentes à une telle propriété. Il est vrai que la famille n'a pas la fibre gestionnaire. « Fonsbelle, se rappelle Albert de Mun, est allé à la sœur de ma mère puisque ma mère a hérité des actions et d'une usine qui fabriquait... je ne sais pas quoi d'ailleurs ! » Cette indifférence à ce qui n'est « que » patrimoine de rapport n'est pas la règle générale. Souvent les héritiers sont soucieux d'avoir un regard averti sur leurs biens et surtout sur ceux qui leur apportent une partie de leurs moyens d'existence. Le peu d'intérêt pour l'intendance, pour ces patrimoines de rapport qui ne sont pas l'entreprise héritée d'un ancêtre qui l'a fondée, est l'un des indicateurs les plus sûrs de la difficulté à transmettre. Car les biens de jouissance, même d'une très grande valeur, ne peuvent se passer des biens de rapport qui, seuls, permettent d'en jouir et de les maintenir dans le patrimoine pour le bénéfice des générations futures.

Les assiettes acceptent aussi comme décor deux immeubles urbains, situés l'un avenue Foch et l'autre sur les Champs-Élysées. Grignotés appartement après appartement, il n'en reste rien, pour la famille du moins. L'hôtel particulier de la rue de Chanaleilles, dans le VIIe arrondissement, à deux pas de l'hôtel Matignon, reçu en héritage par une grand-tante dont le mari était propriétaire du *Journal des Débats*, a été vendu au beau-frère d'Onassis, Niarchos, qui en est toujours l'occupant en titre, bien que n'y faisant que de très rares apparitions. Cette grand-tante, qui était donc aussi une Nalèche, était la marraine de Natalie Champin, qui s'étonna toujours de la voir collectionner avec méticulosité objets d'art et meubles anciens qu'elle protégeait de housses aussi inesthétiques que les objets camouflés étaient superbes. « Personne ne les voyait », si bien qu'à la mort de la collectionneuse, les héritiers « entrèrent dans une caverne d'Ali Baba. J'ai découvert, se souvient Natalie Champin, les splendeurs dont regorgeait chaque placard. On a d'ailleurs donné tous ses vêtements, toutes ses robes, toutes ses chaussures de satin au musée du costume. C'était extraordinaire ! Pour moi, faire l'inventaire de cette maison avec ma mère a été un véritable enchantement ».

L'inventaire des biens de la famille, pour être complet, doit aussi mentionner l'hôtel particulier de l'avenue Georges Mandel, lui aussi vendu. Albert de Mun se rappelle en effet que « l'immeuble qui est venu se coller contre le nôtre a été bâti à la place d'un hôtel particulier qui appartenait à ma grand-tante de Nalèche et où ma mère jouait enfant dans les grands jardins ». Enfin, bien entendu, demeure avenue Georges Mandel l'immeuble qui abrite les appartements encore en possession de la famille où vivent aujourd'hui le frère et la sœur. Il reste toutefois une autre propriété dans le patrimoine immobilier de la famille, apportée par le mari de Natalie Champin, décédé, qui était un industriel du pétrole. Il s'agit d'une grande propriété familiale située sur les bords du lac d'Annecy. Malgré les difficultés et surtout les cambriolages, Natalie Champin a décidé de maintenir cette maison. Tous les beaux objets, les œuvres d'art ont été expertisés, enregistrés et assurés. Car l'hémorragie doit s'arrêter là. La transmission doit maintenant reprendre et les générations suivantes recevoir de quoi affirmer leur identité et conserver la mémoire de l'histoire familiale.

Reste à comprendre comment une famille catholique, où l'esprit dynastique semble avoir été toujours présent, n'a pas réussi à mieux assurer la transmission d'un patrimoine immobilier auquel tous ses membres étaient pourtant attachés. La guerre a de toute évidence joué un rôle décisif dans la perte du château de Sassetot-le-Mauconduit. De plus, pendant deux générations, l'attitude a été plus consommatrice que productrice. On a vécu de ses rentes, alors même que, de l'avis de tous les gestionnaires de fortune, la simple gestion des biens, sans une ferme volonté de les faire fructifier en recherchant de nouveaux investissements, conduit à une érosion inexorable du patrimoine. Le grand-père paternel de Natalie Champin « profitait de la vie, sortait beaucoup, s'habillait, chassait et voyageait ». Albert de Mun pense que « la fortune a été dilapidée par insouciance. Quand on avait un problème d'impôts, ou quoi que ce soit à payer, on vendait, et on vendait au plus bas parce qu'on était pressé. L'argent n'a donc pas été réfléchi, réinvesti malgré la présence d'un homme d'affaires qui s'occupait de nos biens, on ne gérait pas la fortune, on réduisait... ». L'histoire de la vie mondaine à Paris a gardé la trace de la magnificence de cette famille. Gabriel-Louis Pringué, dans ses *30 Ans de dîners en ville*, dit combien il a apprécié les soirées chez la comtesse Henri de Mun, née Annie Perquer, la grand-mère paternelle. « Elle recevait, écrit-il, beaucoup d'artistes, de littérateurs, et les propos chez elle étaient particulièrement brillants. J'y retrouvais souvent Maurice Rostand dont la conversation ardente, mouvementée, descriptive et follement spirituelle nous divertissait [40]. »

La famille Champin, en la personne de la belle-sœur de Natalie Champin, trouva une autre source de soucis financiers. « Elle avait un salon où elle recevait des poètes, des écrivains, des musiciens, c'est elle qui a lancé Pierre Boulez, mais elle les recevait somptueusement. Dans sa maison de Haute-Savoie, elle n'avait rien de moins que sept domestiques attachés au service de cette

40. Gabriel-Louis Pringué, *30 Ans de dîners en ville*, Paris, Édition Revue Adam, 1948.

maison. » Ce mécénat généreux finit par avoir raison de la fortune personnelle de cette amie des arts.

« Ma sœur et moi, remarque Albert de Mun en conclusion, nous avons grandi dans un milieu où l'argent semblait naturel et nous pensions évidemment qu'il n'y aurait pas de problème pour nous par la suite. Isolés de la réalité, en dehors des problèmes des gens, des rapports sociaux, on vivait dans un cocon et nous n'étions pas du tout impliqués dans la vie réelle. »

D'autres familles présentent des cas analogues. L'entreprise Blin d'Elbeuf a été déclarée en faillite en 1976. « Ils ne se sont pas reconvertis dans les matières modernes et ont voulu continuer à fabriquer de la laine exclusivement. Ils ont beaucoup vécu, et bien vécu, sur l'entreprise. Après la mort de mon grand-père, rapporte Caroline de Ricqlès, c'était encore pour ma grand-mère le grand train : chauffeur, taxis, hôtels de luxe ; elle adorait la vie, elle était tellement dispendieuse qu'à son décès elle avait pratiquement dilapidé les restes de la fortune familiale. Donc maman nous a laissé un peu d'argent, mais pas beaucoup. »

De toute cette vie industrielle il ne reste à Elbeuf que le lycée André Maurois installé dans le « château », le parc Blin de la rue de Lorraine et les bâtiments industriels reconvertis en logements sociaux qui portent le nom de l'entreprise, « Blin et Blin ». Du côté Ricqlès il y avait aussi une usine à Saint-Ouen, produisant la menthe Ricqlès, qui a été vendue il y a une dizaine d'années à un groupe allemand. Mais, précise Caroline de Ricqlès, « ce n'était plus une usine de famille depuis le début des années trente, bien qu'elle soit toujours restée à notre nom. À cette époque, en effet, un oncle avait puisé dans la caisse et pour combler le déficit, plutôt que de solliciter les banques, la famille n'avait rien trouvé de mieux que de céder une part significative du capital à un groupe extérieur. De sorte que mon père est le dernier des Ricqlès à avoir travaillé chez Ricqlès. »

La transmission n'est donc pas automatique, mais il suffit que certaines apparences soient sauvegardées, que le patrimoine ne soit pas réduit à néant, en particulier dans ses composantes symboliques et culturelles, pour qu'un rétablissement soit possible. Ainsi, dans le cas des deux familles citées, l'appartenance à la grande bourgeoisie est encore une réalité, même si l'importance du patrimoine ne saurait rivaliser avec celle des plus grandes fortunes. C'est que l'appartenance aux élites sociales dominantes ne peut se réduire à la possession d'une seule variante de capital. Autant les très grandes fortunes récentes n'assurent pas *ipso facto* l'appartenance à la grande bourgeoisie et aux cercles, autant la perte d'une partie significative de la richesse matérielle ne signifie pas le rejet inéluctable dans l'enfer du monde ordinaire.

La transmission du métier

Le patrimoine comporte parfois une forme de capital que l'on pourrait appeler professionnel. Il concerne les savoirs et les savoir-faire des métiers et des secteurs d'activité. Transmis partiellement par l'institution scolaire, il peut l'être aussi entre les générations en s'appuyant sur la famille. Ce n'est pas un privilège des hautes classes. On citera les métiers de la fonderie qui, jusqu'à une date récente, avant les effets croisés de la déqualification et de la crise économique, faisaient l'objet d'apprentissages sur le tas, souvent assurés par le père ou un oncle, et aboutissaient à la formation d'ouvriers de métier fiers de leurs compétences [41].

Dans la grande bourgeoisie ces formes d'initiation aux métiers ne sont pas rares. C'est encore un point de convergence entre classes dominantes et classes dominées,

41. Voir Michel Pinçon, *Désarrois ouvriers. Familles de métallurgistes dans les mutations industrielles et sociales*, Paris, L'Harmattan, coll. « Logiques sociales », 1987, chap. II : « Un beau métier ».

les classes moyennes étant, elles, plus tributaires du capital proprement scolaire.

Être un héritier, cela se construit aussi en apprenant à travailler dans le monde des affaires, à maîtriser les données d'un secteur professionnel, à gérer un domaine. Et, dans une société où le chômage touche 12 % de la population active, c'est un privilège de savoir que vous avez la possibilité, quand ce n'est pas le devoir, de prendre la succession de votre père à la direction de son affaire ou de continuer dans le secteur d'activité où il a excellé en bénéficiant du capital social accumulé par plusieurs générations.

Courtiers de père en fils

Emmanuel Touton travaille depuis vingt ans dans le bureau de courtage de son père, dans le quartier des Chartrons, à Bordeaux. « C'est mon père qui m'a totalement formé. » Le courtier, dans le commerce du vin, est un pur intermédiaire entre le propriétaire-viticulteur et le négociant. Du fait que les maisons de vins sont de moins en moins familiales et de plus en plus souvent rachetées par des groupes industriels ou financiers ou par des institutions, le métier de courtier a beaucoup changé. « Il n'y a plus de clientèle fidèle, se plaint Emmanuel Touton. Il n'y a plus de contrat. Pourtant, quand j'ai commencé ici, si un courtier se présentait chez un propriétaire avec lequel on avait l'habitude de travailler et lui proposait cinquante centimes ou un franc de plus par bouteille, le propriétaire vous appelait et vous demandait ce que vous en pensiez. Et, finalement, pour un franc de moins, il préférait vendre à un courtier qui avait l'habitude de suivre sa production. Aujourd'hui tout cela n'existe plus, c'est sans foi ni loi ! » L'apprentissage « sur le tas », en compagnie d'aînés en qui on peut avoir toute confiance, compte tenu des liens de parenté, est utile pour pouvoir faire face aux nouvelles données du marché. La connaissance de ce monde relativement fermé du vignoble bordelais est un élément décisif pour un exercice maîtrisé du négoce du vin. C'est donc le plus tôt possible qu'un père avisé initie ses fils aux secrets et aux astuces d'un métier où l'insertion dans un réseau de relations est l'un des éléments décisifs de la réussite. « Le mercredi après-midi, mon père m'emmenait au bureau. Sa grande fierté, son grand rêve, c'était d'avoir ses trois garçons au bureau. Il voulait qu'on vienne travailler avec lui le plus tôt possible, il ne s'est jamais préoccupé de nos études. » Sur ce dernier point, l'évolution est certainement sensible : jusque vers les années soixante le diplôme n'était pas recherché à tout prix, une bonne connaissance des arcanes du milieu professionnel paraissant suffisante. Mais, depuis, avec la complexification des réseaux financiers et leur internationalisation, les grandes familles se sont toutes lancées dans la course à l'excellence scolaire.

Le frère aîné d'Emmanuel Touton est parti travailler aux États-Unis, lui aussi dans le négoce du vin, alors que l'autre est entré dans la publicité. « Tous les espoirs de mon père se sont alors reportés sur moi. J'étais pratiquement obligé d'entrer au bureau. » À son tour Emmanuel Touton nourrit le rêve de voir son propre fils prendre sa suite. L'esprit dynastique est très présent dans la grande bourgeoisie bordelaise, liée au vin ou au bois. Cette vitalité des lignées, qui tient au caractère agricole des activités, à leur lien avec le terroir, marque tout le mode de vie, centré plus qu'ailleurs sur le local et sur les alliances avec les familles locales, et trouve une sorte de point d'orgue, presque idéal typique, dans cette transmission « à l'ancienne » des savoir-faire et des secrets du métier.

Des dynasties de négociants en vins

Guy Schÿler, père de deux filles, n'a pas de descendant mâle pour prendre la succession de l'affaire qui porte aujourd'hui le nom Alfred Schÿler Fils & Cie. Il a décidé de faire un arrangement avec la société Duclot, qui poursuit et maintient le nom Alfred Schÿler Fils & Cie à travers, entre autres, la commercialisation d'une marque, le « Pavé des Chartrons », qui est devenu le vin officiel de l'Académie française, des ambassades des États-Unis et de Grande-Bretagne. Le prince Sadruddin Aga Khan et bien d'autres personnalités sont ses clients. Ce nom symbolise le négoce du vin lié au quartier dont le cours Xavier Arnozan, appelé autrefois Pavé des Chartrons, constitue le cœur ; Guy Schÿler y habite toujours. Il a rédigé un commentaire sur l'étiquette de son vin préféré où l'on peut lire que « le Pavé des Chartrons a été à Bordeaux ma résidence et celle de mes ancêtres depuis 1739. Montaigne, Montesquieu et Mauriac demeurant dans les environs. C'est tout à la fois ma tradition familiale et l'excellence des grands vins de Bordeaux qui m'ont inspiré dans les choix de cette bouteille. Je suis certain que l'élégance et la race discrète de ce vin apporteront à votre quotidien une note de raffinement ».

Guy Schÿler est également, par sa mère, Valentine Guestier, le descendant d'une autre dynastie bordelaise de négociants en vins dont la société, Barton et Guestier, date de 1802. « Mes deux oncles, Daniel et William, sont morts sans descendance, le nom de Guestier est éteint », précise Guy Schÿler avec nostalgie dans un ouvrage qu'il vient de consacrer à cette dynastie [42]. L'ouvrage est dédié « à ma mère qui avait si fort insisté pour que je prenne le nom de Guestier »...

Guy et Nicole Schÿler, son épouse et l'arrière-petite-fille de Sir Richard Wallace, qui a fait don de son importante collection à l'État britannique, connue aujourd'hui comme « collection Wallace », et qui fut le propriétaire du château du parc de Bagatelle dans le bois de Boulogne, habitent un vaste appartement dans un hôtel particulier du cours Xavier Arnozan, où les différentes

42. Guy Schÿler, *Guestier. Souvenirs familiaux et documents*, Bordeaux, Arts & Arts éditeur, 1993 (prix Georges Goyau de l'Académie française 1994).

générations Guestier ont laissé traces et souvenirs [43]. Les murs sont couverts de tableaux, marines, paysages du XVIIIe siècle et de nombreux portraits d'ancêtres. Guéridons et commodes portent des collections de bronzes animaliers et de tabatières au décor d'émail. Des livres, nombreux, dont toute une série consacrée au général de Gaulle et deux volumes sur la Deuxième Guerre mondiale dédicacés à Nicole Schÿler par Sir Winston Churchill.

Guy Schÿler et Nicole Wallace se sont rencontrés à Arcachon, leurs grands-parents respectifs y ayant des propriétés voisines. À travers la transmission d'un patrimoine professionnel, qu'il s'agisse du vignoble ou du négoce du vin, ou encore de la forêt de pins, la région bordelaise, dans la permanence de ses activités, permet aux grandes familles de fonder de véritables dynasties et, à la manière des grandes familles royales, de désigner les héritiers successifs, portant les mêmes prénoms, par des numéros d'ordre qui sont en fait des repères dans les générations. On a ainsi chez les Guestier les Daniel I, II, III, et IV. La région bordelaise est l'une de celles qui permettent aux grandes familles une affirmation de leurs solidarités qui va jusqu'à une endogamie poussée [44].

Transmission et conversion

Les conditions ne sont pas toujours remplies pour que la transmission puisse se faire dans de bonnes conditions et pour que ce soit la même activité qui puisse durer au-delà des générations. L'exemple du château d'Arbieu, près de Bazas en Gironde, montre qu'alors une conversion est nécessaire; engagée par le chef de famille, elle est destinée à être reprise et prolongée par

43. Sur l'histoire de cet hôtel particulier, voir Albert RÈCHE, *Dix Siècles de vie quotidienne à Bordeaux*, Paris, Seghers, 1983, p. 221.

44. Sur la transmission des entreprises, on pourra lire la série d'articles consacrés par *Le Nouvel Économiste* aux héritiers d'empires industriels (Michelin, Lagardère, Aguelli, etc.) : n° 1005 du 13 juillet 1995 au n° 1011 du 25 août 1995.

l'action de ses héritiers. La transmission est alors surtout celle d'une capacité à l'innovation qui permet de faire face aux aléas économiques et sociaux.

Au bord de la route départementale s'élève la maison du gardien, un pavillon de style néo-gothique. Un chemin empierré grimpe en lacets au flanc de la colline, passe devant une mare grouillante de vie, franchit un soupçon de ruisseau, débouche au niveau de la piscine surveillée par le haut pigeonnier et aboutit à la façade principale du château qui tourne le dos au bourg et regarde une immense pelouse où des ballons attendent les pieds des enfants. De grands arbres l'encadrent, dont quelques cèdres, et elle tient plus du pré fraîchement fauché que des « greens » anglais. Il y a là quelques mainates, oiseaux d'Asie, plus performants que les perroquets, auxquels le propriétaire des lieux apprend *La Marseillaise*.

Le château d'Arbieu est la propriété du comte et de la comtesse Philippe de Chenerilles. Cinq chambres d'hôtes permettent de faire face aux dépenses d'entretien du château. Le domaine n'est plus guère rentable et avec les subventions européennes, les terres sont d'un meilleur rapport lorsqu'elles sont laissées en jachère. Mais il faut penser à l'avenir et aux emplois que pourront occuper les cinq enfants. Aussi M. et Mme de Chenerilles ont-ils conçu le projet de créer un camping sur leur vaste domaine, à l'autre bout de la propriété. Un équipement de qualité, cela va sans dire, pouvant bénéficier du classement à quatre étoiles. Une telle installation pourrait offrir des revenus pour deux enfants et rentabiliser ce qui n'est plus aujourd'hui que des friches. « Ce serait un très grand camping d'environ 24 hectares avec des espaces de jeux. Chaque place ferait 200 mètres carrés, avec ouverture sur le bois et sans vis-à-vis. Il y a tellement de campings sur la côte que pour faire venir les touristes à Bazas, il faut un plus. Il y aurait donc un practice de golf, un squash et un théâtre de verdure. » Pour le fils cadet, qui s'est découvert une vocation pour l'hôtellerie et la restauration, M. et Mme de Chenerilles ont également le projet de monter un restaurant. « Je voudrais leur trouver une situation à l'intérieur du domaine », résume M. de Chenerilles.

Ainsi un domaine agricole, condamné pour rentabilité insuffisante, finira bien tout de même à survivre comme lieu touristique et par offrir aux héritiers une partie de leurs revenus. C'est un processus semblable qui est à l'œuvre aussi au château d'Arcangues, dans les Pyrénées-Atlantiques, avec la réalisation d'un golf et des résidences qui lui sont liées. Les vocations agricoles des domaines sont abandonnées, et sans états d'âme : l'important est de transmettre le château, l'élément qui, au cœur de la propriété, assure la conservation de la mémoire familiale. Encore faut-il pour cela, lorsque les revenus extérieurs ne sont pas suffisants, faire travailler le domaine lui-même, autrement mais toujours avec la volonté de le maintenir dans le patrimoine familial.

Biens familiaux et biens financiers

Thierry de Valréal a souligné combien était différent son rapport aux biens hérités, marqués par la famille et son enfance, qu'il tentera de conserver et de transmettre, et celui, plus lâche, qu'il entretient avec ceux acquis par lui-même. Lorsqu'il ne s'agit plus de biens matériels mais de valeurs mobilières sous forme d'actions ou d'autres valeurs financières, il n'y a plus cette empreinte, cette présence du défunt et de ses dernières volontés dans la matérialité des choses. Dès lors des rêves beaucoup plus individuels, moins redevables à la famille, peuvent se réaliser. Isabelle de Solane a hérité, au moment de la mort précoce de sa mère, issue d'une riche famille d'industriels, de biens matériels, mais surtout d'un capital qui lui a permis de concrétiser l'un de ses rêves, habiter et vivre sur une péniche. « Le bateau, avoue-t-elle, c'était une certaine façon de pouvoir préserver mon indépendance, de pouvoir vivre avec une petite dose de poésie quotidienne dont j'avais besoin. » Isabelle de Solane a quatre frères et trois sœurs, et elle appartient à un milieu catholique qui valorise l'esprit de famille. L'achat de la péniche a quelque chose d'une mise à distance car « c'est précaire, confirme-t-elle, ce n'est pas un placement dans la pierre, ce n'est pas de l'immobilier puisque c'est meuble, on ne passe pas devant un notaire. On n'achète pas une péniche non plus en se disant " je laisserai cela à mes enfants ". C'est précaire un bateau, ça peut couler, ça peut flamber. Acheter un bateau, c'est complètement irrationnel, ça coûte quand même cher, sous prétexte que ce sont de grands espaces dans des situations, à Paris, tout à fait privilégiées, à la Concorde ou à Neuilly. Mais cela n'a rien à voir avec un appartement en dur dans Paris où tous les journaux, tous les six mois, vous disent combien vaut votre appartement. Une péniche c'est beaucoup plus aléatoire ».

Toutefois la distance prise, surtout symboliquement, a ses limites. En effet, d'une part, la péniche a toujours été amarrée dans un beau quartier, « car je ne peux pas vivre ailleurs que dans un beau quartier, je ne me sentirais pas à l'aise ». Et, d'autre part, Isabelle de Solane envisage de revendre sa péniche pour retourner vivre dans l'immeuble familial du VIIe arrondissement où demeurent encore aujourd'hui son père, deux de ses frères et ses trois sœurs. Et ce, pour que son jeune fils ait une famille. « Mon fils, confie-t-elle, fait complètement partie de ce projet-là, car il aurait sa famille, la seule qu'il ait, puisqu'il n'est pas reconnu par son père, il aurait ainsi une présence familiale importante pour lui. »

La composition du patrimoine a une influence décisive sur la manière dont sa transmission est vécue et assumée. Lorsque l'héritage se compose pour partie de valeurs financières, l'héritier bénéficiaire peut se sentir beaucoup plus libre de le réaliser comme il l'entend et parfois cela peut être l'occasion de marquer ses distances avec les normes familiales. La logique affective et symbolique semble plus forte dans le cas de biens matériels.

On s'identifie moins à un portefeuille d'actions qu'à un château. Or, ces dernières décennies, l'importance du capital financier, et donc abstrait, s'est accrue. Des familles ont connu ce passage du capitalisme industriel au capitalisme bancaire et financier, comme la famille Wendel qui a marqué la sidérurgie française.

Véronique de Montremy est la petite-fille d'Andrée des Monstiers, épouse de Maurice de Wendel. Bien qu'habitant avenue Marceau dans le VIIIe arrondissement, elle a passé une partie de son enfance chez ses grands-parents maternels en Lorraine. Elle a ainsi grandi et a été façonnée dans ce qu'elle appelle « le royaume industriel lorrain » dont elle aurait été l'une des princesses. Il lui est difficile de dissocier le souvenir du château de Brouchetière, à Jœuf, où la domesticité était encore nombreuse dans les années soixante, et son train de vie luxueux des mines et des usines que son grand-père l'emmenait visiter et dont le bruit parvenait jusque dans les chambres du château. « C'était un endroit étonnant ! C'était la campagne mais il y avait deux centimètres de poussière sur les feuilles, les hauts fourneaux qu'on entendait et qu'on voyait au bout du parc, les bruits des usines et des aiguillages de trains. On entendait la mine quand on faisait tomber des pans de minerai... Ce n'était pas du tout comme les châteaux où allaient nos cousins ou nos amis. Je me souviens très bien, poursuit Véronique de Montremy, la première fois que j'ai visité une usine, j'avais six ans, j'ai trouvé cela sublime avec le feu, le bruit, c'était tordu, mis en fil, mis en tôle. J'ai trouvé cela fascinant et puis les coulées... On avait l'impression d'être dans un endroit à part. »

Tout était réuni, dans un cadre aussi chargé de valeurs symboliques, pour une transmission réussie des patrimoines, la famille étant associée au château et à un territoire industriel que faisaient vivre des milliers d'ouvriers. « Alors évidemment, conclut Véronique de Montremy, quand tout s'est arrêté, on s'est aperçu qu'on n'était pas du tout une famille royale, ça a fait un certain coup... On ne va plus en Lorraine que pour les enterrements. On n'a plus rien. C'est affreux. Ce pays dont on pensait qu'on était l'essence même, on n'en fait plus partie ! » La famille Wendel n'est pas démunie pour autant et elle figure en trentième position dans les palmarès de *L'Expansion* qui classent les familles les plus fortunées en fonction de l'importance de leur patrimoine. Au début du XIXe siècle la famille Wendel s'est organisée en société financière. « Dès 1830-1840, raconte Véronique de Montremy, mon arrière-grand-père François de Wendel est mort en laissant deux filles et un garçon. Sa femme a alors créé la Société des Fils de François de Wendel. Puis, quand, dans les années 1860, son fils Charles est mort, la Société est devenue celle des Petits-Fils de François de Wendel, une société en commandite qui possédait les biens industriels et immobiliers de la Lorraine sidérurgique. »

Il est vrai que l'histoire n'a pas ménagé la famille. Sous la Révolution, la forge d'Hayange est vendue comme bien national après avoir été mise sous séquestre. La guerre franco-allemande de 1870 eut pour conséquence, après le traité de Francfort de 1871, de faire passer les usines de Wendel en territoire allemand. Pendant la Seconde Guerre mondiale « l'Allemagne nazie s'adjuge toutes les usines et les mines de Wendel germanisées sous la raison sociale Hermann Gœring Werke : à la Libération, elles rentrent dans le patrimoine familial [45] ».

La société des Petits-Fils a pris la forme de deux holdings familiales dont seuls les descendants des fondateurs, et leurs conjoints, peuvent être actionnaires. « La

45. René SÉDILLOT, *Les Deux Cents familles*, *op. cit*, p. 49. Voir également Jean-Noël JEANNENEY, *François de Wendel en République : l'argent et le pouvoir (1914-1944)*, Paris, Le Seuil, 1976, et René SÉDILLOT, *La Maison de Wendel, 1704-1958*, Paris, RISS, 1958.

société holding des Petits-Fils de François de Wendel est restée, mais tout le patrimoine immobilier est parti avec la Société de Wendel. On ne s'appelle plus aujourd'hui les Petits-Fils, mais il s'agit de deux sociétés de blocage qui sont régies par des règles particulières », le but étant de faire que le capital soit toujours contrôlé par les membres de la famille. Les deux holdings familiales « contrôlent 51 % des actions de Marine-Wendel, laquelle détient 45 % des titres de la CGIP [Compagnie générale d'industrie et de participation], dont le portefeuille comprend des actions de Cap Gemini, de Carnaud, de Cedest... La CGIP vaut en bourse 4 milliards de francs, 1 milliard étant entre les mains des 350 actionnaires de Wendel. Cette somme ne tient pas compte du patrimoine extérieur de la famille [46] ». Marine-Wendel est dirigée par Ernest-Antoine Seillière de Laborde, fils de Renée de Wendel et de Jean Seillière, et qui fut chargé de mission dans plusieurs cabinets ministériels dont ceux de J. Chaban-Delmas et P. Messmer. Dans le rapport de son conseil d'administration à l'assemblée générale de 1994, Marine-Wendel rappelle qu'elle est l'« héritière d'un passé industriel qui remonte à 1704 ». « N'ayant plus, depuis 1990, d'intérêts dans la sidérurgie où elle avait auparavant accompli son développement, Marine-Wendel, sur l'impulsion de ses principaux actionnaires, a choisi de nouvelles voies dans des secteurs de croissance. » À savoir, par le biais du contrôle de la CGIP, l'emballage, les grenailles, l'immobilier international et des technologies de pointe (services informatiques et diagnostic médical). Autrement dit une belle diversification, encore accentuée en 1993 et 1994 avec la prise de contrôle de Reynolds (stylos) et Stallergènes, spécialisée dans le traitement des allergies. Une telle variété n'a d'autre objectif que d'« asseoir l'équilibre [des] risques sur une base plus large. L'empire de Wendel, conclut René Sédillot, est frappé par les drames

46. « Fortunes françaises », une enquête de Pierre Beaudeux, *L'Expansion*, n° 340, 23 septembre au 6 octobre 1988.

de la sidérurgie. La famille se réfugie dans l'anonymat, d'abord derrière Sacilor, dont la majorité passe à l'État, puis derrière les patronymes des gendres, Celier ou Seillière, responsables d'une société de portefeuille, la Compagnie générale d'industrie et de participation, CGIP. C'est sombrer dans les sigles [47] ».

Le cas des Wendel n'est pas unique, d'autres familles ont créé des sociétés similaires. Ainsi les Bich, dont les sociétés en commandite en actions doivent leur permettre de conserver le contrôle du groupe familial. Après la mort du fondateur, le baron Bich, son fils a pris la succession et « aucune turbulence non plus n'est à attendre sur le capital du groupe » puisque la famille détient « 39,3 % du capital (et plus encore en droits de vote), 17,6 % étant aux mains de personnes physiques et 21,7 % par le biais d'une société en commandite en actions, MBE (Marcel Bich Enfants) [48] ». À l'inverse, la famille Guichard qui était à l'origine du groupe Casino devait proposer à ses actionnaires, le 28 octobre 1994, l'abandon du statut de commandite par actions, qui était le sien depuis sa création en 1898, pour celui de société anonyme à directoire. Il est vrai qu'Antoine Guichard, petit-fils du fondateur, n'a pas de successeur au sein de la famille.

La gestion du patrimoine familial sur le mode du capitalisme financier peut certes donner une certaine sécurité mais elle ne va pas sans poser d'autres problèmes. Ainsi, le nombre des ayants droit tend à croître chez les Wendel. Selon Henry Coston, « les membres de la famille, présents ou représentés à l'assemblée générale des actionnaires [de la société dite Les Petits-Fils de François de Wendel] du 20 juin 1939, étaient au nombre de 84 (ils furent une trentaine de plus en 1949) [49] ». Véronique de Montremy évalue actuellement

47. René Sédillot, *Les Deux Cents familles*, *op. cit*, p. 59.
48. « Au lendemain de la mort de son fondateur Marcel Bich, Bic confirme son intention de céder Guy Laroche », *Le Monde*, jeudi 2 juin 1994, p. 26.
49. H. Coston, *Dictionnaire des dynasties bourgeoises...*, *op. cit.*, p. 585.

les participations aux deux holdings familiales entre 350 et 400 actionnaires qui se partagent, selon Gabriel Milési, 25 millions de dividendes [50]. La gestion y perd en transparence et risque de devenir moins consensuelle. Mais il y a plus grave dans la perte d'identité que représente cette nouvelle forme du patrimoine, désincarnée, abstraite, réduite aux coupons et aux dividendes. Véronique de Montremy pense que pour tous ses cousins et cousines qui n'auront jamais connu la Lorraine et qui, en raison de leurs liens de parenté avec les Wendel, pourront être néanmoins actionnaires de ces sociétés financières de participations, la cohésion familiale ne sera peut-être plus aussi facile. « C'est dans les dix années à venir que cela va être plus compliqué car on ne va pas pouvoir maintenir la fiction selon laquelle on ne peut se racheter les actions qu'entre soi. Avant la guerre de 1940, je crois qu'il n'y avait que 35 actionnaires. Ils se connaissaient tous. Mais maintenant, lorsque je vais à une réunion des Petits-Fils, il y a plein de cousins et de cousines qui ont entre vingt et vingt-cinq ans et que je ne connais pas ! C'est devenu une société purement financière où tout le monde est cousin, parfois à des degrés très éloignés. » Pour l'instant la cohésion familiale est de règle et toutes les décisions « sont prises à l'unanimité. Personne ne vote jamais contre. Au fond on a peur de briser la cohésion familiale. D'ailleurs on a pris des mesures récentes selon lesquelles, même si quelqu'un avait plus de 40 % du capital, il ne pourrait pas avoir plus de 40 % des votes. Ce qui signifie que si on ouvre le capital à des personnes extérieures à la famille, elles ne pourront pas aller contre la majorité qui restera familiale ».

Pourtant le caractère familial de la société est encore bien marqué. Au conseil d'administration de Marine-Wendel, outre le P-DG, Ernest-Antoine Seillière, descendant par sa mère de la famille Wendel et lié par son père à la Banque Demachy qui avait été fondée en 1780 par la

50. Gabriel Milési, *Les Nouvelles 200 Familles...*, *op. cit.*, p. 56.

famille Seillière, mais qui fut reprise au début du siècle par les Wendel, on remarquera que le président d'honneur n'est autre que son oncle, le comte Pierre Celier, inspecteur des finances lui aussi, qui a épousé France-Victoire de Wendel et qui est donc aussi l'oncle de Véronique de Montremy. La Société lorraine de participations sidérurgiques est représentée, à ce même conseil, par Hubert Leclerc de Hauteclocque, fils du maréchal Leclerc, Philippe de Hauteclocque, qui avait épousé une petite-fille Wendel.

« Chez les de Wendel, raconte le baron Seillière, nous sommes quatre de la famille dans l'entreprise : Pierre Celier, François de Wendel (petit-fils), Henri de Mitry et moi. Nous nous sommes imposé une règle qui veut que, lorsque quelqu'un de la famille est candidat, un chasseur de têtes étudie le dossier. Le recrutement doit être totalement professionnel. Une seule chose doit être prise en compte : le développement des affaires du groupe [51]. »

Cet exemple montre que la conversion des patrimoines industriels et les alliances matrimoniales, avec les changements de nom qu'elles entraînent, brouillent les pistes. À condition d'analyser soigneusement les liens familiaux non apparents, on verrait plus clairement combien les grandes familles du passé sont encore présentes dans les affaires, et parfois au plus haut niveau. Encore faut-il pousser l'investigation suffisamment loin pour s'apercevoir, par exemple, qu'Ernest-Antoine Seillière est le petit-fils de Maurice de Wendel et Pierre Celier son gendre.

Véronique de Montremy s'interroge sur la transmission de son patrimoine à la fois immobilier – appartements à Paris – et mobilier, comme on vient de le voir, à ses propres enfants. Le travail d'inculcation de valeurs morales et culturelles ne peut être relâché car elle souhaite que ses deux filles poursuivent dignement la lignée, mais cette fois-ci avec des points de repère

51. *Ibid*, p. 161.

beaucoup plus abstraits : « un solide portefeuille d'actions ! ». Ses filles n'auront en effet pas connu les fondements territoriaux de la fortune des Wendel. Véritable éducateur à lui seul, le territoire contribue à façonner les fils de famille qui, plus tard, seront aptes à assumer l'ensemble des composantes, y compris financières, de l'héritage. Aujourd'hui, constate Véronique de Montremy, « on passe son temps à prendre des participations, nous ne sommes plus des industriels. Nous étions, y compris mentalement, des industriels. C'était un bien qui était tangible, qui servait à faire quelque chose. C'était l'industrie et on est passés dans le service, dans le tertiaire. On prend des participations qu'on revend avec l'idée qu'il faut être mobile, fluide ». L'enracinement dans un terroir, le château de Brouchetière, au milieu des usines comme d'autres demeures sont au milieu de leurs terres, cela est terminé. La transmission ne va plus de soi : la mémoire familiale risque de se fluidifier en même temps que les actifs.

CONCLUSION

Héritiers de lignées prestigieuses, aristocrates fortunés et grands bourgeois de vieille souche doivent plus à leur héritage qu'à leurs mérites. Mais un héritage se mérite. Il faut porter le nom qui vous échoit, et il est d'autant plus lourd à porter qu'il est plus riche de valeur symbolique. Certes, il est préférable d'avoir à faire face à cette charge plutôt que de devoir faire ses preuves, ou, plus encore, que d'avoir à lutter pour s'arracher à la misère. Mais un nom se construit dans la durée, à travers plusieurs générations. Pour entrer dans le cercle étroit des élites, il faut ce qui ne peut s'acquérir, le temps. Ou qui du moins suppose une longue patience et l'acceptation de voir ses efforts ne porter pleinement leurs fruits que pour les générations qui vous suivront.

Pour entrer dans le cénacle, il faut du temps. Pour en sortir aussi : on ne ruine pas en un tour de main le crédit accumulé autour d'un nom. Il faut le mériter, ce nom, mais il va de l'intérêt vital du clan de défendre envers et contre tout le capital irremplaçable qu'il représente. Aussi fera-t-on tout pour récupérer le maladroit, l'irresponsable, le dévoyé, qui, par sa vie en marge, ses errements, risque de détruire toutes les formes de capitaux accumulées sur un patronyme. L'honneur du nom est en cause, on fera tout pour le préserver. Cela explique qu'il y ait en définitive bien peu de ratés dans la reproduction sociale des élites : on trouvera toujours un strapontin pour celui qui, malgré le bon jeu qu'il a eu en main au départ, n'a pas su, ou voulu, jouer correctement et qui se retrouve en position de déclassement. Cet « aventurier » menace l'ensemble du groupe familial et, par le réseau dans lequel la famille est enserrée, le groupe social tout entier, tant il est vrai qu'un tel capital de renom fondé sur le seul nom rend solidaires tous ceux qui le partagent.

Ainsi, plus que pour tout autre groupe social, tant dans les milieux fortunés les enjeux sont interdépendants, il importe d'étudier le système social que constituent les individus, la confrérie des grandes familles. Or le sens commun pousse à présenter et à se représenter ces familles comme des unités autonomes alors qu'elles sont les parties d'un tout, celui des positions dominantes.

On ne sent jamais aussi bien cette force du groupe que lorsque celui-ci marginalise l'un de ses membres. Christel Baseden s'est ainsi retrouvée mise au ban du groupe lorsque, à dix-huit ans, elle a épousé un fils de la bourgeoisie du Nord et non pas, comme on l'attendait de sa part, un héritier de la haute société bordelaise. Or celle-ci avait misé sur la jeune Christel comme sur toute jeune fille bien née. « Elle avait un prix » et elle était invitée partout, « soirées extraordinaires, robes longues, châteaux à tomber par terre ». Mais, « quand j'ai annoncé mes fiançailles avec quelqu'un qui ne faisait pas partie de notre tribu, ça a été terminé. Je n'ai plus reçu un carton d'invitation. Cela a constitué pour moi une leçon que je n'oublierai jamais. Comme si les familles bordelaises s'étaient dit : “ On a investi pour qu'elle épouse quelqu'un de chez nous. ” C'est là que j'ai réalisé que je représentais quelque chose pour mon milieu social que je n'avais pas compris et que j'ai découvert ainsi à mes dépens. »

Mais autant, quand il y a un beau nom à préserver, on fera le maximum pour récupérer celui ou celle qui s'éloigne, autant, quand il s'agit d'un nouvel enrichi comme Bernard Tapie, ou comme Bernard Jansoulet, surnommé le Nabab et héros d'un roman d'Alphonse Daudet [1], la sanction de tout écart par rapport aux normes du groupe sera le rejet le plus brutal. Dans le cas de l'homme d'affaires contemporain comme dans celui du héros du roman de mœurs du XIXe siècle, la haute société ne saurait admettre de façon durable des agents sociaux certes largement pourvus en capital économique, mais dépourvus d'ancienneté. Fortune rapide et haute visibilité médiatique conduisent au rejet le plus vif dès qu'apparaissent les premiers revers. Amitiés, relations politiques, contacts dans la presse se retournent alors contre celui qui a voulu brûler les étapes et avait pensé qu'il suffisait d'être riche pour faire partie du club des dominants. Le groupe réagit alors comme une classe mobilisée qui, d'une manière concertée sans qu'il y ait eu concertation, anéantit socialement l'élément perturbateur qui est venu troubler le jeu.

L'existence de patrimoines importants à gérer et à transmettre dans les familles les plus fortunées appelle un tel niveau de formalisation, d'explicitation et de codification pour réussir cette transmission que le groupe mobilisé devient classe. La similitude et la proximité des modes de vie et des représentations ne suffisent pas à faire la classe mobilisée, comme le souligne Pierre Bourdieu. « Les gens inscrits dans un secteur restreint de l'espace, écrit-il, sont à la fois plus proches (par leurs propriétés et leurs dispositions, *leurs goûts*) et plus enclins à se rapprocher ; plus faciles aussi à rapprocher, à mobiliser. Mais cela ne signifie pas qu'ils constituent une classe au sens de Marx, c'est-à-dire un groupe mobilisé en vue d'objectifs communs et en particulier contre une autre classe [2]. » C'est pourtant ce que paraissent réaliser les familles les plus fortunées. Les fortunes et les bonnes fortunes d'existences qui n'en manquent pas

1. Alphonse DAUDET, *Le Nabab*, Paris, G. Charpentier et Cie, 1883.
2. Pierre BOURDIEU, *Raisons pratiques*, *op. cit.*, p. 26.

constituent la base objective d'une mobilisation tout à la fois pour l'entre-soi et contre les autres. Que l'on pense aux beaux quartiers, aux institutions comme les rallyes ou les cercles, aux syndicats patronaux comme le CNPF : on est bien en face d'une classe qui se parle et se définit contre, ou au moins à côté des autres.

N'existant, comme objets théoriques, que sur le papier, les classes sociales doivent être socialement construites pour exister réellement, ce qui constitue un processus conflictuel et historique. Il en va différemment pour la grande bourgeoisie dont l'existence réelle, et non pas seulement théorique, paraît plus établie. On peut même voir dans l'obsession de la transmission une manifestation de cette volonté de construire continûment la classe. Certes, cela n'est pas vécu dans cette terminologie. Mais il n'existe guère de groupe social suffisamment conscient de lui-même et de ses intérêts pour gérer avec autant de vigilance ses territoires, ses relations, les alliances matrimoniales de ses enfants...

Ce travail de construction du groupe pourrait même bien être un pur produit de l'habitus grand-bourgeois. Dans un magnifique paradoxe qui voudrait que, dans le même mouvement qui lui fait nier, idéologiquement, l'existence des classes sociales, il construise une classe réelle parce que le groupe des pairs ne peut survivre, se développer et prospérer qu'en écartant les intrus, c'est-à-dire tous ceux qui, dans l'espace social, occupent d'autres positions, y compris en faisant entrer en ligne de compte le critère du temps.

Il y a eu, avec le marxisme, un travail social de construction des classes dominées comme classes, et en particulier une affirmation de l'originalité de la classe ouvrière, qui s'est dotée d'organisations qui proclamaient l'existence de la classe et la faisait exister dans cette proclamation même. La pratique, ainsi, réalisait la théorie. On sait ce qu'il en est : le reflux de la théorie marxiste produit un effet de théorie en retour, les classes dominées étant moins que jamais aujourd'hui des groupes à part entière. Le recours aux notions de marginalité et d'exclusion est significatif du recul des formes d'organisation des classes dominées. Alors que parallèlement la grande bourgeoisie s'affirme comme classe en niant la réalité des classes. Le triomphe de l'idéologie libérale est sans doute d'autant plus aisé que la grande bourgeoisie peut se contenter de la pratique : elle peut fonctionner comme classe organisée et agissant en fonction de ses intérêts bien compris sans avoir à construire la théorie de sa réalité sociale et de sa pratique. L'habitus des membres des fractions dominantes des classes dominantes n'a qu'à réaliser ses potentialités pour faire exister en pratique une classe qui n'a pas à se déclarer comme telle, et surtout ne doit pas le faire, pour exister réellement.

BIBLIOGRAPHIE

Articles et ouvrages généraux

ACCARDO, Jérôme, et MONTEIL, Philippe, « Le Patrimoine au décès en 1988 », *INSEE Résultats*, n° 390 (série Consommation – modes de vie, n° 71, avril 1995).

AGUILAR, Yves, « La Chartreuse de Mirande. Le monument historique, produit d'un classement de classe », *Actes de la recherche en sciences sociales*, n° 42, avril 1982.

ARRONDEL, Luc, « L'approche économique de l'héritage : modèles et tests », *Communications*, « Générations et filiation », n° 59, 1994.

ARRONDEL, Luc, et LAFERRÈRE, Anne, « La transmission des grandes fortunes. Profil des riches défunts en France », *Économie et statistique*, n° 273, 1994.

ASCHER, François, COHEN, Jean-Louis, et HAUVUY, Jean-Claude, *Luxe, habitat, confort : les références hôtelières*, Paris, Institut français d'urbanisme, université de Paris VIII, 1987.

AUGÉ, Marc, *Domaines et châteaux*, Paris, Le Seuil, coll. « La Librairie du XXe siècle », 1989.

AUGÉ, Marc, *Non-Lieux*, Paris, Le Seuil, 1992.

BABEAU, André, *Le Patrimoine aujourd'hui*, Paris, Nathan, 1988.

BABEAU, André, *Le Patrimoine des Français*, Paris, La Découverte, coll. « Repères », 1989.

BABELON, Jean-Pierre, et CHASTEL, André, « La notion de patrimoine », *Revue de l'Art*, n° 49, 1980.

Banque de France, COB, SBF (Société des bourses françaises), *Les Porteurs de valeurs mobilières*, Paris, Imprimerie nationale, septembre 1994.

BAUER, Gérard, BANDEZ, Gildas, et ROUX, Jean-Michel, *Banlieues de charme ou l'art des quartiers-jardins*, Paris, Pandora Éditions, 1980.

BAUER, Michel, et BERTIN-MOUROT, Bénédicte, *L'Accès au sommet des grandes entreprises françaises (1985-1994)*, Paris, CNRS, 1995.

BAUER, Michel, et BERTIN-MOUROT, Bénédicte, *Les 200. Comment devient-on un grand patron ?*, Paris, Le Seuil, 1987.

BERTAUX, Daniel, *Destins personnels et structure de classe*, Paris, PUF, 1977.

BESNARD, Philippe, et GRANGE, Cyril, « La fin de la diffusion verticale des goûts ? (prénoms de l'élite et du vulgum) », *L'Année sociologique*, 1993.
BIHR, Alain, et PFEFFERKORN, Roland, *Déchiffrer les inégalités*, Paris, Syros, coll. « Alternatives économiques », 1995.
BLOCH, Françoise, et BUISSON, Monique, « La circulation du don entre générations, ou comment reçoit-on ? », *Communications*, n° 59 (« Générations et filiation »), Le Seuil, 1994.
BOLTANSKI, Luc, « L'espace positionnel. Multiplicité des positions institutionnelles et habitus de classe », *Revue française de sociologie 14* (1) 1973.
BOURDIEU, Pierre, « Célibat et condition paysanne », *Études rurales*, n° 5-6, avril-septembre 1962.
BOURDIEU, Pierre, et PASSERON, Jean-Claude, *Les Héritiers, les étudiants et la culture*, Paris, Minuit, coll. « Le Sens commun », 1964.
BOURDIEU, Pierre, « Les fractions de la classe dominante et les modes d'appropriation de l'œuvre d'art », *Information sur les sciences sociales*, XIII-3, juin 1974, p. 7-32.
BOURDIEU, Pierre, *La Distinction. Critique sociale du jugement*, Paris, Minuit, coll. « Le Sens commun », 1979.
BOURDIEU, Pierre, « Le Capital social, notes provisoires », *Actes de la recherche en sciences sociales*, n° 31, janvier 1980.
BOURDIEU, Pierre, « Le mort saisit le vif. Les relations entre l'histoire réifiée et l'histoire incorporée », *Actes de la recherche en sciences sociales*, n° 32-33, avril-juin 1980.
BOURDIEU, Pierre, *Le Sens pratique*, Paris, Minuit, coll « Le Sens commun », 1980.
BOURDIEU, Pierre, « L'illusion biographique », *Actes de la recherche en sciences sociales*, n° 62-63, juin 1986.
BOURDIEU, Pierre, et HAACKE, Hans, *Libre-échange*, Paris, Le Seuil / les Presses du réel, 1994.
BOURDIEU, Pierre, *Raisons pratiques*, Paris, Le Seuil, 1994.
BOZON, Michel, « Histoire et sociologie d'un bien symbolique, le prénom », *Population*, 1, 1987.
BRELOT, Claude-Isabelle, « Itinérances nobles : la noblesse et la maîtrise de l'espace entre ville et château au XIXe siècle », dans *Noblesses et villes (1780-1950)*, Université de Tours, Maison des Sciences de la Ville, coll. « Sciences de la ville », n° 10, 1995.
CANCEILL, Geneviève, « Les revenus fiscaux des ménages en 1984 », *Les Collections de l'INSEE*, série M, n° 139, 1989.
CANNADINE, David, « L'aristocratie et les villes dans l'Angleterre du XIXe siècle : les stations balnéaires », *Urbi*, I, 1979, p. 33-46.
CASTEL, Robert, *Les Métamorphoses de la question sociale. Une chronique du salariat*, Paris, Fayard, coll. « L'espace du politique », 1995.
CERC, « Les placements des particuliers : que rapportent-ils vraiment ? », *Notes et graphiques*, n° 6, décembre 1988.
CHAUSSINAND-NOGARET, Guy, *La Noblesse au XVIIIe siècle. De la féodalité aux Lumières*, Bruxelles, Complexe, 1994.
CHOCRON, Monique, et MARCHAND, Lydie, « Les portefeuilles de titres des personnes physiques à fin 1993 », *Bulletin de la Banque de France*, n° 10, octobre 1994.
CLAJ-Jeunesse camping, *La Bataille des loisirs. Les années cinquante*, Nice, Éditions Serre, coll. « Actual », 1990.

Conseil des impôts, *Huitième Rapport au président de la République relatif à l'imposition du capital*, Paris, *Journal officiel de la République française*, n° 4063, 1986.
CORBIN, Alain, *Le Territoire du vide. L'Occident et le désir du rivage, 1750-1840*, Paris, Flammarion, coll. « Champs », 1990.
COSTON, Henry, *Dictionnaire des dynasties bourgeoises et du monde des affaires*, Paris, Alain Moreau, 1975.
DEBORD, Guy, *La Société du spectacle*, Paris, Gallimard, 1992 (réédition).
DÉSERT, Gabriel, *La Vie quotidienne sur les plages normandes du Second Empire aux Années folles*, Paris, Hachette, 1983.
DION, Jack, et IVORRA, Pierre, *Sur la piste des grandes fortunes*, Paris, Messidor-Éditions sociales, 1985.
DUBOST, Françoise, *Vert patrimoine. La constitution d'un nouveau domaine patrimonial*, Paris, Éditions de la Maison des Sciences de l'Homme, coll. « Ethnologie de la France », 1994.
DUNETON, Claude, *Parler croquant*, Stock, 1973.
DURAND, Georges, « La vigne et le vin », dans *Les Lieux de mémoire*, sous la direction de Pierre NORA, Paris, Gallimard, 1993 (tome III, *Les France*, volume 2, p. 786).
DURIEZ, Bruno, « La bourgeoisie répertoriée : le Livre des familles du Nord », *Ethnologie française*, 1990-1, janvier-mars, tome 20,
ELIAS, Norbert, *La Société de cour*, Paris, Flammarion, coll. « Champs », 1985.
FAGUER, Jean-Pierre, « Les effets d'une " éducation totale ". Un collège jésuite, 1960 », *Actes de la recherche en sciences sociales*, n° 86-87, mars 1991.
GOFFMAN, Erving, *Asiles*, Paris, Minuit, coll. « Le Sens commun », 1968.
GOODY, Jack, *La Raison graphique*, Paris, Minuit, coll. « Le Sens commun », 1979.
GOTMAN, Anne, *Hériter*, préface de Marc AUGÉ, Paris, PUF, 1988.
GOTMAN, Anne, « Le vase, c'est ma tante », *Nouvelle Revue d'ethnopsychiatrie*, n° 14, 1990.
GOTMAN, Anne, « Déshéritage, dilapidation et filiation : Wittgenstein », *Communications*, « Générations et filiation », n° 59, 1994.
GRAFMEYER, Yves, *Quand le Tout-Lyon se compte*, Lyon, Presses universitaires de Lyon, coll. « Transversales », 1992.
GRANGE, Cyril, « La " liste mondaine ". Analyse d'histoire sociale et quantitative du *Bottin Mondain* », *Ethnologie française*, 1990-1, janvier-mars, tome 20.
GRANGE, Cyril, *Les Gens du* Bottin Mondain. *Y être c'est en être*, Paris, Fayard, 1996.
HALBWACHS, Maurice, *Les Cadres sociaux de la mémoire*, Paris-La Haye, Mouton, 1976 (1re édition 1925).
INSEE, « Les revenus fiscaux des ménages en 1984 », *Les Collections de l'INSEE*, série M, n° 139.
ION, Jacques, *Tradition touristique et société locale : Aix-les-Bains, station thermale. Contribution à une sociologie du phénomène touristique*, thèse de troisième cycle, 1970.
JOHY, Robert, et CAMPAGNAC, Élisabeth, *Racines historiques du lotissement*, Paris, Secrétariat d'état à la culture, Copedith, 1976.
KESSLER, Denis, et MASSON, André, « Le patrimoine des Français : faits et controverses », INSEE, *Données sociales 1990*, p. 156-166.

KESSLER, Denis et MASSON, André, « Qui possède quoi, et pourquoi ? », *Revue d'économie financière*, n° 10, 1989.
LAFERRÈRE, Anne, « Héritiers et héritages », *Économie et statistique*, n° 214, octobre 1988.
LEPIDI, Jules, *La Fortune des Français*, Paris, Presses universitaires de France, coll. « Que sais-je ? » n° 2424, 1988.
LE PLAY, Frédéric, CHEYSSON, Émile, BAYARD, BUTEL, Fernand, *Les Mélouga. Une famille pyrénéenne au XIXe siècle*. Postface d'Alain CHENU : « La famille-souche, questions de méthode », Paris, Nathan, collection « Essais et Recherches », 1994.
LEWANDOWSKI, Olgierd, « Différenciation et mécanismes d'intégration de la classe dirigeante. L'image sociale de l'élite d'après le *Who's who in France* », *Revue française de sociologie*, 15 (1) 1974.
LOJKINE, Jean, « Mauss et l'essai sur le don. Portée contemporaine d'une étude anthropologique sur une économie non marchande », *Cahiers internationaux de sociologie*, vol. LXXXVI, 1989.
LOLLIVIER, Stéfan, et VERGER, Daniel, « Le patrimoine aujourd'hui. Beaucoup entre les mains de quelques-uns... », INSEE, *Données sociales 1990*, p. 167-170.
MAGRI, Susanna, et TOPALOV, Christian, « De la cité-jardin à la ville rationalisée. Un tournant du projet réformateur, 1905-1925. Étude comparative France, Grande-Bretagne, Italie, États-Unis », *Revue française de sociologie, 28* (3), 1987, 417-451.
MALPOT, Jean-Jacques, PAQUEL, Véronique, et VERGER, Daniel « Que possèdent les diverses catégories sociales ? », INSEE, *Données sociales 1993*, p. 385-394.
MANN, Thomas, *Les Buddenbrook*, Paris, Le Livre de Poche, coll. « Biblio », n° 3192, 1993.
MARGUERITE, Bernard, « Crise du système financier et reproduction de l'oligarchie financière », *Issues*, n° 12, 2e trimestre 1982.
MASSON, André, et ARRONDEL, Luc, *Facteurs explicatifs de la répartition et de la composition des patrimoines*, rapport pour le Commissariat général du Plan, 1987.
MAUSS, Marcel, « Essai sur le don », *Sociologie et anthropologie*, Paris, PUF, 1966.
MENSION-RIGAU, Éric, « La persistance du modèle du " château " » ou les limites de la fusion des élites dans l'univers de la ville », dans *Noblesses et villes (1780-1950)*, université de Tours, Maison des sciences de la ville, coll. « Sciences de la ville », n° 10, 1995.
MENSION-RIGAU, Éric, *Aristocrates et grands bourgeois*, Paris, Plon, 1994
MERLLIÉ, Dominique, *Les Enquêtes de mobilité sociale*, Paris, PUF, coll. « Le Sociologue », 1994.
MICHALET, C.-A., *Les Placements des épargnants français de 1815 à nos jours*, Paris, PUF, 1968.
MILÉSI, Gabriel, *Les Nouvelles 200 Familles. Les dynasties de l'argent, du pouvoir financier et économique*, Paris, Belfond, 1990.
MOULIN, Raymonde, « Un type de collectionneur : le spéculateur », *Revue française de sociologie, 5* (2), 1964.
MOULIN, Raymonde, *Le Marché de la peinture en France*, Paris, Minuit, coll. « Le Sens commun », 1967.
MOULIN, Raymonde, et QUEMIN, Alain, « La certification de la valeur de l'art », *Annales*, novembre-décembre 1993.

PAYS, Bruno, *La Gestion de patrimoine,* Paris, PUF, coll. « Que sais-je ? », n° 2699, 1992.
PÉRISSÉ, Xavier, et DUNGLAS, Dominique, *La Privilégiature*, Paris, RMC Édition, 1988.
PINÇON, Michel, et PINÇON-CHARLOT, Monique, *Dans les beaux quartiers*, Paris, Le Seuil, coll. « L'épreuve des faits », 1989.
PINÇON, Michel, et PINÇON-CHARLOT, Monique, *Quartiers bourgeois, quartiers d'affaires,* Paris, Payot, coll. « Documents », 1992.
PINÇON, Michel, et PINÇON-CHARLOT, Monique, *La Chasse à courre, ses rites et ses enjeux*, Paris, Payot, coll. « Documents », 1993 (réédition « Petite Bibliothèque Payot », 1996).
PRETECEILLE, Edmond, *Mutations urbaines et politiques locales*, Paris, Centre de sociologie urbaine, deux volumes, 1990 et 1993.
QUEMIN, Alain, « L'espace des objets. Expertises et enchères à Drouot-Nord », *Genèses*, n° 17, septembre 1994.
QUEMIN, Alain, « Les commissaires-priseurs français : de la tradition à la modernité », *Encyclopædia universalis*, volume *Universalia 1994*, p. 274-277.
QUEMIN, Alain, *Les Commissaires-Priseurs : analyse d'une profession et de son rôle dans les ventes aux enchères*, thèse de doctorat, Paris, EHESS, décembre 1994.
QUEMIN, Alain, *Les Commissaires-Priseurs. La mutation d'une profession*, Paris, Anthropos, 1997.
SAINT MARTIN, Monique de, *L'Espace de la noblesse*, Paris, Métailié, 1993.
SANDOVAL, Véronique, « La grande bourgeoisie, une planète à explorer », *La Pensée*, n° 290, novembre-décembre 1992, p. 65-74.
SÉDILLOT, René, *Les Deux Cents familles*, Paris, Perrin, coll. « Vérités et légendes », 1988.
SHALINS, Marshall, *Âge de pierre, âge d'abondance*, Paris, Gallimard, coll. « Bibliothèque des Sciences humaines », 1976.
TEULON, Frédéric, *Vocabulaire monétaire et financier,* Paris, PUF, coll. « Que sais-je ? », n° 2628, 1993.
URBAIN, Jean-Didier, *Sur la plage. Mœurs et coutumes balnéaires*, Paris, Payot, 1994.
VEBLEN, Thorstein, *Théorie de la classe de loisir,* Paris, Gallimard, coll. « Bibliothèque des sciences humaines », 1970 (1re édition 1899).
WAGNER, Anne-Catherine, « Point de vue local, point de vue international : une enquête auprès de la bourgeoisie d'affaires étrangère en France », *Journal des Anthropologues*, n° 53-54-55, printemps 1994.
ZERAH, Dov, *Le Système financier français*, Paris, La Documentation française, Notes et études documentaires, n° 4980-8

Monographies locales

ACACIE, Élisabeth, « La naissance d'une station balnéaire sous le Second Empire », *Villes, histoire et culture, URA CNRS 1010*, n° 1, décembre 1994. [Deauville]
ASTRUC, Jean, *Le Raincy, « Forêt j'étais, ville je suis »* ouvrage publié avec le concours de la ville du Raincy à l'occasion de son centenaire (1869-1969).

BIANCHINI, Roger-Louis, *Monaco. Une affaire qui tourne*, Paris, Le Seuil, coll. « Points-Actuel », 1992.
CATINAT, Jacques, *Grandes Heures de Chatou et la naissance du Vésinet*, Chatou, Éditions SOSP, 1985 (première édition 1972).
COIGNARD, Jérôme, « Un palais sur la mer », *Beaux-Arts*, n° hors série : « La villa Ephrussi de Rothschild », 1993.
CONTAL, Marie-Hélène, *1854-1936, Création d'une ville thermale*, Paris, Institut français d'architecture, CEP, Éditions du Moniteur, 1982.
CUEILLE, Sophie, « Une colonie dans une forêt : le lotissement du Vésinet (1858-1930) », *Villes en parallèle*, n° 14, juin 1989.
DÉBORDES, Jacqueline, *Vichy, ville-jardin*, Vichy, Éditions du Cygne, 1993.
DELIENCOURT, Roger et CHENNEBENOIST, Jean, *Deauville, son histoire*, s. n., imprimerie Marie, Honfleur, tome 1 : *Des origines à 1914*, 1977, et tome 2 : *De 1914 à 1977*, 1982.
« Drouot », n° spécial de *Connaissance des arts*, mai 1988.
GINESTET, Bernard, *Les Chartrons*, Paris, Acropole, 1991.
GRAVELINE, Janine, *Châteaux et manoirs d'Aquitaine*, Éditions Minerve, 1988.
HERVIER, Dominique (sous la direction de), textes de Laurent ROBERT, photographies de Jean-Bernard VIALLES, *Chatou, Croissy-sur-Seine, villégiatures en bordure de Seine*, Paris, APPIF (Association pour le développement de l'Inventaire général), 1993.
KELLER, Éliane, *Arcachon, villas et personnalités. Le temps retrouvé*, Éditions équinoxe, s.d.
LAPARRA-VULLIEZ, Wanda, *Gloire de Biarritz*, Paris, Éditions France-Empire, 1979.
Le Vésinet, modèle d'urbanisme paysager, 1858-1930, Cahiers de l'inventaire n° 17 (Imprimerie nationale).
MARTIN, Olivier, *Familles de la bourgeoisie blésoise. 1765-1964. Le rôle d'une ville moyenne dans un processus de mobilités personnelles*, thèse EHESS, 1994.
MARTIN, Roger, « Arcachon, ville impériale », *Nouveaux Cahiers du Second Empire*, n° 29, 1992.
NAUDIN, Jean-Bernard, et NICOLAY-MAZERY, Christiane de, *La Vie de château*, Paris, Éditions du Chêne, 1991.
NEU, Jean-Paul, *Enghien-les-Bains, nouvelle histoire*, Saint-Ouen-L'Aumône, Éditions du Valhermeil, 1994.
POISSON, Georges, « Neuilly-sur-Seine, histoire », dans *Évocation du vieux Paris. La banlieue nord-ouest*, Paris, Minuit, 1960.
POISSON, Georges, *De Maisons-sur-Seine à Maisons-Laffitte*, Maisons-Laffitte, Association de sauvegarde et de mise en valeur de Maisons-Laffitte, 1973.
POISSON, Georges, *La Curieuse Histoire du Vésinet*, Ville du Vésinet, 1986.
RÈCHE, Albert, *Dix Siècles de vie quotidienne à Bordeaux*, Paris, Seghers, 1983.
ROCHE, François G., *Les Rothschild à l'abbaye des Vaux-de-Cernay*, Paris, I.D.C. plus, coll. « La vallée de Chevreuse en 1900 », s.d.
TULASNE-MŒNECLÆY, Annick, *Jean des Monstiers et le château du Fraisse*, Poitiers, Faculté des Lettres, mémoire de maîtrise d'histoire, 1970.
VALETTE, Régis, *Catalogue de la noblesse*, Paris, Laffont, 1989.
WALLON, Armand, *La Vie quotidienne dans les villes d'eaux (1850-1914)*, Paris, Hachette, 1981.

Mémoires et monographies familiales

BEAUMONT, Jean de, *Au hasard de la chance*, Paris, Julliard, 1987.
BERGERON, Louis, *Les Rothschild et les autres... La gloire des banquiers*, Paris, Perrin, coll. « Histoire et fortunes », 1991.
BUTEL, Paul, *Les Dynasties bordelaises, de Colbert à Chaban*, Paris, Perrin, coll. « Histoire et fortunes », 1991.
FAUCIGNY-LUCINGE, Jean-Louis de, *Un gentilhomme cosmopolite*, Paris, Perrin, 1990.
JEANNENEY, Jean-Noël, *François de Wendel en République : l'argent et le pouvoir (1914-1944)*, Paris, Le Seuil, 1976.
MONTESQUIOU, Victoire de, *Je suis née un dimanche*, Paris, J.-C. Lattès, 1990.
PANGE, comtesse Jean de, *Comment j'ai vu 1900*, Paris, Grasset, 3 volumes, 1962, 1965 et 1968.
PRINGUÉ, Gabriel-Louis, *30 Ans de dîners en ville*, Paris, Édition Revue Adam, 1948.
ROTHSCHILD, Guy de, *Contre bonne fortune...*, Paris, Belfond, 1983.
ROTHSCHILD, Guy de, *Mon ombre siamoise*, Paris, Grasset, 1993.
SCHŸLER, Guy, *Guestier. Souvenirs familiaux et documents*, Bordeaux, Arts & Arts éditeur, 1993.
SÉDILLOT, René, *La Maison de Wendel, 1704-1958*, Paris, RISS, 1958.
SEILLIÈRE, Ernest-Antoine, « La saga industrielle et financière de trois familles lorraines : les Schneider, les Wendel, les Seillière », dans *Les Schneider, le Creusot. Une famille, une entreprise, une ville (1836-1960)*, Paris, Fayard/Réunion des Musées nationaux/écomusée de la communauté Le Creusot-Montceau les Mines, 1995.

TABLE DES MATIÈRES

Petite Bibliothèque Payot

Guy Achard, La communication à Rome / **211**
Alfred Adler, Connaissance de l'homme / **26**
Alfred Adler, Le sens de la vie / **47**
Alfred Adler, Le tempérament nerveux / **84**
Alfred Adler, L'enfant difficile / **122**
Ernest Aeppli, Les rêves et leur interprétation / **64**
Alexandrian, Histoire de la philosophie occulte / **205**
Alexandrian, Histoire de la littérature érotique / **230**
René Alleau, De la nature des symboles / **319**
Jacques André, Être médecin à Rome / **256**
Gérard Apfeldorfer, Je mange, donc je suis / **140**
Hannah Arendt, Politique et pensée / **289**
Jean-Paul Aron, Le mangeur du XIXe siècle / **8**
Paul-Laurent Assoun, Freud et la femme / **219**
Piera Aulagnier, Un interprète en quête de sens / **43**
Pierre Avril, Essais sur les partis politiques / **41**
Michael Balint, Le défaut fondamental / **44**
Ilse Barande, Ferenczi / **270**
Jean-Pierre Barou, L'œil pense / **283**
Blandine Barret-Kriegel, L'État et les esclaves / **4**
Charles Baudouin, L'œuvre de Jung / **133**
Walter Benjamin, Charles Baudelaire / **39**
Pierre Benoit, Le langage de la maladie / **318**
Eric Berne, Analyse transactionnelle et psychothérapie / **37**
Roger Beteille, La chemise fendue / **288**
Ernst Bloch, La philosophie de la Renaissance / **201**
Philippe Boulu, La dynamique du cerveau / **124**
François Boureau, Contrôlez votre douleur / **60**
Jean Bourguignon / Charles Houin, Vie d'Arthur Rimbaud / **172**
Régis Boyer, La saga de saint Óláf / **77**
T. Berry Brazelton, Écoutez votre enfant / **74**
T. Berry Brazelton, L'enfant et son médecin / **139**
Jacques Brosse, Mythologie des arbres / **161**
François Burgat, L'islamisme au Maghreb / **241**
Louis-Jean Calvet, Georges Brassens / **129**

Olivier Carré, Le nationalisme arabe / **285**
Bernard Cathelat, Publicité et société / **83**
Léonce Chaleil, La mémoire du village / **192**
Jean-Pierre Chartier, Introduction à la pensée freudienne / **162**
Jean-Pierre Chartier, Les parents martyrs / **163**
Roger Chartier, Pratiques de la lecture / **167**
Malek Chebel, L'esprit de sérail / **265**
Malek Chebel
Le livre des séductions, *suivi de* Dix aphorismes sur l'amour / **284**
Malek Chebel, La formation de l'identité politique / **331**
Léon Chertok, L'hypnose / **10**
Louis Chevalier, Juanito / **213**
Bernard Chevallier / Christophe Pincemaille
L'impératrice Joséphine / **309**
Victor Chklovski, Le voyage de Marco Polo / **127**
Noam Chomsky, Le langage et la pensée / **31**
Commission « Efficacité de l'État » du Xe Plan présidée par
François de Closets, Le pari de la responsabilité / **21**
A. Cohen, Le Talmud / **65**
Peter Collier / David Horowitz, Les Kennedy / **101**
Edward Conze, Le bouddhisme / **223**
Egon C. Corti, Élisabeth d'Autriche / **125**
Egon C. Corti
Vie, mort et résurrection d'Herculanum et de Pompéi / **268**
Youssef Courbage / Philippe Fargues
Chrétiens et Juifs dans l'Islam arabe et turc / **310**
Jean-Jacques Courtine / Claudine Haroche, Histoire du visage / **185**
Maurice Croiset, La civilisation de la Grèce antique / **206**
Liza C. Dalby, Geisha / **106**
Christian David, L'état amoureux / **36**
Christian David, La bisexualité psychique / **326**
Marie-Madeline Davy, Encyclopédie des mystiques I / **273**
Marie-Madeline Davy, Encyclopédie des mystiques II / **274**
Marie-Madeline Davy, Encyclopédie des mystiques III / **275**
Marie-Madeline Davy, Encyclopédie des mystiques IV / **276**
Hélène Deutsch, Problèmes de l'adolescence / **67**
Paul Diel, Le symbolisme dans la mythologie grecque / **7**

Donald W. Winnicott, Fragment d'une analyse / **113**
Marina Yaguello, Les mots et les femmes / **75**

Petite Bibliothèque Payot / Classiques

Le livre interdit,
textes choisis et présentés par Jean-Christophe Abramovici / **298**
Maine de Biran : la vie intérieure,
textes choisis et présentés par Bruce Bégout / **237**
Les matérialistes au XVIIIe siècle,
textes choisis et présentés par Jean-Claude Bourdin / **280**
Karl Marx, Misère de la philosophie,
textes choisis et présentés par Jean Kessler / **294**
Politique d'Auguste Comte,
textes choisis et présentés par Juliette Grange / **293**
Politique de Condorcet,
textes choisis et présentés par Charles Coutel / **281**
La vision perspective (1435-1740),
textes choisis et présentés par Philippe Hamou / **238**

Petite Bibliothèque Payot / Voyageurs

Edward Abbey, Désert solitaire / **228**
John James Audubon, Journal du Missouri / **142**
Nigel Barley, Un anthropologue en déroute / **176**
Nigel Barley, Le retour de l'anthropologue / **267**
Jean-Michel Barrault, Le sacre et la pensée / **282**
Sybille Bedford, Visite à Don Otavio / **102**
Alain Blottière, L'oasis / **210**
Jean-Claude Bourlès, Retours à Conques / **242**
Nicolas Bouvier, Chronique japonaise / **53**
Nicolas Bouvier, L'usage du monde / **100**
Nicolas Bouvier, Journal d'Aran et d'autres lieux / **155**
Fawn Brodie, Un diable d'homme (Richard Burton) / **130**
Bill Bryson, Motel Blues / **260**
Frank Bullen, La croisière du *Cachalot* / **147**

Mark Twain, La vie sur le Mississippi, I / **91**
Mark Twain, La vie sur le Mississippi, II / **105**
Mark Twain, À la dure I / **170**
Mark Twain, À la dure II / **171**
Mark Twain, Le voyage des innocents / **259**
Laurens Van Der Post, Le monde perdu du Kalahari / **291**
Daniel Vaxelaire, Les chasseurs d'épices / **222**
Éric Vibart, Alain Gerbault / **89**
Paul-Émile Victor, L'iglou / **252**
Michel Vieuchange, Smara / **141**
Evelyn Waugh, Bagages enregistrés / **73**
Evelyn Waugh, Hiver africain / **103**
Jacques Yonnet, Rue des Maléfices / **245**
Jan Yoors, Tsiganes / **229**
Gavin Young, C'est encore loin la Chine ? / **164**

Petite Bibliothèque Payot / Échecs

Michel Benoit, Les échecs en trois jours / **215**
Bernard Cafferty, Les 100 meilleures parties de Spassky / **290**
Max Euwe / Walter Meiden, Maître contre amateur / **156**
Max Euwe / Walter Meiden, L'amateur devient maître / **216**
Alexandre Koblentz, L'école des échecs, I / **217**
Alexandre Kotov, L'école des échecs, II / **225**
Bent Larsen, Mes 50 meilleures parties d'échecs / **116**
Emanuel Lasker, Le bon sens aux échecs / **178**
Pierre Meinsohn, Les secrets des maîtres d'échecs / **296**
Aaron Nimzowitsch, Mon système I / **157**
Aaron Nimzowitsch, Mon système II / **158**
Aaron Nimzowitsch, Pratique de mon système / **261**
Ludek Pachman, Les ouvertures / **173**
G. Renaud / V. Kahn, L'art de faire mat / **323**
Richard Réti, Les idées modernes aux échecs / **315**
Michael Stean, Les échecs simples / **114**
Siegbert Tarrasch, Traité pratique du jeu d'échecs / **117**
Xavier Tartacover, Tartacover vous parle / **115**

Ouvrage imprimé sur presse Cameron
par **Bussière Camedan Imprimeries**
à Saint-Amand-Montrond (Cher)
en février 1998

ISBN 2-228-89149-5
N° d'impression : 981151/1.
Dépôt légal : février 1998.
Imprimé en France